此专著系中共江苏省委党校（江苏行政学院）马克思主义理论教学和研究创新工程资助项目

政府养老责任的
维度模型
及其应用研究

吴峥嵘 著

中国社会科学出版社

图书在版编目（CIP）数据

政府养老责任的维度模型及其应用研究／吴峥嵘著 . —北京：中国社会科学出版社，2024.4
ISBN 978-7-5227-3349-4

Ⅰ.①政⋯ Ⅱ.①吴⋯ Ⅲ.①老年人—社会保障—研究—中国 Ⅳ.①D669.6②D632.1

中国国家版本馆 CIP 数据核字（2024）第 065758 号

出 版 人	赵剑英
责任编辑	孔继萍
责任校对	冯英爽
责任印制	郝美娜

出　　版	中国社会科学出版社
社　　址	北京鼓楼西大街甲 158 号
邮　　编	100720
网　　址	http://www.csspw.cn
发 行 部	010-84083685
门 市 部	010-84029450
经　　销	新华书店及其他书店

印　　刷	北京君升印刷有限公司
装　　订	廊坊市广阳区广增装订厂
版　　次	2024 年 4 月第 1 版
印　　次	2024 年 4 月第 1 次印刷

开　　本	710×1000　1/16
印　　张	23
字　　数	366 千字
定　　价	128.00 元

凡购买中国社会科学出版社图书，如有质量问题请与本社营销中心联系调换
电话：010-84083683
版权所有　侵权必究

前　言

　　人口老龄化是人类社会所共同面对的严峻挑战，中国自改革开放以来，人口老龄化趋势在未来很长一段时间内都将处于急速发展阶段并进入深度、重度发展阶段，滚滚而来的银发浪潮使得老有所养与老有所依成为国家和百姓密切关心的重大民生问题，也对政府的养老责任提出了极大的挑战与考验。党的二十大报告提出，实施积极应对人口老龄化国家战略，发展养老事业和养老产业，优化孤寡老人服务，推动实现全体老年人享有基本养老服务。这为新时代我国养老服务事业发展提供了根本遵循，更体现了党和政府的战略意识和责任担当。

　　北京市于20世纪90年代进入人口老龄化社会，面临着老年人口发展提速，老龄化程度加深；人均预期寿命增加，高龄老人比重增加；家庭规模趋向缩小，老年抚养系数上升；老龄化程度区域差异明显的养老现实与挑战，养老需求的社会性与紧迫性使得养老问题逐渐成为政府责任保障范畴内的核心命题。本书借助政府养老责任维度模型的应然框架，以实然数据为基础，对政府在养老责任中实际发生的行为进行规律性探知和总结。鉴于学界对政府养老责任变迁的研究较少，本书将政府养老责任维度模型应用于北京市自1978年以来养老保障变迁中进行检验，梳理责任变迁轨迹及其内在机理，丰富养老责任的纵向研究。

　　本书以需求溢出理论为基础，构建了政府养老责任的维度模型。在维度模型的具体分解中，政府养老责任的治理广度和治理深度衡量的是政府养老责任中的治理目标，位于养老责任的价值层面，属于政府养老责任中的目标责任；政府养老责任中的治理力度衡量的是政府养老责任中的治理手段问题，位于养老责任的工具层面，属于政府养老责任中的手段责任。在政府手段责任的衡量维度中，政府通过资源配置的方式调配资源以实现养老需求的保障，其包括直接供给和间接供给两条主路径。在两条手段路径下，均可通过配置资源的密度与强度对资源配置效果进行分析、评定，从而观测比较不同手段路径下政府对养老资源配置的效度，即政府养老责任的治理力度。基于该维度模型，政府养老责任实质上可以具象为政府在三个维度上对养老公共事务的解决效果：政府负责哪些养老需求问题的解决（即政府管的范围有多宽，属于治理广度维度）？政府解决到什么程度（即政府管的程度有多深，属于治理深度维度）？政府如何解决这些养老需求问题（即政府依靠什么来管，属于治理力度维度）？上述三个实质性问题，从三个维度共同呈现了对政府养老责任的描述性框架与分析性维度。

在治理广度中，被纳入政府养老责任保障范畴的有四类老年人群体（贫困老年人、高龄老年人、特殊政策老年人、特殊困难老年人），以及八类养老需求（经济保障需求、生活照料需求、居住保障需求、医疗保健需求、精神慰藉需求、文体教育需求、社交活动需求、法律维权需求）。政府对不同老年人群体的责任保障的先后次序，主要是基于对老年人群体特征的显现次序而形成。从保障范围来讲，从少数弱势老年人、少数政策优先老年人逐步涵盖更多有着不同养老需求的老年人，最后逐渐扩展至全体老年人。从保障体系上看，从临时性救济逐步向体系化、制度化、层次化方向发展。政府对治理广度中的责任对象保障从选择性走向了全面性、从特殊性走向了普惠性、从分散性走向了层次性。

在治理深度中，对于经济保障的需求，政府通过从少数到全民保障的养老保险，以及一般性和专项性并行的经济救助与福利补贴加强了治理深度。对于生活照料的需求，政府在不同阶段通过全覆盖与品牌化运作的养老助餐服务、家政服务、出行优待等措施加以保障。对于居住保障需求，政府通过住房保障、托老入住、宜居环境、紧急救援四大方面提供了责任保障。对于医疗保健需求，政府主要通过从城乡分化走向城乡一体的医疗保险、对不同群体的医疗救助和福利、广覆盖的就医用药服务加以治理。对于精神慰藉需求，政府一方面通过慰问关怀，另一方面通过便捷的心理咨询提供保障。对于老年人的文体教育需求，政府通过多种优待方式的文化活动、全民覆盖的体育活动、规模化发展的老年教育三种渠道加以覆盖保障。另外，政府通过婚姻介绍和社会参与的资源投入保障了老年人的社交活动需求。在保障老年人法律维权需求过程中，政府以侵权维护和法律咨询双管齐下维护老年人合法权益。政府在不同时期对不同养老需求采取了各异的资源保障措施，呈现了不同治理深度的状态。

在治理力度中，政府在直接供给路径中投入了人力资源、空间资源、财力资源三大类别，在政府投入的三类资源中存在着资源之间的转化、组合以及资源配置的优化方式，且在历年变迁中政府呈现的资源效度在逐年增长。在间接供给路径中，政府通过对其他社会责任主体注入心力资源、人力资源、财力资源、空间资源，并通过各类资源的搭载、嵌入和配置方式的升级实现对治理力度的提升。

从治理广度、治理深度、治理力度三个维度进行分析，政府养老责任的变迁呈现了三个阶段性特征：一是收缩隐退阶段（1978—1995 年），政府呈现福利救济型特征；二是责任回归阶段（1996—2012 年），政府责任呈现服务保障型特征；三是优化调适阶段（2013 年至今），政府责任表现为撬动监管型特征。基于政府养老责任维度模型，政府养老责任变迁的逻辑主线可归纳为：养老需求升级 + 社会资源增量 + 政府价值判断和资源配置能力 = 政府养老责任中三大维度的强化。国民养老需求的扩量升级是客观要求和动力来源，社会资源总量的积聚增加是客观条件和实力保障，政府对需求价值的判断及其资源配置的能力是主观能动性和能力体现，三者关联并相互作用，既呈现了不同历史时期政府养老责任的状态表现，也推动了政府养老责任的变迁发展。

在维度模型视角下，本书提出未来政府养老责任的发展可以关注四方面：从治理广度视角，政府应精准把握老年群体特征和养老需求的变化动向；从治理深度视角，政府应细化各项养老需求治理程度的评定标准，并与绩效挂钩；从治理力度视角，政府需要提高资源配置能力，提高配置的合理性与科学性，注重对社会资本和力量的撬动引导效应。在整体上，政府要基于三大维度寻找养老责任的平衡点，实现养老保障的高效化、高质量、长远性。综上，本书的研究创新性在于：其一，构建了政府养老责任维度模型，政府养老责任的分析从责任范围的单一维度扩展到了三维立体维度；其二，以政策与数据相结合的方式全息式地呈现并梳理了北京市政府养老责任的变迁轨迹；其三，扩大了养老保障研究范畴并充实了养老保障的研究内容。但仍存在历史数据缺失、断裂导致研究结果受限的情况。在未来研究中，可以持续对政府养老责任的精准定位进行探索，并对具体某一时期内政府养老责任变迁的内在逻辑进行深层探讨，以迎接养老服务全面快速高质量发展的黄金时代。

目　　录

第一章　导论 ………………………………………………………（1）
　第一节　研究背景与意义 …………………………………………（1）
　　一　老龄化趋势加剧的总体背景 ………………………………（1）
　　二　研究政府养老责任的价值所在 ……………………………（5）
　第二节　主题陈述 …………………………………………………（8）
　　一　研究问题解析 ………………………………………………（8）
　　二　核心概念 ……………………………………………………（9）
　第三节　研究设计 …………………………………………………（16）
　　一　本书研究思路与框架结构 …………………………………（16）
　　二　研究方法 ……………………………………………………（19）
　　三　案例选取与数据来源 ………………………………………（21）

第二章　文献回顾与理论工具 ……………………………………（25）
　第一节　文献回顾与观点分析 ……………………………………（25）
　　一　养老保障视域下的政府责任研究 …………………………（25）
　　二　不同养老模式下政府责任研究 ……………………………（27）
　　三　特定群体养老保障中政府责任的研究 ……………………（31）
　　四　政府对其他社会主体的责任研究 …………………………（33）
　　五　我国政府养老责任变迁与转型的研究 ……………………（33）
　　六　国外政府养老责任的相关研究 ……………………………（36）
　　七　文献述评 ……………………………………………………（39）
　第二节　理论工具：需求溢出理论 ………………………………（41）
　　一　要点：需求溢出理论的基本主张 …………………………（41）

二　对话：需求溢出理论在众多养老理论中的解释力优势 …… (46)
　　三　延伸：需求溢出理论的政府职能3D模型 ……………… (54)
　第三节　本章小结 ………………………………………………… (55)

第三章　政府养老责任维度模型的构建 ………………………… (57)
　第一节　政府养老责任维度模型的整体构建 …………………… (57)
　　一　根源：基于价值—工具理性的双层公共事务观 ………… (57)
　　二　概览：政府养老责任维度模型的基本构造 ……………… (63)
　　三　多向：三大维度间的逻辑互动关系 ……………………… (71)
　第二节　政府养老责任中目标责任的维度解析 ………………… (73)
　　一　维度一：政府养老责任中的治理广度 …………………… (73)
　　二　维度二：政府养老责任中的治理深度 …………………… (77)
　　三　衡量标准：治理广度与深度的指标体系 ………………… (79)
　第三节　政府养老责任中手段责任的维度剖视 ………………… (84)
　　一　维度三：政府养老责任中的治理力度 …………………… (84)
　　二　配置路径：直接供给与间接供给 ………………………… (86)
　　三　配置对象：两级六类资源类型 …………………………… (91)
　　四　权衡标准：治理力度的分析层次 ………………………… (96)
　第四节　本章小结 ………………………………………………… (97)

第四章　维度一：政府养老责任中治理广度的变迁轨迹 ……… (99)
　第一节　责任对象：养老群体的扩容扩面 ……………………… (99)
　　一　人口老龄化的发展趋势与特征 …………………………… (99)
　　二　政府目标责任保障范围内老年群体的变化特征 ………… (109)
　第二节　养老需求：需求类别及其历史变化 …………………… (119)
　　一　养老需求的类别划分和内容指向 ………………………… (121)
　　二　八类养老需求的内在层次关系 …………………………… (133)
　　三　各养老需求纳入政府责任保障的时间次序 ……………… (135)
　第三节　本章小结 ………………………………………………… (137)

第五章 维度二：政府养老责任中治理深度的变迁路线 (138)

第一节 经济保障需求的治理深度变化 (138)
一 养老保险层面的经济保障：从少数到全民 (138)
二 经济救助与福利补贴：一般性与专项并行 (151)

第二节 生活照料需求治理深度变化 (180)
一 养老助餐：社区全覆盖与品牌化运作 (180)
二 家政服务：以券购买多元化服务 (181)
三 出行优待：无障碍便利与人身安全双重保障 (182)

第三节 居住保障需求治理深度变化 (186)
一 住房保障：贫困老年人与奖励性特殊政策老年人双覆盖 (186)
二 托老入住：多种福利型收养单位并存 (192)
三 环境宜居：适老化改造提高便利性 (201)
四 紧急救援：应急服务保障人身安全 (203)

第四节 医疗保健需求的治理深度变化 (204)
一 医疗保险：城乡分化走向城乡一体 (205)
二 医疗救助与福利：基于群体差异性的福利方式 (212)
三 就医用药：资源保障与服务优待相结合 (220)

第五节 精神慰藉需求治理深度变化 (226)
一 慰问关怀：从单一精神慰问到兼具物质扶助 (226)
二 心理咨询：注重渠道便捷性与灵活性 (228)

第六节 文体教育需求治理深度变化 (229)
一 文化活动：多种优待方式并存 (230)
二 体育活动：健身场所与活动项目双向开发 (236)
三 老年教育：老年学校的规模发展与优化升级 (239)

第七节 社交活动需求治理深度变化 (241)
一 婚姻介绍：搭建平台提供资源 (241)
二 社会参与：组织参与与活动引领 (242)

第八节 法律维权需求治理深度变化 (248)
一 侵权维护：加强组织建设并降低援助门槛 (248)
二 法律咨询：渠道便捷与畅通 (251)

第九节　本章小结 …………………………………………（252）

第六章　维度三：政府养老责任中治理力度的变迁透视 ……（257）
第一节　政府直接供给路径中的治理力度变迁 ……………（259）
  一　政府在直接供给中调控的资源状况 ………………（259）
  二　政府投入资源的转化、组合与优化 ………………（274）
  三　政府直接供给路径中的资源效度 …………………（276）
第二节　政府间接供给路径中的治理力度变迁 ……………（279）
  一　政府在间接供给中投入的资源力量 ………………（279）
  二　政府资源调配的搭载、嵌入和升级 ………………（297）
  三　政府间接供给路径中的资源效度 …………………（300）
第三节　本章小结 …………………………………………（301）

第七章　政府养老责任变迁的特征审视与内在逻辑 …………（303）
第一节　政府养老责任变迁的阶段性特征 …………………（303）
  一　收缩隐退：福利救济型政府责任（1978—1995年）……（305）
  二　责任回归：服务保障型政府责任（1996—2012年）……（309）
  三　优化调适：撬动监管型政府责任（2013年至今）……（315）
第二节　维度模型视角下政府责任演进的驱动逻辑 ………（318）
  一　动力：国民养老需求扩量与升级 …………………（318）
  二　实力：社会资源总量的积聚增加 …………………（320）
  三　能力：政府需求价值判断与资源配置水平 ………（322）
  四　合力：政府养老责任变迁的逻辑主线 ……………（328）
第三节　本章小结 …………………………………………（330）

第八章　未来发展与研究总结 ……………………………………（331）
第一节　政府养老责任未来走向的政策建议 ………………（331）
  一　治理广度视角：精准把握群体特征与需求动向 …（331）
  二　治理深度视角：细化评定标准并与绩效挂钩 ……（332）
  三　治理力度视角：重视科学配置与社会撬动效应 …（334）
  四　整体把控：寻找三大维度间的平衡点 ……………（336）

第二节 研究创新点与局限性 …………………………………（338）
  一 研究创新点 ……………………………………………（338）
  二 研究局限性 ……………………………………………（341）
第三节 未来研究展望 ………………………………………………（343）
  一 对政府养老责任定位的研究探索 ……………………（343）
  二 对政府养老责任变迁的内在逻辑的深入探讨 ………（343）

参考文献 ……………………………………………………………（344）

致　谢 ………………………………………………………………（356）

第 一 章

导　　论

第一节　研究背景与意义

一　老龄化趋势加剧的总体背景

党的二十大报告指出，实施积极应对人口老龄化战略。自改革开放以来，随着国家综合国力、经济实力的大幅度提升，人民生活也发生了天翻地覆的变化，经过40多年的高速发展，人民生活从贫困时代过渡到温饱时代，从基本小康走向全面小康，追求更美好的生活与更高水平的发展成了人们的期待，其中不仅对物质文化生活提出了新的要求，在养老、健康、住房、文化等方面的民生需求也日渐强烈。随着经济与社会的高速发展，人民生活水平逐步提高，医疗卫生条件也得到了较大改善，死亡率和生育率的下降使得人口年龄结构发生了巨大变化。

人口老龄化是人类社会共同面对的严峻挑战，根据全国老龄办公布的数据，1999年中国进入人口老龄化社会，其后至2017年，老年人口增加数量达到1.1亿，2017年新增老年人数首次突破1000万。根据国家卫健委老龄司的数据，截至2021年年底，全国60岁及以上老年人口达2.67亿，占总人口数的18.9%；65岁及以上老年人口达2亿以上，占总人口的14.2%。预计"十四五"时期，60岁及以上老年人口总量将突破3亿，占比将超过20%，进入中度老龄化阶段；2035年左右，60岁及以上老年人口将突破4亿，在总人口中的占比将超过30%，进入重度老龄化阶段。[①] 从表1-1显示的全球老龄化指数及其发展趋势来看，自2000年起，中国老龄化指数一直高于亚洲、发展中地区、世界水平，到2050年将达到203.28，仅次于发达地区的老龄化水平。这意味着中国自改革开放以来，一直并将长期面临人口老龄化的挑战，如何应对老年人养老保障的风险是国家与社会必须解决的重大难题。

表1-1　　　　　1975—2050年老龄化指数发展趋势

年份	老龄化指数			
	1975年	2000年	2025年	2050年
世界	23.04	32.9	62.21	109.94
发达地区	63.82	106.41	175.01	213.92
发展中地区	14.74	23.06	49.43	97.87
亚洲	16.26	28.29	65.73	132.13
中国	17.56	40.34	111.3	203.28

资料来源：麻凤利主编《中国老龄产业发展的机遇与挑战》，中国社会出版社2010年版，第17页。

在21世纪的阶段背景中，我国人口老龄化进程主要表现为：第一阶段为快速人口老龄化（1999—2022年），其间老年人口从1.31亿增加至2.68亿，在人口增长的大趋势下少儿比却在不断下降；第二阶段为急速人口老龄化阶段（2022—2036年），呈现出明显的底部老龄化特征，老年人口上升至4.23亿，且老龄化水平增加至29.1%，该阶段人口年龄结构的变化最为激烈，总人口数量接近峰值且老年人口增速极快；第三阶段为深度人口老龄化阶段（2036—2053年），老年人口达到4.8亿，人口老龄化程度达到34.8%，老年人口数量将达到峰值且高龄人口加速增长，导致社会抚养压力继续增加；第四阶段为重度人口老龄化平台阶段（2053—2100年），由于长期稳定的低生育水平以及平均预期寿命的持续延长，导致人口年龄结构急剧变化情况趋于结束，人口老龄化水平高且

[①] 中国新闻网：《国家卫健委：预计到2035年左右，全国60岁及以上老年人口将突破4亿》2022年9月20日，https://m.chinanews.com/wap/detail/chs/zw/9856302.shtml，2023年7月29日。

趋向于稳定，老年人口与其他年龄段人口呈现共同减少的局面。[①] 可见，我国人口老龄化趋势在未来很长一段时间内都将处于急速发展阶段并进入到深度、重度发展阶段，滚滚而来的银发浪潮使得老有所养与老有所依成为国家和百姓密切关心的重大民生问题，也对政府的养老责任提出了很大的挑战与考验。

北京市于20世纪90年代进入人口老龄化社会。1990年，北京市60岁及以上的常住老年人口达110万人，占据常住总人口数的10.1%，这标志着北京市进入了人口老龄化社会，比全国进入老龄化社会要早10年之久。随着老龄化程度的日渐加深，北京市当前正处于中度老龄化的阶段。在经历了2000—2010年平缓发展期之后，北京市人口老龄化将在2010—2030年经历增长速度最快的时期。[②] 根据《北京市"十四五"时期老龄事业发展规划》的数据，预计到"十四五"期末，人口老龄化水平将达到24%，从轻度老龄化迈入中度老龄化；到2035年，老年人口接近700万，人口老龄化水平将超过30%，进入重度老龄化，人口老龄化快速发展成为新常态。从历年北京市老年人口的增长速度之快、增长体量之大可观测出北京市人口老龄化压力之巨大，这也为政府养老责任承担的必要性、重要性、主导性提供了现实背景。

除了人口老龄化程度加深的压力之外，北京市老年人群体的高龄化趋势也在快速上升，低龄老年人基数日渐壮大，疾速推动了北京市老年人口的增长。从图1-1可发现，不同年龄阶段的老年人都呈现不同的变化特征，60—69岁老年人在2008年之前呈现较缓增长，在2008年至今则呈现出快速增长的趋势；70—79岁老年人数的增长趋势更为平缓，在1996—2012年期间呈现较为明显的增幅，之后略有回落；80—89岁老年人也呈现了较为明显的增长趋势，2006年之后增幅明显变大；90岁以上老年人则由于基数较小，所占比例相对不明显，但仍呈现增长态势。

具体而言，自1982年以来，60—69岁年龄段的老年人占比从5.2%上升至2021年的15.5%，增幅10个百分点；70—79岁的老年人占总人

---

① 国家应对人口老龄化战略研究总课题组编著：《国家应对人口老龄化战略研究总报告》，华龄出版社2014年版，第2—4页。

② 白恩良：《北京市老年人的需求与对策》，中国人口出版社2002年版，第2页。

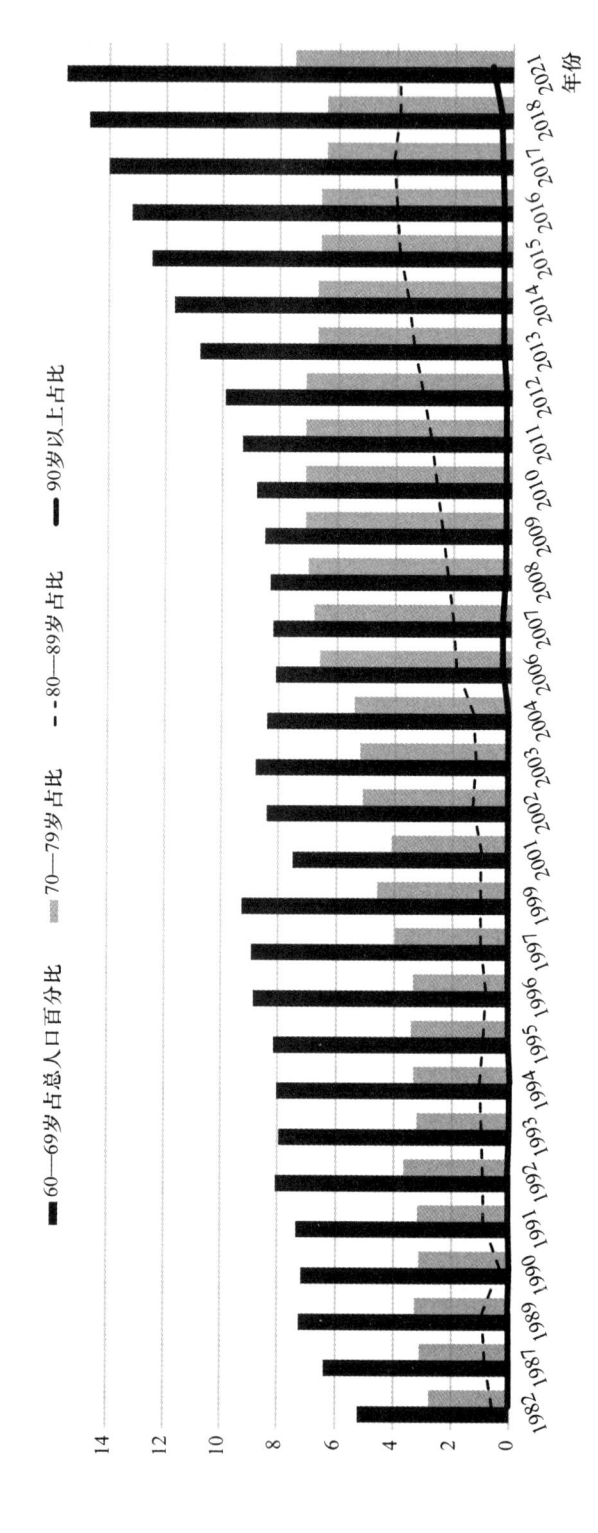

4 / 政府养老责任的维度模型及其应用研究

图 1-1 1982—2021 年北京市不同年龄阶段老年人口占总人口比例的变化

资料来源:根据历年《北京统计年鉴》整理。

口数的比例从2.8%上升至7.5%，增幅达4.7%；80—89岁的老年人占比从0.6%上涨到3.9%，增幅为3.3%；而90岁以上的老年人占比从0增至0.7%。从增长幅度看，60—69岁老年人增幅最大，而70—79岁、80—89岁老年人的增幅相差不大。高龄老年人对养老保障的需求更大、更广、更为急迫，对该群体的养老照料要求更高且更为复杂，因此，人口高龄化不仅意味着养老需求多样性的趋势日渐明显，也增加了政府养老责任落实的难度和压力。而低龄老年人群体数量的猛增，既加大了养老需求量，也从多角度形成了对养老保障的质的考验，对政府以及社会养老提出了较大了难题和挑战。

北京市人口家庭结构正处于加速转变过程中，根据北京市民政局与北京市发展和改革委员会印发的《北京市"十三五"时期民政事业发展规划》，北京市平均每个家庭户的人口将保持在2.45人的低位，家庭规模持续性缩小，依靠家庭预防养老风险的传统模式将受到更大挑战。北京市人口老龄化的程度也在不断加深，老年人口总量超过400万，比重将超过25%，其中，失能与半失能老年人的数量大幅增加，独居与空巢化的现象也更为普遍，政府保障不同群体的养老生活的责任与任务更显艰巨。

老年人曾为社会建设和发展做出过巨大贡献，并持续为社会稳定发挥着余热，是国家的宝贵财富。尊老敬老既是中华民族的传统美德，也是北京市社会主义精神文明建设的重要内容，重视养老保障，关注照顾老年人生活，为其提供良好社会环境，是各级政府以及社会整体义不容辞的责任。人口老龄化的急迫性使得推进与发展养老保障显得尤为重要，而养老保障的推进工作中，政府的角色与责任是关键前提与主导变量，政府在养老保障中的责任履行直接影响着养老保障的推进方向和保障质量。对养老保障中政府责任变迁做出规律性总结以明晰政府责任的边界动态，对于老年人群体养老需求溢出的解决、社会养老保障的发展以及政府责任的认知定位都具有重要的实践意义。

二 研究政府养老责任的价值所在

学术研究的灵魂与意义是具备独特价值的命题，此价值体现在学术积累和社会发展两大方面，其中，学术价值是指在研究方法、研究方向、研究基本结论、论证逻辑体系上对已有研究的修正和补充;社会价值指的是社会科学特别是政治学科著作的生命力与意义表现为对现实社会问题的理性关怀。[①] 与此对应,本书的研究意义表现在理论意义和实践意义两个方面:

(一) 理论意义

从福利哲学层面上看,供给养老保障的数量和质量是由政府社会福利政策的价值选择决定的。[②] 养老保障的供给责任包括政府、市场、社会、家庭等主体及其之间的互动关系、各自承担的责任比例。但随着我国老龄化社会进程的加速,养老需求的社会性与紧迫性使得养老问题逐渐成为政府责任保障范畴内的核心命题。关于政府养老责任的探讨,是改革开放以来特别是21世纪以来学界最为热门的重要学术话题之一。学术界关于政府养老责任的关注与热度,与我国市场经济转型轨迹中老龄化的现实以及老年人的养老需求变化密切相关。目前大部分学者都是基于对社区养老、居家养老、机构养老领域进行分散化研究,鲜有针对整体养老保障中政府责任的探索与分析。通过构建我国政府养老责任的分析框架,将养老保险、养老优抚、老年福利、养老服务、养老救助等不同层次的养老保障内容纳入研究范畴,以全息式的方式研究老年人享受到的养老保障发展进程,在理论上推动养老保障研究内容的全面性和综合性发展。

本书创新了政府养老责任的研究视角,借助政府养老责任维度模型的应然分析框架,对政府在养老责任中实际发生的行为进行规律性探知和总结,让整体研究更具现实解释力和实际说服力。另外,学界对政府养老责任变迁的研究较少,基于政府养老责任框架梳理责任变迁逻辑并分析其内在机理,能丰富对政府养老责任的纵向发展研究。本书通过对政府养老责任分析框架的构建并将其应用于北京市自1978年以来养老保障变迁中进行检验,不断调整并形成完善、适用的政府养老责任维度模

---

① 于建嵘:《岳村政治:转型期中国乡村政治结构的变迁》,商务印书馆2001年版,第12页。
② 王阳亮:《责任与合作:政府购买养老保障研究》,中国社会科学出版社2017年版,第7页。

型，促使其进一步被推广至一般性公共服务中政府责任的定位探讨，因此，对政府责任的研究也有一定的理论意义。

(二) 实践意义

养老问题成了社会热点问题并受到公众重点关注，为每一位公民提供基本养老保障是各国政府的基本责任之一，政府在养老保障体系建设中扮演着主导角色。[①] 政府如何回应社会养老需求，不仅是对政府治理能力的审视和考验，也在很大程度上影响到公众对政府公信力的认同度。在经济转轨、社会转型、人口转变的新阶段，随着北京市人口老龄化进入急剧变化、快速推进的全新时期，北京市养老保障面临着严峻的考验和巨大的挑战，对社会经济发展都会带来重大影响。如何在国家改革开放不断深化、社会经济高速发展的大背景下，应对人口高龄化和老龄化的挑战，是政府与社会必须共同面对的深刻课题。政府养老保障的建设推进并非一朝一夕，而是带有较强的延续性特征，需要进行纵贯追踪和比较研究。只有通过长期稳定的数据分析，才能对政府养老保障的总体情况及各项内容的变化程度加以观察与剖析。

一方面，构建政府养老责任的分析框架有助于更清晰地定位政府的责任内涵、明确责任边界。这既有利于政府在实践操作中精准定位自身责任，并完善在应对老龄化危机方面的政策设计，又有助于社会公众知晓并享受相应的养老责任成果，同时也能更好地适应人口老龄化的发展需求，应对银发浪潮带来的挑战。另一方面，知史以明鉴，查古以至今。不同历史阶段的政府养老责任都是建立在特定时期的现实需求基础上的，而且也是日后发展的基石，因此具有一定的研究价值与意义。只有深刻把握养老保障中政府责任的变迁机理，并捕捉其变迁的逻辑与动力，正视缺陷与不足，聚焦影响政府直接养老责任承担的关键要素，才能调整政府养老保障理念与对策，实现政府在新时代背景下养老保障中的有所为与有所不为，提升政府服务与管理水平，惠及老年群体。历史的重要性不仅在于向过去学习经验教训，也在于通过社会制度的连续性，将过去和当下、未来紧密联结，现阶段和未来的政策选择是基于过去的情况

[①] 杨团主编：《当代社会政策研究之八：老龄时代的新思维》，社会科学文献出版社2013年版，第37—52页。

而决定,只有将其置于持续性的制度演进过程中才能更好地理解过去的存在。换言之,要认清现实与展望未来,必须掌握历史;要构思政府养老责任未来的发展取向,则需要先从历史分析中探索在中国特定社会结构条件下以往的政府养老责任状态如何。

第二节 主题陈述

一 研究问题解析

人口老龄化趋势的加剧,不仅让老年人群体的养老问题成为亟待解决的民生问题,也凸显了政府在养老保障体系中的主导地位,政府的养老责任显得举足轻重。政府养老责任的定位、落实都会直接影响养老需求溢出问题的解决、社会养老资源配置效率的高低,因此对政府养老责任定位的研究显得极为重要,而对政府养老责任变迁的研究也为未来落实养老责任提供了扎实的反思基础。因此,本书将研究范围限定在养老保障范畴,主要研究的是政府养老责任为何以及如何变迁的问题,具体包括以下三大研究问题:

首先,探索并尝试回答政府养老责任为何的问题。这个研究问题是在对政府养老责任现有的相关研究的理性审视和批判思考的基础上,回答政府养老责任究竟是什么样的,如何衡量、解析政府的养老责任内容。对该问题的回答将是本书展开研究的理论依据和框架基础,指引着后续政府养老责任变迁的归纳与分析。本书主要通过构建政府养老责任维度模型回答该问题,即通过三大维度解析政府养老责任到底为何。

其次,思考并回答政府养老责任在现实中如何变迁的问题。换言之,对该研究问题的分析探索也是对第一个研究问题的成果——政府养老责任框架模型进行实证验证的研究过程。因此,本书在建立政府养老责任维度模型的基础上,将其应用于自1978年以来北京市政府养老责任的变迁轨迹分析,观测审视在不同历史阶段北京市政府养老责任的具体边界与呈现状态,从中归纳总结出政府养老责任的发展规律与路径特征。在此过程中观察并考量本书构建的政府养老责任维度模型是否适用于描述、梳理、归纳中国政府养老责任的定位逻辑与实践过程。如果适用的话,能帮助我们得出怎样的分析结构?是否需要对分析框架进行修正、拓展、充实？能否对政府养老责任未来定位提供一定的启示与借鉴？即通过应用政府养老责任维度模型来分析1978年以来北京市政府养老责任的实际变迁，最直接也是最终极的目的在于判断该理论框架是否是一个好理论，从而推定在多大程度上可以放心地将该分析框架应用于政府责任的理论与实践分析中。若该分析框架虽然通过检验但仍存在一定瑕疵，则更进一步的目的在于如何通过拓展和修正理论来克服在实际分析中暴露的瑕疵，从而剔除分析框架应用的错误风险。

最后，深入挖掘政府养老责任的变迁逻辑为何。就政府的外部责任分配而言，政府通过不同的资源配置路径与家庭、市场营利组织、非营利组织三大责任主体进行互动影响，共同解决老年人养老需求的溢出问题。其中，政府是如何调节、整合与其他责任主体之间的关系，实现养老资源的综合调配，这其中的互动机制和行动逻辑值得探索。就政府的内部责任把控而言，影响政府养老责任最终呈现状态的不同维度之间的逻辑关系如何，也是本书延伸探究的关键问题。责任的各个维度并非各自独立互不干扰，而是存在着一定的影响关系和交互作用，从而导致政府养老责任的最终呈现结果具备差异性，了解维度间的作用关系对于理解政府养老责任效益有一定的帮助。

二 核心概念

（一）养老保障

养老是个体在进入老年阶段之后因为劳动能力逐步衰退，需要依靠自身积蓄、家人、社会等来提供生活必需品的生存状态。[①] 从个体的社会属性角度出发，养老是个体以及社会的自觉行为，是人伦关系的体现。随着我国社会人口结构的变化动向和社会养老保障体系的构建完善，养老保障日渐成为公共服务与社会保障领域广泛关注的一大主题。养老保障往往被划入第三产业范畴，虽然其具有市场性的部分特征，但考虑到其具备的福利性、公共性、公益性等特质，其与其他第三产业存在差异性与特殊性。因为养老保障与其他产业都有交叉关系，因此并不能将其

---

① 余飞跃：《家庭养老的困境与出路——兼论孝与不孝的理性》，《重庆大学学报》（社会科学版）2011年第5期。

单独作为独立的产业部门进行归属。自改革开放以来,我国养老保障制度发展获得了显著成效,对老年人养老需求的覆盖面逐渐扩大,不仅建立起防范收入风险的养老保险,还逐步建立起解决养老保障需求的社会养老保障体系,形成了内容广泛、层次分明的养老保障制度。

一个国家如何界定养老保障的性质,主要取决于政府对社会福利政策的价值取向判断。[①] 养老保障包含了规划、政策、法规、协调、监督、管理等基本内容,其宗旨理念在于国家对实现养老保障目标的理性认知,以及对推进养老保障事业的总体主张,其决定着养老保障的本质、道路、方向,是养老保障事业推进的根本所在。养老保障的宗旨理念必须对如何认知养老保障、如何提供养老保障、由谁提供养老保障、为谁提供养老保障、提供怎样的养老保障这些关键问题作出考虑与回应。如何认知养老保障涉及价值导向,则必须建立在尊重老年群体合法合理的养老需求的前提下,以人为本,保障其享受该权利的隐私权与自主权等。如何提供养老保障牵涉到家庭养老、社会养老等养老模式的选择,则需要对不同养老模式的优劣势作出判断,因地制宜,进行调整和整合。由谁提供养老保障,即在家庭、社会、政府等不同行动主体间选择提供养老保障的责任担当,必须结合不同行动主体的优势确定主导角色、参与角色,形成协同行动的格局安排。为谁提供养老保障的问题,则必须正视不同老年群体的角色特质及其养老需求的各异性,即根据失能、半失能、高龄、失独、低龄等不同老年人进行分类化、差别化的养老保障供给,明确养老保障的对象范畴与覆盖层次。解决提供怎样的养老保障的问题,必须先对养老需求作出准确把握,并以此对基于不同养老需求产生的服务类别作出优先次序的排列,形成养老保障的内容清单,包括生活照料、医疗保健、文体娱乐、心理慰藉等方面。

在已有的研究中,考虑到不同学科各异的研究侧重点,尚未对养老保障存在统一的学术定义。比较有代表性的观点认为,养老保障是国家和社会以发扬敬老爱老美德、安定老年人基本生活、维护老年人生理健康、充实老年人精神文化生活为目的而采取的政策措施和提供的设施服

---

① 魏彦彦:《中国特色养老模式研究》,中国社会出版社2010年版,第131页。

务的总称①；养老保障制度是指在社会风俗习惯和相关法律法规两方面的约束和施行机制的推动下，养老主体通过多元化的养老渠道，实现终极养老目标的制度②。养老保障是为老年群体提供的服务，其具有无法感知、不能完全割离、品质高低各异、无法保存和所有权固定等特征，广义上养老保障指的是政府以及社会为老年群体享受基本养老生活所提供的正式以及非正式的保障措施，覆盖了物质、精神保障及对应的制度，广义上的养老保障约等于社会整体的养老制度统筹规划，而狭义上养老保障更聚焦于具体层面，指政府、社会、家庭为老年人提供的物质照料、精神安慰等。③ 可见，在广义上，养老保障指的是对老人养老生活各方面的保障，包括经济保障、精神慰藉、医疗保障、文化保障、养老保障等诸多方面，其中首要的保障问题是老年人获取维持生存的经济保障收入。

紧扣研究主题，本书采取广义上的养老保障定义，即指政府和社会为老年群体提供的包括生活照护、精神慰藉、医疗卫生等诸多方面的各类服务，是涉及老年人群体各方面养老生活的各类保障的总称，既包括政府保障实施的正式制度，也包括家庭养老、社会养老等非正式制度。简而言之，养老保障是政府和社会为老年群体保障养老需求、助其安享老年生活所提供的一系列制度安排，包括物质保障、精神慰藉等。本书对养老保障的界定更偏重于广义上的概念范围，即为老年群体所提供的能保障其养老需求的各类保障与服务。

(二) 政府责任

政府是国家实施社会管理与统治的组织载体，是国家传达意志、安排事务、出台命令的组织。"那些被授权负责执行国家意志的大部分机关在不同国家有不同的地位，这就使不同国家对政府的概念产生了不同的理解。……所有的政府体制都具备两种基本功能，即表达并执行国家意志"④。

---

① 席恒：《分层分类：提高养老保障目标瞄准率》，《学海》2015年第1期。
② 常亮：《中国农村养老保障：制度演进与文化反思》，博士学位论文，中国农业大学，2016年，第21页。
③ 董红亚：《中国社会养老保障体系建设研究》，中国社会科学出版社2011年版，第46页。
④ [美]弗兰克·古德诺：《政治与行政——政府之研究》，丰俊功译，北京大学出版社2012年版，第18页。

政府是国家权威性的表现，其代表公共权力，是制定并实施公共政策、实现有序统治的机构。一般广义上的政府包括中央和地方的全部行政、立法、司法机关，狭义上的政府包括从中央到地方的各级行政机关。现代国家治理中，政党是国家治理的关键因素和推动力量，通过政党组织政府、制定政策、治理国家已经成为现代国家的通行惯例。在中国，共产党的作用体现在执掌国家政权、领导社会变革进步等，因此，我国广义的政府包括了国家的立法机关、行政机关、司法机关等公共权力机关。

关于政府承担责任的论述探讨，可溯源至古代社会。古希腊时期的哲学家亚里士多德主张建立一种能够照顾公共利益、保持多数人原则、人人都能幸福生活的理想政体以给予人们优良生活。[1] 圣西门则指出"可以让人们吃得好、住得好和穿得好的国家，就是一个让人们在物质方面感到十分幸福的国家……社会组织的目的应落在尽可能地运用科学、艺术、工艺方面的知识来对应实现人们的需要"[2]。作为最大的社会组织，政府应该承担起让大多数公民获得合理利益并满足需要的使命与责任，只有"能促进最大多数人的最大幸福的行动才是正义的行动"[3]。

责任在法律和道义层面的基本含义是"某些事无论愿意与否都必须去做，否则就要被责备甚至追究。有义务便有责任"[4]。从政府管理的角度出发，责任包含两种基本形式，一是主观责任（responsibility），其根植于行政人员的忠诚、良心以及所认同的信仰等，这是他们自身对责任的认知感受；二是客观责任（accountability），即基于法律要求、上级命令、社会期望等因素，重申外部规则对政府责任形成的高强度的制约力。[5] 政府责任是主权在民的必然性要求，也是间接民主的历史性产物，是"政府及其行政官员因其公权地位和公职身份而对授权者和法律以及行政法规所承担的责任"[6]。强烈的责任意识是责任政府的发展基石，责任意识

---

[1] 丁建定：《社会福利思想》，华中科技大学出版社2009年版，第14—15页。
[2] [法]圣西门：《圣西门选集（卷2）》，王燕生等译，商务印书馆1985年版，第14页。
[3] [英]杰里米·边沁：《政府片论》，沈叔平等译，商务印书馆1995年版，第100页。
[4] 张凤阳等：《政治哲学关键词》，江苏人民出版社2006年版，第194页。
[5] 张凤合：《公共政策的价值要义及其实现路径——基于当下我国的社会转型视角》，中国社会科学出版社2012年版，第112页。
[6] 张国庆：《行政管理学概论》，北京大学出版社2000年版，第227页。

的匮乏缺位会导致政府职能低效、滥用权力等情况，长久看之，政府必然成为养老保障事业中的消极角色。

张成福认为政府责任包含三个层次的含义，其中，最广意义上的政府责任指的是政府能对公民需求作出积极敏捷的回应和处理，高效公正地保障公共利益；广义上的政府责任是指政府及工作人员履行法定的职责义务；而狭义层面上，指的是当政府机关及工作人员违反法定义务或滥用职权时，必须负责的法律后果。[①] 斯塔林认为，政府责任的基本内容包括：回应（responsiveness），即政府对民众要求以及民众对政策变革的接纳度作出反应；弹性（flexibility），即在政策制定或执行中，政府必须将不同地域、不同群体、不同政策目标诉求纳入考虑范围；能力（competence），这要求政策的制定或执行受到合适的目标指引，同时政府行为应当注重结果、高效率与高效能；正当进程（due process），是指政府行为不能受到武断意志支配，而应受到法律的严格约束；责任（accountability），意在要求政府必须对外部的人或事负责并承担责任等。[②]

王成栋指出大众观念中的政府责任是讲政府行政责任，这在许多研究中都有讨论和定义，政府的行政责任主要涵盖了违宪责任、政治责任、法律责任，其中行政法律责任是政府的行政责任的核心所在。[③] 陈国权指出，政府责任是指因政府及其公职人员享有对国家行政权的行使权力，其必须承担维护法律体系、保卫社会安全、推进公共事业、保护公民生命及财产免遭侵犯等责任。[④] 蔡放波将政府责任划分为宪法、政治、道德、行政四方面的责任。[⑤] 陈毅则依据责任承担角度的差异，将政府责任划分为政治、法律、道德、行政等方面，并指出政府责任的实现主要通过"回复"和"执行"两方面实现完成过程。[⑥] 常健认为现代政府既要承担公平平等、公共安全的职责，也要履行弥补市场缺陷、维护社会公

---

① 张成福：《责任政府论》，《中国人民大学学报》2000年第2期。
② Grover Starling, *Managing the Public Sector*, The Dorsey Press, 1986, pp. 114–124.
③ 王成栋：《政府责任论》，中国政法大学出版社1999年版，第22—23页。
④ 陈国权：《论责任政府及其实现过程中的监督作用》，《浙江大学学报》（人文社会科学版）2001年第2期。
⑤ 蔡放波：《论政府责任体系的构建》，《中国行政管理》2004年第4期。
⑥ 陈毅：《责任政府的建设：理性化构建与民主化善治》，北京大学出版社2012年版，第184—187页。

正公平的责任，政府要积极发挥主导作用，整合社会和市场的力量应对政府失灵和市场失灵，同时，政府责任是有限的，对其责任边界的限定应该遵循量力而行、比较优势原则等。[①]

一般而言，政府责任被划分为政治、经济、文化三大方面，政治责任指的是提供内外部安全，保护公民生命财产安全，防御外部国家攻击；经济责任指的是规范、调节、引导国家经济的发展，保护有利于经济运行的财产结构；文化责任是指政府通过文化与思想等手段来塑造以及影响人民价值观念，以获取人民对政治社会秩序的认同并支持国家控制与管理。本书中探讨的政府责任是在宪法和法律授予下，政府面对社会公众的公共需求，充分发挥主导作用，承担规划与供给职责以作出回应，有效保障公众公平享受公共服务，最终实现公民的公共利益。

（三）政府养老责任

政府养老责任是政府责任的一种，指的是政府对公民的养老福利、养老生活等所负有的保障责任。借鉴前述政府责任的一般性定义，政府的养老责任是政府在养老保障中责任的简称，指的是政府在构建有中国特色的养老保障体系过程中，摸清把控老年人的养老需求情况，在建立完善制度的进程中通过制定配套的政策措施满足老年人的多层次、多元化养老需求，承担起政府应有的责任义务。一方面，政府养老责任是政府合法性的重要基础，另一方面政府拥有财政资源与行政强制力，能够保证养老保障的实施。作为社会养老保障体系中的重要责任主体，无论是在哪个历史时期，政府都是养老制度安排与保障的核心，区别仅在于政府养老责任的范围边界与程度存在一定的变化调整。

政府养老责任覆盖内容较广，最基本的是保障老年人个体基本生活的责任，包括贫困老年人救助，该类责任具备"底线"特征。在此基础上，政府养老责任涉及老年人医疗服务、社交活动、法律维权等方面，但会受到经济发展水平、意识形态转变、养老资源禀赋等复杂因素的影响，因此政府养老责任覆盖的内容强度在不同时期有所差异。政府养老责任的内容具有一定稳定性，但其强度通常会随着历史条件的变化而调整。在任何历史时期，养老责任都不完全由政府独立承担，家庭组织、

---

① 常健：《论政府责任及其限度》，《文史哲》2007年第5期。

非营利组织、市场营利组织都以不同程度参与进来，但作为现代养老保障体系，政府的存在是必须且是主要的。

本书对政府责任的界定采取张成福教授在最广意义上的政府责任界定，即政府积极采取措施回应社会民众的需求，实现公众利益。因此，本书中的政府养老责任是指政府基于各类养老需求，综合调动各类养老资源以公平有效地保障老年群体的公共利益与养老需求，即政府对社会养老需求的社会回应。在本书中，政府养老责任是在明确政府在养老保障中主导地位的前提条件下，通过承担起相应的功能与职责，既对老年人群体承担起应有的直接保障责任，也对其他责任主体承担起鼓励、引导、扶持、监管等间接性责任，并强调两类责任之间的协调发展和相互影响，最终实现老年人群体养老有保障的目标。

必须指出的是，在研究养老保障中政府责任时，很多学者常会借助政府职能、政府行为等概念研究政府责任及其角色。因此，此处极有必要对上述概念各自的含义、其与政府责任间的差异和关联作出简要阐述。政府职能指的是政府根据各领域中的社会需求，在国家治理和社会管理过程中对相应功能和职责的承担履行。[①] 政府行使职能的权力来源是国家公共权力，这同样也是政府履行职能的工具，同时，职能客体是社会领域中的各类公共事务，职能内容包括政府应具备的功能和应履行的职责，包括政府理应管哪些、如何管等方面。简言之，政府职能是由宪法及法律规定的、应当具备的功能与应当承担的职责，是国家职能在行政机关中的落实与体现。政府行为，亦称国家行为，指的是在宪法及法律的授权允许下，有权代表国家的特定机关，以国家名义进行的事关国家主权或利益的行为，例如外交、国防等。[②] 政府行为的概念要比政府责任与政府职能等概念内涵广泛得多，基本上所有对政府在养老保障建设与完善中作为的描述都能被纳入政府行为范畴。

需要说明与强调的是，本书中对政府责任、政府职能、政府行为的界定并不作过多、过细的区分划清，即本书中政府责任的内涵包括上述

---

① 李文良：《中国政府职能转变问题报告——问题·现状·挑战·对策》，中国发展出版社2003年版，第1—16页。

② 王麟、王周户：《行政诉讼法》，法律出版社2005年版，第89页。

几个相关概念所蕴含的含义，其定位更具总体性，是对政府行为、政府职能、政府权力的高度概括，是个联系面广、跨越度大、综合度高的概念。同时，政府责任不是对某一时间点下某次政府行为作出的评判，也非对政府在养老保障中行为模式的整体性概括，而是对一定时间跨度内政府作为、产出、绩效的总体分析，需要研究者对一定时期内政府行为及其结果进行全面观察以及透彻总结。虽然政府职能、政府行为等在含义上有着更为精准和具化的优势，但在对政府责任细化及其特征的归纳分析上略逊一筹。本书通过政府责任这一概念来说明我国政府在养老保障中的角色、地位、作用，借助"责任"这一词汇的伦理色彩，更有利于突出政府在养老保障中的重要性、关键性与不可缺位性。同时政府责任更有助于本书在整体格局上把控政府行动及其后果、影响，更与本书的研究目标相呼应。

第三节　研究设计

一　本书研究思路与框架结构

清晰明确的研究目标是构建研究思路的指路明灯，也是确保研究逻辑结构合理性和科学性的重要前提。本书按照"提出问题—框架构建—归纳分析—总结建议"的逻辑主线展开研究，以确保研究的连贯性与严谨性。首先，在文献梳理与研究的基础上，明确本书的研究目标与研究问题；其次，构建起政府养老责任的维度模型作为分析框架（框架构建）；再次，针对此模型中政府养老责任的两种类型（目标责任和手段责任），分别探讨两种责任的变迁轨迹（即归纳分析）深入考察政府养老责任定位的历史性客观现实；最后，总结归纳政府养老责任变迁的历史演变规律及其特征，以期合理科学地为政府养老责任的未来定位提出建议（即规律总结与建议）。本书主要分为八个部分，主要内容如下（图1-2）：

第一部分为导论。导论部分主要阐释研究的起因和必要性，介绍研究所处的背景、研究具备的意义、研究追寻的目标，并在此基础上提出本书的三个研究问题、界定核心概念，同时介绍研究方法、案例选取、数据来源与技术路线。

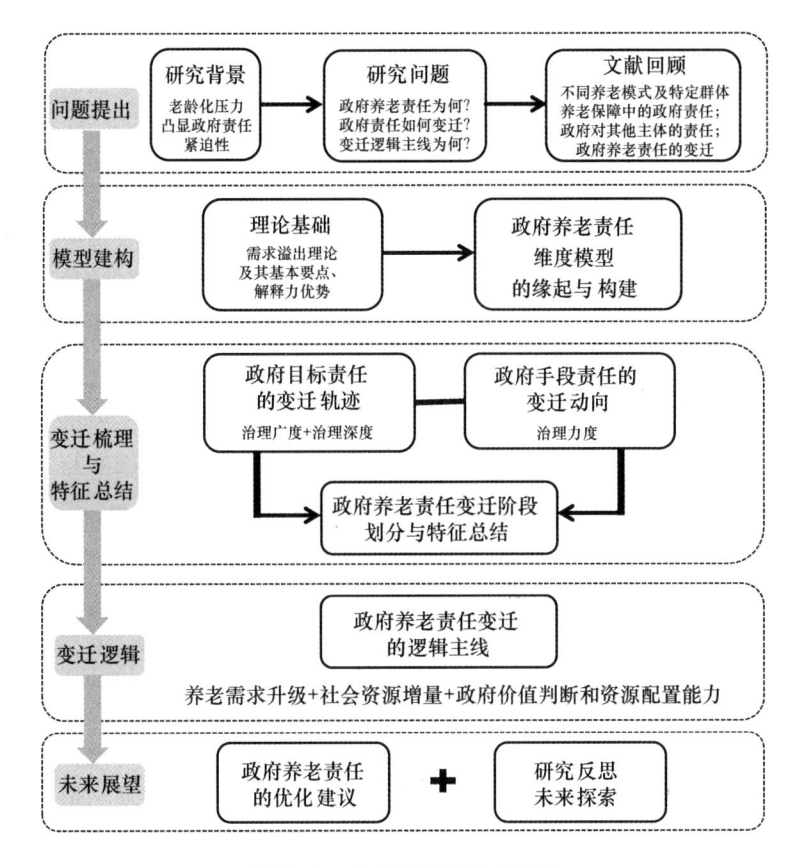

图 1-2 本书研究的技术路线

资料来源：笔者自制。

第二部分为文献综述与理论基础。首先针对学界关于我国养老保障中政府责任的研究进行分类梳理，将其细化为对农村养老、失独群体养老、社区居家养老等具体领域的责任分析总结，从而对我国政府养老责任研究得出全局性与细致性的感知与掌握。其次对关于对我国政府责任变迁的研究、政府养老责任变迁与转型的研究进行梳理整合，以挖掘对本书的借鉴之处。再次，总结国外关于政府养老责任的研究，以期寻找到对本书的启发点。最后，对整体文献进行述评，总结已有研究成果并发现仍需研究的要点。在理论基础部分，本书将详细介绍需求溢出理论的基本要点，并在解释养老公共事务上进行需求溢出理论与其他理论的比较，以显示需求溢出理论在解释养老公共事务上的解释力与适用性，及其在众多养老理论中的比较优势。

第三部分为政府养老责任维度模型的构建。该部分在讨论需求溢出理论与本书的逻辑契合性的基础上，提出养老保障中政府养老责任的维度模型。政府养老责任既是一个实践性问题，也是一个理论层面的问题，为进一步探究政府养老责任变迁的实际轨迹，构建一个合适自洽的理论框架显得尤为重要。本书构建的政府养老责任维度模型是在价值—工具理性基础上，以需求溢出理论的政府职能3D模型、双层公共事务观为基础而发展演进得来，将政府养老责任分为目标责任和手段责任两部分，其中目标责任以治理广度和治理深度为分析维度，手段责任则以治理力度作为分析维度，在手段责任中，政府又通过资源的直接供给与间接供给两条路径实现养老责任，其中涉及对资源效度的深层次分析。

第四部分为治理广度维度下政府养老责任的变迁轨迹。理解政府治理广度，需明确作为责任保障对象的老年群体的构成和变化，并进一步掌握老年人养老需求的内容层次。此部分在已有文献基础和现实数据梳理的基础上，将老年人群体分为四类老年人群体（贫困老年人、高龄老年人、特殊政策老年人、特殊困难老年人），并列出了八类养老需求（经济保障需求、生活照料需求、居住保障需求、医疗保健需求、精神慰藉需求、文体教育需求、社交活动需求、法律维权需求），分析养老需求中的直接需求和间接需求两大层次关系，并总结出政府将其纳入责任保障范畴的时间线顺序。

第五部分为治理深度维度下政府养老责任的变迁历程。在治理深度下，根据四类老年人群体以及八类养老需求对政府历年的保障措施和治理深度进行政策和数据两方面的详细梳理与综合分析。

第六部分为治理力度维度下政府养老责任的变迁。通过直接供给和间接供给两条路径，政府投入了哪些资源，并呈现什么变化特征，同时从资源密度和资源强度两个方面来分析政府投入资源的治理效度（即治理力度）状况，从而呈现出政府在手段责任中的状态与变迁机理。

第七部分为政府养老责任变迁的特征审视和内在逻辑。该部分主要总结了1978年以来北京市养老保障中政府责任变迁的轨迹规律，以及背后的逻辑机理。通过对政府养老责任两大部分（目标责任和手段责任）、三大分析维度（广度、深度、力度）的梳理分析，归纳总结出不同历史时期政府养老责任的模式特征，根据关键时间点进行阶段划分与特征总结，以期摸索出政府养老责任变迁的规律性经验与存在问题，并在政府养老责任维度模型视角下探寻变迁的逻辑主线，分析导致政府不同阶段责任特征的形成原因。

第八部分提出了未来发展的展望。基于维度模型的角度，对政府养老责任未来的发展走向提出了政策建议，总结回顾了本书可能的创新点和局限性，并提出了未来研究展望。

二 研究方法

研究方法是收集与处理相关资料数据的必要程序与手段，本书将采用以规范分析为主的方法，即通过相关理论和文献资料的梳理归纳，从政府养老责任视角构建起分析框架，并针对性地进行文本与数据资料的收集。具体使用的研究方法包括：

（一）文本分析法

"文献研究（document study）是一种通过收集和分析现存的以文字、数字、符号、画面等信息形式出现的文献资料来探讨和分析各种社会行为、社会关系及其社会现象的研究方法。"[①] 通过查阅、鉴别、梳理、阐释、整合、综述、分析相关文献，从而探索出本书所要研究的问题属性、研究进路、解决方法等，文献研究是进行问题剖析、理论推导、理论创新的基础和前提所在。

首先，本书将对国内外对政府养老责任相关的学术专著和研究论文等进行梳理分析，对已有研究的理论、观点、问题进行综述，找到问题突破口并确定本书的研究问题与研究视角。其次，本书还将把法律政策文件、政府工作报告、历年统计数据、涉及部门领导讲话、网络媒体报道、大众传媒文稿、各类调查数据等作为文献分析的对象。基于对上述文献资料的仔细研读和细致分析，描述并归纳我国政府养老责任的边界走向、发展历程及特征等，将其作为研究的起点并进行进一步的理论分析与实践论证。

---

① 风笑天：《社会学研究方法》，中国人民大学出版社2001年版，第217页。

（二）案例研究法

范埃弗拉提出了检验理论的三大基本方法：一是实验法，即从某个理论中推出预言，并仅对两个相同小组中的某一组进行刺激，看实验结果是否与预言保持一致，若不一致则削弱了理论的解释力；二是大样本或统计分析法，即把几十个甚至更多的大量案例放置一起进行研究，观察各个变量是否如理论预言的那样产生共变；三是案例研究分析法，即通过探究少量甚至一个案例，观察事件是否如预言的方向推进。[①] 后两种方法都被称为观察法，其中，案例研究法属于强检验的方法，单个案例往往也能展示某个理论是否有效以及是如何发挥作用的。

本书采取单个案例的研究分析法，将北京市作为研究政府养老责任变迁的研究对象，具体描述在国家政策背景下北京市市级的政府责任变迁，以应用并检测本书所构建的政府养老责任维度模型的适用性与可行性。北京市进入老龄化阶段远早于全国，其养老保障的建设起步较早，且政府在养老工作方面表现出较好的主动性、积极性、连续性和创新性，其政策数据获取资料相对充分、服务发展较为健全，能作为研究养老保障中政府责任的典型代表。借助笔者在北京市老龄办的实习经历，参与多项课题研究，并获取了大量珍贵的历史资料，在研究政府养老责任变迁方面资料可及性较强，为研究的开展提供了可能。

（三）历史分析法

根据历史主义学派的观念，人类历史是自然变迁与发展更迭的动态过程，历史的各个片段都有着不可重复性，不同历史阶段中国家和公民都表现出各异的个体价值和独立特征，因而个别化精神比共同性规律更显著。历史主义侧重强调事件的不可复制性、相对性以及单一性，因此，不赞成借助一般规律或同一模式作推理分析，而是更鼓励对历史归纳法的运用。[②] 历史研究方法旨在透过历史上制度演进的外化表现，掌握其深层的规律特征。该方法不只是对历史分析中动态方法与静态方法的单一

---

① ［美］斯蒂芬·范埃弗拉：《政治学研究方法指南》，陈琪译，北京大学出版社 2006 年版，第 25—27 页。

② 高德步：《经济学中的历史学派和历史方法》，《中国人民大学学报》1998 年第 5 期。

运用，还是深入到变化着的制度内部，对核心规律的剖析掌控。①

历史发端的地方，也是思想的起源处，思想的发展进化实质上是历史轨迹在理论上的形式化镜像。老年人的群体特征和养老需求变化是一个历史过程，政府养老责任的变迁也是一个历史过程，同时，二者的变迁仍是处于不断变化的"进行时"。研究政府养老责任的变迁，必须要把握昨天—今天—明天的历史脉络。将政府养老责任变迁置于改革开放以来我国社会转型的整体历史背景下考量研究，在改革开放带来的经济体制变迁、社会利益结构调整、公共服务供给转型等系统性环境变化中探讨政府养老责任变迁的具体路径与特征，在此过程中着重研究政府养老责任变迁的历史过程，从而把握政府养老责任变迁的实质与规律。通过运用历时与共时相结合的比较方法，通过对大量的事实数据和政策文本进行科学归纳分析，对改革开放以来不同时期北京市政府养老责任进行对比分析，以梳理在不同分析维度下政府责任的变迁轨迹，总结出政府养老责任变迁的特征属性与规律路径。

三 案例选取与数据来源

(一) 案例选取

北京市作为中国的首都，其人口基数之大、人口结构复杂性、老龄化压力之大，为本书的研究提供了丰富的素材与视角，其所具备的基本条件也为其代表性、典型性提供了支持。选取北京市作为研究案例，首先是考虑到其在执行中央精神与政策方面的代表性与典型性。北京市作为首都城市，其对中央涉老政策与部署的贯彻落实高于其他城市，因此在研究探讨中国自改革开放以来政府养老责任的履行状态和变迁轨迹方面，北京市更具备典型性和代表性。虽然本书将北京市作为样本获取数据，但也将其置于更为宏观的中国背景下，结合整体中国的时代背景、不同时期中央的涉老政策等，将北京市政府养老责任的变迁置于国家整体背景中进行理解。其次，北京市于 1990 年便进入了老龄化城市发展进程，早于全国老龄化进程 9 年，其老龄化发展速度较快、老龄化形势较为严峻，因而老年人的养老保障多年来一直是北京市历届政府所关心的

---

① 林义：《制度分析及其方法论意义》，《经济学家》2001 年第 4 期。

重要民生问题。正是因其养老保障工作起步时间较早、体量较大、涉及类别较广、观测点较多，更便于获取历史资料进行研究，也更能显示中国政府在养老责任方面所布下的最大范围的足迹以及变化动向。选择北京市作为案例样本，更能帮助我们清楚了解政府养老责任在三个维度上的具体状态和互动关系。另外，通过对涉老政策和制度的梳理了解，可以发现各地政府的养老保障工作存在很大的同质性，一般都是在中央文件的指导下开展探索创新，并且均基本涉及本书提出的八大类养老需求领域。因此，虽然不同经济水平的城市政府养老责任状态各异，但从政府角度出发，政府的行动部署的共同点远大于不同点。基于上述观点，本书将北京市作为观测中国政府养老责任变迁的主要代表，具备一定的合理性和恰适性。再次，北京市经济社会发展水平一直处于全国前列，其城市老龄化进程与演进状况堪称是中国各城市应对老龄化压力的先进模范与代表。北京市较高的经济发展水平为养老保障制度的建立提供了坚实的物质基础，正是由于较高的老龄化水平压力和扎实的物质条件这两个重要条件，以及北京作为首都城市的示范性和特殊性，导致其在诸多涉老政策方面都走在了全国前列，更能全面深入地考察展示我国政府养老责任变迁走向、改革方向。当然，必须认识到北京作为首都城市和特大城市，相对于其他城市具备一定的领先优势，其所获得的社会资源总量和能力必然存在一定的比较优势。但研究北京市的政府养老责任变迁，正能从另一角度反映出社会资源禀赋在养老保障中的关键性作用（此观点将会在政府养老责任维度模型中的治理力度中结合资源的密度、强度、效度进行分析证明），即不同城市所拥有的社会资源禀赋会直接影响到政府养老责任的落实与履行。因而，以北京市作为代表性案例，也能从另一角度强调社会资源禀赋作为影响政府养老责任变迁重要驱动因素的角色和作用。

另外，北京市所面临的老龄化压力和挑战、发展困惑等，在全国范围内都具有普遍性。对于老龄化压力尚低于北京市的其他城市，北京市所经历过或正经历的挑战也是其他城市未来的必经之路，研究北京市在养老保障中的实践部署，必然能为其他城市探索政府养老责任积累并提供有益经验，从而对面临部分类似情况的其他城市发挥示范推广作用。因此，以北京市为例进行政府养老责任的变迁梳理，并在分析变迁特征、变迁逻辑、未来政策建议时所得出的结论与观点，均能对其他面临养老挑战的城市提供一定的借鉴意义。当然，必须认识到对于北京市的案例选取无法展现中国各地政府养老责任变迁的区域差异和水平高低，但是这也与本书试图作出最翔实的描述性研究的初衷相符合，在未来的后续研究中，可以在本书模型和结论的基础上，考虑将不同地区政府养老责任状态进行对比研究。

综上所述，以北京市为例，更意在强调对政府养老责任变迁实践的客观展现，并非为了探讨整体中国背景下各地区政府养老责任的履职差异，也并非企图以北京市代表整体中国的政府责任状态，即并非试图得出全国性的统一结论，而更多的是考虑北京市作为首都城市，其在养老保障方面的责任推进对全国都有着窗口示范效应，且对中央政策执行贯彻的积极性和全面性更强。同时，北京市在城市发展、经济建设过程中遇到的挑战纷繁复杂，对养老保障工作的推进形成了多种难题，例如征地超转人员养老问题，离退休老干部的养老问题等，都对政府养老责任提出了不同的保障要求，北京市政府对这些不同领域难题的应对和处理经验，可以为其他有类似挑战的城市提供一定的经验参考。考虑到北京市在养老保障工作方面的积极性、全面性、创新性、示范性特征等，将北京市作为研究政府养老责任变迁的缩影有着一定研究意义和价值。

(二) 数据来源

数据研究是一种通过收集并分析数据或数字来探讨人际关系或社会关系的研究方法。一般而言，文献研究能够为呈现政府养老责任面貌提供基本状况，反映的是面上的情况，但数据研究能够从现实角度呈现更为精准、事实的状况。因此，文献研究与数据研究各有所长、各有所短，将两者有机结合，则能取长补短，促使最终的研究结果避免偏颇，更客观地呈现实际情况。本书使用并涉及的数据主要分为两大类：

第一类是北京市关乎老年人口的各类统计年鉴，其中民政统计类的包括《北京民政年鉴》（1992—2018 年共 26 册）、《北京市民政统计年鉴》（1981—2019 年共 38 册）、《中国民政统计年鉴》（1990—2018 年共 28 册）等；老龄统计类的包括《北京市老年人口信息和老龄事业发展状况报告》（2006—2019 年共 14 册）；社会综合统计类包括历年的《北京财政年鉴》《北京统计年鉴》《中国人口年鉴》等。对于统计年鉴缺失或未记录的情况,则采用阅览民族志、民政工作者回忆录等方式进行资料和数据的收集整合,对历史资料进行补充融合,例如:《北京民政局大事记(1948—1988)》《北京志—政务卷—民政志》(北京市地方志编纂委员会编)、《北京改革开放实录》(中共北京市委党史研究室编)等。在上述直接数据中择取关于北京市人口老龄化相关的数据资料,并进行筛选整合,对于有数据出入的地方,通过向北京市老龄办以及北京市民政局的相关工作人员进行询问请教,反复比对确认,最终形成本书中用于研究政府养老责任变迁的数据基础。

第二类是关于北京市老龄事业的专题调查数据。考虑到研究涵盖的时间跨度较长,且存在数据断裂、缺失或无法获取的情况,在研究过程中,往往需要不同角度的佐证资料,尽可能地收集并利用自1978年以来北京市养老保障方面的材料或数据。同时,相关资料分散在不同的研究领域和研究课题中,本书尽可能地查阅了已有的调查资料和课题成果,将其挖掘出来并进行筛选整理与汇总,既充实了研究结论与增强了研究可信度,也尽最大可能还原了政府养老责任的历史面貌。专题调查数据包括直接性大型数据调查以及调查报告,前者包括国家统计局联合全国老龄工作委员会于2000年、2006年、2010年、2015年开展的四次全国范围的老年调查,即"中国城乡老年人口状况抽样调查",从中摘取了北京地区的老龄化数据进行分析。后者涉及的专题调查成果包括:关于北京市老龄政策研究成果汇编[1],关于内地老年人生活质量和生活状况的调查数据[2],关于北京市老年人养老需求与对策的研究[3],从非正式支持角度对北京市老龄问题应对方式的再研究[4]等。根据对不同调查数据以及调查报告的数据提取,尽可能地充实历史数据,最终呈现出北京市人口老龄化的变化进程、政府养老责任的变迁历程。

---

[1] 相关内容参见北京市老龄工作委员会办公室编《北京市老龄政策研究成果汇编(2015—2017)》,华龄出版社2018年版。
[2] 相关内容参见齐铱《中国内地和香港地区老年人生活状况和生活质量研究》,北京大学出版社1998年版。
[3] 相关内容参见白恩良《北京市老年人的需求与对策》,中国人口出版社2002年版。
[4] 参见姚远《非正式支持的理论的实践:北京市老龄问题应对方式的再研究》,知识产权出版社2005年版。

第二章

文献回顾与理论工具

第一节 文献回顾与观点分析

现阶段政府养老责任的缺失和混乱是多数学者的共识,如祁峰等(2012)指出政府养老责任包括筹集养老资金、提供养老服务、规划监管,但政府在养老中存在越位和缺位现象,体现在政策法规不足、经营服务越位、保障对象越位和缺位、公共管理缺位。在此基础上,有学者对不同养老群体进行针对性、差别化的考察,分析不同群体养老中政府责任的实然状态与应然定位,包括农村老年群体、失独老年群体等。

一 养老保障视域下的政府责任研究

多元化的时代背景和社会状况对政府养老责任的具体承担提出不同的挑战和要求,例如,人口老龄化对政府责任提出了老年人经济供养、医疗保健、精神健康、空巢家庭、社会化养老服务等问题上的挑战,政府应该承担起制定制度政策、财政保障、监管实施、发展老年服务业的责任。养老保障作为社会保障的主要内容之一,政府在其中的责任与作用不可忽视,有部分学者跳出了在养老服务体系内讨论政府责任的研究视角,将养老保障作为研究范围对政府养老责任进行了审视和梳理。李平提出,政府责任应定位在宣传理念、构建平台、规范机制、加强监督四个方面,将政府由全面管理型向实施改革管理的有限政府进行转变。[①]张敏杰提出,在老年社会保障制度重构中政府应承担起关键责任,政府

---

① 李平:《养老服务中的政府责任定位》,《人民论坛》2014年第5期。

应建立贫困老年人救助制度和农村老年人津贴制度,加强城乡老年人医疗保障制度建设,构建以生活照料和护理服务为核心的老年服务保障体系,营造老年人参与社会发展的公共环境。①

在构建社会化养老服务体系的过程中,需要在合理划清政府与其他社会主体各自的责任的前提下,对政府责任进行细致规范,即不能单一强调政府的责任,而忽视其他社会主体的责任分配与互动效应。李文琦指出,社会化养老服务体系建设在责任层面应突出个人责任、社会责任和政府责任,其中政府必须承担资金担保责任、制度建构责任、监督管理责任。② 童玉林等提出,完善居家养老服务层次体系,需要政府、社会、个人主体相互协调,其中政府责任的主导性表现在立法和规范居家养老服务、购买居家养老服务、资金分担、管理和监督等方面。③ 朱冬梅等基于委托—代理的视角对我国养老服务供给中政府责任履行的问题进行分析,并提出,要通过制定权力与责任清单来强化组织责任,通过完善养老服务政策体系、制定实施细则等来完善政府制度设计和规范责任,通过完善财税法律体系来强化政府的财政责任,通过建立行业监督机制和信息网络平台来增强政府的监督责任。④ 易艳阳等从元治理视角出发,认为养老服务的供给应该要基于"元治理"的逻辑,避免政府垄断,强调政府主体责任,其中政府作为"元治理者",应该成为养老服务供给的核心和主导,承担起优化财政支持、完善制度设计、强调统筹监督的多重责任。⑤ 全龙杰等认为,在养老服务业发展中存在顶层设计不完善、养老服务生产结构失衡、养老服务供应专业化程度不足、监管体系沟通不畅等问题,并对政府责任进行理论重构,提出政府可以通过健全法制与

---

① 张敏杰:《老年社会保障:一个严峻而紧迫的民生问题》,《观察与思考》2013年第1期。
② 李文琦:《积极老龄化视域下的社会化养老服务体系建设——基于陕西省养老服务现状的考察分析》,《西北大学学报》(哲学社会科学版)2013年第4期。
③ 童玉林等:《居家养老服务层次体系的完善——基于福利多元主义的视角》,《广西经济管理干部学院学报》2016年第2期。
④ 朱冬梅、曹延雯:《我国养老服务供给中的政府责任研究——基于委托代理视角》,《汕头大学学报》(人文社会科学版)2009年第3期。
⑤ 易艳阳、周沛:《元治理视阈下养老服务供给中的政府责任研究》,《兰州学刊》2019年第4期。

完善政策；适当分权、鼓励参与，推动养老服务生产增量提质；填补人才缺口，解决供需错位，促进养老服务专业化供应；实现养老服务监管合理化、体系化、常态化等实现路径优化。①

二 不同养老模式下政府责任研究

（一）我国居家养老服务中政府责任的发展

学者们就居家养老发展中的政府责任提出的分析角度和定位机制各不相同，有人从政府政策角度进行分析，也有人从政府参与方式角度进行政府责任的探索与剖析。比如，黄佳豪提出，社区居家养老发展中的政府责任包括政策扶持和制度监管两方面，其中扶持政策涵盖了规划、财税、土地、信贷、培训多方面，需政府监管的制度包括法律层面、准入机制、服务评估、绩效考核、退出机制。② 林瑜胜则认为，政府应放弃全能政府理念，扮演掌舵者角色，坚持宏观入手、微观放手思维，通过规划、经济、管理三种参与方式，实现政府在居家养老服务总体目标制定、经济保障和运行管理方面既不缺位也不越位的责任目标。③ 朱晓卓提出了在居家养老服务中政府责任的保障范围，即政府需在项目规范性、公平性、社会支持性、成效监管方面、人才培养方面提供政策支持，并提出了存在政府直接提供服务和政府购买服务的两种责任实现途径。④

对居家养老服务中政府责任的定位学界则有不同的维度分析与体系划分，包括对政府责任的三类角色定位、四类维度划分以及五大责任体系构建。周湘莲等将政府责任定位为三类角色，提出政府在居家养老服务民营化中负有规划、监管、培养的责任，对于政府责任缺位，政府应通过放松行政管制、加强市场监管、健全法律制度、完善评估机制等策

---

① 全龙杰、王晓峰：《养老服务业发展中政府责任的理论剖析与路径优化》，《商业经济》2020年第1期。
② 黄佳豪：《合肥市社区居家养老的实践探索及政府责任》，《中国老年学》2015年第10期。
③ 林瑜胜：《社会治理视角下政府参与居家养老服务的路径探析》，《湖北警官学院学报》2017年第3期。
④ 朱晓卓：《居家养老服务中政府责任的思考》，《老龄科学研究》2016年第10期。

略,彻底转变职能,明确角色定位并建立多中心治理体制。[1]

有学者将居家养老中政府责任维度划分成四个方面进行分析,且维度各有侧重。如秦艳艳、邬沧萍提出,在居家养老服务中政府责任应聚焦于规划和管理、监督与推动四个方面进行升级[2];丛春霞从治理视角出发构建了社区居家养老中政府责任的四大体系,包括:制定社区居家养老的政策法规,构建多元协同的供给机制,加大财政支持力度,加强监督管理[3]。而林瑜胜指出,城镇居民养老保障中存在着政府观念更新不及时、主体责任划分不清晰、服务资源供需失调等问题,政府应从法律、经济、管理和引导四方面承担政府责任,完善城镇居民养老保障。[4] 刘政永、孙娜将居家养老服务中的政府责任体系归纳为管理升级、观念革新、服务导向、法律法规健全、财政保障五大方面。[5] 周兆安认为,政府在居家养老模式建构中的责任包含形势预测、政策出台、预算安排、财政保障、社会服务组织扶持、协调合作等。[6]

(二) 我国农村养老中政府责任的承担

不少学者意识到并指出了我国农村养老中政府责任缺失的现实状况,认为政府责任缺失是农村社会养老保障发展缓慢滞后的一大原因,导致城乡养老保障分割、法律体系不健全、政府财力支持薄弱、政府监管不力、组织引导不足。[7] 卢华东则认为,政府对发展农村社会保障的长期忽视和责任缺失体现在发展思想、财政保障、法律框架、制度构建、责任

---

[1] 周湘莲、林琛:《居家养老服务民营化中政府责任的缺失及其治理》,《湘潭大学学报》(哲学社会科学版) 2013 年第 2 期。

[2] 秦艳艳、邬沧萍:《我国城市社区居家养老服务体系中政府职能分析》,《兰州学刊》2012 年第 1 期。

[3] 丛春霞、曹光源:《治理视角下社区居家养老的政府责任研究》,《大连海事大学学报》(社会科学版) 2017 年第 2 期。

[4] 林瑜胜:《养老矛盾"溢出效应"下城镇居民养老保障的政府责任》,《上海城市管理》2017 年第 4 期。

[5] 刘政永、孙娜:《政府在河北省居家养老服务中责任的厘定》,《合作经济与科技》2013 年第 5 期。

[6] 周兆安:《家庭养老需求与家庭养老功能弱化的张力及其弥合》,《西北人口》2014 年第 2 期。

[7] 夏珊珊、奚彩莹:《农村养老保障中政府责任缺失现状》,《科协论坛(下半月)》2011 年第 5 期。

分配上的缺位错位。①

对农村养老中政府责任的研究，多数在农村社会养老保障体系的框架背景下展开，将政府责任划分为法律、政策、制度、组织、财政、监管等多方面进行探讨。就农村养老中政府的具体责任内容而言，苏保忠和张正河认为，农村社会养老保障制度建设中政府的责任包括立法、制度安排、组织管理、财力支持、监管方面的责任，并给出了政府应通过发挥职权优势、关注社会公平、推进体制创新、发挥主导作用、重点防范养老金运营风险合理定位其责任的政策建议。② 陈宇翔提出，政府的责任定位在于立法责任、政策供给责任、组织监管责任。③

张世青等认为，在农村养老服务供给中的政府责任包括构建社会契约型关系，明晰政府财权和事权的权限边界，推进市场发展，推动省级导向的城乡融合建设。④ 朱有国认为，我国农村社会养老存在诸多问题的主要原因包括政府定位模糊、作用力小，因此政府需要加快农村经济发展，提高农民收入，并制定完善的法律体系。⑤ 王华丽对增强和完善农村养老保障建设中的政府责任给出了对策与建议，政府应认清农村形势，对农村养老有准确定位，应加强组织引导，加快立法，加大财政投入力度。⑥

对于未来可能形成的不同农村养老模式，其中的政府责任定位必然存在差异。邱晓星的研究总结了政府在农村养老保障推行中的责任现状，认为政府推动立法的责任缺失、财政支持不足、监管混乱，归纳出三种今后农村养老保障模式选择及政府责任定位，一是普惠制养老模式，即政府责任最大模式；二是自我养老与家庭养老相结合，辅之以社会支持；

---

① 卢华东：《建立农村养老保障体系的政府责任》，《经济与社会发展》2008年第3期。
② 苏保忠、张正河：《农村基本养老保障制度建设中的政府责任及其定位》，《中国行政管理》2007年第12期。
③ 陈宇翔、佘清等：《农村老人养老保障体系重构与运行中的政府责任——以湖南省为例》，《吉首大学学报》（社会科学版）2016年第3期。
④ 张世青、王文娟、陈岱云：《农村养老服务供给中的政府责任再探——以山东省为例》，《山东社会科学》2015年第3期。
⑤ 朱有国：《农村社会养老中的政府责任》，《农村经济》2009年第9期。
⑥ 王华丽：《农村养老保障政府责任刍议》，《上海保险》2011年第3期。

三是设计较为复杂的分群体特征的农村社会养老保险模式。① 也有研究从强调政府整合其他非制度化养老资源的角度切入，重新寻找农村养老中政府责任的角色定义。如杨涛提出，要重建政府在农村老人福利供给中的角色责任，政府需要完善新农保、新农合、五保制度，将老人补助置于家庭发展规划中，整合家庭、社区和机构养老，整合政府与非制度化的福利资源。②

从研究范围来看，有学者进一步将研究焦点缩小至贫困农村地区的养老问题，比如，熊吉峰等提出了在贫困农村提升政府责任的应对策略，包括设置政府业绩考核指标、开拓多元化投入渠道、对老年人进行分级定等并对部分老年人实现优先保障，加强孝文化教育和邻里情，调动市场力量的参与积极性。③ 也有学者将研究范围扩大到国际视野，从国际比较中探寻政府责任定位的有利借鉴，如郑军和朱甜甜从农村养老保障体系中政府责任差异的国际比较视角，对比分析了国家不同养老保障制度中政府责任的差异，发现我国政府在相关立法、制度设计、财政支持、制度监管等方面承担责任存在不足。④

（三）医养结合中政府责任的研究

医养结合作为时代背景下新型养老服务模式，其中政府责任的分配和定位也急需重新探索，目前医养结合中政府责任的不清晰与不到位仍是现实难题，并影响着医养结合的施行与效果。张云认为，由于政府没有处理好其与养老服务市场、社会组织间的关系以及政府各职能部门间的职责关系，导致医养结合养老服务中仍存在问题，政府应拓宽资金来源、加大放权力度、加强科学评估和监督力度、发挥合理的引导和规划职能。⑤

因此，在医养结合中政府责任的重新思考有利于进一步健全医养结

---

① 邱晓星：《我国农村养老保障中的政府责任研究概述》，《山西师大学报》（社会科学版）2010年第1期。

② 杨涛：《论农村养老中的政府责任及其落实》，《西北农林科技大学学报》（社会科学版）2015年第3期。

③ 熊吉峰、谭运进、孔繁荣：《贫困地区农村居家养老服务中的政府责任》，《当代经济》2011年第21期。

④ 郑军、朱甜甜：《农村养老保障制度中政府责任差异的国际比较及启示》，《重庆工商大学学报》（社会科学版）2014年第1期。

⑤ 张云：《论医养结合养老服务中的政府责任》，《人民论坛》2016年第21期。

合的制度环境、促进其有效发展。王成利提出在医养融合养老模式下，政府职责应通过制定权力清单和责任清单予以具体化，首先政府作为主导者，应做好顶层设计，例如要建立联动机制并发挥各级各类资源的优势、加强人才队伍建设、完善落实优惠政策；其次，政府作为保障者要保基本、兜底线，即建立覆盖城乡的养老保障体系；最后，政府作为监督者要明确监管内容，如建立年度检查和日常监管的长效管理机制等。① 刘玉财等提出，政府在医养结合养老服务中的责任归位体现在制度保障、政策导向、资助帮扶、监督管理等方面，具体而言，政府应完善市场机制和医养结合联系制度，完善土地供应政策、人才培养和就业政策、社保基金政策、补贴支持政策等，并促进医养结合资源整合。②

三 特定群体养老保障中政府责任的研究

相对于普通老年群体，特定群体因其特殊状况、特定遭遇等面对的养老压力更加艰巨，其中政府的养老责任更需要另做思考、重点强化。学界对特定群体的养老问题研究主要包括失能老人、独生子女父母、空巢老人、失独家庭等，对不同群体的政府养老责任也会因群体的特征差异发生变化。就失能老人群体而言，徐爱仙在供需失衡视角下考察了失能老人长期照护的政府责任，认为失能老人长期照护服务供需严重失衡的一个重要原因在于政府责任缺位，政府应发挥主导作用，落实优惠政策、加大财政投入，扩大养老服务供给，实施家庭照护补贴制度，推行长期护理保险制度。③ 就独生子女父母或空巢老人而言，其家庭养老的功能大大弱化，对政府的养老责任提出了新的挑战。王翠绒认为，农村独生子女父母面临着经济、空巢、失独等挑战，因此，政府责任设定中应体现层次化、动态性、针对性、灵活度原则。④ 周湘莲和刘英认为在农村

---

① 王成利：《医养融合养老：供给途径、实践困境与政府责任——基于公共产品理论的视角》，《东岳论丛》2017年第10期。
② 刘玉财、罗遐：《政府在"医养结合"养老服务中责任研究》，《安徽行政学院学报》2016年第3期。
③ 徐爱仙：《供需失衡视角下失能老人长期照护的政府责任研究》，《江西财经大学学报》2016年第2期。
④ 王翠绒：《构筑农村独生子女父母养老保障防线——基于政府责任的视角》，《湖南师范大学社会科学学报》2014年第1期。

空巢老人精神养老中政府必须承担道德、行政、经济、法律等责任，政府应该通过加强孝德文化教育、明确机构职能定位、健全社区服务体系、推行多中心治理、加强财政支持、完善政策法规等方面构建明确的责任体系，切实履行自身职责。[①]

失独家庭因为缺乏家庭养老功能以及自身情感需求的特殊性，政府在发挥养老责任作用时应考虑其各类特殊养老需求，加强保障。以江苏徐州为例，王宇分析认为，政府责任包括健全完善法律救助机制，扶持家庭恢复常规生产生活，提供合理的经济补偿、精神慰藉、生活照护等责任。[②] 徐晓军等从政府底线责任视角出发，提出在失独人群社会保障问题上，政府的首要和底线责任是承担其基本生活、就业、医疗和养老保障责任，必须在合理划定政府责任底线的基础上，准确界定政府底线责任的具体内容，并建立健全法律、制度、财政及监督保障体系。[③] 刘雪明等提出，在城市失独家庭的养老保障中，政府承担着方案制定、财政承担、组织落实、监督管理的责任，并提出将加大经济供养扶助力度、提高精神慰藉关爱程度、完善日常生活照料服务、拓宽疾病医疗救助途径等作为促进政府进一步履行责任的路径选择。[④] 基于需求溢出理论的视角，失独家庭养老保障中政府责任包括直接性责任和间接性责任，前者是指政府直接将公共资源配置给存在养老需求溢出问题的失独家庭，后者是指政府将公共资源配置给其他责任主体（包括家庭、市场、非营利组织）而非老年人群体，引导激励社会主体输出利他性，帮助满足失独老年人的养老需求。[⑤]

[①] 周湘莲、刘英：《论农村空巢老人精神养老的政府责任》，《湖南师范大学社会科学学报》2014年第4期。

[②] 王宇：《独生子女意外死亡风险中的政府养老责任——以江苏徐州某县为例》，《经济视角》2013年第21期。

[③] 徐晓军、胡倩：《论失独人群社会保障中的政府底线责任》，《社会主义研究》2016年第6期。

[④] 刘雪明、唐封伟：《城市失独家庭养老保障政策实施中的地方政府责任研究——以广州市为例》，《山西大同大学学报》（社会科学版）2016年第6期。

[⑤] 吴峥嵘、刘太刚：《失独家庭养老保障中政府责任定位的逻辑与策略——基于需求溢出理论的视角》，《云南民族大学学报》（哲学社会科学版）2019年第5期。

四 政府对其他社会主体的责任研究

不论是在居家养老服务、农村养老保障，抑或是医养结合养老服务等不同领域中，多数研究对政府责任的探索与思考均是从全局角度进行，即从政府对全社会整体的养老责任进行维度分析、内容安排。但也有部分研究将研究对象集中在其他社会主体上（如民办养老机构），重点思考政府对这部分主体的责任何在，以推动这类主体的养老功能发展。面对民营养老机构遭遇的一系列困境，李鹏莉等提出政府必须承担起责任，政府需要通过刺激老年人机构养老服务需求和履行监管职能来缓解公益性和营利性的矛盾。[①] 郁建兴等提出，在民办社区养老机构建设中，必须强调政府责任及其落实，政府应进一步转变职能，持续加大财政投入。[②] 张培忠等以济南市社会养老机构为例，认为福利社会化改革之后政府在养老服务体系中应转变职能、强化责任，深化福利社会化改革，具体强化政府投资责任、监管责任、宣传引导责任。[③] 王暕昀等进一步指出，政府向社会组织购买养老服务中的责任框架体系包括：注重维护老年人权利，开展面向需方的服务；培育社会组织，拓展发展空间；养老服务项目招投标规避合谋风险；推进政府与社会组织合作绩效的评估。[④]

五 我国政府养老责任变迁与转型的研究

政府责任规模的扩大、内容的增多，是各国政府普遍的发展特点，也是中国政府的特征之一。马斯格雷夫和罗斯托认为，在不同的经济发展时期，政府责任会发生相应的变化，例如，在经济发展的早期阶段，政府要提供最为基本的经济基础设施来弥补市场缺陷，包括水利、道路、通信、能源等；在经济发展成熟期，基于公众对卫生、教育、社会保障

[①] 李鹏莉、张国栋、余艺等：《民营养老机构建设过程中的政府责任探究——基于蚌埠市的实地调研分析》，《湖南人文科技学院学报》2017年第2期。

[②] 郁建兴、金蕾、瞿志远：《民办社区养老机构建设及其政府责任——以杭州市上城区为例》，《浙江社会科学》2012年第11期。

[③] 张培忠：《福利社会化改革之后政府在养老服务体系中的责任与定位——以转型期济南市社会养老机构的调查为例》，《山东青年政治学院学报》2008年第1期。

[④] 王暕昀、刘亚娜、李春：《政府向社会组织购买养老服务中的责任链条及框架体系构建》，《改革与战略》2015年第2期。

的公共需求日益增长，政府在这些方面承担的责任也要随之增加。[①] 随着城市化工业化的推进、市场经济体制的建立、对外开放的深化，使得调整责任结构、增加责任内容成为当代中国政府责任的基础性特征，杨雪冬认为政府责任内容的变化主要表现为：明确责任政府是政府建设的目标，各级政府承担的责任内容逐步增多，政府承担的责任在持续调整的过程中不断提高了制度化水平，政府也在主动承担更多国际责任。[②] 任峰认为，政府责任变迁的特征会随着行政模式的变迁而产生变化，在传统的以监督和控制为主的行政模式下，政府责任以效率为核心；基于政府责任的社会化变迁，政府更加关注自身的社会责任与行政行为的后果，从而具备公开性、回应性、问责性的特征，是种更积极主动的责任。[③]

目前学界仅有少数研究涉及了对政府养老责任的变迁与转型，例如，鲁迎春等考察了上海老龄化进程中政府养老服务供给责任的变迁过程，将政府责任的变迁概括为政府责任整体形态由"慈善救济"向"权利保障"的转型，并分析了其转型的动力机制，其中，对政府责任的约束力量从最初的"道义自觉"逐步完善发展至"法律法规"层面；覆盖对象从"少数弱者"逐渐扩大覆盖面，推广至"全体老人"；治理目标也从起初的"单一的生存救助"转向"多元化养老保障"。[④] 胡薇借助福利多元主义视角指出，自市场经济改革以来，国家在养老保障政策变迁中的角色经历了从收缩到适度回归的变化，这一转变是社会福利供给严重失衡所导致的结构性压力和政府执政理念转变共同作用的结果。[⑤]

张举国提出，与我国社会福利政策的三阶段（政府统揽、市场主导、政府主导）相对应，农村养老也有三个阶段，即家庭养老结合集体保障、家庭养老为主、社会化养老，其中政府由不承担逐渐转变为有限责任的

---

① 叶晗：《百部文化名著导读》，浙江大学出版社2005年版，第204页。
② 杨雪冬：《改革开放40年中国政府责任体制变革：一个总体性评估》，《中共福建省委党校学报》2018年第1期。
③ 任峰：《行政模式转型与政府责任的社会化变迁》，《重庆科技学院学报》（社会科学版）2011年第18期。
④ 鲁迎春、陈奇星：《从"慈善救济"到"权利保障"——上海养老服务供给中的政府责任转型》，《上海行政学院学报》2016年第2期。
⑤ 胡薇：《国家角色的转变与新中国养老保障政策变迁》，《中国行政管理》2012年第6期。

承担。① 在城市养老发展进程中，政府角色可归纳为垄断、收缩、回归的演变路径。实践中未能真正构建出如"社会福利社会化"推行的多元行动者的参与格局，这与期间政府角色的缺位、收缩密不可分，政府过分依赖家庭、市场、社会组织，从而忽视了自身基本职责。阳旭东等将新中国成立以来政府责任在农村养老保障政策变迁中的转变划分为缺位阶段、有限归位阶段、基本归位阶段等三个阶段，并在价值取向、政策目标、政府责任三个维度上对不同阶段的不同特征进行了分析总结，在缺位阶段（新中国成立至改革开放初），农村养老保障主要由家庭和集体承担，政府并未实施直接保障；在有限归位阶段（改革开放初至21世纪初），政府扮演着原有制度的维护者和修补者角色并承担着微乎其微的财政责任；在基本归位阶段（21世纪初至今），政府通过重视农民工养老保障、建立新型农村养老保障制度、规划城乡养老保险一体化发展等措施体现了政府责任归位的魄力与决心。②

还有部分对养老保障中政府责任变迁的研究将研究范围缩至养老保险制度范畴，从社会保险视角对政府的养老责任变迁进行观察分析，学术界的主流观点认为，我国的基本养老保险制度变迁是在政府主导之下发生并推进的。王亚柯以新制度经济学视角作为切入点，认为基本养老保险制度的变迁属于在政府推动作用下的供给主导类型，同时也存在部分需求诱致的元素。③ 邓智平则认为，这是个兼具突变性和渐进性的过程，国外行动者的参与、政策扩散等因素导致基本养老保险制度的突变，同时，制度内在的路径依赖则让变迁和改革呈现渐进主义的特征，政府在路径依赖和政策扩散的双重夹击之下仍然存在一定的自主性。④ 杨方方基于传统单位保险到现代社会保险的变迁演进过程，将政府责任的变迁总结为从"无所不包"到"有所为、有所不为"的过程。⑤

---

① 张举国：《"一核多元"：元治理视阈下农村养老服务供给侧结构性改革》，《求实》2016年第11期。
② 阳旭东、王德文：《从缺位到归位——新中国成立以来农村养老保障与政府责任的再思考》，《学术界》2019年第1期。
③ 王亚柯：《中国养老保险制度变迁的经济学分析》，《社会主义研究》2008年第2期。
④ 邓智平：《路径依赖、政策扩散与国家自主性——中国养老保险制度变迁的逻辑》，《学术研究》2014年第10期。
⑤ 杨方方：《我国养老保险制度演变与政府责任》，《中国软科学》2005年第2期。

六 国外政府养老责任的相关研究

(一) 政府养老责任的有限性

在老龄化挑战下,各国政府在发展养老服务体系进程中,已从大包大揽型的粗放型模式,转向规范的、有限的管理型模式。[1] 福利国家的养老服务改革更多的是应对政府的过度干预,从而使得政府责任可以定位在更为合理的水平上。[2] 然而,政府为老年人提供公共服务也受到诸多因素的影响与限制。Supromin 等发现影响市政当局为老年人提供公共服务的因素有两方面,一是内部组织因素,如决策者的领导力、政策制定的自主权、正确更新的信息、忠诚的员工、预算等;二是外部组织因素,如国家政策、老年人规划与法律、解决老年人事务的负责任的政府部门、利益相关者间的伙伴关系与网络。[3] 作为一个公共责任,养老照顾需要处理好政府、家庭、老人自身、雇主、社区服务提供者之间的协同工作,并创造出友好的老龄化社会。[4] 不少学者倡导政府和家庭、社区、志愿力量等多方主体都应在养老服务供给中承担起相应的责任。[5][6][7]

总体上,国外研究多数强调养老照顾中政府责任的有限性,而是更关注家庭照顾者等非正式照顾力量的责任与作用。许多西方欧洲国家都将老人照护的责任转移到了社会公众身上,大部分非正式照顾者(例

---

[1] Bookman Ann, "Innovative models of aging in place: Transforming our communities for an aging population", *Community Work & Family*, Vol. 11, Nov 2008, pp. 419 – 438.

[2] Rowland D, "Global Population Aging: History and Prospects", in Uhlenberg, and Peter. *International Handbook of Population Aging*, Springer Netherlands, 2009, pp. 37 – 65.

[3] Supromin C, Choonhakhlai S, "The provision of public services in municipalities in Thailand to improve the quality of life of elderly people", *Kasetsart Journal of Social Sciences*, Vol. 11, Dec 2017, pp. 619 – 627.

[4] Bookman A, Kimbrel D, "Families and elder care in the twenty-first century", *Future of Children*, Vol. 21, Fall 2011, pp. 117 – 133.

[5] Patchell J, *Landscapes of Voluntarism: New Spaces of Health, Welfare and Governance*, England: Policy Press, 2006, pp. 1 – 14.

[6] Rowland D, "Global Population Aging: History and Prospects", in Uhlenberg, Peter. *International Handbook of Population Aging*, Netherlands: Springer, 2009, pp. 37 – 65.

[7] Skinner M W, Joseph A E, "Placing voluntarism within evolving spaces of care in ageing rural communities", *Geojournal*, Vol. 2, April 2011, pp. 151 – 162.

如家庭、朋友、邻居等）逐渐承担起照顾责任。[1] Pickard 等预测了英国到 2031 年为止，老人在长期照护中对非正式照护的倾向性比预期的更高，特别是配偶照护者的重要性越来越大。[2] 西方国家为了尽量削减在正式照顾服务中的政府成本，更加强调和重视养老服务中家庭等非正式照顾模式的积极作用。[3][4] 在大部分案例中，政府承担了更少的养老责任，无论经济和社会形态如何变化，照顾老人一直是家庭和社区的责任，在大部分西方工业国家，国家让出了其养老责任，将其留给家庭去解决。[5]

（二）政府责任不可缺位的必要性

强调政府养老责任的有限性并不意味着政府可以在养老照顾中全身而退，很多领域与事务中仍需要政府的强制介入与有效支持。例如，政府对养老服务与福利的投入与支持必不可少。Schmid 认为，在福利社会化和养老服务市场化方面存在诸多矛盾，包括：选择机构照料还是社区照料、由政府还是非政府组织提供服务、爱心照料及资金补贴、养老服务从业人员流动性较大等问题，而要解决这些问题，则需要政府加大对养老服务的投入以提高养老服务的供给质量。[6] 同时，政府协调调控责任也不能缺失。Kalyani 等提出，新加坡政府鼓励调动社会力量参与到养老

---

[1] R. J. Hoefman, T. M. Meulenkamp, J. D. De Jong, "Who is responsible for providing care? Investigating the role of care tasks and past experiences in a cross-sectional survey in the Netherlands", *BMC Health Services Research*, Vol. 17, July 2017, pp. 1 – 11.

[2] Pickard L., Wittenberg R., Herrera A. C., Davies B., Darton R., "Relying on informal care in the new century? Informal care for elderly people in England to 2031", *Ageing and Society*, Vol. 20, Nov 2000, pp. 745 – 772.

[3] Lennarth Johansson, Helen Long, Marti G. Parker, "Informal caregiving for elders in Sweden: an analysis of current policy developments", *Journal of Aging & Social Policy*, Vol. 4, Oct 2011, pp. 335 – 353.

[4] Franca Hooren, Uwe Becker, "One Welfare State, Two Care Regimes: Understanding Developments in Child and Elderly Care Policies in the Netherlands", *Social Policy & Administration*, Vol. 46, July 2011, pp. 83 – 107.

[5] Scott A. Bass. "International perspectives on aging policy: A review essay of three recent volumes", *Journal of cross-cultural gerontology*, Vol. 7, Oct 1992, pp. 439 – 446.

[6] Hillel Schmid, "The Israeli long-term care insurance law: Selected issues in providing home care services to the frail elderly", *Health & Social Care in the Community*, Vol. 13, April 2005, pp. 1365 – 2524.

服务供给中去，其中政府发挥协调作用。① Hoefman 等根据研究发现大部分公众均愿意为家人、朋友或邻居提供照护，但这种意愿取决于所需要照护的类型，因而公众更赞同承担对照顾提供支持的责任，而非完全的照顾责任，并认为，人员或护理照护等应属于政府责任，政府应该考虑哪部分照护任务可以由公众分担，从而减轻照护者的压力并提高照护质量。②

（三）政府养老责任与其他非正式照护主体责任间的平衡

诸多研究都强调应该在政府养老责任与非正式照护主体责任间寻求合作与平衡，相互促进以实现共赢。Park 认为，尽管韩国政府通过颁布法律推崇孝道，并为成年子女提供各类支持政策以鼓励其赡养老人，但该法律的可行性和效率仍有所限制，其能否作为社会政策发挥功能取决于老人和子女在社会层面和文化层面的接受度。③ Levande 等比较了美韩两国的养老服务，发现最流行的社区照护机制仍是依靠家庭体系，韩国政府支持孝道并推出各类促进尊老养老的项目，美国在此方面较为薄弱，因而美国应优先出台支持与扩展家庭照护能力的政策项目，韩国则可借鉴美国独居老人服务供给的系统模式。④

瑞典通过国家补助促进对家庭照护者服务与帮助，2009 年瑞典议会通过了新法律，明确市政当局有义务为家庭照护者提供支持帮助。Johansson 等认为，对非正式照护者的重视与帮助应该是未来政府养老政策关注的重点⑤。Frank 等认为，政府和雇主应该更加重视照顾老人对就业产

---

① Kalyani K. Mehta & S. Vasoo, "Community programmes and services for long-term care of the elderly in Singapore: Challenges for policy-makers", *Asian Journal of Political Science*, Vol. 8, Jan 2008, pp. 125 – 140.

② R. J. Hoefman, T. M. Meulenkamp, J. D. De Jong, "Who is responsible for providing care? Investigating the role of care tasks and past experiences in a cross-sectional survey in the Netherlands", *BMC Health Services Research*, Vol. 17, July 2017, pp. 1 – 11.

③ Hong-Jae Park, "Legislating for Filial Piety: An Indirect Approach to Promoting Family Support and Responsibility for Older People in Korea", *Aging Soc Policy*, Vol. 27, July 2014, pp. 280 – 293.

④ Diane I. Levande, John M. Herrick, Kyutaik Sung, "Eldercare in the United States and South Korea", *Journal of Family Issues*, Vol. 21, July 2000, pp. 632 – 651.

⑤ Lennarth Johansson, Helen Long, Marti G. Parker, "Informal caregiving for elders in Sweden: an analysis of current policy developments", *Journal of Aging & Social Policy*, Vol. 4, Oct 2011, pp. 335 – 353.

生的影响,许多有工作的照护者通过雇主同情、工作时间灵活、带薪假期等能平衡工作与照顾老人的关系,但对于在家提供大量照护的非工作照护者,则需要政府通过提供社会保障政策、灵活的服务支持、可获取的就业政策等为其提供更多选择,以免迫使其放弃工作机会。①

七 文献述评

综上所述,对政府在养老领域中责任的界定与承担的研究逐渐增加。从研究进路上看,目前学界对政府养老责任所做的理论研究多数是以养老服务存在的问题为切入点,探索并论述政府应承担的责任内容,即以问题为导向寻求解决方案。这些研究问题都是不同时期政府面临的迫切需要解决、亟待探讨的现实问题,具有较强的时效性与应急性。

从研究内容看,现有研究多是集中在对具体养老模式选择上政府责任的承担、在新型养老模式中政府责任的定位等此类研究议题上,例如,社区机构养老、居家养老、医养结合等模式中的政府责任问题。由于多数研究多是侧重于对某一类养老服务、养老保险制度中的政府责任进行探讨分析,忽视了对机构养老以及家庭养老中政府责任的探索,也缺乏对包含老年救助、养老保险、养老服务、养老福利等在内的整体养老保障体系中政府责任的定位和变迁之梳理。在整体上,仍缺乏对养老服务中政府责任的系统化描述,缺乏将养老保障制度体系作为一个整体来研究其中的政府责任定位,因而研究成果在呈现多元化的同时也不免遭遇碎片化的弊端。

从研究的理论性贡献看,已有研究多是在分析政府责任承担不足的问题基础上,集中在政府责任的应然定位上,对政府的应然责任进行分块划分,包括监管、财政、顶层设计等。但对于政府责任的实然状态尚未形成有效到位的分析框架,若无法先对政府责任的承担状况进行细致的梳理分析,何谈对政府责任定位问题的审视以及对其责任定位的政策建议,这就涉及对政府责任应然状态进行分析的维度之重要性。总体上,已有研究尚缺乏对政府养老责任分析框架的系统性构建和细致

---

① Frank Laczko, Sally Noden, "Combining paid work with eldercare: The implications for social policy", *Health & Social Care in the Community*, Vol. 1, March 1993, pp. 81-89.

分解。

从研究深度来看，已有研究更侧重于从宏观视角对政府责任及其定位进行探析，得出的多是政府责任的主导性、政府责任的适度性等较为宽泛笼统的结论，在一定程度上缺乏对政府责任状态及其定位的微观梳理和细致研究，导致这部分研究显得略微粗犷，不够细腻深入。另外，在政府养老责任应然定位的研究中，学者们普遍认识到在养老服务中政府应该承担起相应的责任，大多将政府责任分解为法律、规划、经济、监督等几大维度作为定位导向，但仍止步于政府责任横向内容的分析，对政府责任的深度与责任实现方式等尚未做出很好的梳理和回答，也未能提供较为完整系统的分析维度与视角。因此，为政府养老责任构建一个立体化的全息分析框架（即覆盖政府责任的广度、深度、力度的维度模型），成为未来政府养老责任理论探索的突破口，也正是本书的研究目的所在。

从研究视角看，绝大部分的研究都是聚焦于对政府养老责任的截面式研究，即政府在当下某个养老模式下的责任承担情况及其定位导向。但纵观对政府养老责任变迁的已有研究，可以发现在此议题中的研究仍是凤毛麟角。以往对政府责任变迁的研究多是基于历史阶段的直接划分进行事实描述和堆砌，未能有清晰的分析框架作为解析维度进行深度挖掘。在不同历史时期的不同养老模式中，政府养老责任承担的侧重点也不尽相同，这为观测归纳政府养老责任变迁轨迹和逻辑提供了良好的切入视角。

上述已有研究的不足为本书提供了研究空间与契机，如何观察、梳理并总结随着历史演进政府养老责任变迁的特征，显得较有探索空间和研究价值。本书试图通过全景式的视角观察并审视政府的养老责任变迁，通过构建理论框架和实证研究相结合的方式，系统性地分析政府养老责任的定位路径，从更为微观的角度科学理解政府责任定位的复杂性与历史性。因此，本书以政府养老责任的维度模型作为分析框架，以深入拆解在不同时间线上政府养老责任的边界与内容，更能清晰地呈现出责任变迁的事实轨迹，更便于归纳总结出不同历史时期政府责任的特征与规律。

第二节　理论工具：需求溢出理论

一　要点：需求溢出理论的基本主张

需求溢出理论是由刘太刚教授创建的、意在为公共管理理论和实践提供本土化理论支撑的原创性公共管理理论，该理论的核心逻辑是循义利他，也即作为孔孟治道的"居仁由义"，并以此为核心构建起具有治理儒学取向的公共管理领域内的基础性理论。[①] 需求溢出理论将需求（need）作为整体理论的逻辑起点，需求是个体采取行动的动力来源，而需求溢出则是整个社会开展活动的动力源泉。需求溢出是指个体的需求超越自身或所属组织的满足能力的情境，溢出的需求部分也即个体或其从属组织无法满足的需求。[②] 个体需求的溢出和组织的需求溢出虽然都存在于社会中，但组织的需求溢出实质上也是个人需求溢出的结果，即个人的需求溢出于所属组织。因此，公共管理的最终目的在于对个人需求溢出问题的提前预防和及时治理。

需求溢出理论的构成部分包括主体论、客体论、价值论、手段论、知识体系论五大块。在本书中，主要对需求溢出理论的价值论、手段论、主体论、客体论进行综合运用以作为理论基础与分析工具，因此下文将结合本书的研究领域——养老公共事务，对该四大理论板块中的相关要点进行整合阐述。

[①] 关于需求溢出理论的基本观点阐述与讨论，参见刘太刚教授的相关文章，具有代表性的有：《公共管理学重述：需求溢出理论的逻辑思路与基本主张》，《中国行政管理》2012 年第 8 期；《需求溢出理论与公共管理学基础理论的构建》，《北京行政学院学报》2012 年第 3 期；《公共管理之器、术、道——需求溢出理论的公共管理资源论和公共管理学知识体系论》，《江苏行政学院学报》2013 年第 6 期；《公共管理学基础理论与公共管理学内外部学科关系探讨——基于需求溢出理论的分析》，《江苏行政学院学报》2012 年第 4 期；《为公共管理立心：公共性、需求正义及传宗人理性——需求溢出理论的公共管理价值基准论》，《江苏行政学院学报》2014 年第 5 期；《需求溢出理论：一种以孔孟治道为核心逻辑的公共管理基础理论》，《公共管理与政策评论》2019 年第 2 期；《人类组织化生存：动因、图景与未来——需求溢出理论的广义社会组织论》，《求索》2017 年第 1 期。

[②] 刘太刚：《需求溢出理论：一种以孔孟治道为核心逻辑的公共管理基础理论》，《公共管理与政策评论》2019 年第 2 期。

(一) 需求溢出理论的价值论

1. 核心逻辑论：循义利他

在养老领域，针对不同老年群体的多种类、多层次的养老需求，个体或从属的组织如何行动才能使得利他性输出达到最高值？这实质上涉及怎样才能发挥公共性最大效应的核心命题。对此，需求溢出理论认为，循义利他是公共性的最佳操作原则，也是公共管理的核心逻辑，即根据需求价值排序或者按照需求正义以实现利他。[①] 运用到养老公共事务中，在不同老年群体的多样化养老需求中，若某项养老需求得到满足时所带来的价值最高（即需求正义性最明显强烈），则意味着该项需求具备最大利他性，也即拥有最强公共性特质；反之同理。需求溢出理论提出的利他性与孔子提倡的"仁"不谋而合，强调仁者爱人，而对需求正义或价值进行高低排序则和孟子倡导的"义"相类似，由此，需求溢出理论建立在基于循义利他以谋求公共性的逻辑主线上。

2. 价值基准论：传宗人理性

如上文所提及，该理论将需求正义或价值作为判断评定利他性（即公共性）的准绳，并将某项需求无法实现满足时造成的结果和影响作为评定条件。但由于个体感受与评价不同，对不同养老需求无法得到满足时带来的后果的判定也会产生差异，因此，如果仅从个人自身利害关系或感受出发作出判定，则对各类养老需求的价值无法保持恒定、统一、客观的判断标准，会导致养老公共事务治理的分崩离析。

依据需求溢出理论的主张，人类族群兴衰历史揭示了一个规律，即能够为了后代的长远需求而适当抑制甚至舍去当下需求的文明形态肯定会走向昌盛，但若是仅瞄准当前需求而不考虑未来长久需求的文明肯定无法长远延续，因此，一种文明能否为未来长久的需求而抑制或舍去当下的部分需求，取决于时下的公共管理是否秉持为保障未来发展而预先防治的理念，即该理论提出的传宗人理性。传宗人理性实质上就是利他理性，既包括观照同世他人的思维（身外理性），又包含观照后代的思维（身后理性）。其中，身后理性的价值应在身外理性之上。传宗人理性的

[①] 刘太刚：《需求溢出理论：一种以孔孟治道为核心逻辑的公共管理基础理论》，《公共管理与政策评论》2019年第2期。

立意就在于每个个体的最高使命与生存意义在于为了帮助族群获得更好的繁衍生息、传承延续而作出努力,因此,需要将是否有利于族群后代长远利益作为价值评判的标准。从传宗人理性的标准出发,当某项养老需求未能获得保障时对个体本身以及整体社会带来的影响,本质上即该养老需求的溢出困境对人类族群长久发展带来的影响。

正是依据传宗人理性的判定标准,该理论从需求的价值和正义性的层面出发,将个人的需求分为人道需求、适度需求和奢侈需求。其中,人道需求指的是若无法满足则将威胁到个体生存和基本尊严的需求;奢侈需求是个体对享乐等过度追求而产生的需求;适度需求则是指超出人道需求但不属于奢侈需求的需求,即介于两类需求间的中间地带。[①] 从人道需求,到适度需求,再到奢侈需求,三个层次的需求对后代的长久发展和未来利益的促进作用逐级递减,因此,人道需求的正义性和价值排序都高于适度需求,而奢侈需求的正义性和价值排序在适度需求之下。

(二)需求溢出理论的主体论

依据需求溢出理论的观点,公共管理主体由元主体和次生主体两大类构成,其中,元主体是指应对并解决公共事务的自然个体,包括公职与非公职人员;公共管理的次生主体主要是应对并解决公共事务的组织,包括血亲组织、营利组织、非营利组织和公权组织四大类广义社会组织。[②] 从元主体发展到次生主体的过程,也是人类组织化的实现路径,其中囊括了具体的动力路径与技术轨迹。需求溢出是人类组织化形成并发展的基本动力与成长条件。因为个人存在需求溢出,才导致个体间借助互相输出利他性形成合作,帮助他人处理各自的需求溢出问题。随着人类的进化,人类智商的进步升级促使其认识到人与人产生合作的必要性和有效性,进而驱使协同合作,推动群商强化。[③] 而群商的升级进步意味

[①] 刘太刚:《公共管理学重述:需求溢出理论的逻辑思路与基本主张》,《中国行政管理》2012年第8期。

[②] 刘太刚:《需求溢出理论:一种以孔孟治道为核心逻辑的公共管理基础理论》,《公共管理与政策评论》2019年第2期。

[③] 需求溢出理论中定义的群商,即 CQ(Community Quotient),是个人与他人相处、互助、合作的意识与能力。群商的强化就是指人类更加意识到如何通过合作来更好地利用发挥群体力量获取竞争优势。

着人类之间分散、偶发、不稳定、应急式的合作关系向稳定、常态化、规模化、未雨绸缪式的互助合作关系发展，即形成广义的社会组织关系，后者的合作关系在解决个人需求溢出问题上的效率相对更高。

需求溢出理论认为，人类社会的四大类广义社会组织都是为了解决个人需求溢出而形成并存在发展的，其解决个人需求溢出问题的基本路径与方式各不相同：血亲组织的天伦利他，主攻的是溢出于个体但尚未溢出于血亲组织的需求溢出问题；营利组织的交换利他，负责的是个人或血亲组织因为所拥有的资源和某类需求无法形成有效对接配对而导致的需求溢出问题；非营利组织的志愿利他，是为了应对溢出于血亲组织且不能通过其他路径获得解决的问题；政权组织的强制利他是为了解决溢出于血亲组织且无法通过志愿利他、交换利他来处理的基本需求溢出问题（如图2–1）。[①]

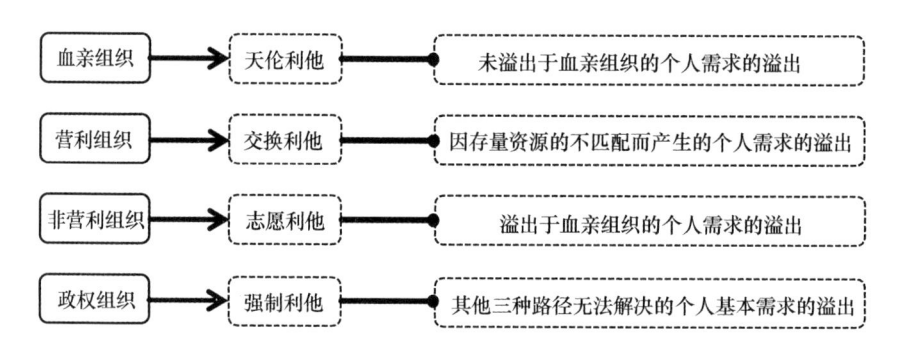

图2–1　四类广义社会组织的基本功能路径

资料来源：刘太刚：《人类组织化生存：动因、图景与未来——需求溢出理论的广义社会组织论》，《求索》2017年第1期。

（三）需求溢出理论的客体论

需求溢出理论的客体论也可被称为公共事务论，公共管理的客体是主体应当进行处理并解决的事项，公共管理的最终使命就在于对个人需求溢出问题的解决，因此，公共管理的客体实质上是指个人需求的溢出

---

① 刘太刚：《人类组织化生存：动因、图景与未来——需求溢出理论的广义社会组织论》，《求索》2017年第1期。

问题。对此，需求溢出理论提出了公共管理的应然客体（双层公共事务）[①]和公共管理的实然客体（广度深度论）。作为公共管理的实然客体，指的是公共管理主体在具体实践中从应然客体（公共事务）中选择哪些事项纳入实际操作中的问题。首先，公共管理的广度是对公共管理客体的一种横向描述，即公共管理主体要将哪些需求溢出问题划入自身职责范畴，实质上是对公共管理客体的种类描述，旨在确定公共管理的治理范围。其次，公共管理的深度是对公共管理客体所作出的纵向性描述，即对那些被纳入主体职责范畴内的需求溢出问题要解决到什么程度、治理到什么深度。

（四）需求溢出理论的手段论

需求溢出理论认为，公共管理必须通过资源配置才能达到目标，公共管理的过程等同于资源配置的过程，公共管理将资源配置作为其达到治理目标的工具、方法、方式、手段，由此，公共管理的手段论也即资源配置论。对公共事务的治理实质上是对个人需求溢出问题的解决，这离不开对资源的需求和利用。公共管理所依赖的资源包括两类：一是以物理形态存在，主要是指能被感知到其存在的，包括人力资源与物力资源；二是以非物理状态出现，具体包括时空资源、财力资源、心力资源。[②]其中，人力、时空、物力这三类资源具有基础性特质，是一级资源；财力和心力资源必须转换成一级资源才能被公共管理所用，因此属于二级资源。

在一级资源中，人力资源包含身为公共管理主体和管理对象的个体。物力资源指的是包括空气、土地、食物、工具等在内的各类物质资源，具体分为自然资源和人工资源。时空资源中，时间资源主要体现在解决个人需求溢出问题必然与时间节点紧密结合这点上，个人需求满足既存在时间底线，其需求溢出问题的解决也需消耗一定时间；空间资源是物力资源和人力资源存在的必然前提，也是人类生存的必需条件。在二级资源中，财力资源指的是货币资源，而心力资源是指通过对个体内心产

---

① 双层公共事务观将在维度模型的构建中详细阐述，在此不再赘述。
② 刘太刚：《公共管理之器、术、道——需求溢出理论的公共管理资源论和公共管理学知识体系论》，《江苏行政学院学报》2013年第6期。

生影响从而促进公共管理的信息、理论等资源。

从资源配置的灵活性或受约束的程度角度看，公共管理主要通过结构化配置、框架性配置和开放性配置三种方式进行资源配置，三者的自由空间和灵活可变呈现依次递增的特质。[①] 其中，资源结构化配置是指资源配置的过程、目标、方法、品种、总量均已经进入固定模式，使得资源配置呈现结构化特征，例如组织机构；框架性配置是指基于较明确的目标而设定的资源配置框架，例如公共政策；开放性配置指的是在特定范围内对资源进行自由的配置，例如自由裁量权。

二 对话：需求溢出理论在众多养老理论中的解释力优势

需求溢出理论认为，公共管理学的理论必须应用于公共管理实际操作，以处理真问题，必须借助实践的方式获得验证。需求溢出理论对多个领域中的实践问题作出了深入分析，并挖掘了新发现，获得了新思考，包括民政政策、公共利益立法、宗教、心灵治理、公共财政、基层治理、非营利组织、政府职能定位、养老事务等实践问题。[②] 斯蒂芬·范埃弗拉在《政治学研究方法指南》中总结了好的理论的七个主要特征：一是好的理论具有极强的解释力，其中，解释力取决于三个方面（重要性、解释范围、适应性）；二是好的理论往往会通过简化的方式来阐明问题，仅用很少的、简洁的变量解释其作用；三是好的理论是令人满意的，其对特定结果的原因挖掘得越深，就越令人满意；四是好的理论必须界定清晰，必须用明确定义的概念构造变量，并囊括解释的全部要点，对理论成立且制约理论应用的前提条件要有清晰的陈述；五是好的理论在原则上可以证伪；六是好的理论能解释重要的现象，回答的问题涵盖面较广；七是好的理论总有着丰富的处方，能够产生有实际用

---

① 刘太刚：《需求溢出理论：一种以孔孟治道为核心逻辑的公共管理基础理论》，《公共管理与政策评论》2019年第2期。

② 有关需求溢出理论在不同具体实践领域的应用和对策性探讨，参见刘太刚教授发表的相关文章，主要有：《公共物品理论的反思——兼论需求溢出理论下的民生政策思路》，《中国行政管理》2011年第9期；刘太刚：《公共利益法治论——基于需求溢出理论的分析》，《法学家》2011年第6期；刘太刚、吴峥嵘：《我国社区居家养老服务中非营利组织的功能嵌入分析——以北京市A助老食堂与上海市B助餐点为例》，《北京行政学院学报》2019年第3期。

处的政策建议。① 这七大特征也可作为对某个理论进行总体检验的参考标准，其中，解释力应作为考察理论的根本性要素和核心关键。养老制度的创立与完善对于化解社会矛盾、维护公平正义、构建良好秩序具有深远意义，目前在各理论视域下，不同的理论工具对于养老制度的设计研究在运行机理、内在逻辑、发展趋向上都显示出了相对差异性。需求溢出理论在对既有的养老相关理论工具的解释力进行评估、作出反思的基础上，对养老动因、养老方式、养老方式优先次序三大基本问题作出了解释与分析。②

（一）养老基础理论的基本要求与核心关怀

改革开放以来，面对纷至沓来的养老问题，计划经济体制下的养老制度已无法应对新的需求，旧有制度的改革更新迫在眉睫，这也引起了理论界的关注，包括经济学、社会学、心理学、公共管理学等领域。一种好的养老基础理论，一方面要对养老制度的某一具体方面具有适用性和解释力，另一方面也要贯穿养老保障的所有环节，系统深刻地回答构成养老制度基础的三大基本问题。这三大基本问题分别是：第一，养老动因问题，即人类为何养老，这关涉养老制度存在的基础、价值的大小、正义与否的根本问题，对该问题的解答是检验养老制度基础理论优秀与否的首要标准。第二，养老方式问题，即人类如何养老，存在哪些基本养老方式，各种养老方式的生成原理与运作逻辑为何。第三，养老方式间次序问题，即基本的养老方式之间的优先次序和逻辑关系如何的问题，养老方式间的次序、逻辑将直接影响到养老资源的配置模式与使用效率，从而决定着养老制度的功能、结构、效用，因此对该问题的解答也是检验养老制度基础理论优秀与否的重要衡量标准。

基于对上述三个基本问题的阐述，对不同养老制度的基础理论评估的关键就在于能否有效回应上述三个基本问题，具体评价标准包括三类：

---

① ［美］斯蒂芬·范埃弗拉：《政治学研究方法指南》，陈琪译，北京大学出版社2006年版，第16—19页。

② 关于需求溢出理论对养老相关理论解释力的回应、需求溢出理论在养老事务上的解释力与适用性，具体参见刘太刚教授与本人共同发表的文章《我国养老问题研究的理论工具评析——兼论需求溢出理论作为我国养老制度基础理论的适用性》，《江苏行政学院学报》2016年第4期。

一是关涉度,即一项理论对养老动因、养老方式、养老方式间次序三大问题的关联、涉及程度;二是精细度,考察的是一项理论对三大基本问题的阐释程度;三是自洽度,即某项理论对三大基本问题解释的逻辑严密性以及说服力。举例而言,多中心治理理论强调多元主体进行合作的善治模式,但未能在养老动因上作出解释,因此,解释力为"无";在如何养老的基本问题上,该理论倡导由公部门、私部门、非营利组织等共同提供养老服务,其精细度和全面性都较强,因而逻辑自洽性较强,解释力为"强";在多元养老方式的关系次序上,该理论仅仅强调了多元主体间的合作,未能清晰阐述出实质上的优先次序,因此解释力为"中"。以此类推,对各领域中养老相关理论工具的解释力作出了评定与比较,评估结果如表2-1所示:

表2-1　　　　　　　　不同养老理论的解释力评估

理论范畴		具体理论工具	养老动因	养老方式	养老方式间次序
经济学		生产方式论	中	中	无
		经济交换论	中	弱	无
		资源配置论	无	中	中
		福利国家理论	弱	中	中
		传统公共物品理论	无	弱	弱
		福利多元主义理论	中	强	中
		国家干预理论	中	强	中
社会学	老年社会学理论	活动理论	弱	中	无
		撤退理论	弱	弱	无
		老年亚文化群理论	无	弱	无
	与家庭相关的理论	家庭功能理论	中	中	中
		家庭生命周期理论	中	中	中
		家庭网理论	弱	中	中
	代际关系理论	反馈理论	强	中	无
		依赖理论	强	中	无
		责任内化理论	强	中	无
		血亲价值理论	强	中	无

续表

理论范畴	具体理论工具	养老动因	养老方式	养老方式间次序
社会学	社会交换理论	中	弱	无
	社区照顾理论	无	中	无
	社会嵌入理论	无	中	无
	结构功能主义理论	中	强	中
公共管理学	新公共管理理论	无	弱	弱
	新公共服务理论	弱	中	弱
	多中心治理理论	无	强	中
心理学	需求层次理论	中	中	弱

注：根据上述评价体系，将各个理论的解释力度、适用程度从弱到强分为无=0、弱=1、中=2、强=3 四个梯度。

资料来源：刘太刚、吴峥嵘：《我国养老问题研究的理论工具评析——兼论需求溢出理论作为我国养老制度基础理论的适用性》，《江苏行政学院学报》2016年第4期。

再以传统公共物品理论为例，公共物品理论作为西方经济学的重要理论之一，被不少学者用于研究养老服务及其他民生公共事务。萨缪尔森认为，公共物品是指扩展效用到他人身上的成本为零，且无法排除他人参与的商品。[①] 该定义将消费上的非排他性和非竞争性作为公共物品的两类属性。但该理论在解释养老保障问题时仍有混乱不实之处，此处以公共物品理论为例，剖析为何需求溢出理论更适用于对养老问题的讨论研究。

传统公共物品理论认为，政府养老保障必须要有非排他性和非竞争性，其中，非竞争性要求政府保障应该对所有人一视同仁，因为每增加一个老年消费者都不会增加成本，因此没有必要对不同老年人群体区别对待；非排他性是指政府的保障必须对所有人一视同仁，因为政府无法或不应该对不同老年人群体进行区别保障。实际上，老年人个体及其家庭经济条件的差异导致其对政府养老保障的需求程度也会不同，如果有

---

① 刘勉、黄娅妮：《基于萨缪尔森经典定义对公共物品定义的研究》，《中国市场》2010年第49期。

限的养老资源在经济条件各异的老年人身上平均分配,其资源配置效果显然弱于向穷人倾斜配置的效果。传统公共物品理论基于养老保障的准公共物品属性,认为其成本应由政府财政负担部分甚至全部,来支持养老保障无差别供给的政策安排,即不论老年人个体的贫富、不论各类养老保障对资源的消耗程度,一并通过政府财政负担成本。而作为二次分配的养老保障实质上应该侧重济贫色彩,而非贫富兼济。否定了养老保障在非竞争性和非排他性两方面的适用性,即可证明根据物品客观属性进行定义讨论的传统公共物品理论对养老保障研究的适用性和解释力不足。

传统公共物品理论将养老保障的研究基点放置在其客观属性上,而需求溢出理论则是将养老保障定位于老年人个体的养老需求溢出上(非奢侈性养老需求的溢出)。因此,需求溢出理论倡导养老保障的差别化,即按需供给、差别分担;而传统公共物品理论则坚持养老保障的无差别化供给。传统公共物品理论这种无差别化供给和低价(甚至免费)供给的思路,必将导致政府养老保障中不同人群利益均沾、各类保障成本均摊的实践做法,导致经济条件较好的老年人搭上贫困老年人的便车、对养老服务使用较多的老人搭上少用者的便车的不公结果。因此,用需求溢出理论解释政府养老责任,更符合公众的公平正义理念,更有利于提高养老资源的效益并节约资源,更有利于培育扶持市场机制的成长成熟。不同于强调无差别化的养老保障,需求溢出理论强调的是按需保障,既根据不同养老需求的溢出情况进行保障,更重视基于养老需求精准把握和判断的政府责任定位逻辑。

正是由于传统公共物品理论的两大特征无法解释养老保障的物品属性,因此,大部分研究将养老服务作为准公共物品进行分析。按照公共物品理论的逻辑,养老机构提供的服务具备排他性和竞争性特征,就其客观属性来看,具备私人物品特征,但其引发的社会效益则有着公共物品特征,是公共物品和私人物品混合的产品,因此是混合公共物品。[①] 养老保险的竞争性、排他性、效用的不可分割性导致其也是一种准公共

[①] 刘轶锋:《混合公共物品、政府定位与养老机构发展》,《新疆农垦经济》2016年第8期。

物品。① 在传统公共物品理论的基础上，对于公共物品的供给，科斯、布坎南等学者认为，政府并非唯一责任主体，私人供给者也可以高效提供公共物品。② 在公共物品的多中心供给体系中，供给过程包括生产和供应两个环节。虽然公共物品的提供可以是多中心的供给模式，但该理论将逻辑起点置于养老保障的供给者，而非老年人的养老需求。这也是公共物品理论与需求溢出理论最大的差异点。只有精准把握老年人的养老需求，才能更高效率地配置养老资源，解决养老需求的溢出问题，这也是需求溢出理论的优势所在。相较而言，公共物品理论更侧重供给方的逻辑，而需求溢出理论是基于需求变化，将需求与供给主体进行逻辑搭建。政府的职能分工、人员配置、组织设置、政策制定、资源调配等，都应遵循是否有利于解决老年人养老需求问题这一基本出发点，这也是衡量政府养老责任合法性及效用的关键标尺。

(二) 需求溢出理论作为养老基础理论的解释力

由上可见，我国学界所援用的养老理论工具中尚未有一种理论工具对养老领域的三大基础问题作出较为满意的回答。首先，多数养老研究未能将理论的具体理念和实际养老问题进行紧密结合，呈现了理论和实际问题捏不到一起的"两张皮"现象，这在研究养老问题的硕博论文中尤为明显。其次，学界中各类支撑养老制度设计的理论工具尚未形成主流的理论，即缺乏养老制度研究的基础性、前瞻性理论。需求溢出理论作为我国养老基础理论具有较强的解释力和较高的适用性。具体体现为以下三个方面：

第一，需求溢出理论将传宗人理性作为对养老动因的解释。人类养老动因即人类为何养老的问题，需求溢出理论认为，后代之所以要赡养前代，主要是基于后代对前代的传宗人理性的激励，即对前代养育后代的激励。后代赡养前代的文化与制度（例如孝道与养老制度），就是人类创造的用来激励人类传宗人的制度设计，基于这种制度设计，人类关爱

---

① 李艳军、王瑜：《养老保险中的政府责任：一个分析框架》，《重庆社会科学》2007年第7期。

② 钟慧澜：《中国社会养老服务体系建设的理论逻辑与现实因应》，《学术界》2017年第6期。

与保护后代的传宗人理性才会得到不断强化。同时,需求溢出理论也强调,养老制度预设的养老标准应该以不危及子孙后代的长远利益为限制。

第二,需求溢出理论提出了四种基本养老方式。根据需求溢出理论的逻辑,老年人的养老需求可以分为未溢出的养老需求和溢出的养老需求。其中,未溢出的养老需求可以通过两种方式得以满足,一是通过家庭养老,即自给自足的养老;二是市场养老,即通过市场交换解决的养老;对于溢出的养老需求,同样也有两种保障方式,一是通过非营利养老的自愿利他得以实现,二是通过国家养老或政府养老的强制利他进行保障(如图2-2)。由此可见,家庭养老与市场养老被纳入私人养老范畴,非营利养老和政府养老则归于公共养老范围,而公共养老即指养老保障。[①]

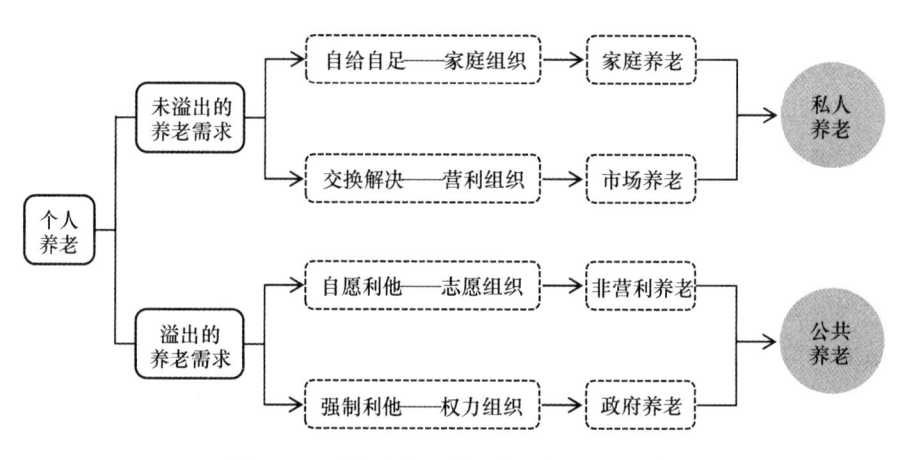

图2-2 需求溢出理论视域下养老供给逻辑

资料来源:刘太刚、吴峥嵘、龚志文:《我国养老问题研究的理论工具评析——兼论需求溢出理论作为我国养老制度基础理论的适用性》,《江苏行政学院学报》2016年第4期。

第三,需求溢出理论对基本养老方式间关系作出了解释,即优先顺序与混合并用。一方面,四种基本养老方式之间存在先后次序关系,即个体的养老需求应当首先借助哪种养老方式加以保障,其后再借助何种

[①] 刘太刚、吴峥嵘、龚志文:《我国养老问题研究的理论工具评析——兼论需求溢出理论作为我国养老制度基础理论的适用性》,《江苏行政学院学报》2016年第4期。

方式保障的问题。其中，资源禀赋和资源效率决定了私人养老优先于公共养老，这是由于私人养老资源在用于解决个体或家人的养老需求时，其资源效率更高，资源错配的概率较低、配置的流程较短，资源配置的损毁较小。因此，能够通过私人解决的养老问题（即为溢出的养老需求）则应该由私人养老解决，而只有私人解决不了的养老问题（即溢出的养老需求）才需要通过公共养老介入解决。

另一方面，四大基本养老方式之间的混合并用关系，即个体养老需求往往会将四种养老方式进行混合组合共同实现保障。

首先，对于私人养老的两种形态，国内与国际的显著趋势就是家庭养老功能逐步萎缩，市场养老功能持续强化，导致这种此消彼长的趋势的根本原因在于家庭和市场之间养老资源分布状况的变化，以及社会对养老资源的效率追求。专业化的市场养老主体（即企业化运营的营利性养老组织）的专业性和规模性大大提升，使得私人养老领域出现从家庭养老逐步向市场养老倾斜的趋势。

其次，对于公共养老领域而言，全球结社革命推动非营利组织得到长足发展，同时20世纪70年代在西方兴起的新公共管理运动以及中国的改革开放促使政府从掌舵划桨并重转变为着重掌舵的角色。就资源禀赋而言，政府的养老资源适合为老年人提供大众的、基本的养老服务，非营利组织的养老资源更适合提供个性化养老服务；就资源效率而言，非营利组织的设立、管理等相对更为自由灵活，运行成本也相对较低，因此非营利组织养老的资源效率要比政府官办养老机构等更高一筹。

最后，溢出的养老需求以及未溢出的养老需求并存于一个个体身上是普遍现象，也是私人养老和公共养老混合并用的根本原因。老年人的养老需求不能等同于经济学领域中具备购买能力的有效需求，因为前者同时涵盖了有支付能力与无支付能力的需求。同时，四类养老主体资源禀赋的差异以及社会对养老资源效率的更高追求，是导致私人养老和公共养老内部养老方式混合并用的根本性因素。具体而言，现实中老年人个体及其家庭存在部分养老资源，但这部分资源无法满足所有养老需求，因此该个体存在未溢出的养老需求和溢出的养老需求并存的现象，从而需要由私人养老（即通过家庭养老和市场养老解决未溢出的养老需求）

和公共养老（即通过非营利养老和政府养老解决溢出的养老需求）共同解决，形成现实中普遍存在的公共养老和私人养老混合并用的现状。另外，虽然资源效率和资源禀赋导致家庭养老的主导地位被市场养老取代、非营利养老与国家养老分庭抗礼，但四类养老主体的资源禀赋与优势以及对资源效率的追求导致市场养老无法彻底取代家庭养老，非营利养老也无法彻底取代国家养老，这也就导致了现实实践中在私人养老领域里家庭养老和市场养老混合并用、在公共养老领域中非营利养老和国家养老混合并用的格局态势。

总体而言，需求溢出理论从养老动因、养老方式、养老方式间次序三大基础性问题上对养老保障制度作出了较为全面的解释与分析。需求溢出理论提倡将后代人权利优先的代际伦理观作为老龄社会未来养老制度设计的伦理基础，更加关注发挥老年人的互助与自立能力，更加关注养老制度的可持续发展，更加关注后代在承担养老责任上的承受能力，这为政府养老责任的定位提供了更为长远化的、可持续的思维视角，也为本书提供了扎实的理论基石。

三 延伸：需求溢出理论的政府职能3D模型

目前，描述政府责任的宏大理论在一定程度上无法提供对责任的精准或微观描述，也无法反映政府责任与目标实现程度、实现手段之间的关系。因此，需求溢出理论中关于政府职能的中层理论[①]通过构建关于政府职能的描述性框架，能避免上述两类不足，创建宏大理论与微观实践之间联系沟通的纽带。政府职能是政府的"职"（即治理目标）与政府履职的"能"（即政府达到治理目标的手段与路径）的合体，即可以将政府职能分解成职与能两个层面进行描述。需求溢出理论以公共事务为政府职能的定位之锚，构建了一个关于政府职能的中层理论与描述性框架，即政府职能的3D模型。在该模型中，以政府对公共事务的治理广度，作为政府职能的横向职责维度；将对公共事务的治理深度，作为政府职能的纵向职责维度；将政府对公共事务的治理力度，作为政府职

---

① 刘太刚：《公共事务治理的广度、深度与力度——需求溢出理论关于政府职能的三维定位论》，《中国行政管理》2022年第9期。

能的权能维度。换言之，政府职能＝政府对公共事务治理的广度×深度×力度。

本书所建立的政府养老责任的维度模型就是基于需求溢出理论中政府职能的3D模型进一步深化、延伸发展而形成的。责任是一种义务与职责，包含分内应做之意，政府责任既是政府存在的理由，也是政府职能中最为核心与基础的部分，政府责任在实践中往往表现为政府职能，但是政府职能更多的是一种实践表现，而政府责任包含了更多的"应该"层面的道义与法律的要求。政府职能的3D模型仅仅通过3个维度对政府职能进行定位，并没有解决政府职能在政府对公共事务治理的广度、深度、力度应该定位于何处的更高层次问题。基于养老公共事务是带有浓厚社会伦理观念色彩的民生问题，且本书在描述改革开放以来政府养老责任变迁轨迹的基础上，力求呈现政府养老责任定位的理性模式与目标基准（即政府养老责任应该定位于何处），因此，本书将研究对象从政府职能提升为政府养老责任，提升了政府在养老公共事务上的道义色彩与法律分量。

第三节　本章小结

本章以政府养老责任为主题对已有文献做了细致梳理，并将相关内容归纳为养老保障视阈下的政府责任、不同养老模式下的政府养老责任、特定群体养老保障中的政府责任、政府对其他社会主体的责任、我国政府养老责任变迁转型、国外政府养老责任六大板块。基于已有文献的研究，发现现有研究仍止步于政府责任横向内容的分析，对政府责任的深度与责任实现方式等尚未作出很好的梳理和回答，缺乏对政府养老责任的立体分析框架。同时，已有研究都是聚焦于对政府养老责任的截面式研究，这为本文提供了研究空间与契机，如何观察、梳理并总结随着历史演进政府养老责任变迁的特征，显得较有探索空间和研究价值。

本书主要选取需求溢出理论作为研究开展的理论基础，需求溢出理论主要包括价值论、手段论、主体论、客体论、知识体系论。以养老动因、养老方式、养老方式间次序三大基本问题为标准，讨论了经济学、社会学、心理学、公共管理学领域内养老理论并对养老问题解释力做出了分析与比较,指出了需求溢出理论在众多养老理论中的解释力优势,并介绍了需求溢出理论的政府职能3D模型,作为后文构建政府养老责任维度模型的理论来源。

第 三 章

政府养老责任维度模型的构建

第一节 政府养老责任维度模型的整体构建

一 根源：基于价值—工具理性的双层公共事务观

（一）政府养老责任的实质内涵

需求溢出理论认为，公共管理即公共事务或公共问题的治理，亦即公共事务的处理或公共问题的解决。依据需求溢出理论的逻辑，政府作为公共管理领域中最为重要的主体，其存在的全部价值与终极意义就在于对公共事务的治理，即对公共事务的处理或对公共问题的解决。政府养老责任实则是政府与养老保障公共事务之间的关系逻辑，是政府对养老保障公共事务的治理问题。具体到养老保障领域，政府并非处理养老公共事务或解决养老需求溢出问题的唯一治理主体，因此，政府的养老责任只能是特定养老公共事务的治理责任。这种在养老保障领域中的治理责任既包含对养老需求溢出问题的事后性解决，也包括对养老需求溢出问题的预防性处理，渗透在政府处理养老公共事务的方法、方式、能力、途径、逻辑、资源等方方面面。

进一步而言，政府的养老责任是政府对养老保障的治理目标与达到治理目标的手段路径的整合。基于需求溢出理论的双层公共事务观，本书构建了政府养老责任的整体分析框架。作为公共管理的应然客体，双层公共事务观是指应由公共管理主体管理、办理的事务范畴。需求溢出理论将公共事务治理的逻辑起点向前推进，放置应由公共管理保障的个人需求之上，提出个人溢出于本人及所属私组织的人道和适度需求就是公共管理所应管理的公共事务，即原初性或价值性公共事务；由原初性公共事务派生裂变出来的公共管理主体的管理事项，也属于公共管理范畴，即派生性或工具性公共事务。①

通过明确公共事务的双层结构以及该结构背后隐藏的价值—工具理性逻辑来构建政府养老责任的维度模型，就理论层面而言，既能避免传统公共行政学科将工具性公共事务作为逻辑发端的弊端和不足，也能更好地应对公共管理实践带来的多重难题。按此逻辑，可将政府养老责任分为目标责任（即政府需要保障的养老需求的治理广度和治理深度）和手段责任（即政府保障这些养老需求的方式与手段），前者对应的是价值性政府养老责任，后者则与工具性养老责任相呼应。

（二）逻辑支撑：价值理性与工具理性的分野融合

将政府养老责任分为目标责任与手段责任两大板块的研究进路，以及需求溢出理论提倡的双层公共事务观，其最原始的逻辑支撑均来自价值理性与工具理性构成的理性思维。吉登斯认为"所有对有意义的人类行为的终极因素的严肃反思，都必须首先作出'目的'和'手段'的类别划分"②。可见目的和手段，以及与其高度类似的理想和条件、内容和形式、结果和过程、实质和程序等均是社会生产活动不可或缺的关键要件，而价值理性与工具理性实质是目的和手段以及内容和形式、理想和条件、结果和过程、实质和程序等内容的聚合性表达。③ 在养老公共事务中，目的源于老年群体的养老需求，表征着对养老生活与保障的价值理想，而手段则是实现这些养老服务目的的现实性桥梁与中介，涉及对养老资源的配置路径。借助手段来向既有目的和价值行进，是包含养老服务在内的所有人类活动的共同特质，纵观古今，概莫能外。

1. 价值理性对目标责任的指引作用

理性是人类认知、把握世界的重要方式，在哲学论域中，人的理性包含了价值理性与工具理性两大维度。德国社会学家马克斯·韦伯首先

---

① 刘太刚：《对公共事务概念主流观点的商榷——兼论需求溢出理论的双层公共事务观》，《政治学研究》2016 年第 1 期。

② Anthony Giddens, *Capitalism and modern social theory*, Cambridge University Press, 1973, p. 52.

③ 王彩云、郑超：《价值理性和工具理性及其方法论意义——基于马克斯·韦伯的理性二分法》，《济南大学学报》（社会科学版）2014 年第 2 期。

开了先河,将理性划分成价值理性与工具理性两大方面,并将其运用于对社会现象、行为的审视解构,其作为重要的理念类型影响了现代社会科学的发展。价值理性是有意识地坚信某些具体行为所蕴含的价值,其与成功与否并不相关,纯粹是由信仰决定而导致的行动。① 换言之,价值理性侧重的是行为本身的价值性,并不计较所采取的手段以及其造成的后果,其基于不同的价值信仰之上强调终极价值关怀。进一步而言,公共行政层面上的价值理性,强调关注政治方面的制度安排与思想理念、价值观基础之间的对应性和合适性,换言之,政治方面的安排与改革必须与对应的思想意识的培育进行有效整合。② 公共政策是社会的政治成果,影响着人类生活的方方面面,政府的养老责任通常也是借助养老公共政策的渠道方式呈现出来。养老政策的制定与选择即是政府作为公共政策主体对责任价值的偏好与行为的选择,作为养老公共政策制定、选择、执行主体的政府,其行为必然受到理想思想的调控与支配。

在价值层面的视角下,个体作为追求的终极目的,是各种努力的终极关怀所在。一切安排均是为了满足个人的合理性需求,均是为了维护、实现、发展人的合法利益,均是为了凸显人的意义、维护人的尊严、强调人的价值,从而保障人更好地生存、更全面地发展。以老年人需求为本的目标定位是养老保障中以人为本原则的本质体现,其核心在于将养老保障的目标定位从国家归位至个人。政府养老责任的服务对象是行动着的老年人成员,政府建立各类保障制度也是为了满足不同老年人成员的养老需求。因此,老年人的需求是政府各类制度安排目标定位的根本依据。因此,政府的养老责任在价值层面所要追求的就是保障不同群体的老年人的合理性养老需求,维护老年人的生存权益、福利保障,强调老年人的价值与尊严。必须意识到,价值隐藏于活动对象中,即老年群体的角色与需求决定了养老服务中政府责任追求的价值导向。

在政府的目标责任中,政府必须回到人本主义的出发点,构建养老

---

① [德] 马克斯·韦伯:《社会学的基本概念》,顾忠华译,广西师范大学出版社 2005 年版,第 31—32 页。
② 郭小聪、文明超:《论中国近现代政治文明转型的工具理性思维——兼谈价值理性思维对发展中国政治文明的重要性》,《政治学研究》2003 年第 3 期。

需求满足与政府养老责任之间的逻辑关系,确立老年人的养老需求是政府养老责任定位与落实的基石。将老年人的养老需求作为政府责任定位的目标所在,以老年人需求满足原则替代政府财政满足原则,可以推动老年人养老保障不再作为政治稳定的附带成果,不再作为经济发展的可选要件,而是成为满足老年人多层次养老需求的独立的保障制度。政府在考虑其养老责任所在的同时,必须思考到所追求的目的与价值这一根本性问题,强调作为服务主体的老年群体的价值诉求和实质性内容,并从应然、应是的角度思考其追求的养老目标价值"包括哪些""是否包括""为何包括"等原则性问题。但也要意识到,政府责任在价值层面所追求的不仅仅是对个人养老需求的保障,并不能只囿于个体层次,而应该寻求个体与整体的有机和谐状态,解决最广大老年人的基本养老需求问题、保障特殊群体老年人的个性化养老需求。

2. 工具理性对手段责任的导向作用

工具理性是基于对客观事物状况和个体行为的期望,并将这种期望转化为方式、手段,来达到所期许的目的。[①] 因此,为了实现所选择的价值目标,个人或组织必然会权衡斟酌各种潜在手段及其带来的结果,最终选择最佳手段付诸实施。从该角度看,工具理性侧重的是政府选择的手段或方式是否能够作为实现养老责任目标价值的有效手段,而并非强调所选择的手段工具本身所具有的价值,其关注的是有效性、效率、收益、成本等关键词。因此,工具理性促使政府更加强调对手段、工具的关注与侧重,追求更强的实用性与效用性。

政府养老责任的工具层面(即手段责任)是实现其责任价值层面的基本依托,政府养老责任价值层面(即目标责任)所追求的固有价值,需要依赖工具层面的手段才能得以实现,工具层面能够将价值层面信守的固有价值转化为行为目标或成果。因此,在政府养老责任中的手段责任侧重强调的是手段与方式,关注所选目标和价值的实现方式与工具系统,其更加偏重实践的方式与操作性的技术,从实然的角度考虑所追求的目标价值"能否实现""如何实现"等技术性问题。具体到养老保障领

---

① [德]马克斯·韦伯:《经济与社会(上卷)》,林荣远译,商务印书馆1997年版,第56页。

域，政府养老责任中的目标责任更加注重养老责任的理想、目的、内容、实质、结果等要素，政府养老责任中的手段责任则更加偏重对落实养老责任的手段、形式、程序、过程、条件等要素的考量与安排。

工具理性至上论一度成为话语霸权，其反映到公共政策的选择中，就演变为政策选择者将某种目的或价值确认为是先在的、既定的东西，从而只做工具理性的考量。① 换言之，在价值和目的既定的假设前提下，公共政策的作用仅仅限于作为挖掘实现价值和目的的最佳手段与工具。但实际运作中，公共政策特别是养老政策，其价值和目的并非既定不变的，如果只注重工具理性，则必然会对养老服务政策的价值理性形成偏离与戕害。过度强调工具理性会导致价值理性黯然失色，使老年人群体客体化与对象化，从而成为单纯的手段，却忽视了老年人作为主体的价值性与目的性。纵观人类理性的推进历史，可以感知到工具理性颇有一家独大的发展趋势，导致价值理性无法找到自身定位。对于这种趋势，马克斯·韦伯也称为"理性化的吊诡"（Paradox of rationality）。

3. 基于价值—工具理性融合的政府养老责任构建

必须认识到，政府在价值层面追求的是固有价值的挖掘和承诺，在工具层面追求的是所选治理目标的达成，两者之间并不决然对立。价值层面的追求总是需要诉诸一定的工具安排才能得以实现价值目标，而工具层面的设定从目标选取到手段选择都必然内含着一定程度的价值倾向。因此，价值层面和工具层面是相互独立、相互影响、相互促进的对立统一的辩证性关系。政府在养老保障领域中的行动实践，必然存在内在的价值动力（即解决哪部分老年群体的养老需求问题），只有在一定的价值导引下，政府才会采取行动（即通过不同的手段、路径对养老资源进行调配），行动的选择中包含着不同的价值前提与价值动力。同时，在比较行为方式、选择工具手段时，必然离不开政府的价值判断与取向。

总体而言，在政府养老责任的定位与实践中，价值理性与工具理性应该是互相依存、相互促进的有机状态，两者之间不可偏颇。价值理性为体，工具理性为用，前者指导着后者的活动方向，后者则以前者为导

---

① 王国敏、李玉峰：《工具理性与价值理性权衡下的我国公共政策选择——以公平与效率为视角》，《理论视野》2006年第4期。

向。工具理性是推动社会前进的源泉，价值理性对人类发展有保障作用，前者为后者打下了客观基础，前者的深化发展为后者从自发转向自觉、自由创造了条件，而后者又是前者的精神动力，有助于升级实践工具的价值意义，驱使社会实践活动向前。[1] 在此层面讲，价值理性决定了政府在养老保障中所要实现的目标，而工具理性是实现这类养老需求问题治理目标的手段与方式。

政府养老责任中的目标责任板块立足于价值层面，处理的是价值性公共事务，聚焦于政府在养老服务活动中对某些固有价值的承诺与信守，这些承诺与信守源于政府对老年人自身价值、需求价值的自觉把握。因此，在政府目标责任中要将老年群体作为责任服务的价值对象，将满足老年人养老需求作为政府责任的价值引导，从而确定要解决哪些老年人的哪些养老需求问题、解决到什么程度，这就成了政府在价值层面所追求的养老公共事务治理目标。为了实现这些基于自觉认知基础上的价值，政府会趋向于选择有助于实现、增进这部分固有价值的手段方式，并淘汰排除可能会损害固有价值实现的行为与工具。

在政府养老责任中的手段责任板块，政府从工具理性的角度出发，为了实现既定的养老服务目标、增进既有的养老服务价值，会理性地创造、选取、使用不同类型的工具或手段配置养老资源，其选择手段路径的标准在于该工具或手段能否有利于达成目标、取得成果、实现价值。需求溢出理论认为，公共管理目标的实现，必须通过资源配置来实现，公共管理的过程实际上就是资源配置的过程，公共管理中的所有手段之间的不同，本质上都是资源配置的不同。由此，对养老资源的配置也就是政府实现养老责任目标的手段，在政府的手段责任中，政府调动并投入了多少量的养老资源、多少种类的养老资源、是以直接投入还是间接配置的方式等以保障老年人的养老需求，就成了其在工具层面上偏好、采取的方式。政府选取工具或手段时并非完全不考虑价值层面的因素，只是在选择何种手段或工具上，会优先注重所选行为的现实可行性，而对价值的关注则居后位。

---

[1] 彭国甫、张玉亮：《追寻工具理性与价值理性的整合——地方政府公共事业管理绩效评估的发展方向》，《中国行政管理》2007年第6期。

价值层面和工具层面以各自的特质与内容，契合了政府在养老保障活动中两个层面上不同的追求，并成为政府养老责任维度分析的有力载体。因此，对于政府养老责任的定位可以从价值理性层面和工具理性层面双重维度进行分析，以价值理性与工具理性的分野为契机，寻找两者之间的二元平衡，在二者的统一中观察并把握政府养老责任的定位与后果，并努力实现两种维度之间的平衡与沟通，实现政府养老责任的统合。在此基础上构建的政府养老责任维度模型更有助于研究与考察政府在养老保障活动中的责任边界与变迁轨迹，因此也具有更多合理性与解释力，同时也是一种可行且便利的方法。

二 概览：政府养老责任维度模型的基本构造

（一）治理的内涵指向与取用意义

20世纪90年代，"治理"作为管理、统治的对应事物逐步受到各国政府、国际组织、学界的广泛关注，例如，世界银行发布了《治理与发展》（1992）并随后推出全球治理测度KKZ指标体系，OECD出台《促进参与式发展和善治的项目评估》（1996）等。[①] 斯托克（Gerry Stoker）、罗西瑙（James N. Rosenau）等在治理理论上的研究权威都认为治理不等同于统治，治理的概念下社会管理主体不仅仅是政府，该概念更强调政府管理的行为必须符合民主、法治、效率、责任、合作、协调、有限等治理理念。[②] 国内也有学者提炼出了"治理"的四大特征：一是治理并非一套规则，而是一个过程；二是治理过程基于协调而非控制；三是治理涵盖公共部门和私人部门；四是治理是持续互动的。[③]

联合国全球治理委员会在1995年发表的《我们的全球伙伴关系》报告中，将治理界定为"公共或私人的个人和机构管理其公共事务的诸多方式的总和"，是使不同甚至冲突的利益获得调和并以联合行动进行介入的持续性过程。公共治理是公共部门整合社会资源，涉及为社会提供公

[①] 唐天伟、曹清华、郑争文：《地方政府治理现代化的内涵、特征及其测度指标体系》，《中国行政管理》2014年第10期。

[②] ［英］格里·斯托克等：《作为理论的治理：五个论点》，《国际社会科学杂志：中文版》1999年第1期。

[③] 俞可平：《治理与善治》，社会科学文献出版社2000年版，第4—5页。

共服务、实现对公共事务的管理、促进公共利益最大化的多个环节，其既是国家目的的一种体现，也是对国家目的的执行。[①] 本书使用的治理概念与上述相似，是指在多元依存的制度环境和合作网络中，多中心主体建立起动态伙伴关系的制度安排。党的十八届三中全会明确提出了推进国家治理体系以及治理能力现代化建设的方向。其中，政府的治理实现现代化与否将是实现国家战略的关键与基石。由人类社会发展的经验可知，任何社会都需要一个治理体系来维持内外秩序和实现集体目标，而政府治理系统是一个与社会大系统有着"取"和"予"互动平衡的开放系统。[②] 治理是更侧重于工具性意义的政治行为，也是一种价值性的政治理念。[③] 这意味着政府养老责任的实现要适应社会公众的养老需求，建立并实践多方治理的理念，能在解决养老公共事务的基础上保障基本养老权益、提高老年人的幸福感与获得感。

治理首先是在多元主体相互依存前提下的网络化管理状态，同时必须认识到政府作为其中一个主体对有效治理的关键意义。不同于建立在强权和服从基础上的控制与统治，治理是在合作、民主的基础上通过合理分工、协作扶持、参与共享形成一定的社会管理秩序。治理并非政府单向使用强权，而是政府在社会公民之间进行有效对话、互动与协商。尽管治理更加凸显了政府之外其他利益相关者的能动性和主动性，但这并不意味着国家的式微。[④] 倘若政府不能配备较高水准的治理能力，更有甚者出现了国家空心化的现象，则治理也无从说起。[⑤] 因此，治理和政府密切相关，政府与其他行动主体在对话协商的基础上建立伙伴关系，调动其他主体的资源实现养老保障的总目标，治理是政府与其他社会责任主体之间互动的管理环节。而政府治理是政府对公共事务治理的方法、

[①] 张成福、李丹婷：《公共利益与公共治理》，《中国人民大学学报》2012年第2版。

[②] 张成福：《政府治理创新与政府治理的新典范：中国政府改革40年》，《国家行政学院学报》2018年第2版。

[③] 唐天伟、曹清华、郑争文：《地方政府治理现代化的内涵、特征及其测度指标体系》，《中国行政管理》2014年第10期。

[④] 马亮：《国家治理、行政负担与公民幸福感——以"互联网＋政务服务"为例》，《华南理工大学学报》（社会科学版）2019年第1期。

[⑤] ［美］弗雷德里克森：《公共行政的精神》，张成福等译，中国人民大学出版社2013年版，第6—9页。

道理、逻辑等，是政府在追求经济发展、管理经济与社会资源进程中对公共权力的运用方式。① 政府治理并非静态、空洞的概念，而是有着丰富内涵与变化演进。用治理来描述、划分政府养老责任，体现政府与其他责任主体对养老需求保障的合作管理。

按照需求溢出理论的逻辑，政府、家庭、市场、非营利组织作为四大行动主体，都是解决养老需求问题的责任承担者，从对养老事务的治理角度出发，以治理概念描述政府养老责任的分解维度更能体现对养老需求的保障手段要求（即以治理代替管制、统治、管理等），更能体现政府作为其中一个主体通过间接供给路径活化社会其他资源的合作格局（即政府与其他主体共同构成治理网络）。实际上，政府已经无法作为唯一的治理者，其必须依靠企业、公众、非营利组织等共同治理和管理。② 政府养老责任落实运作的逻辑是在参与基础上强调四大责任主体间的对话、协作、互动，从而增强了解，改善沟通，共同实现治理目标。总而言之，用治理一词描述政府养老责任的维度层次既符合养老需求保障的特质，也符合社会治理格局的实现要求。在养老责任的维度模型中，治理的客体是养老公共事务，政府养老责任即是政府对纳入责任范围内的养老公共事务的治理。作为养老公共事务治理的主体之一，政府实现养老责任的手段必然是治理。

（二）政府在各类养老责任主体中的角色安排

需求溢出理论认为，人类社会的四大类广义社会组织都是为了解决个人需求溢出而形成并存在发展的，其解决个人需求溢出问题的基本路径与方式各不相同，具体包括：血亲组织的天伦利他，营利组织的交换利他，非营利组织的志愿利他，政权组织的强制利他。政府是解决养老需求问题的四大主体之一，并非唯一主体，但也不能忽视政府在其中的主导力量，政府还承担着通过动员、扶持、激励、引导其他三类社会主体输出利他性解决养老需求溢出问题的责任。

政府的养老责任的最终目的在于解决老年人养老需求溢出的问题，

---

① 张立民、赵彩霞：《论善治政府治理理念下政府审计职能的变革——基于政府绩效评价视角的分析》，《中山大学学报》（社会科学版）2009年第2期。

② 张成福、党秀云：《公共管理学》，中国人民大学出版社2001年版，第22页。

但可供政府支配的养老公共资源有限，不足以解决所有的养老需求溢出问题。因此，并非所有养老公共事务都能被归入政府养老责任范畴，政府养老责任范畴内的养老公共事务是有一定限制与条件的，只有这些被限定的养老需求问题才能落入政府养老责任边界内，构成政府养老责任的范围。由此，政府对养老公共事务的治理广度，是指被纳入政府养老责任范畴的特定养老需求问题，具有一定的限制条件，其构成了政府养老责任的横向维度。对政府在养老公共事务中治理广度的确定，对于明确政府养老责任边界显得至关重要，政府养老责任定位的首要问题就在于要确定将哪些老年群体的哪些养老需求纳入政府责任范畴之内。

威伦斯基与勒博曾提出两种社会福利类型：一是补缺型社会福利（residual social welfare），倡导重视家庭与市场的角色与作用，强调依靠家庭与市场提供福利，当且仅当该两者的功能失调且难以满足个体需求时，政府才会承担相应的社会福利供给责任；二是制度型社会福利（institutional social welfare），重视政府社会福利供给中的责任，主张依靠政府制定法规政策来保证个体所需的社会福利，该模式下提供的社会福利内容丰富程度与水平均高于补缺型。[1] 很明显，这种分类方式都是基于社会福利提供原则的差异性，强调政府在福利保障方面的作用与责任。姚远根据联合国文件的规定，提出在解决老龄问题的过程中，有正式支持和非正式支持两种系统，其中，正式支持是指由政府机构为老年人提供的制度性支持系统，是政府提供或干预的社会保障支持，非正式支持是指由家庭、邻居、朋友、同事、志愿者组织、慈善机构等非政府组织为老年人提供的非制度性支持系统。[2] 这两种系统属于不同的范围，各有各的功能与存在条件，各有所为、各有所依、各有所需、各有所重。

需求溢出理论所强调的不同养老主体对养老需求溢出的解决次序，与威伦斯基分类思路中的补缺型社会福利、正式支持和非正式支持有异曲同工之妙。对于能够由老年人自身及其家庭组织解决的养老需求，则

---

[1] 彭华民：《从沉寂到创新：中国社会福利构建》，中国社会科学出版社2012年版，第99页。

[2] 姚远：《非正式支持的理论的实践：北京市老龄问题应对方式的再研究》，知识产权出版社2005年版，第1页。

强调通过家庭组织和市场营利组织输出利他性加以解决；而对于老年人及其家庭组织、市场营利组织都无法解决的养老需求（即溢出的养老需求），则由政府与非营利组织介入解决，政府承担的是兜底性保障责任。政府对养老需求的治理不能仅仅局限于政府直接解决的养老需求溢出部分，而是要扩展到对可能溢出的养老需求的防范性治理。换言之，政府通过引导、扶持、鼓励家庭组织与市场营利组织输出利他性，增强解决养老需求问题的能力，则溢出到养老公共事务范畴的养老需求体量就会减少，从而政府目标责任中的治理广度和治理深度也会随之缩减，对公共养老资源的节省、政府责任压力的减轻都有积极作用。同时，政府通过对非营利组织的培育扶持，提高其解决养老需求问题方面的水平，帮助政府共同解决溢出的养老需求，既为政府分忧，又为老人办实事。

在研究与加强政府养老责任定位与落实的同时，如何注重发挥其他责任主体的作用，如何探究不同责任主体之间的互动关系并找到恰当的平衡点，仍是一个十分重要的议题。本书力图通过对养老保障中政府责任的研究，突出政府责任的主导作用，同时整理并整合政府与家庭、市场营利组织、非营利组织之间的互动关系，摸索出具有中国特色的政府养老责任保障体系。

（三）政府养老责任两大层级中的三大维度

1. 政府养老责任的构成：目标责任 + 手段责任

政府养老责任是政府职责义务的体现，体现了政府实现治理目标的职责义务，政府养老责任实质上是政府与养老公共事务之间的关系问题，关乎政府对养老公共事务的治理、对养老需求溢出的解决。政府在养老保障领域的治理目标是对养老公共事务的治理所期望达到的治理状态，因此，政府的治理目标与养老公共事务相关联，在政府养老责任的目标责任中，需要用养老公共问题的范畴、种类、层次等要素来限定或描述政府治理目标的治理广度或宽度；同时，政府的治理目标又与养老公共事务的治理状态密切相关，因此，在政府养老责任的目标责任中，也需要用养老公共问题的解决程度来衡量或描绘政府治理目标的治理深度或高度。

此外，政府养老责任不仅包含着政府的职责义务（即目标责任），还囊括了政府实现养老公共事务治理目标的权能手段（即手段责任），后者是指政府调动哪些资源、权力以及采取资源配置的渠道、方式、机制等来解决养老公共事务的治理问题。在目标责任层面中，主要考量的是政府养老责任的保障内容，即责任内容，而责任内容是联系责任主体（政府）和责任客体（老年人群体）的桥梁，其既是能够促使作为责任主体的政府被问责的参考证据，同时也是作为责任客体的老年人享受到养老保障、实现养老权利的客观依据。考虑到资源路径手段的差异标志着政府养老保障中资源配置的治理力度存在差异，因而政府养老保障的资源路径手段问题实则为资源配置的治理力度问题，属于政府养老保障责任的治理力度问题。

2. 政府养老责任中的三大维度：治理广度＋治理深度＋治理力度

在政府养老责任维度模型的具体分解中，政府养老责任的治理广度和治理深度衡量的是政府养老责任中的治理目标，位于养老责任的价值层面，属于政府养老责任中的目标责任；政府养老责任中的治理力度衡量的是政府养老责任中的治理手段问题，位于养老责任的工具层面，属于政府养老责任中的手段责任。

治理广度是政府依据养老需求的排序确定养老需求类别，明确政府需要保障哪些老年群体的哪些养老需求，从而确定政府应该介入哪些养老公共事务的治理、需要解决哪部分溢出的养老需求，这实际上涉及了政府介入养老公共事务治理的范围、种类、边界问题。养老问题的出现是因为老年群体的需求未得到满足，而养老问题的解决也需要以老年群体养老需求得以满足作为标准。政府养老责任的治理广度问题是责任定位的基础，即政府需要厘清要解决的是哪些群体的哪些养老需求，这关乎养老责任的目标定位，具备关键性的导向地位。

治理深度是在治理广度的基础上，针对纳入治理广度的各类养老需求，确定政府相应保障的程度和水准。治理深度实质上是讨论政府对所介入的养老公共事务应该治理到什么程度、对应该解决的养老需求溢出问题解决到了何种程度，这关乎政府介入养老公共事务治理的程度、治理深度、水平问题。政府养老责任的治理深度将政府养老责任从横向一维拉向了横纵二维，即政府在明确所需解决的目标群体的养老需求问题之后，对这些养老需求应该分别保障到什么程度。有鉴于养老资源的有限性与养老需求的多样性，并不能采取一刀切的方式设定或实现养老责任的治理深度。

在政府手段责任的衡量维度中，政府通过资源配置这一方式调配资源以实现养老需求的保障，其包括直接供给和间接供给两条主路径。在两条手段路径下，都可以通过配置资源的密度与强度对资源配置效果进行分析、评定，从而观测比较不同手段路径下政府对养老资源配置的效度，即政府养老责任的治理力度。治理力度，是指政府面对所需介入的养老公共事务时（即治理广度与治理深度），其运用何种资源手段、路径选择加以处理，这关系到政府解决养老公共问题时所借助的路径与手段。考虑到不同的资源路径与手段将导致资源配置的治理力度差异，也将影响到政府养老公共事务治理目标（即治理广度与治理深度，也即政府养老责任中的目标责任）的实现程度，因此，养老公共事务治理的资源路径与手段问题实质上属于资源配置的治理力度问题，即政府养老责任实现的治理力度。

在政府手段责任的两条实现路径中，直接供给路径强调的是政府的主导参与性，侧重于政府资源对养老需求解决的直接匹配性，关键在于政府直接投入各类养老资源解决养老需求溢出问题。间接供给的路径主要是指养老需求最终由其他社会主体投入资源进行保障，政府在其中的责任仅限于提供更佳的政策框架与社会环境（例如出台独生子女照料假政策以动员子女赡养老人），确定其他社会主体的责任角色，动员并帮助这部分主体输出利他性解决养老需求，实现共同解决养老问题的多元参与模式。直接供给和间接供给中政府责任的区别在于获取资源配置的客体不同，直接供给中政府将资源直接配置给老年人群体，即政府对养老需求溢出问题的直接解决；而间接供给中政府将资源用于其他社会主体，并激励其他社会主体输出利他性来解决养老需求的溢出问题，而非政府直接解决。而在分析政府手段责任的治理力度时，主要通过观测两条手段路径下政府资源配置的效度加以评判，一是通过资源密度，即政府养老资源配置的密集程度，主要衡量的是政府对不同资源配置总量和资源集成的情况；二是通过资源强度，其衡量的是政府投入养老资源的手段强弱性，强调其在强制性方面的效力。

因此，本书在需求溢出理论政府职能 3D 模型的基础上，发展并构建了一个对政府养老责任在应然层面的描述性框架，即政府养老责任的维度模型（见图3-1）：将对养老公共事务的治理广度作为政府养老责任中目标责任的横向维度；将对养老公共事务的治理深度作为政府养老责任中目标责任的纵向维度；将对养老公共事务的治理力度作为政府养老责任中手段责任的能力维度。基于该维度模型，政府的养老责任实质上可以具象为政府在三个维度上对养老公共事务的解决效果：政府负责哪些养老需求问题的解决（即政府管得多广多宽，属于治理广度维度）？政府解决到什么程度（即政府管得多深，属于治理深度维度）？政府如何解决这些养老需求问题（即政府依靠什么来管，属于治理力度维度）？上述三个实质性问题，分别对应政府养老责任模型中的三个维度（治理广度、治理深度、治理力度），共同呈现对政府养老责任的描述性框架与分析性维度。以老年人的吃饭需求为例，从治理广度看，是指为哪些老年人保障就餐需求，以往的研究往往止步于此，但本书增加了另外两个立体维度：一方面，从治理深度上看，只是为老年人提供最基本的温饱，还是提供有营养价值的就餐服务？这两种保障措施意味着不同的治理深度；另一方面，从治理力度上看，提供温饱的措施可能只需要人均10元的补贴，但营养餐则需要人均20元的补贴，因此不同治理深度意味着治理力度的差异。

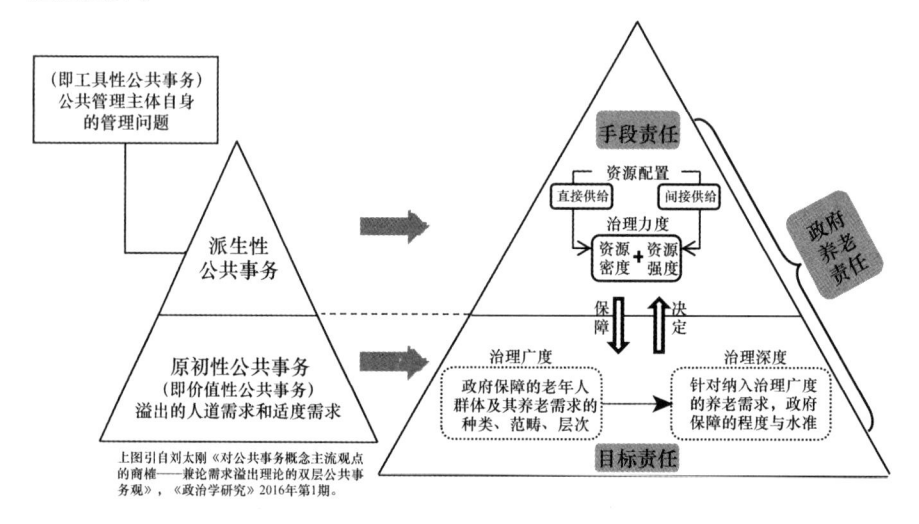

图3-1 政府养老责任的维度模型形成及逻辑结构

资料来源：笔者自制。

三 多向：三大维度间的逻辑互动关系

如前所述，就政府养老责任中的三项衡量标准而言，政府对养老公共事务治理的治理广度和治理深度问题属于政府养老责任的治理目标范畴，落在了政府目标责任范围内，即政府养老责任的立体边界问题；而政府在处理养老公共事务时运用的资源路径与手段问题则属于政府养老责任的治理手段、落实能力问题，属于政府手段责任内容。三大维度间存在着多向互动的逻辑关系，具体体现为：

命题1：政府养老责任中的治理广度和治理深度源自国民养老需求的升级。

人口老龄化、高龄化高速发展，以及公民生活水平的提高，导致国民的养老需求在容量和程度上都随时间推移呈现增加升级的特征，这些养老需求的升级导致溢出到社会成为养老公共事务的部分也增多，也导致政府养老责任的压力增加。国民养老的需求升级直接导致了政府养老责任中的治理广度和治理深度要求提高，换言之，养老需求升级，导致被纳入政府养老责任保障范畴内的老年人群体增多、养老需求类别也增多，同时对各类养老需求的治理程度要求也越来越高。因此，治理广度和治理深度的设定与实践源于养老需求的现实性升级增加。

命题2：治理广度和治理深度受到政府对养老需求价值判断排序的影响。

政府养老责任中治理广度和治理深度的设定与实现不仅受到养老需求现实性的变化升级的影响，同时还受到政府对养老需求的价值判断和排序的影响。养老需求的升级具有现实事实性的特征，但实践中究竟多少老年人、多少养老需求被纳入政府责任保障，各类养老需求究竟保障到什么程度，均取决于政府的价值判断和选择偏好。因此，政府在不同历史阶段的治理理念、意识偏好都影响着养老责任中治理广度的边界、治理深度的水平。

命题3：限于社会资源的有限性，治理广度和治理深度相互掣肘。

不同历史阶段内，社会资源禀赋的总量有限，作为责任主体之一的政府能汲取、调配的资源也有客观上限。政府对治理广度和治理深度的实现保障都需要依赖可配置的资源总量，因此，在可支配的资源总量固定的前提下，治理广度和治理深度之间存在相互牵扯掣肘的关系，并非绝对的正相关关系状态。具体而言，若治理广度扩大，即保障了更多的老年人，则在各类养老需求保障的程度上必然会有所减少，即扩面降标；若治理深度加深，即各类养老需求问题的解决深度加深了，则能覆盖的老年人数必然有所减少，即提标缩面。

命题4：治理力度受到社会资源禀赋影响，即社会资源越多，治理力度加强的可能性更高。

治理力度实质上是衡量政府利用、调配各类资源用于解决养老溢出问题的手段、途径和方式。在此角度下，资源禀赋是政府实现治理力度不可或缺的基本要素。只有当政府掌握的可被用于解决养老需求溢出问题的资源越多，政府治理力度加强的可能性才会更高。举例而言，随着GDP的迅速增长、政府财政水平显著提高，政府用于养老保障的财力资源愈加丰厚，解决养老需求溢出问题的实力条件也就越强。换而言之，社会资源禀赋以及政府可支配的资源总量是政府治理力度加强的关键性客观条件和物质基础。

命题5：通常而言，治理广度和治理深度的扩大加深会导致治理力度的加大。

通常情况下，政府养老责任中治理广度扩大、治理深度加深（即强化升级政府的目标责任），会导致治理力度的加强（即政府手段责任的强化）。政府养老责任的目标的升级提高，必然对手段责任提出更高的要求。换而言之，政府纳入责任保障范畴的老年人群体、养老需求增多，且各类养老需求的治理深度也在逐渐加深，均要求政府治理力度的加大，即投入更多的养老资源、追求更高的养老资源效率。因此，治理广度和深度的提高对治理力度提出的要求也会上升。

命题6：通常而言，治理力度保障并制约着治理广度和治理深度的实现。

治理广度和治理深度一方面决定着治理力度的投入情况，另一方面，治理力度也保障并制约着治理广度和治理深度的实现。其一，治理力度保障着治理广度和治理深度，政府投入的资源情况以及资源使用效率决定了政府实际上覆盖了多少老年人和多少养老需求、实质上对养老需求保障到什么程度。只有政府投入了足够的资源，并保证较高的资源配置效率，才会真正实现治理广度和治理深度的目标水平。其二，治理力度也制约着治理广度和治理深度的实现，由于资源禀赋的有限性、政府配置资源效率的高低在不同历史阶段都有差异，因此，都会影响到治理广度和治理深度的实际水平。

命题7：治理广度和治理深度的扩大加深不会导致治理力度的必然加强，其受政府资源配置的合理性和科学性的影响。

除了上述通常情况，在实际运行中，政府养老责任中的治理广度和治理深度的扩大加深未必会导致治理力度的必然加强，其中很重要的一环取决于政府对资源配置的合理性和科学性。正如政府对养老需求的价值判断排序会影响治理广度和治理深度的水平，政府在治理力度中的资源配置水平也会影响治理广度和治理深度。即使政府投入了较大的资源，如果出现资源错配、低配等情形，则实质上保障到的老人数量、养老需求类别、需求保障程度都会与最初的目标设定发生严重偏差。因此，政府资源配置的科学性与合理性，也即政府的资源配置能力，会关键性地影响养老公共事务的治理水平。

第二节　政府养老责任中目标责任的维度解析

一　维度一：政府养老责任中的治理广度

作为政府养老责任的第一个维度，治理广度是指纳入政府责任的养老公共事务范畴，即哪些养老需求的溢出是在政府养老责任范畴之内的。为明确政府养老责任的治理广度，首先，必须厘清政府的角色定位，即在解决养老需求问题时政府并非唯一主体；其次，按照需求价值与正义性的排序，对养老需求的价值进行划分，即提供判断养老需求价值的标准；最后，寻找政府治理广度的边界或标准，即明确哪部分养老需求应该被纳入政府治理广度中来，换言之，探寻治理广度中的需求有何特质或属性限制。

（一）需求层次划分：基于需求价值与正义性的排序

由于政府可配置的养老资源无法解决所有的养老需求溢出问题，因此，对不同老年人群体的不同养老需求溢出问题需要进行价值性与正义性上的排序，以确定其先后次序及资源配置比例。政府养老责任的治理广度聚焦于老年人群体的价值性需求,也即直接性需求,这类需求具有目的价值而非工具价值,包括助餐需求、护理需求、社交需求、助浴需求等老年人实质性的需求,但并非所有老年人的各类养老需求都属于养老公共事务。

从政府治理的实践来看,政府通常是以养老需求的重要程度(即养老需求的价值或正义性)作为评判依据,对不同的养老需求溢出问题进行排序,但不同历史时期政府对需求价值与正义性的判定标准也会发生变化。因此,如何判断哪些养老需求属于养老公共事务、需要政府介入,需基于决策者或决策机构对养老需求的价值判断,即需求的正义性或需求的价值。按此,某类养老需求能否纳入政府养老责任的治理广度范畴,以及其在治理广度中的级别层次,都取决于决策者或决策机构对该项需求的价值判断结果。因此,对政府养老责任治理广度的讨论,实质上是对养老需求的价值判断与抉择的探索。从需求溢出理论的逻辑出发,人对需求价值的判断主要是基于该项需求对人的重要程度,即当该项需求无法得到满足之时对人带来后果的严重程度。某项需求如果无法得到满足,其所带来的后果越严重,则该项需求的价值越高,越有可能成为公共事务。同理,在养老保障领域,某项养老需求的价值性与正义性取决于该项需求对老年人的重要性程度,换言之,取决于老年人在生理、心理等层面对该项需求的依赖程度,即该项养老需求如果得不到满足将对老年人个体产生的后果。

关于需求类型的划分,学界有不同的主张,比较具有代表性的是:Bradshaw 将社会福利服务过程中人类的需求分为感觉性需求(felt need)、表达性需求(expressed need)、规范性需求(normative need)、比较性需求(comparative need)[1];联合国在面对贫穷问题时,将人类需求分为基本需求与非基本需求[2];马斯洛在人类动机的视角下将个体需求分为生存需求、安全需求、归属与爱的需求、自尊需求、自我实现需求[3]。根据需

---

[1] Jonathan Bradshaw, "The Taxonomy of Social Need." in Richard Cookson ed., *Jonathan Bradshaw on Socail Policy*, University of York, 2013, pp. 1 – 12.

[2] UNDP ed., *Human Development Report* 2000, Oxford University Press, 2000.

[3] Maslow, A. H., *Motivation and Personality*, New York: Harper & Row, 1970.

求价值和需求正义的排序,需求溢出理论将个人的需求分为人道需求、适度需求和奢侈需求。按此逻辑,养老需求层次可以分为人道性养老需求、适度性养老需求、奢侈性养老需求。基于这三类需求层次对人类族群延续发展的积极作用的大小差异,可发现人道需求溢出的后果最为严重,适度需求位居其后,而奢侈需求的溢出效果最弱。如此,基于需求价值和正义性的排序,在三类养老需求中,人道性养老需求、适度性养老需求、奢侈性养老需求的价值排序从高到低,正义性从大至小。

以此养老需求层次的划分,可以更清楚地明确不同内容的养老需求的重要性排序与变化,展示改革开放以来不同类别的养老需求层次变化的轨迹,例如,医疗保健需求在经济基础尚显薄弱的改革开放初期属于适度性养老需求甚至是奢侈性养老需求,未被纳入政府养老责任保障范畴内,但随着医疗卫生事业的发展,该项需求在新时代属于人道性养老需求,属于政府目标责任的重要内容之一。

(二)治理广度边界标准:溢出的非奢侈性养老需求

由于各类需求的满足必须以资源作为基础,且人在心理上对某项需求的依赖程度往往容易受到社会文化等因素的影响,因此,资源因素(包括社会资源与私人资源)和社会文化因素在需求的价值排序(即公共事务的生成机理)中显得尤为重要。①

标准一:必须是溢出的养老需求。当老年人个体的养老需求超出自身以及家庭的满足能力时,该项养老需求就出现了溢出现象,即溢出了个人与家庭。老年人个体及其家庭所有的资源条件与状况决定了其养老需求是否溢出以及溢出多少,当所拥有的资源条件越好,则其溢出的可能性越小、溢出的需求量更少,反之亦然。这部分无法通过个人自身与家庭得到满足的需求就是溢出的养老需求。未溢出的养老需求由老年人自身或其家庭进行保障,而只有溢出的养老需求才需借助外界输入利他性帮助其解决养老问题,从而由公共管理负责对该部分溢出的需求的保障责任。如此,溢出的养老需求的价值与正义性明显高于未溢出的养老需求,也只有溢出的养老需求才会成为公共事务,进入政府养老责任的

---

① 刘太刚:《对公共事务概念主流观点的商榷——兼论需求溢出理论的双层公共事务观》,《政治学研究》2016 年第 1 期。

治理广度范畴。

标准二：必须是人道性的养老需求和适度性的养老需求。前述对养老需求三个层次的划分（人道性养老需求、适度性养老需求、奢侈性养老需求）是基于某项养老需求对于老年人个体重要性进行划分的。需求是个体在生命生活中缺少缺失的状态，个体的基本需求若无法获得满足，将会对个体的生存意义产生威胁。[①] 考虑到老年人的基本养老需求更多地涉及其生存权利、生命尊严，同时作为四大养老主体之一的政府所能调动配置的养老资源有限，因此，纳入政府养老责任治理广度的养老需求基本都是人道性养老需求，即维护老年人生活权益、维系老年人生存尊严、保障老年人基本生活条件的各类基本性养老需求。人道性的养老需求代表着老年人的基本生产需求，若不能得以满足，则这种缺乏的状态将会对个体的生命意义造成损害，影响个体的生存和福祉。依据需求溢出理论的观点，社会资源和社会文化会直接影响个体对某项养老需求重要性的认知，从而影响其对养老需求的价值判断。以社会资源为例，每项养老需求都需要通过特定资源的保障加以满足，当该类资源相对较丰富时，则对该项养老需求的保障更为便捷，其价值排序更为靠前，反之亦然。考虑到公共养老资源的有限性与稀有性，政府应首先保障人道性养老需求，兼顾解决适度性养老需求，只有非奢侈性的养老需求才会纳入政府养老责任的治理广度范围。

标准三：考虑到治理广度边界的动态性。如图 3-2 所示，水平方向的溢出线的位置取决于老年人个体与家庭的资源条件，溢出线之上的部分为溢出的养老需求，溢出线之下的是未溢出的养老需求。考虑到老年人群体的角色特殊性，其生活压力较其他年龄群体较大，且能获取的养老资源较少、获取难度大，其养老需求若得不到满足，往往都会导致对其基本生存权利的威胁。因此，本书将溢出的人道性养老需求和适度性养老需求视为价值性养老公共事务（即图 3-2 中的阴影部分），即纳入政府养老责任治理广度的范畴。人道性养老需求和适度性养老需求、奢侈性养老需求之间的分界线都会随着社会资源条件、社会文化风

---

① Edwards J., *Positive Discrimination*, *Social Justice and Social Policy: Moral Scrutiny of A Policy Practice*, London: Tavistock, 1987, pp. 70–72.

俗等对需求偏好产生的影响而左右移动,从而对人道性养老需求的范围进行压缩或增长,导致对政府养老责任治理广度的边界与范畴产生影响。因此,政府治理广度的边界存在动态性,这决定着不同历史时期同一项养老需求的价值排序会受到影响,其需求层次会发生变化,需要以动态发展的视角去观测、把握养老需求随时间线走向发生的变化特征。

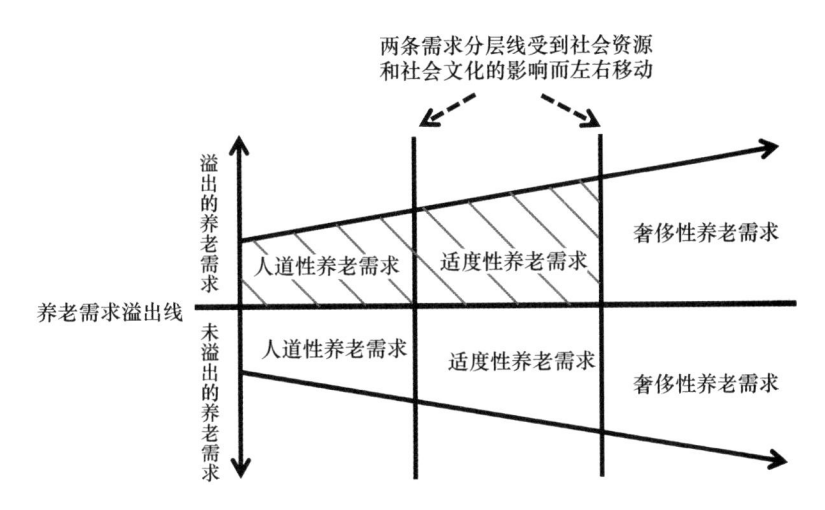

图 3-2 价值性养老需求的范围、级次以及生成机理

资料来源:笔者自制。

二 维度二:政府养老责任中的治理深度

(一)治理深度的定位:养老需求的保障程度

政府养老责任的治理广度是衡量政府养老责任的横向基准,是探讨政府养老责任的基础性与首要性问题,而作为政府养老责任的纵向维度,治理深度也是不能忽略的重要问题。依据需求溢出理论的逻辑,养老公共事务作为政府责任的治理目标,既存在横向上幅度范围的问题,也存在纵向上的程度、治理深度问题。以老年人的照护护理需求为例,对于生活自理能力较强的老年人而言,其对照护护理的需求量较小或需求级别较低;对于无自理能力的失能老人,其需求量与技术性远高于前者,因此,对于这两类老年人,政府在履行养老责任时的表现肯定不同,这种责任保障的差异很难从治理广度这个单一角度反映完全,其关键并非在于治理广度中养老需求的差异，而在于对同类养老需求的治理深度、程度的区别。由此，借助纵向上的治理深度对政府养老责任进行更为全面性、立体化的描述分析，也是本文在创新性上的一处探索。

需求溢出理论认为，公共管理的深度是指对导致个体需求溢出的因素防范或处理到哪种程度的问题，即对划入责任范畴的需求溢出问题治理到哪一程度。[①] 养老公共事务的治理深度是对其进行的程度描述、纵向刻画，是被纳入政府养老责任范畴的养老需求溢出问题解决到哪种程度的分析。以老年人法律维权需求为例，治理深度就是对于老年人法律维权问题治理到单位区域内单位时间内服务多少人次的问题，即结案率或服务总次数来衡量的标准。或再以老年人文化教育需求为例，政府的治理深度就体现在某一特定区域内为老年人举办的讲座次数与受教人次、活动次数与参与人数等达到何种程度。通过对这些具体标准的衡量，展现出政府在养老责任中对各类养老需求分别治理到哪种程度，以呈现政府养老责任纵向维度的历史变迁轨迹，更直观地描绘出政府养老责任的治理水准与能力变迁。

（二）治理深度的差异：多重因素交互影响

政府养老责任的治理深度因不同老年群体的各类养老需求而表现出不同水平与标准，其受到多方面因素的交互影响而呈现出参差不同的治理深度。

其一，治理深度受治理广度范围的影响。治理广度包括需求对象与需求种类，前者是指具备不同特征的老年群体，后者侧重纳入政府养老责任范畴的养老需求种类类别。治理广度的范围内容决定了治理深度的直接标的，即导致不同老年群体的多种养老需求溢出的因素。以养老助餐需求为例，与子女同住的老人和独居老人两类群体的助餐需求不同，导致政府对两类需求的治理深度有所差异。以养老助餐需求与法律援助需求为例，两类需求种类存在本质区别，政府治理的深度、效果、难度也会显示差异性。

其二，治理深度受治理对象负效应的影响。不同群体的各类养老需

---

① 刘太刚：《需求溢出理论：一种以孔孟治道为核心逻辑的公共管理基础理论》，《公共管理与政策评论》2019 年第 2 期。

求导致的治理深度不尽相同，若某项养老需求未能得到满足，产生的负面后果越严重，则对该项养老需求治理深度的设定也会提高，反之亦然。例如在养老助餐需求和法律援助需求的比较中，往往前者的治理深度要比后者更深，因为前者的需求价值排序更高，是影响其基础生活与基本尊严的人道性养老需求，其造成的需求溢出的后果更为严重，即带来的负面结果更大。因此，政府养老责任的治理深度必须考虑到具体养老需求背后招致的负效应规模，以权衡具体治理深度的设定与调整。

其三，治理深度受治理主体所拥有的资源禀赋的影响。[1] 在政府养老责任中，作为治理主体，如果政府拥有的养老公共资源越多，则其治理深度也会随之加深，反之亦然。自改革开放以来，各个时期的经济基础条件不同，随着政府的财政能力逐渐增长，社会各主体的利他力量蓬勃发展，使得政府掌握且能调动的养老资源的数量、质量也在增长，这对养老公共事务治理深度的加深起到了根本性支持作用。

其四，治理深度受治理难度的影响。某项养老需求溢出的治理难度越高，则其治理深度相比其他需求就会设定得越浅，反之同理。对养老公共事务的治理难度通常涉及治理成本与治理技术，治理成本是基于效益考量对某项养老需求溢出问题的治理是否超出了政府所能承受的财政能力、是否挤占了其他民生需求的投入空间。治理技术则需要考量某项养老需求问题的解决是否在技术性、专业性上要求更高，例如，医疗保健需求、护理需求、法律维权需求等相较于助餐、助浴等普通养老需求而言，其对人员专业性、资源特定性甚至设备场所配置等都有更多的要求，在实践操作层面也呈现更大难度，其治理深度与效果可能会显得相对较为薄弱。

三　衡量标准：治理广度与深度的指标体系

对政府养老保障责任实践进行描述分析的指标体系，是在明确政府养老责任内涵、对老年人养老需求精准分解把握的基础上，对政府养老保障责任的重要特征和责任范围进行综合考量和测评，以保障对责任实

---

[1] 刘太刚：《需求溢出理论：一种以孔孟治道为核心逻辑的公共管理基础理论》，《公共管理与政策评论》2019 年第 2 期。

践分析的全面性。审视政府养老责任的变迁与履责情况，必须以动态的视角展开。政府在履行养老责任的过程中，在责任理念、履责手段、制度建构等方面都会出现不同程度的增长、改善、创新。另外，政府养老责任的变迁也是一种动态过程，具有一定的时间跨度。借助政府养老责任维度及其衡量指标的构建，既能真实反映政府养老责任的现状，又能分析预测政府养老责任的发展趋势。

分析指标选取的标准包括：一是关联性，即各指标能在一定时期内对政府养老责任的某个方面的某些基本特征进行反映；二是层次性，政府养老责任的落实涉及多层次、多要素，因此，指标的设置必须体现层次高低与全面性；三是可定量性，所选取的指标需可测量并可获取实际数据，以呈现直观的责任状态；四是相互独立性，即各指标相互独立，避免在指标体系中出现相关度过高的重叠情况。本书构建的衡量治理广度和治理深度的指标体系[①]（见表3-1）是根据政府政策文本以及理念统计情况得出，既体现了政府在养老保障上注意力的分布和变化，同时也参考了相关研究的指标体系构建（例如政府社会保障绩效评估定量指标体系[②]）。本书形成的指标体系以客观指标为主，即主要集中在获取客观的历史统计数据进行分析，所观测和评价的内容涉及的是政府履行养老责任的客观实际状态。由于历史主观数据的不可追溯性，本书在治理广度和深度维度下的测量指标不涉及主观指标，因其关乎不同历史年代下公众对政府养老保障的评价、认可、满意度等，而该部分数据无法获取。因而本书更重视对客观指标的构建与分析[③]，客观地反映政府养老保障责任的范围以及履责情况。

对于能够展现政府养老责任结果与程度的养老需求，尽可能以结果型指标进行呈现，如覆盖率、参保率、床位率、保障人数等；对于不能

---

① 指标体系的来源依据及后续对三大维度的历史梳理所呈现的数据，是指涉及政府资源投入的即政府责任介入的养老保障，包括政府直接供给和间接供给两条路径，其区别于纯私人、纯市场的、不受政府资助、激励、委托的养老服务情况。

② 曹信邦：《政府社会保障绩效评估指标体系研究》，《中国行政管理》2006年第7期。

③ 本书构建的指标体系仅用于分析政府养老责任中治理广度和深度的变化程度，更侧重历史变化的呈现，且不同历史阶段的政府保障内容存在差异，考虑同一指标在不同历史时期的权重存在差异，因此，此书中不对指标体系的权重进行赋值，仅以指标体系描绘政府责任的实践轨迹与保障程度。

以数据结果呈现的治理深度内容，退而求其次，以政策型指标进行分析，如政府出台的政策保障力度与优惠扶持内容。数量指标更能体现纵向上的变化和比较，程度指标则是在纵向比较的基础上，增加了横向层面的可比性，不仅可以衡量政府养老保障的进步程度，也可以在不同老年人群体中进行比较。例如，拥有健康档案的老年人数是数量指标，揭示受该项服务保障的老年人广度变化。每百名老年人拥有的健康档案数则是横向程度指标，揭示的是老年人享受该项服务的程度情况，即老年人享受健康档案的概率机会与覆盖程度。

表 3-1　衡量政府养老责任中治理广度和治理深度的指标体系

一级指标	二级指标	三级指标
1. 经济条件保障	1.1 经济保障	1.1.1 实行养老金制度的公社数及享受人数
		1.1.2 参与城镇职工基本养老保险的离退休人数及基本养老金水平
		1.1.3 农村社会养老保险待遇领取人数及养老金水平
		1.1.4 城乡居民养老保险待遇领取人数及养老金水平
		1.1.5 福利养老金领取老人数及月人均水平
	1.2 经济救助	1.2.1 享受定期定量救济的孤老残幼人数及定救平均金额
		1.2.2 农村五保中老年人占比及供养标准
		1.2.3 享受城乡低保待遇的老年人占比及低保保障标准
		1.2.4 低保享受的临时经济救助类型及金额
		1.2.5 高龄特困老年人救助金享受人数及标准
		1.2.6 百岁老年人营养补助金领取人数及金额
		1.2.7 高龄老年人津贴领取人数及金额
		1.2.8 享受政府救济的精减退职老职工人数及平均金额
		1.2.9 享受救助的优抚孤老人数及补助标准
		1.2.10 征地超转孤老占比及人均生活补助水平
		1.2.11 领取农村部分计划生育家庭奖励扶助的老年人数及扶助金额
		1.2.12 领取计划生育家庭特别扶助待遇的老年人数及扶助金额
	1.3 经济补贴	1.3.1 享受居家养老服务补贴的老人数及金额

续表

一级指标	二级指标	三级指标
2. 生活照料服务	2.1 养老助餐	2.1.1 养老餐桌个数及服务老年人人次
	2.2 家政服务	2.2.1 可选择的家政服务提供商
		2.2.2 可获取的家政服务内容
	2.3 出行优待	2.3.1 老年人可免费乘坐的公交路线数
		2.3.2 老年人享受免费乘坐公交的人次数
		2.3.3 无障碍设施建设情况
	2.4 人身安全	2.4.1 老年人意外伤害保险参保人数
		2.4.2 意外伤害保险理赔案件数与理赔金额
3. 居住环境保障	3.1 基本住房	3.1.1 城乡贫困老年人住房救济户数
		3.1.2 优抚孤老住房救济户数
		3.1.3 军队离退休干部住房建设面积
	3.2 托老入住	3.2.1 光荣院收养老人数及年人均开支金额
		3.2.2 光荣院床位数及床位利用率
		3.2.3 乡镇敬老院收养老人数及人均生活费
		3.2.4 社会福利收养机构收养的老人数
		3.2.5 城乡老年福利机构数量
		3.2.6 城乡老年福利机构收养老人数
	3.3 宜居环境	3.3.1 家庭无障碍设施改造户数
		3.3.2 老旧小区加装电梯数量
		3.3.3 安装烟感报警器数量
	3.4 紧急救援	3.4.1 应急服务铃安装数量
		3.4.2 失智老年人防走失手环配发数量
4. 精神慰藉关怀	4.1 慰问关怀	4.1.1 政府相关领导慰问老年人的情况
	4.2 心理咨询	4.2.1 为老年人提供精神关怀服务的人次
		4.2.2 心理关怀咨询室的建设数量
5. 医疗保健服务	5.1 医疗保险	5.1.1 享受城镇职工基本医疗保险的退休人员数量及其医疗报销标准
		5.1.2 享受城镇居民基本医疗保险的老年人数及其医疗报销标准
		5.1.3 参加新型农村合作医疗保险的老年人及其医疗报销标准
		5.1.4 参加城乡居民基本医疗保险的老年人数及其报销标准

续表

一级指标	二级指标	三级指标
5. 医疗保健服务	5.2 医疗救助	5.2.1 城市基本医疗救助标准
		5.2.2 农村基本医疗救助标准
		5.2.3 城镇无医疗保障老年人医疗救助标准
		5.2.4 百岁老年人医疗补助发放人次及平均每人补助金额
	5.3 医疗福利	5.3.1 优抚对象医疗减免标准
		5.3.2 军队离退休干部医疗费用标准
		5.3.3 征地超转孤寡老人医疗报销标准
	5.4 就医用药	5.4.1 老年医院数量
		5.4.2 每千名老年人拥有的老年医院床位数
		5.4.3 社区卫生服务中心（站）个数
		5.4.4 社区卫生服务团队个数
		5.4.5 每百名老年人拥有的家庭病床数
		5.4.6 社区常用药品目录品种
		5.4.7 每百名老年人拥有的健康档案数
		5.4.8 每百名老年人享受免费体检的次数
		5.4.9 每百名老年人享受优先出诊服务的次数
		5.4.10 每名老年人享受免收门诊挂号费的次数
6. 文体教育活动	6.1 文化活动	6.1.1 文化场所优待幅度
		6.1.2 讲座培训次数
		6.1.3 老年人参与文化活动的人次
	6.2 体育活动	6.2.1 全面健身工程建设个数
		6.2.2 社区体育健身俱乐部个数
		6.2.3 社会体育场地开放率
		6.2.4 健身项目开发个数
	6.3 老年教育	6.3.1 老年学校个数及在校人数
7. 社会交往活动	7.1 婚姻介绍	7.1.1 老年人婚姻介绍所个数
	7.2 社会参与	7.2.1 老年人协会个数及老年人参加占比
		7.2.2 老年社团组织个数及老年人参与占比
		7.2.3 老年活动中心个数及老年人参与情况
		7.2.4 老年知识分子三下乡活动场次

续表

一级指标	二级指标	三级指标
8. 法律维权保障	8.1 侵权维护	8.1.1 老年人维权组织建设个数
		8.1.2 老年法律援助案件处理件数
		8.1.3 老年人享受的法律援助优待服务
	8.2 法律咨询	8.2.1 每百名老年人获得法律咨询次数

资料来源：笔者自制。

第三节　政府养老责任中手段责任的维度剖视

一　维度三：政府养老责任中的治理力度

一直以来，学界对养老保障与服务的研究大多集中在供求关系的讨论上，对养老资源的配置利用这方面研究仍处于起步阶段。例如，穆光宗将养老资源分为人力、健康、经济、伦理、时间等资源。但已有的多数研究是基于整体上社会养老资源配置的状况进行分析并提出优化建议，尚未从政府责任的视角具体观测政府投入调动的养老资源，以及政府与其他责任主体之间资源依赖与互动的化学反应，这也为本书的研究提供了一定的研究空间与创新视角。资源是指一切可以被人类用于开发和利用的，用以提高人类当前以及将来福利的能量、物质、信息等的总称。资源禀赋是指一国所具备的资本、劳动力、技术等生产要素，资源禀赋包含两个基本假设，一是行为主体的资源禀赋具备异质性，即不同的行为主体拥有的资源禀赋情况存在差异性；二是各个行为主体根据自身具备的资源禀赋情况，作出最利于自身的行动选择。[1] 政府要完成任何一项责任，都需要投入一定的资源。[2]

资源是开展一切养老服务与保障的最基本的要素，对于不同老年人群体多层次多方面的养老需求，养老资源的数量、质量和整合显得尤为

---

[1] 王轲：《老年人的资源禀赋与养老方式选择——基于CLASS 2012数据的实证检验》，《西部论坛》2017年第4期。

[2] 杨雪冬：《改革开放40年中国政府责任体制变革：一个总体性评估》，《中共福建省委党校学报》2018年第1期。

关键。政府对养老资源的调配实质上是在老年人不同养老需求的基础上，对不同层次、来源、内容的养老资源进行识别选择、配置优化、融合激活，进而创造出更能满足老年人养老需求的资源配置框架。养老公共事务的本质就是老年人的养老需求，因此，政府作为公共管理的主体之一，其养老责任的实践落实实际上是一种满足老年人养老需求的活动。不论要满足何种养老需求，必须借助某类资源，特别是能够具体感知、直观利用的实体资源，都需要某类甚至多种资源混合投入。因此，对养老需求溢出问题的解决离不开资源配置的实现路径，政府手段责任就体现为政府在养老保障中资源配置的能力与权力，直接关系到养老公共资源配置的力度与效度。

在上文构建的政府养老责任维度框架中，政府养老责任不仅包含了目标设定层面（即政府的目标责任），还包括了政府为实现治理目标所选择的手段路径（即政府的手段责任）。依据需求溢出理论的逻辑，前者是指政府对养老公共事务的治理广度和治理深度，从横向与纵向两个维度对治理目标进行了二维构建，后者则是从政府对养老公共事务的治理权能的角度测量政府的资源配置治理力度。在政府养老责任的工具层面上（即政府手段责任），要以是否能够解决老年人的养老需求溢出问题、解决效果如何为标准进行衡量。治理力度可以用来衡量政府手段责任在直接供给和间接供给两条路径下各自的资源配置效度。

在政府养老的手段责任中，治理力度是为了测量政府对养老公共资源的配置力度，体现了政府对公共资源配置的权能。如果无视政府养老责任的治理力度，试图任意扩大政府养老责任的治理广度与治理深度，都有可能会导致政府治理的失效以及养老公共资源的错配与低效。治理力度是基于治理广度的内容得以展开，并受到治理深度的设定要求的限制，最终确定治理力度的投入大小。与此同时，治理力度又直接影响到养老公共事务的治理广度和治理深度，直接关系到政府养老责任的保障范围与落实程度。举例而言，政府对高龄老人津贴的财政资源投入大小直接决定着对高龄老人惠及数量（治理广度）和经济补助水准（治理深度）。因此，治理力度与治理广度、治理深度三者之间是有机联动、相互整合的关系，离开了政府资源配置治理力度的维度，政府养老责任将无法呈现立体化、全方位的建构图景。

二 配置路径：直接供给与间接供给

吉登斯所设计的新社会框架提倡构建对话民主，即国家在公共领域中通过对话来解决或处理矛盾。[①] 传统理念和实践中，老年人养老需求的解决由国家制定并保障。但在新框架下建立对话民主，使得老年人养老保障通过不同养老主体之间的对话过程生成并不断完善，让其能更有效地回应社会养老需求。对话是为了更精准地挖掘老年群体的需求，从而形成有效提供老年福利分配的规则与养老服务的供给，但是对话机制的有效性与高效性将会影响着老年人养老保障制度形成的时间，影响老年人养老需求问题的解决效率。政府和其他社会主体之间的良性互动是养老福利提供与保障的基础。政府出台政策和规则，提供社会保障；市场创造自由机会与自主选择；家庭、社区推动个体间互惠关系的发展；社会则是开拓交流渠道和提供非正式化的福利。通过不同养老主体连接成功能互补、层次分明、互为补充、互相补充的养老保障体系，共同解决养老需求的溢出问题。必须关注政府与其他养老行动主体间的互动关系，将其他养老主体的养老功能作为整体养老保障体系的组成部分，避免重蹈西方福利国家的覆辙。

在政府养老责任的维度模型中，政府在配置资源以保障治理广度和治理深度的过程中，对于资源的投入调配主要通过两条配置路径实现，其中，直接供给是政府直接配置养老资源用于老年人养老需求的保障，间接供给是政府动员、引导、支持其他三类养老责任主体（家庭、市场、非营利组织）通过利他性的输出给予，推动对养老需求溢出问题的共同处理和最终解决。

（一）家庭组织提供养老保障的基础性

家庭是基于亲缘和血缘关系组建而成的生活共同体，是连接个体、社会、社区、国家的基本纽带和桥梁，是个人存在于社会的基本单元。同时，作为社会结构的初级单位，家庭对社会各类机会和资源能够进行基本整合。中国家庭注重亲子关系和反哺式观念，形式上虽各自为独立

---

① 彭华民：《从沉寂到创新：中国社会福利构建》，中国社会科学出版社2012年版，第58页。

门户，但借由家庭网络的交互关系在日常生活中相互扶助。[①] 自改革开放以来，家庭结构发生的重大变化对社会整体特别是养老保障造成了广泛而深远的影响。随着家庭结构的变化，最直接的影响即导致家庭养老功能的弱化。家庭小型化与老龄人口的剧增，导致有照料需求的老年人口数量多于能提供照料支持的后代人数。同时，在竞争逐渐激烈的社会大背景下，劳动年龄群体的成长空间变小和生存压力剧增，导致部分家庭成员将精力集中在求生存谋发展之上，却逐渐放弃了原有的责任，其中就包括对老人赡养扶养力度的缺失。

家庭养老自古以来就是中国社会主流的养老模式，家文化在历史长河中根深蒂固，每个个体内心都烙上了家的概念，老年人群体的特征更是决定了其对于家的需求与渴望程度。在传统文化的深刻影响下，老年人更重视家庭成员的地位和作用，费孝通提出的差序格局[②]也指出了从近亲到远亲、朋友邻居，再至社会的顺序链条。在此基础上，家庭是满足个体基本需求的基本场所，个体进入老年期之后对家庭及成员的依赖性更为强烈。老年人家庭成员的构成、子女情况、居住安排、代际支持等都是影响其获取家庭养老资源支持的关键性因素。随着人口变化趋势，老年人家庭的结构、规模、关系、形态、功能都发生着明显的变化和调整，导致老年人对养老保障的需求呈现新的特征。

瑞典斯德哥尔摩全国健康与福利委员会的约翰逊提出，虽然帮助老年人居家养老是社会政策的关键构成，但大部分家庭也都是照顾的供给者之一，且多数老人表达了对非正规照顾的偏好。[③] 绝大多数老年人仍不愿意离开家庭以获得养老生活，作为老年人认可、首选的养老方式，家庭养老具备原生性优势，其既能够保障代际之间生活和经济方式上的互惠互助，又能实现心理支持和精神慰藉作用。家庭养老中提供照料的主体包括配偶、子女、子女配偶、孙子女、兄弟姐妹等亲属等，照料内容也涵盖了经济支持、日常生活照顾、精神慰藉等。家庭保障功能削弱的

---

① 蔡文眉：《家庭结构与人口老化问题国际学术讨论会纪实》，《人口与经济》1988年第1期。
② 费孝通：《乡土中国生育制度》，北京大学出版社1998年版，第27页。
③ 施德容主编：《建立面向21世纪的老年人照顾体系》，上海译文出版社2000年版，第234页。

程度往往标识出社会保障需求增长的尺度,在此格局中,老年保障所受的影响尤为明显。① 在家庭养老和社会养老逐步整合融会的过程中,家庭的养老功能不断外移。农业社会时期家庭承担着消费、生产、养老等一体化任务,工业社会时期将家庭的基本功能急速外移至社会,养老也随之转变为政府与社会的责任。② 作为个体最理想化的养老方式,家庭养老在家庭结构和社会结构发生双重变化的现实背景下举步维艰,家庭对于养老保障越发显得独力难支,需要政府通过激励型手段加以引导、扶持、激励,从而寻求化解之道。政府通过激励型手段加以动员、扶持,并非意味着政府完全介入甚至代替个体和家庭的作用,而是通过各种激励措施鼓励个体和家庭发挥其在养老事业中的作用。

(二) 市场营利组织参与的高效性和竞争性

随着市场经济体制的建立,市场营利组织逐步成为养老产品和服务的重要提供者。市场提供养老服务与产品的优势在于通过市场配置资源,能高效地提高养老资源的使用效率。通过政府特许等方式,市场营利组织在政府的规制下提供相应的养老服务,其承担起相应的养老服务供给责任也成为必然,责任依据来源于政府和营利组织双方协商的协议以及在养老服务供给中获取相应的收益。按照经济学的惯有逻辑,在市场能发挥作用的领域应该交予市场,公共服务的提供只能留给政府,市场与政府之间的分工应该是泾渭分明的。③ 但在实际操作中,即使在公共服务领域,市场和非营利组织都能提供公共服务。必须认识到,提供养老等公共服务时,政府、市场营利组织、非营利组织等行动主体的共同责任,需要多元主体共建相关机制、共担风险与不确定性。

市场营利组织虽然在资源配置和使用效率上有一定优势,但其也存在失灵的情况,特别是当营利组织提供养老服务过程中,在利润最大化的驱使下,很容易利用信息非对称等漏洞以次充好,从而降低养老服务的质量。同时,营利组织毕竟以追求利润为目标,其所提供的养老服务

---

① 孙光德:《中国社会保障》,中国劳动出版社1993年版,第10页。
② 孙光德:《中国社会保障》,中国劳动出版社1993年版,第10页。
③ 刘尚希、陈少强、陈新平等:《基于治理、资源配置视角对政府特许经营和PPP的认识》,《经济研究参考》2016年第15期。

对不愿或无法支付费用的老年对象而言具备一定的排他性，导致很多老年人受限于经济条件而无法享受市场提供的养老服务。政府与市场都会出现失灵的情况，单独依靠政府调控或市场调节都不能长远有效地推动社会养老事业的持续性成长，必须通过平衡双方关系，有机结合两者的运行机制和优势，并发掘社会主体的主动性和创造性，共同服务于社会养老保障的发展。

在政府和市场营利组织之间的关系上，并不存在固定的责任组合模式，两者也并不是非此即彼、此消彼长的零和博弈关系，而是缺一不可、和谐共生的辩证性关系。两者必须形成相互促进、相互补充的优势耦合效应，注重政府和市场各自发挥作用，实现高效市场机制与服务政府角色之间的有机耦合，形成两类主体的优势共振。厘清政府和市场营利组织在养老服务领域中的责任分配与合作关系，有助于形成两者间良性互动、动态调整的关系。通过将精力放在事中事后监管、优化对市场服务等方面，政府以权力的减法获取市场活力的乘法效应，通过政府责任的限定与优化实现政府作用的有为、有效，从而换取市场创造力和社会活力的释放。要更好地发挥政府作用，要在保证市场发挥决定性作用的前提下，管好市场管不了或管不好的事情。政府动员、扶持、鼓励市场营利组织对养老服务的参与，并不等同于"大市场、小政府"的思路理念，"大市场、小政府"是将政府和市场的作用对立起来，将其视为相互排斥、此消彼长的关系，但两者之间实质上是互补状态。政府要摸清和社会、市场之间的合法性、合理性界限，挖掘各个行动主体的原生优势，将具有价值性的经验做法提炼为养老事业治理格局的构成要素。

（三）非营利组织参与的专业性与公益性

非营利组织以其独特的公益性、非营利性、志愿性等特征，在养老保障中发挥着重要积极的作用。其公益性表现在非营利组织的活动目标旨在养老等公共利益；非营利性在于其不以营利为目的且组织内部不能进行剩余分配；非营利组织的志愿性体现在无私奉献、自我追求的内在性动力与强烈的使命感。综合上述特征，非营利组织在养老服务体系中集合了其独特优势：第一，非营利组织应变能力的灵活性、组织形态的弹性化为其在提供养老服务时带来了高效率、低成本的优势，弥补了政府与市场营利组织的不足。非营利组织没有复杂的程序且行动能力快速、决策独立，能够针对养老服务的多元化需求，在组织形态和服务方式上作出快速且专业化的调整。第二，非营利组织以其参与领域的广泛性与专业性作为优势，为老年人提供涵盖教育、文化、卫生、照料、法律等多方面的养老服务，其作为致力于公益事业的服务性组织，基于志愿性追求公益性，通过输出利他性实现对老年人的人文关怀。第三，非营利组织的广泛参与机制使得组织的运作被纳入社会直接监督之中，既提高了养老资源配置的合理性和透明度，又提高了社会公平度。第四，非营利组织的志愿性特征不仅基于志愿利他的功能路径提供养老服务与保障，也在潜移默化地扩大志愿性利他精神的影响，培养社会互助利他精神的养成。

非营利组织主要通过下述几种方式为老年人提供为老服务：社区成员之间双向自愿互助服务、单向服务、协同包户服务、开展设点服务、挂牌服务、电话联网服务、大型集中服务、心理咨询服务等。[①] 作为公共服务中的重要主体之一，非营利组织是现代社会发展成熟的标志，其具备公共组织的性质，但却避免了政府强权组织的公共权力的垄断特征；其具备市场营利组织现代管理的亲社会性和灵活性，但却省却了营利组织剩余价值分配的约束以及资本保值增值的巨大压力。因此，对于养老服务中某些特定的领域，非营利组织作为供给者有着独特天然的优势，其通过公共组织的社会地位实现了对某些特定资源的掌握与管理，同时具备了现代组织的运营和管理能力，从而应该承担起相应的公共服务责任，其责任依据来源于其所掌控的资源与能力。就非营利组织与市场营利组织之间的关系而言，非营利组织能够在一定程度上弥补市场的不足之处且促进市场进一步完善。随着市场经济的发展与壮大，在提供养老服务或产品时可能会出现政府与市场双重失灵的情况，例如中间环节过多或过于复杂导致信息不对称的情况，从而导致老年人权益受损的情况。而非营利组织基于其公益性、非营利性等特征，对老年人群体的权益侵害可能性相对较小，且能和市场营利组织在养老物品的供给上形成有效竞争，从而推动养老服务市场的规范化与有序化，并向合作、诚信、共赢等方向发展。

---

① 白恩良：《北京市老年人的需求与对策》，中国人口出版社2002年版，第233—234页。

三 配置对象：两级六类资源类型

资源是政府治理力度中的治理客体或对象，需求溢出理论的公共管理资源论将资源分为两级六类，将人力、物力、时间、空间四类资源归为一级资源，将财力资源和心力资源归入二级资源。[①] 据此，政府在落实养老责任过程中涉及的养老资源也可分为一级养老资源与二级养老资源。一级养老资源是可感知的物质资源，包括人力资源、物力资源、时间资源、空间资源，是政府处理养老公共事务所赖以存在的基础性、根本性资源。二级养老资源往往以非物理形态而呈现，包括货币等财力资源、文化等心力资源，这类资源通过转化成为一级资源以助政府处理养老需求溢出问题的解决。必须厘清的是，这六类养老资源并非仅供政府所调配使用，而是指在社会中解决老年人养老需求溢出问题时可被配置的资源，本书采取从政府角度来看对六类养老资源的描述与分析。

（一）一级一类养老资源：人力资源

人力资源包括治理主体与治理客体在内的个人。政府在处理养老公共事务时实质上是通过借助个体输出实际的利他性来处理溢出于老年人个体及家庭满足能力的养老需求，作为输出利他性的个体则成为政府落实养老责任中最为基本、广泛的人力资源。根据治理主体与治理客体的区别，人力资源可以区分内部性人力资源和外部性人力资源。在政府养老责任落实中，作为治理主体，与养老保障相关的政府组织体制之内的所有成员均属于人力资源。需求溢出理论认为，个人是作为公共管理主体的公共组织的基本组成单位，后者的公共管理活动最终要借由个体活动得以实现。[②] 因此，政府组织内部的个人是政府养老责任设定与落实的元主体，是养老责任的直接发动者与推进者。例如，老龄委机构的成立，其编制内的工作人员即作为保障养老权益、解决养老需求所需的内部性人力资源而存在。

---

① 刘太刚：《公共管理之器、术、道——需求溢出理论的公共管理资源论和公共管理学知识体系论》，《江苏行政学院学报》2013年第6期。

② 刘太刚：《公共管理之器、术、道——需求溢出理论的公共管理资源论和公共管理学知识体系论》，《江苏行政学院学报》2013年第6期。

治理客体则是外在于政府组织体制之外的成员个人，属于外部性人力资源，有两类外部性个体能够对政府养老责任的实施产生影响，其合作意向与行动能力都会影响到政府养老责任落实的效果甚至成败。第一类是政府养老的直接服务对象，即老年人群体，老年人是在政府处理养老公共事务过程中最直接的受益人。老年人群体如果能够提高自身活动能力能够在一定程度上减少养老需求的溢出，例如通过自学丰富老年人生活、锻炼身体提高身体免疫力；老年人也可以通过输出利他性帮助政府养老需求溢出问题，例如通过时间银行的形式，低龄老人为高龄老人提供部分养老帮助服务。第二类外部性人力资源是其他可能输出利他性帮助解决养老需求问题的社会主体，包括家庭、营利组织、非营利组织中的个体，这三类组织中的个体是各自组织中的最基本行动主体，家庭成员通过输出利他性为老年人提供最直接、最便捷的养老保障，营利组织和非营利组织中的个人通过发挥专业性优势参与到解决养老需求溢出问题的公共事务中来。

（二）一级二类养老资源：物力资源

人力资源主要是发挥人的主观能动性，在制定政策、提供服务等方面进行资源注入。但对于许多养老需求溢出问题，无法单独依靠人力资源最终解决，还依赖特定的物质资源。例如，养老机构的场所选址、医疗护理的专业性设备等都属于帮助解决老年人需求溢出问题的物力资源。这类资源通过上述人力资源进行统一调配、开发、使用、升级等，是为人力资源所用的工具性资源。

物力资源包括自然资源与人工资源。作为基础性资源，自然资源是指于自然界中形成存在并可用于满足人类某些需求的资源，包括水、土壤等。由于个人在进化过程中均需要这类自然资源才能维持生存延续，而老年人作为人类群体的一部分共同分享这类自然资源，权利均等且机会公平，同时，养老保障更多地牵涉到服务资源的消费配置而非自然资源的直接消耗，因此，在政府养老责任的落实中，可认为老年人对自然资源的配置消耗相同，不作进一步区分探讨。

人工资源是从自然资源中发展、制作出来的衍生性资源，其与天然生成的自然资源最本质的区别就在于，人工资源是经过人力加工制作生成的物质资源，包括人工生产的机器设备、种植的粮食、加工的食品等。

政府在解决养老需求溢出问题的过程中，会为老年人添置取暖设备、发放棉被食物，等等，这些设备、设施、物品都属于物力资源中的人工资源，对养老责任的落实有着最为直观的推动作用。人工资源是将自然资源进行二次生产生成养老保障领域中所需的各类物力资源，换言之，自然资源的作用与地位已转换进人工资源得以展现。

（三）一级三类养老资源：时间资源

时间既是世间万物存在的维度，也是解决养老需求问题所需的各类物力资源存在的维度，因为解决老年人的需求溢出问题事实上总和时间节点紧密结合在一块。时间资源的必要性与宝贵性在于养老需求的时限性、资源配置的耗时性、社会发展的历史性这三类特征，可以说，时间资源贯穿于政府养老责任的方方面面，将养老责任的时间特征与历史发展整合为一。

第一个特征是养老需求的时限性。政府养老责任的最初出发点和终极目标都是解决老年人的养老需求溢出问题，但不管是助餐、助浴、助行需求，还是医疗保健需求、法律维权需求等，都具有一定的时限性，但在时限要求上存在轻重缓急之分。例如，老年人的助餐需求，对于一部分无法自己做饭的老年人，如果助餐需求的满足超过了其就餐时间甚至超过了影响到其生命的时间底线，则原本用于解决养老助餐需求问题的资源（包括人力资源和人力资源）都将失去其本有的效力和功能。

第二个特征是资源配置的耗时性。大部分养老需求的解决会涉及多种资源的投入配置，因此，政府通过资源配置解决老年人的养老需求溢出问题需要消耗一定的时间。以心理咨询服务为例，政府通过定期为老年人提供心理咨询、精神慰藉服务解决其精神需求，这涉及场地的安排、前期宣传工作的准备、专业人员的调配等各类资源配置环节，因此在时间上会出现交错不统一的情况，也为政府养老资源配置增加了耗时性。同时，若政府配置某些养老资源所消耗的时间超过了某项养老需求满足的底线时间，则会直接影响政府养老责任的落实与保障，例如，未能在老年人过冬之前为其添置足够的取暖设备或防寒衣物等。

第三个特征是社会发展的历史性。经济社会的发展、人类文明的进步都具有历史性特征，在考量政府养老责任变迁中不得不考虑时间资源的作用。改革开放以来，国家财力的增长、民生意识的发展、科学技术的进步都和时间资源密不可分。以医疗保健需求为例，随着科学技术的创新发展，老年人远程就医系统、先进医护设备的出现更新是在长时间的探索努力中发展起来的，与社会发展的历史性分不开。因此，时间资源既给予了政府时间和契机以落实养老责任，同时也为政府解决养老需求溢出问题设置了时间底线的挑战。

（四）一级四类养老资源：空间资源

空间资源也是世间万物存在的维度，缺乏空间资源将导致人力资源和物力资源也无法存在，更无法解决老年人的需求溢出问题。在养老保障中，能被用于处理养老公共事务的空间资源非常有限，特别是在城区较为拥挤和老旧的区域，要重新开发、再次利用空间资源显得举步维艰。以养老服务机构为例，养老服务机构根据规模不同需配置不同数量的床位、餐桌规格、活动空间等，这对空间资源的要求非常高，特别是在老城区，多数养老服务机构难以租买地价昂贵的房屋进行改造，空间资源成了稀缺资源、昂贵资源，这对老年人入住养老机构、享受日常助老服务等需求提出了极大的挑战。因此，政府在处理养老公共事务时如何开发、配置更多空间资源，对政府养老责任的实施有着举足轻重的作用。

（五）二级一类养老资源：财力资源

根据需求溢出理论的观点，财力资源与心力资源与前述的人力物力资源等并非在同一级次上，财力资源与心力资源必须转化为人力资源或物力资源才能对公共管理产生帮助，因此这两类资源属于公共管理的次级资源和可转化资源。[①] 虽然财力资源属于二级养老资源，但是对解决养老需求溢出问题提供了最直接的支持效力，特别是对于养老服务，往往都是通过财力购买、配置才能成型成熟。在实践中，政府通常会通过调配财力资源直接发放财政补贴，或者通过购买养老服务的形式解决大部分养老需求问题，因此，财力资源不可小觑。

财力资源实质上就是货币资源，将其纳入二级资源序列，正是考虑到财力资源既包括以硬币、纸币等存在的物质状态，也包括虚拟数字的货币形态。特别是随着虚拟经济的发展，许多养老需求的解决涉及的财

---

① 刘太刚：《公共管理之器、术、道——需求溢出理论的公共管理资源论和公共管理学知识体系论》，《江苏行政学院学报》2013年第6期。

力资源都是借助虚拟空间的货币结算作为承载体，是以非物理形态而存在着的。例如，将老年人享受的养老服务券以电子现金的形式存储到老年卡上，通过划卡消费享受服务，而并不经过纸质现金的发放与使用，既节省了效率，又提高了养老服务券的使用专一性和效用性。

（六）二级二类养老资源：心力资源

一个国家或者民族的宗教、历史、传统、风俗、意识形态等文明符号，以及国家权力分配、法律规范等制度资源，都是属于以非物理形态而存在的二级公共管理资源。这类资源通过对个人内心产生影响从而对公共管理发挥作用，常常以信息的形式存在，需求溢出理论称这类资源为心力资源。心力资源也需要通过转化成物力资源或者人力资源才能进一步帮助解决老年人的养老需求溢出问题。以营造敬老、爱老、孝老的社会氛围、鼓励家庭成员承担赡养义务为例，只有当敬老伦理宣传转化为表彰社会"孝星"典型代表人物或奖励"孝星"荣誉证书与一定奖励金额时，敬老伦理作为一种心力资源对政府落实养老责任的有效性才得以显现。其中，被表彰对"孝星"代表人物是作为一种人力资源而发挥示范、带头、引导作用，颁发荣誉证书与发放一定奖金是作为一种物力资源发挥着激励、鞭策的作用。

总而言之，养老公共事务中涉及的一级养老资源和二级养老资源都是政府落实养老责任所赖以实现的工具性资源，政府对养老资源的配置权能就体现在对上述二级六类养老资源进行总体配置、综合调整的治理力度上。但必须注意的是，政府在配置养老资源解决老年人养老需求溢出问题时，不同类型的养老资源未必会直接体现为被政府直接调配使用，而是往往在其应用过程中经过从二级资源转化才得以体现的，例如，在社会办的养老机构中，养老床位作为物力资源并非政府直接添置的，但养老机构受到政府的床位补贴等补助，里面包含了政府的财力资源的注入与配置，此处政府的直接性资源配置就体现为通过投入财力资源，转化为养老机构的物力资源得以体现。只有将二级养老资源转化为一级养老资源，才能对应上各类养老需求的满足与保障，二级六类养老资源都将在养老公共事务中发挥作用，但不能忽视其中的转化机理与操作机制。

四 权衡标准：治理力度的分析层次

衡量政府养老责任的治理力度，可以从政府对养老资源配置的密度、强度、效度三个方面进行考量。其中，养老资源配置的密度是指资源种类的数量，资源种类越多、数量越多，则资源密度越大；养老资源配置的强度是指政府在配置资源时的强制性，如果政府对资源配置的强制性越高，则强度显得越大；养老资源配置的效度，指的是政府所配置的养老资源在实现政府治理目标（即养老公共事务中的治理广度与治理深度）上的资源效率，如果资源效率越高，则资源配置的效度越高。

关于治理力度中三大分析层次的关系，必须认识到，治理力度实质上就是指政府手段责任的落实效度，其衡量的是政府通过直接供给和间接供给两条路径配置养老资源来解决老年人养老需求溢出问题上的资源效率，也即资源配置的有效性，例如，通过投入更多的养老资源是否提高了老年人的养老机构入住率，通过增强养老资源的配置强度，是否提高了老年人法律维权的结案率等。在资源配置效度的框架下，需要通过分析政府配置资源时的密度与强度才能衡量政府治理力度的大小。

养老资源配置的密度、强度、效度之间并不总是呈现正相关性，即养老资源配置的密度和强度过高，未必一定能带来养老资源配置效度的提升。以人力资源为例，如果养老机构的工作服务人员与入住老年人的比例超过合理标准，虽然意味着配置人力资源的密度提高了，但带来了更重的运营负荷，可能导致"养闲人"问题的出现，此时养老资源配置的效度反而会降低。因此，治理力度不能仅看静态上政府养老资源投入的数量，必须看养老资源在密度、强度与配置方式的催化作用下产生的组合效应，最终衡量其满足养老需求的效果、效度。投入的养老资源会形成多种组合，只有将密度和强度结合得较好的组合才能带来满足养老需求的最大效果。例如，政府通过向养老机构投入床位补贴这一财力资源，同样的100万元补贴，配置给绩效高、评价好、品牌响的养老机构所产生的配置效度（也即治理力度）肯定要比将这部分补贴配置给绩效低、评价差、个体化的养老机构要高得多，因为前者基于规模优势与专业优势，其能保障的养老人群更多、保障的养老需求质量更好。这其中便涉及资源配置合理度与科学性的重要问题，同样密度和强度的养老资源在不同配置方式的催化作用下会呈现不同的配置效度，因此，政府资源配置的方式与手段是导致资源配置效度最终大小的关键要素，只有资源配置的方式合理，效度才会实现最大化。

另外，社会养老资源总量固定，政府所调动配置的养老资源都是取之于民，如果政府从社会公众中获取了过多的养老资源，则必然会导致公众个体自身养老资源掌握量的减少。这意味着老年人及其家庭防范或解决自身养老需求溢出的能力就越弱、养老行业中营利组织和非营利组织输出利他性解决养老需求溢出的能力也就越弱，最终使得人道性养老需求的溢出越多，政府养老责任中的治理广度和治理深度要求也随之增加。因此，政府在定位养老责任时，必须慎重考虑政府在养老资源配置上的治理力度，平衡协调养老资源配置中密度、强度、效度之间的关系，使得政府养老责任的手段路径与治理目标保持同向性，不能让两者背道而驰，否则，既是对国家养老资源的浪费，也是对解决养老需求问题初心的违背。

第四节　本章小结

基于价值理性和工具理性双重逻辑，本章在需求溢出理论的双层公共事务观上构建了政府养老责任维度模型。在维度模型中，政府责任被分为目标责任和手段责任。政府在养老保障领域的治理目标是对养老公共事务的治理所期望达到的治理状态，因此，政府的治理目标与养老公共事务相关联，在政府养老责任的目标责任中，需要用养老公共问题的范畴、种类、层次等要素来限定或描述政府治理目标的治理广度或宽度；同时，政府的治理目标又与养老公共事务的治理状态密切相关，因此，在政府养老责任的目标责任中，也需要用对养老公共问题的解决程度来衡量或描绘政府治理目标的治理深度或高度。此外，政府养老责任不仅包含着政府的职责义务（即目标责任），还囊括了政府实现养老公共事务治理目标的权能手段（即手段责任），后者是指政府调动哪些资源、权力以及采取资源配置的渠道、方式、机制等来解决这类养老公共事务的治理问题。

目标责任对应的是政府的治理目标，手段责任对应的是政府实现目标的权能手段。在目标责任中，用治理广度描述治理目标，用治理深度描述治理状态。在手段责任中用治理力度描述政府资源配置的渠道方式。因此，政府的养老责任实质上可以具象为在三个维度上对养老公共事务的解决效果：第一是治理广度，即政府负责哪些养老需求问题的解决，政府管得多广多宽；第二是治理深度，即政府解决到什么程度，政府管得多深；第三是治理力度，即政府如何解决这些养老需求问题，政府依靠什么来管。从这三个维度共同描述和指导政府养老责任的内容边界。以往的研究多是集中在目标层面，只有广度上的分析视角，本书构建的维度模型则扩充了治理深度和治理力度的角度。

手段责任中，政府通过资源配置实现养老需求的保障，包括直接供给和间接供给两条路径。直接供给是政府直接配置养老资源用于养老需求的保障，间接供给是政府动员、引导、支持其他三类养老主体（家庭、市场、非营利组织）输出利他性解决养老需求溢出的问题。在两条手段路径下，可以通过配置资源的密度与强度对配置效果进行分析评定，从而比较不同手段路径下政府资源配置的效度。在治理力度中，资源是政府的治理客体或对象，本书将养老资源分为两级六类，一级资源包括人力、物力、时间、空间四类，二级资源包括财力和心力资源。其中，二级资源必须通过转化成为一级资源以助政府处理养老需求溢出问题。

三大维度之间还存在多向逻辑互动关系，本书将其归纳为 7 个命题加以表述：

1. 政府养老责任中的治理广度和治理深度源自国民养老需求的升级。
2. 治理广度和治理深度受到政府对养老需求价值判断排序的影响。
3. 限于社会资源的有限性，治理广度和治理深度相互掣肘。
4. 治理力度受到社会资源禀赋影响，即社会资源越多，治理力度加强的可能性更高。
5. 通常而言，治理广度和治理深度的扩大加深会导致治理力度的加大。
6. 通常而言，治理力度保障并制约着治理广度和治理深度的实现。
7. 治理广度和治理深度的扩大加深不会导致治理力度的必然加强，其受政府资源配置的合理性和科学性的影响。

第 四 章

维度一:政府养老责任中治理广度的变迁轨迹

在政府养老责任的治理广度中,可以通过群体分类、需求分类来观测政府养老责任中目标责任的状态和边界,即政府自 1978 年以来保障了多少老年人的养老需求、保障了哪些老年人的养老需求、保障了老年人的哪些养老需求。其中,通过群体分类标准加以历史数据的梳理,可以回答前两个问题,即回答政府养老保障的责任对象变化的问题;通过需求分类则可以回应后一个问题,即呈现政府保障的养老需求的内容变化问题。首先,群体分类是在从人口学角度分析老龄化数据、结构、特征的基础上,对老年人养老保障的接受者进行类型划分,低龄老人、高龄老人、失能老人、半失能老人、失独老人等。虽然抽象的养老需求具有普世性,但具体老年群体的需求内容则具备极强的差异性与独特性,因此,对群体分类是实现需求分类与精准化的前提和基础。其次,需求分类强调的是按照不同老年群体的养老需求进行责任保障,而非按照政府的需求进行设计。比如精准定位养老需求的类型与内容,明确不同养老需求的差异性与独特性。只有将群体分类和需求分类结合起来,才能看出政府养老责任在不同历史时期的强度和水平,才能厘清政府对单项养老需求的惠及程度、对多项养老需求的组合搭配。

第一节 责任对象:养老群体的扩容扩面

一 人口老龄化的发展趋势与特征

个体老化与人口老化之间存在区别,前者是指个人在生理、心理、功能等方面的老化，其作为一种生物现象是自然变化过程，是绝对概念的变化，随时间推移而单向发展，具有不可逆转性；后者是总体人口年龄结构的变化，是量的相对概念变化，并不与时间同步发展，具有可逆转性，其不仅是年龄结构层面的问题，更是人口问题与社会问题。[①] 在人口学意义上，人口老龄化是指某个国家或地区总人口的寿命不断延长、变老的过程，即老年人口数量在总人口数量中的比重随时间推进而逐渐增加，是一种人口年龄结构持续动态变化的过程。根据国际通用标准，一个国家60岁以上的老年人数量占总人口的比例大于10%或65岁以上的老年人口数量占总人口的比例大于7%，则该国家成为老龄化国家。根据联合国的规定，一个国家或地区的60岁以上的老年人口占比超过10%，便意味着进入了老龄化社会。据此，北京1990年便进入了老龄化城市发展进程。

必须认识到人口老龄化的三大特征：一是人口老龄化过程的动态性，二是人口老龄化指的是整体人口的年龄结构变动，而非单个个体的老龄化，三是人口老龄化指的是老年人口占全体社会总人口的比例持续提高的动态性过程。大多数发达国家具有很高的人口老龄化程度，但其老年人口规模相对有限，而我国在面临人口老龄化程度加深的考验的同时，也不得不面对老年人口规模十分巨大的事实。通常而言，在人口老龄化的发展过程中，老年人口数量的增长速度加快、人口规模增大、老年人口数相对总人口数比例上升等特征会在相同时间点上出现。

邬沧萍认为，人口老龄化的衡量指标包括反映人口老龄化速度、程度、抚养比。[②] 王树新提出，衡量人口老龄化程度的指标有三类，包括程度指标（包括老龄化系数、老年人口比重、高龄老年人口系数等）、速度指标（包括人口老龄化速度、老化率）、经济指标（主要指老年人口的抚养比），单个指标只能反映出某方面的老龄化程度，若要呈现整体人口是否达到老龄化水平，则需要结合不同指标形成指标体系进行衡量，其中，程度指标包括老年人口比重、老龄化系数、高龄老年人口系数，速度指标包括人口老龄化速度、老化率，经济指标是指老年人口的抚养比、老

---

① 王树新：《北京人口老龄化与养老》，中国人口出版社2008年版，第4页。
② 邬沧萍：《社会老年学》，中国人民大学出版社1999年版，第133—141页。

年人口数量与劳动年龄人口数量比率等。① 本书将根据北京市老年人口数据的可获取性，结合不同衡量指标，展现北京市老年人口的增长趋势与变化特征。

（一）老年人口发展提速，老龄化程度加深

老年人口比重又可被称为老年系数，是指老年人口在总体人口中的占比，该指标大小体现着社会人口的年轻化水平，值越大则反映了人口老龄化程度越高。相较于国内其他城市，北京市人口老龄化呈现了显著超前特征，其成长速度远高于全国平均水平。老年人口比重从8%增加至10%，北京仅仅用了5年，而全国需要15年；预计老年人口从10%上升至27%，北京仅需30年，而全国需要50年。2000年北京市老年人口比例达到了12.5%，老龄化程度仅低于浙江和上海，居全国第三位。②

从北京市人口老龄化程度来看，图4-1呈现了自1978年以来60岁以上老年人口占比与65岁老年人口占比两种标准的变化趋势。总体来看，老年系数都随着时间推进呈现增长趋势，其中，65岁老年人口占总人口比例在1979—2018年间增长了14.85%，60岁以上老年人占比在此期间增长了19.71%。自1987年开始，北京市60岁以上老年人占比已经超过了10%，且老龄系数在2022年达到了29%，是1979年的3倍。从

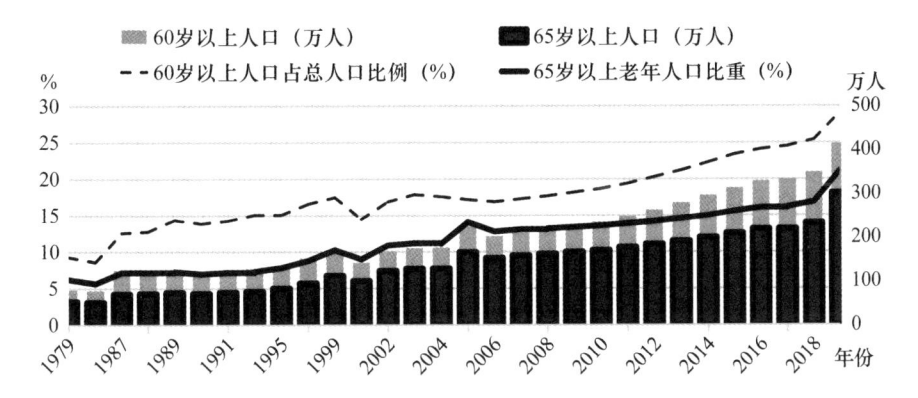

图4-1 北京市历年老年系数变化（60岁以上和65岁以上）

资料来源：根据历年《北京统计年鉴》整理。

---

① 王树新：《北京人口老龄化与养老》，中国人口出版社2008年版，第7页。
② 白恩良：《北京市老年人的需求与对策》，中国人口出版社2002年版，第2页。

老龄系数来看，北京市的老龄化阶段出现较早、老龄化程度越来越深。预计到2025年，北京市的老年人口比重将增加一倍，达到30%左右，同时将近20%的老年人口在65岁及以上，该比例远高于许多发达国家水平，而到2025年，北京市老年抚养比将比少儿抚养比高出1.5倍之多，总抚养比（包括儿童抚养比和老年抚养比）将从40%上升至70%。[①]

（二）人均预期寿命增加，高龄老人比重增加

随着我国社会经济的高速发展与医疗保健体系的渐进完善，人口预期寿命不断延长，北京市更为显著。根据北京市历年人口普查数据可发现平均年龄后移特征显著，这既展现了人口逐渐老化的过程，也意味着老年人口比重的增加。从图4-2中可看出，北京市居民平均期望寿命在1976—2018年之间经历了较大增长，从1976年的69.5岁曲折上升至2008年的80.37岁，随后期望寿命的增长进入平缓上升状态，直至2020年涨至82.5岁。北京市预期寿命获得较大增长，且随着医疗条件的完善、生活条件的稳定，预期寿命基本稳定在80岁以上。人均预期寿命的增长，不仅意味着老年人口数量的增加，也表明高龄老年人数量上升的概率大大增加。

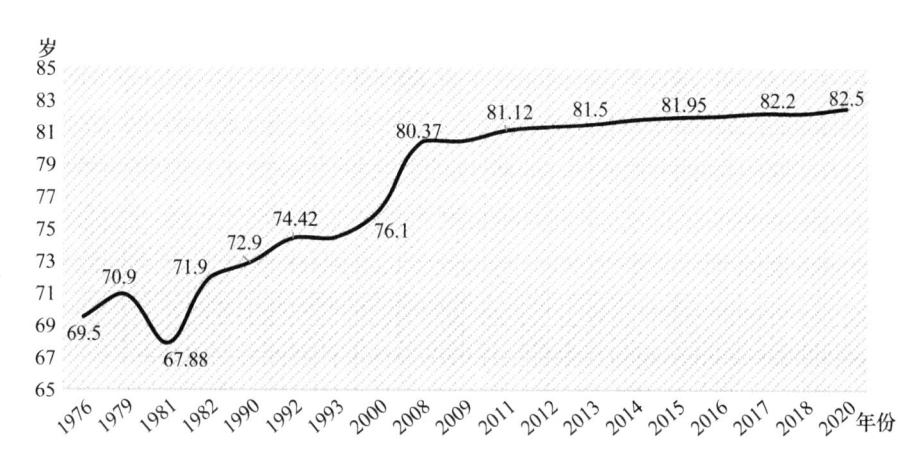

图4-2 北京市历年居民平均期望寿命变化

资料来源：根据历年《北京统计年鉴》整理。

---

① 北京市民政局、北京市统计局、首都经济贸易大学联合课题组：《北京市人口老龄化形势分析及老年人口管理和服务研究》，载《北京市民政统计年鉴》2010年版。

从不同年龄段老年人占老年人口比例的年龄结构角度看（图4-3），60—69岁老年人占比经历了平缓上升之后，在1997年左右出现明显下降趋势，从63.9%下降至2009年的46.5%，直至2020年回升至57.9%；70—79岁老年人占比从1982年的32.2%上升至2009年的39.1%，随后波动下降到2020年的27.8%；80岁及以上老年人占比前期在曲折中上升，从1982—2004年变化较小，仅从7.1%上升至9%，但至2017年增至18%，2020年落至14.5%。从上述老年人年龄结构的变化趋势来看，低龄老年人（60—79岁）的占比增速逐渐放缓、总量呈下降衰减趋势；但高龄老年人（80岁以上）不仅增幅较大，且增速较快，也显示了高龄老年人数量的剧增，为社会养老增加了挑战和压力。

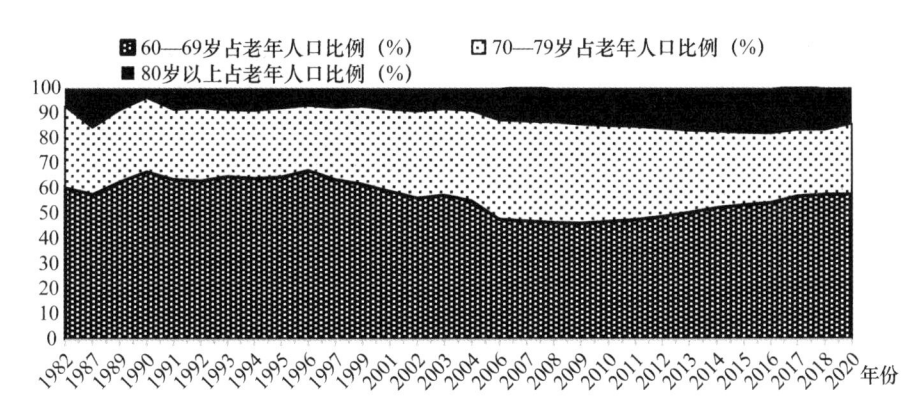

图4-3 北京市不同年龄段老年人占老年人口比例的历年变化
资料来源：根据历年《北京统计年鉴》整理。

根据中华医学会老年医学分会的分类标准，80周岁及以上的老人群体可被定义为高龄老年人，该群体在整体老年人口中所占的比重即为高龄老年人口系数。图4-4更为直观地展现出北京市高龄老年人的数量及其占比变化，从总体上看，高龄老年人从1982年至今呈高速增长态势，其间，高龄老人占老年人口比例几次出现微弱的下降趋势，部分可能性原因是同期低龄老年人口数的增加幅度更大。但总体而言，高龄老年人口数的绝对值呈现着一路高涨的趋势，人口高龄化是大势所趋，从1982年的5.7万人增长至2018年的58.4万人，增长了10倍之多，特别是在2006年之后增幅和增速更为明显。高龄老年人占老年人口的比例整体也呈现上升趋势，其间在1990年开始逐渐曲折回落，从1987年的10.1%逐渐回落至9.2%，随后逐年增长。从户籍人口看，2022年，全市80岁及以上高龄人口达到69.9万人，比2021年增加5.6万人，增长8.7%，为近十年增量最多。高龄人口占总户籍人口比例达到4.9%，也是近十年来最高。

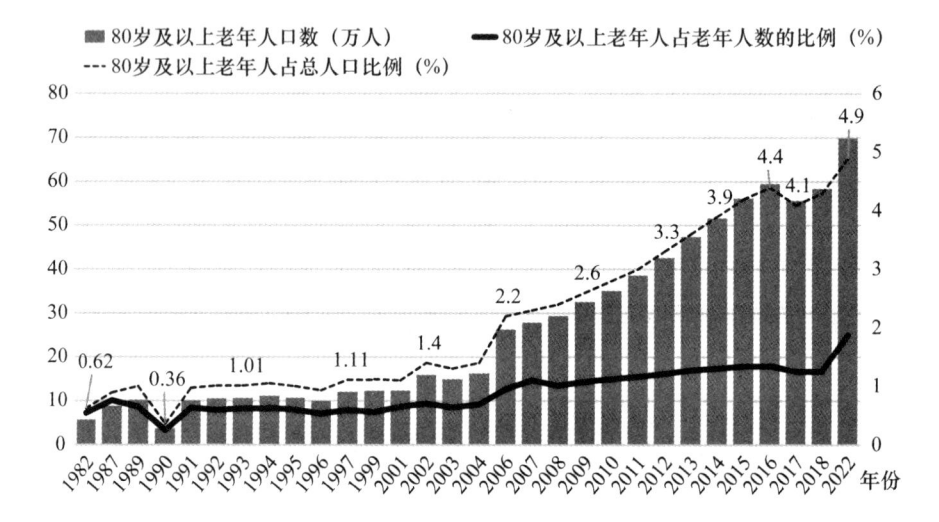

图4-4 北京市历年高龄老年人口数量及其占比变化

资料来源：根据历年《北京统计年鉴》整理。

在高龄老年人的变化中，北京市百岁老年人的数量也经历了高速增长。从图4-5中可以看出，百岁以上老年人从1979年的8人一路增长至2022年的1629人，特别是进入21世纪之后，百岁老年人的数量获得了迅猛增长。而每十万户籍人口中拥有的百岁老人数也从0.09人上升至11.5人。不论是高龄老年人的变化趋势抑或是百岁老人数量的增加，都反映出北京市人口高龄化的趋势增强，也在一定程度上加重了人口老龄化的社会压力。据预测，2025年高龄老年人将达到42万人，高龄老年人所占比例达10.2%[1]；到2050年，北京市80岁以上的老年人将超过125，

---

[1] 姚远：《非正式支持的理论的实践：北京市老龄问题应对方式的再研究》，知识产权出版社2005年版，第193页。

万人高龄老年人占老年人口总数的比例将达到21%①。随着老年人口高龄化的发展，失能老人的比例也在逐步增加。随着高龄人口的增加，失能与半失能的老年人口比重也会增加，老年人在生活照料等方面的养老服务需求也会相应地提高。

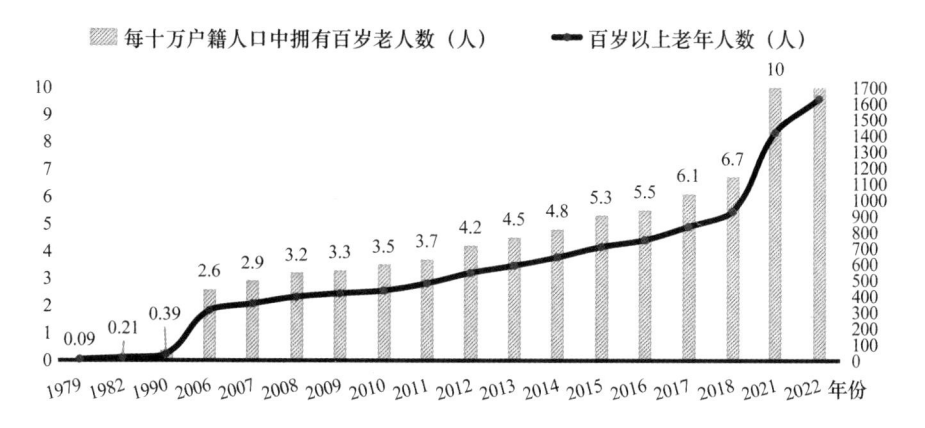

图4-5 北京市历年百岁老人数量变化

资料来源：根据历年《北京统计年鉴》整理。

（三）家庭规模趋向缩小，老年抚养系数上升

在人口老龄化过程中，家庭人口结构发生了巨大变化，家庭核心化、小型化的趋势明显增强。从家庭横向关系看，在计划生育政策影响下，独生子女家庭导致的"四二一"家庭结构也反映出即使在老年人口系数保持不变的情况下，仅凭家庭规模缩小这一条件就能促使平均家庭人口结构的老化，然而现实中在家庭核心化和小型化、老年人口系数不断提高的情形中，老年型家庭必定上增无疑。从家庭纵向关系看，考虑到人口平均寿命延长的因素，同期存在的代际人口人数也在快速增加。随着寿命水平的上涨，家庭中三代人、四代人并存的情况也将增多。

家庭户规模的减少指的是家庭成员数量不断减少，导致四二一家庭

---

① 陈谊：《北京市人口老龄化现状、发展趋势及对策分析》，载北京师范大学编《和谐社会：公共性与公共治理——2004学术前沿论坛论文集》，北京师范大学出版社2004年版。

结构特征明显，但其并非意味着人口数量的减少，而是家庭户绝对数量的增加。究其原因，主要是受到社会经济变革的影响，由于改革开放以来经济体制改革的深入、商品经济的升级发展、思想观念的变化更新，为家庭结构日益简单化和家庭规模小型化的发展趋势创造了条件。近年来的调查也发现，老年夫妇与已婚子女分开单过的现象也在增加，此外，由于妇女地位变化以及晚婚晚育计划生育政策的推行，促使家庭不再以多生为荣，家庭生育功能受到制约，直接推动家庭规模缩小。[1]

从图 4-6 的家庭户规模所占比重变化可以观察到北京市家庭规模的变化趋势，自 1985 年以来，一人户规模所占比例基本呈现上升趋势，从 1985 年的 10.2% 增长至 2021 年的 25.8%，增长了 1.5 倍；二人户规模从 16.7% 涨至 32.8%，同样增长近 1 倍；三人户规模变化较小且较为稳定，基本维持在 30% 上下，仅在 20 世纪 90 年代与 21 世纪初期达到 40% 左右，随后回落至 23.6%；四人户规模占比与五人及以上户规模占比都呈现了逐年下降的趋势，四人户占比从 22.1% 逐年降至 10.1%，五人及以上户占比从 22.4% 降至 7.7%。从家庭户规模占比的变化可以发现，家庭

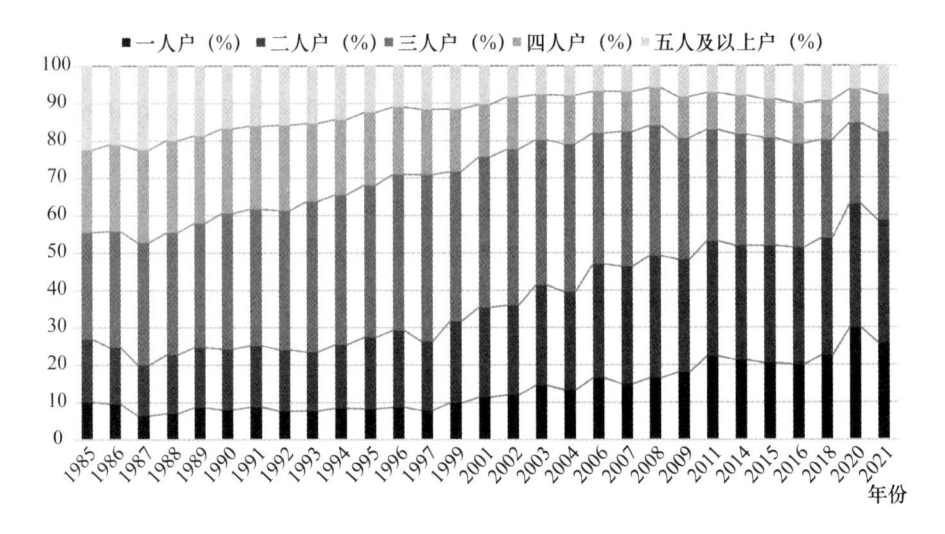

图 4-6 北京市历年家庭户型规模所占比重变化

资料来源：根据历年《北京统计年鉴》整理。

---

[1] 田雪原：《中国老年人口（社会）》，社会科学文献出版社 2007 年版，第 85 页。

户规模逐渐向一人户、二人户发展，逐渐向小型化、核心化方向发展，也导致家庭养老功能的衰退和社会养老压力的剧增。而三人户规模在稳定中持续减少，四人户及以上家庭户规模占比逐渐缩小。特别自 2016 年 1 月 1 日我国实施"全面二孩"政策和 2021 年 5 月 31 日实施"全面三孩"政策以来，也将对北京市家庭结构的多元化趋势产生影响。

从图 4-7 中可以看出城乡居民家庭户平均人数的变化差异，从整体上看，城镇居民平均每户人数从 4.1 人降至 2.7 人；农村居民平均每户人数从 5 人下降至 3.1 人。且总体上，农村居民平均每户人数同期都高于城镇居民每户人数。根据第七次全国人口普查数据，北京平均每个家庭户人口为 2.31 人，反映出家庭户规模逐渐稳定于核心化状态。子女逐渐与老年人分住，导致缺乏子女的生活照护与精神关怀，从而为老年人的养老生活带来了一定的挑战性。

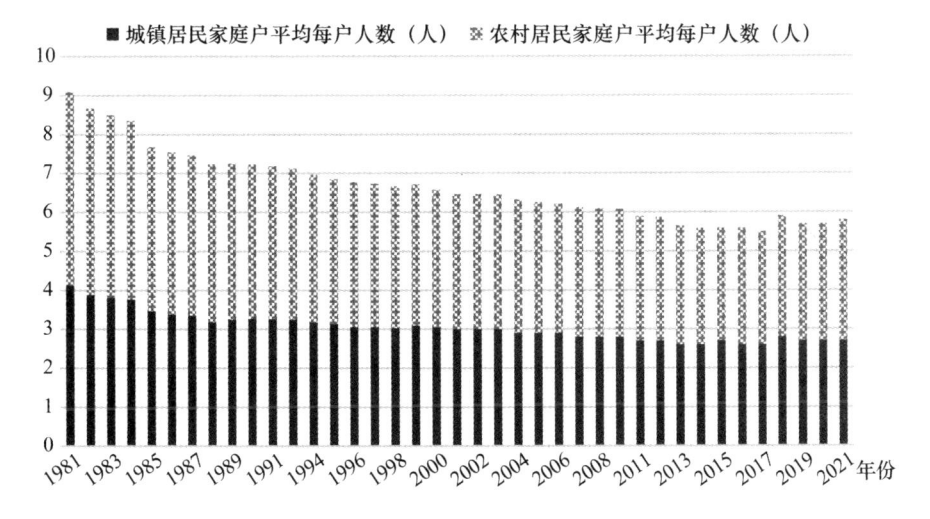

图 4-7 北京市城乡居民家庭户平均每户人数变迁情况

资料来源：根据历年《北京统计年鉴》整理。

老年人口的抚养比是衡量人口老龄化程度的重要经济指标，即测算老年人群数量与劳动年龄人口数量的比率，以此反映出两类群体间的经济抚养关系，若指标值越大则表明老年人口的抚养负担越大，反之亦然。老年人数量的剧增意味着家庭和社会的养老负担都在增加，根据社会抚养比的标准来看，意味着较少的劳动人口将负担更多的老人。虽然抚养比并不直接等同于实际的抚养关系，但是就社会整体养老压力而言，负担的增加必然是现实的。从图4-8中可以发现，老年抚养系数从1982年的8.5%持续上升至2021年的29.8%，增长了3倍之多，这意味着目前每3个劳动人口就要负担1位老年人，而1982年平均12个劳动人口才负担一位老年人，由此可见，北京市老年赡养压力的剧增。老年人口抚养比出现下降的可能性因素是由于大量流动人口的流入，也在一定程度上导致少儿人口抚养比和总抚养比呈不断下降的态势。大量青壮年劳动力流入北京，导致老年人口抚养比出现数次被动的下降。随着人口老龄化的推进以及生育水平的下降，老年人口抚养比和总抚养比本应处于不断攀升的状态，但是大量流动人口在一定程度上稍微改变了后者的走势。相比之下，少儿抚养比从32.4%下降至2007年的11.6%，随后逐渐回升至17.8%，相对老年抚养比而言，其变动幅度较小。

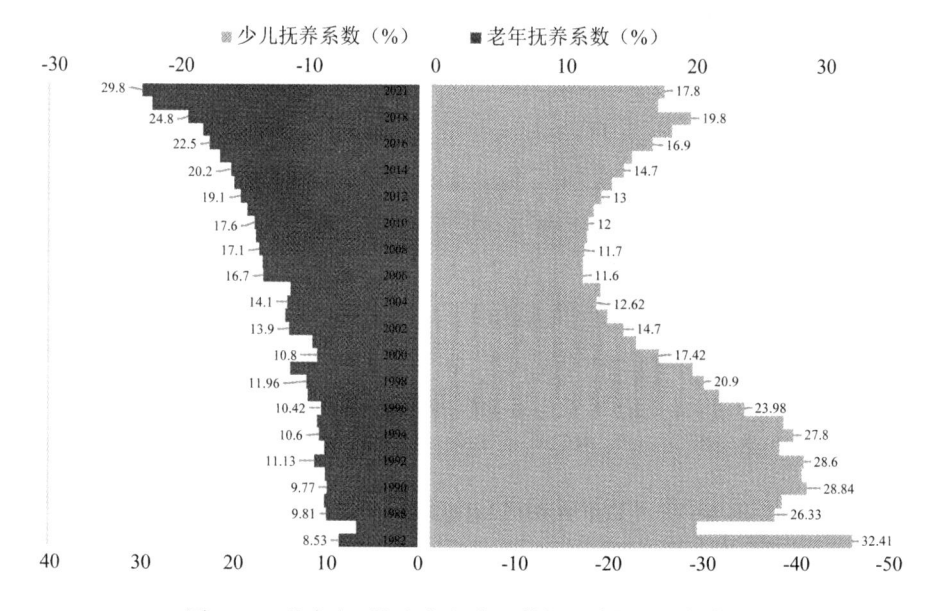

图4-8 北京市历年老年抚养系数与少儿抚养系数变化

资料来源：根据历年《北京统计年鉴》整理。

老少比是老年人口数额与少儿人口数额之比的结果，老少比的变化可以反映老年人口和少年儿童数量比例的变动，借此分析出人口老龄化是底部老龄化抑或是顶部老龄化，也可以观测出人口年龄结构是年轻化还是老龄化。老少比指标值越大则表明未来老年人口越来越多，老龄化程度也就越高。老少比在15%以下的人口通常被看作是年轻型人口，在30%以上的则被视为老年型人口，15%—30%之间的则为成年型人口。参照图4-9，北京市人口的老少比在1982年达到10.2%，按照标准，当时北京市仍处于年轻型人口，到1987年便达到32.8%，标志着北京市进入老年型人口社会。而1999年老少比达到68.5%，达到了衡量标准上限的2倍，2003年之后老少比超过了100%，直至2018年达到125.3%，意味着进入21世纪之后，北京市老年人口数量是少年儿童数量的一倍之多，体现出人口年龄结构老龄化的严重趋势。

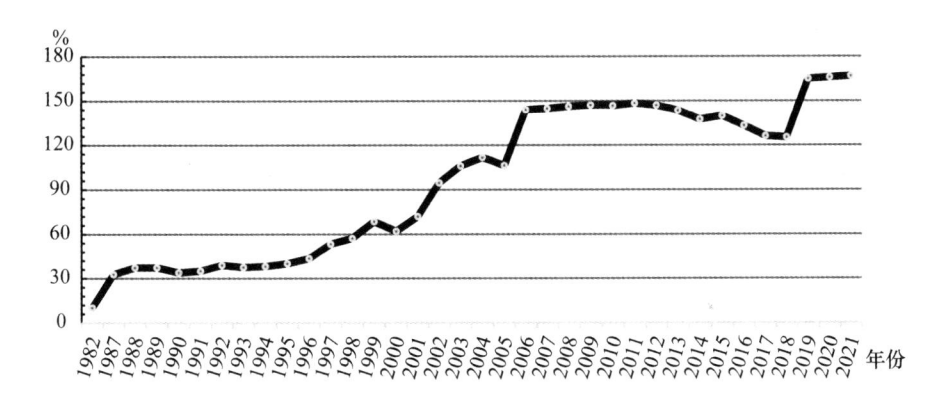

图4-9　北京市历年老少比变化

资料来源：根据历年《北京统计年鉴》整理。

二　政府目标责任保障范围内老年群体的变化特征

1997年世界银行发布的《世界发展报告：变革世界中的政府》将保护弱势群体纳入每个政府的五项核心使命中。[1] 1950年，在党的七届三中全会上，便将救济城市弱势群体的工作列入政府八项任务中。1951年全国城市救济福利工作会议上进一步提出要对无劳动能力的孤老残疾、特殊困难的贫民予以必要救济。1954年国家宪法第三十九条就规定了劳动

---

[1] 世界银行：《1997年世界发展报告：变革世界中的政府》，中国财政经济出版社1997年版，第42页。

者在年老、疾病、失去劳动能力时，拥有获得物质帮助的权利，之后历次修改的宪法都继续强化升级了对该项老年基本权利的规定。1996年《中华人民共和国老年人权益保障法》第二十三条明确规定无赡养人和扶养人的、无生活来源、无劳动能力，或其赡养人和扶养人无赡养能力和扶养能力的城市老年人，由当地人民政府予以救济；对于无赡养人和扶养人的、无生活来源、无劳动能力或其赡养人和扶养人无赡养能力和扶养能力的农村老年人，由农村集体经济组织负责保吃、保住、保穿、保葬、保医的五保供养。2013年修订之后的《中华人民共和国老年人权益保障法》第三十一条继续保留了国家对有经济困难的老年人提供生活、居住、医疗等救助的规定，并新增了对遭受遗弃、流浪乞讨等生活无着的老年人，地方各级政府需予以救助。

角色是指在一定社会位置上的人的行为模式及其权利义务，处于某一社会位置的个体拥有相应的权利并需承担相应的义务，即扮演着与该社会位置相应的角色。[①] 由于社会关系和环境的纷繁复杂，个体承担的角色也是多元化的。而个体承担某个角色的时间越长，该角色的时间稳定性也随之增强，角色的行为模式对个体产生的影响也就越深远，若此类角色突然发生转变或消失，会对个体带来强烈的精神冲击和心理影响。老年人进入老年阶段之后，家庭生活环境和社会生活环境都会发生较大的变化，因此是角色急剧变化的时期，包括老年人角色数量上的变化，例如，老年人退离工作岗位，丧失了社会工作角色；后代的出生，新增了祖父母的角色。也包括老年人角色内涵上的变化，例如，老年人从抚养子代的父母角色转变为需要子女赡养的父母角色，从家庭决策者变为被照顾者和被保护者。随着老龄人口规模的逐渐扩大、比重持续加大，家庭结构小型化、空巢化趋势加剧，同时失能老年人和高龄老年人数量也在大幅度增加，农村老年人的养老问题更加凸显，进一步加重了社会养老负担。

老年人群体既具备共性，又可划分为不同类型的子群体，因为存在生理条件、精神状况、人生经历、子女情况等方面的不同，在养老需求上的侧重点和难易度也会呈现不同。为了更好地落实政府养老责任的定

---

① 田雪原：《中国老年人口（社会）》，社会科学文献出版社2007年版，第213页。

位，更好地发展社会养老保障事业，必须全面了解并掌握不同群体的老年人的养老需求特征，从而进一步提高养老保障的针对性与有效性，提高家庭、社会、政府养老资源的利用率。空巢老人、独居老人、两代老人家庭、单身老人等数量的增加，可见老年人群体多类型化的特征越发明显，同时，不同老年群体的高龄、独居、贫困、疾病等多种影响养老生活质量的特征相互交叉，增加了养老需求的复杂性、政府和社会解决养老需求溢出的难度。

在社会机构原子化、家庭结构小型化、养老需求多元化的背景下，政府在落实起养老责任时必须精准识别老年人个性化、差异化的群体特征和养老需求，从而才能在制度设计、养老服务供给、设施建设等方面进行差异化设计与安排。北京市在2016年出台了《关于加强老年人分类保障的指导意见》，将生理心理、经济状况、社会优待、家庭结构、社会身份等要素纳入考虑范围，把老年人划分为托底、困境、重点、一般保障四类群体，对不同群体采取不同的帮扶措施和保障政策，明确政府养老工作重点服务保障对象以及优先次序，提高政府与社会养老资源的使用效益。可见，政府也在逐渐重视对不同老年群体的分类，以此为基础明晰不同老年群体对养老需求内容和强度的差异，才会从实质上提高社会养老资源的配置与利用效率。

(一) 四类老年人群体特征归类

本书根据历年不同老年人出现的经济状况、身体条件、自理能力、社会经历等综合因素进行考量，将老年人群体的角色差异和显著特征集约归纳，初步分为四大类群体：贫困老年人、高龄老年人、特殊困难老年人、特殊政策老年人（见图4-10）。以此分类更为清晰地呈现老年群体的角色特征变化、政府将其纳入责任保障的时间次序，从而便于分析政府对不同老年群体的认知、关注、重视与保障变化。将老年人群体分为四类特征对象，是对政府政策注意力的观察，体现了政府在对不同老年人群的保障中存在优先次序，体现了政府养老责任在实然层面上的优先顺序。必须认识到的是，四种群体表现出来的主要特征可能同时存在于某个老年人个体上，例如高龄失能老年人、高龄特困老年人、高龄失独失能老年人。如图中圆圈内各个箭头方向所示，四类老年群体的特征交互混合，往往多项体现在某个老年人个体上，这既加深了该老年人个体的养老需求程度,也对政府保障其养老需求提出了更为复杂与技术化的要求和考验。

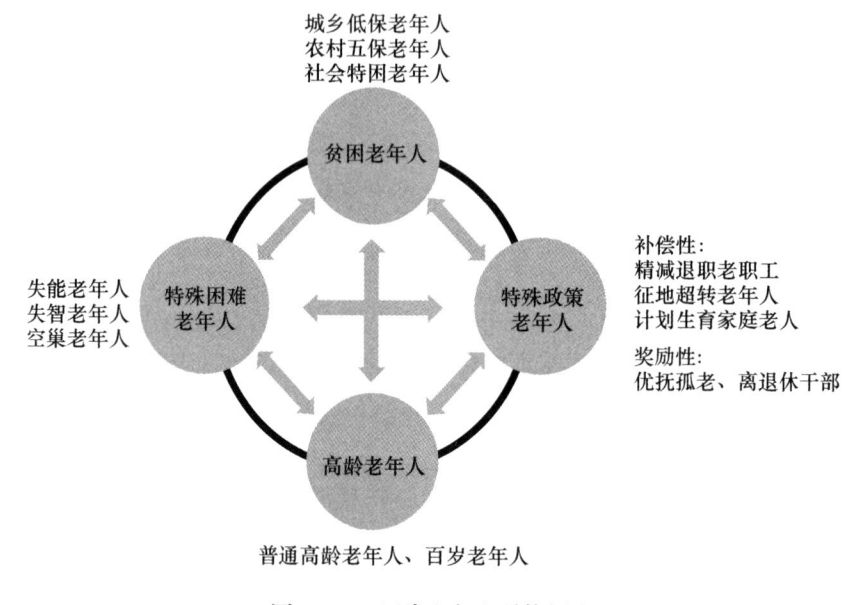

图 4-10 四类老年人群体划分

资料来源:笔者自制。

1. 贫困老年人

四类老年人群体类别中,贫困老年人主要是指包括城镇"三无"人员、农村五保、城乡低保等在内的社会特困老年人群体,其主要特征体现为经济弱势上,即在经济收入低下、经济保障能力极弱,需要政府提供经济救助才能维持基本养老生活。"三无"人员是城镇三无人员的简称,指的是城镇中非农业人口群体中无劳动能力、无法定赡养义务人、无生活来源的孤老病残人员。"五保"对象指的是农村五保供养对象。自农业合作化时期,中国便建立起了农村五保供养制度,对无法定扶养义务人、无生活来源、无劳动能力的老年人个体保障衣食住医葬五大方面的基本生活权利,也因此称之为"五保"。基于对三无、五保的界定条件,可发现两类弱势人群界定条件的唯一区别是生活在城镇或农村的差别,这是源于中国城乡二元体制的差异。政府在城市中以城镇居民最低生活保障制度加以保障三无人员的基本生活，在农村中则以五保供养政策来保障。

尽管对弱势群体的定义多有不同，但从众多表述各异的界定中可以理出相关的本质特征。弱势群体的本质特点通常可被概括为三点：经济上的贫困、综合承受能力的脆弱、生活质量的低层次。[1] 经济上的贫困境地是弱势群体最本质的特征，客观上决定了其无法拥有高层次的消费，也就决定了其在生活质量上的低层次水平。同样，基于经济贫困的特性，弱势群体几乎没有应急资金的储备准备，其在生活中的综合承受能力也非常脆弱，体现为在承受自然灾害或疾病等冲击时的脆弱性，以及由于生活困境导致的心理脆弱与焦虑等。有学者将贫困分为绝对贫困和相对贫困，绝对贫困指的是处于最低生活水平之下的状况条件，相对贫困是指与其他群体相比，生活水平低于他人的状态。[2] 无论从绝对贫困还是相对贫困的标准来看，没有法定扶养义务人、没有劳动能力、没有经济来源的生活情况决定了三无人员和五保对象都身处贫困境地，使其成为典型的社会弱势群体。

2. 高龄老年人

根据国家老龄委发布的《中国老龄事业发展报告（2013）》显示，到2025年之前，中国高龄老年人口数量将一直保持年均100万的增长态势。高龄老年人处于人生阶段的高风险期，属于老年人群体中的弱势群体，更需来自社会、政府、家庭的关注与照顾。同时，高龄老年人独立的经济收入来源相对其他年龄组的老年人明显减少，同时，婚姻状态趋于结束的可能性更大，子女也相继进入老年阶段，来自子女的供养逐渐转向隔代供养，使得家庭养老的负担更为沉重。另外，高龄老年人是心脑血管疾病的高发群体，大部分高龄老年人都患有两种以上的慢性疾病。在健康受损、身体机能逐步衰退的情况下，高龄老年人的心理调节能力也在大步衰减，导致心理健康状态向消极方向发展。同时，高龄老年人的社交范围日渐缩小，其与晚辈间的交流存在沟通障碍等，导致高龄老年人的孤独感明显增强，更容易表现出较强的自我封闭性。由于大部分高

---

[1] 钱再见：《中国社会弱势群体及其社会支持政策》，《江海学刊》2002年第3期。
[2] 李强：《绝对贫困与相对贫困》，《中国社会工作》1996年第5期。

龄老年人年轻时身处社会动荡时期，无法获得较好的学习文化知识的机会，导致高龄老年人的整体文化程度要低于低龄老年人群体。这进一步导致文化程度较低甚至不识字的高龄老年人无法独立进行大多数户外活动，甚至无法读书看报，在精神生活上更为空虚，也就催生了更多的孤独感。结合高龄老年人由于年龄、脆弱性等导致的养老劣势，其成为政府养老保障中需要特别关注，尤其关怀的老年人群体对象，高龄老年人群体中既包括普通的高龄老人（一般指 80—99 周岁的高龄老年人）和百岁老年人。对高龄老年人的关注与保障既反映出高龄老年人养老需求获得保障的急迫性和重要性，也反映出政府的人道主义关怀。

3. 特殊困难老年人

特殊困难老年人指的是在日常生活中有一定非经济性的存续困难的老年人群体，区别于贫困老年人群体，特殊困难老年人的养老难题更多体现在进行日常活动、基本生活的能力欠缺或风险较高上，而非主要表现在经济能力低的特征上。考虑到家庭结构变化、老年人身体机能退化的风险，特殊困难老年人主要包括失能老人、失智老人、空巢老人等群体。

随着人口老龄化程度的加深，老年人口中半失能、失能老人的比例较高。失能老年人指的是丧失部分或全部生活能力或活动能力的老年人，涉及老年人个体的心理、生理、社会交往等多方面的内容。根据国际通行标准，按照吃饭、上下床、穿衣、室内走动、上厕所、洗澡 6 大项指标对失能老年人进行程度划分，包括轻度失能、中度失能、重度失能。失能老年人无法照顾自身起居生活，且抵御风险的能力也较为薄弱，导致其护理难度较大，对专业性的养老服务需求更为急迫，因此将其划入特殊困难老年人。

失智老年人则是指罹患失智症的特殊老年人，失智是因疾病或脑部受损等原因导致的认知功能的渐进性退化，从而导致个体的社会交往能力、认知功能、日常生活能力等明显衰退，同时在某个阶段也容易伴随行为、精神、人格异常[1]。最常见的失智病因包括阿尔兹海默症、帕金森

---

[1] 中国痴呆与认知障碍指南写作组：《2018 中国痴呆与认知障碍诊治指南》，《中华医学杂志》2018 年第 13 期。

病痴呆等。失智老年人发生跌倒的风险更大、焦虑抑郁表现明显，严重的导致无法控制自身行动，无法表达个体需求，丧失对环境的回应能力，因此对养老需求的要求更大更高且更迫切。同时，失智是半失能与失能群体的主要来源，随着失智出现的概率增加，导致失能老年人的数量也在急剧增加。

随着社会老龄化进程的加速与银发浪潮的扩大，空巢老人的比重也在逐步上升，空巢老年人家庭数量增多和空巢时间延长成为老年人群体变化的显著特征。有学者预测，未来30年内，至少有一位65岁以上老年人的家庭的比重将会急剧上升，到2030年没有子女陪伴在身边的65岁以上的空巢老年人的比重将是2000年的2.5倍，到2050年将达到3.7倍；另外，2030年80岁以上的高龄空巢老年人比重将是2000年的4倍，2050年更是达到11.5倍，高龄空巢老年人的比重变化更为剧烈。[①] 老年人平均预期寿命的明显提高，一方面导致高龄老人数量剧增，独居老人和丧偶老人的数量增加的可能性也极大，另一方面促使部分老年人处于空巢家庭阶段的时间不断增长。随着计划生育政策导致家庭子女数量的减少、生育率的迅速下降，大量"四二一"家庭涌现，这些家庭大多会因为子女成家分住而变为空巢老人，住房条件的提高与改善也促使老年人和子女分开居住更为可能。加之子女离家进入社会的时间提前等因素，本应出现于家庭生命周期晚期的空巢现象大大提前。在上述因素的共同作用下，促使老年空巢时间不断延长，可能达到20年甚至更长的时间，可能成为家庭生命周期中最长的一个阶段。[②]

空巢老人是指身边没有子女陪伴的老人，包括老年人单独居住、老年夫妇共同生活的情况。空巢现象是家庭结构核心化的产物与结果，由于城市化与现代化的发展，家庭结构呈现出核心化、小型化的特征变化，直至发展到空巢化现象。在现代化建设过程中，随着工作变动的频繁发生，传统大家庭结构逐渐转变为小家庭模式，同时随着社会发展趋势、个人价值观念改变、物质生活水平提高等，老少两代人更追求活动空间

[①] 北京市老龄工作委员会办公室：《北京市老龄政策研究成果汇编（2015—2017）》，华龄出版社2018年版，第835页。

[②] 白恩良：《北京市老年人的需求与对策》，中国人口出版社2002年版，第32页。

上的独立性与自由度，导致传统大家庭模式不再适应人们需求。特别是当个人工作地点和居住地点距离较远的情形下，多数人为了工作需要选择距离工作较近的社区居住，从而出现老年人与子女分开居住现象，导致空巢家庭的大规模产生。随着子女离开家庭，与父母的空间距离逐渐拉大，老年人的日常生活照顾不仅失去了直接依靠，在精神上也失去了一定寄托，从而家庭生活日显冷清，导致孤独感较容易产生。另外，随着年龄增长，老年人各方面生理功能的衰退，增加了独居生活的不安全、高风险因素，导致其对他人的帮助的依赖性也逐步提高。空巢老人的增加，空巢时间的延长并不必然导致问题，这是社会发展进步的必然趋势与侧面体现，问题的关键在于如何正确认知并对待空巢老年人的角色定位和养老需求。

4. 特殊政策老年人

特殊政策老年人群体是指由于其社会身份、社会经历的独特性而享有特定养老保障的对象，包括奖励性政策老年人和补偿性政策老年人两类。奖励性政策老年人是为国家和社会作出一定贡献、理应获得相应福利保障的群体，包括一般离退休干部、军队离退休干部、优抚对象等，对该部分老年群体的养老保障是为了奖励、表彰其在工作经历中对国家所做的贡献。一般离退休干部与军队离退休干部、优抚对象作为特殊群体，对国家有不可忽视的功劳，应该享有较高社会地位，且普遍年龄较高，需要得到照顾、理解与相应的保障。其中，离休是指对于中华人民共和国成立以前参加中国共产党领导的革命战争、脱产享受供给制待遇，以及从事地下革命工作的老干部，当其达到离职休养年龄时实行离职休养；退休是指根据国家政策规定因年老、因公或因病致残，完全或部分丧失劳动能力而退出工作岗位的老干部可以享受相关退休待遇。

优抚工作是由国家和社会对军人及其家属等优抚对象提供物质照顾、精神抚慰等带有优待抚恤和褒扬性质的特殊性社会工作，也是社会保障体系的重要构成内容。优抚对象包括现役军人家属、革命烈士家属（因公牺牲、病故军人家属）、革命伤残军人、复员和带病回乡退伍军人、现役军人。优待补助是对国家和社会对烈军属等优抚对象给予政治关怀和物质帮助的重要形式，也是优抚工作的重要内容。其不同于一般老年人享受的普遍养老保障，而是一项针对特殊对象群体的社会保障制度。优抚工作直接发挥着鼓舞士气、安定军心、加强军民团结的积极作用，同时抚慰优抚对象以保障其基本生活，促进社会安定、精神保障、经济发展。

补偿性政策老年人是指由于响应、服从国家在一定历史时期出台的特定政策而享受到一定补偿保障的对象群体，例如，计划生育家庭老年人、征地超转中的老年人、精减退职老职工等，这部分老年群体为了响应国家特定时期的特殊政策而牺牲了自身部分利益，因此国家有必要对其进行补偿性养老保障。其中，计划生育政策老年人指的是当年响应并贯彻政府计划生育国策的老年人，此类老年人因其独生子女出现伤残和死亡的可能性与风险性较高，导致其养老来源的不稳定性也随之升高，因此对该部分老年人的养老保障必须体现出一定的政策关怀和补偿。征地超转人员是指北京市政府批准征用农村土地之后由农民户转变为居民户的超过转工安置年限（男性60周岁、女性50周岁以上）的老年人群体，以及劳动年龄范围内丧失劳动能力不宜转工安置的病残人员。精减退职老职工指的是，在20世纪60年代初期国民经济调整阶段，北京市一部分在1957年之前参加工作的老职工经历了精减退职，对于这部分在战争时期、国民经济恢复时期、社会主义建设时期做出过贡献的老同志，退职还乡，为国家分担了困难，但随着年龄增长，大多数退职老职工面临着体弱多病、无法继续参加生产劳动的困境，导致生活出现困难。

（二）四类老年人群体纳入政府责任保障的时间点

根据有证可循的历史资料并考虑到在本书中时间设置为1978年至今，本书将北京市不同老年人群体被纳入到政府责任保障中的时间节点整理如下（见图4-11）。社会救济孤老和征地超转老年人、优抚孤老、农村五保老年人在1978年便被纳入到政府养老责任中，其中，对社会贫困孤老和农村五保老年人的政府救济可追溯至更早，但本书中暂不予细究，在此仅考虑1978年之后的政府保障。民政部和财政部1979年便发布了《关于改进优抚对象定期定量补助工作的规定》，由此可推测对优抚对象的保障应该在1978年便出现了。离退休干部的养老待遇出现在1980年左右，北京市1980年出台了《关于认真做好退休干部管理工作的意见》

《关于解决军队退休干部住房问题的通知》。

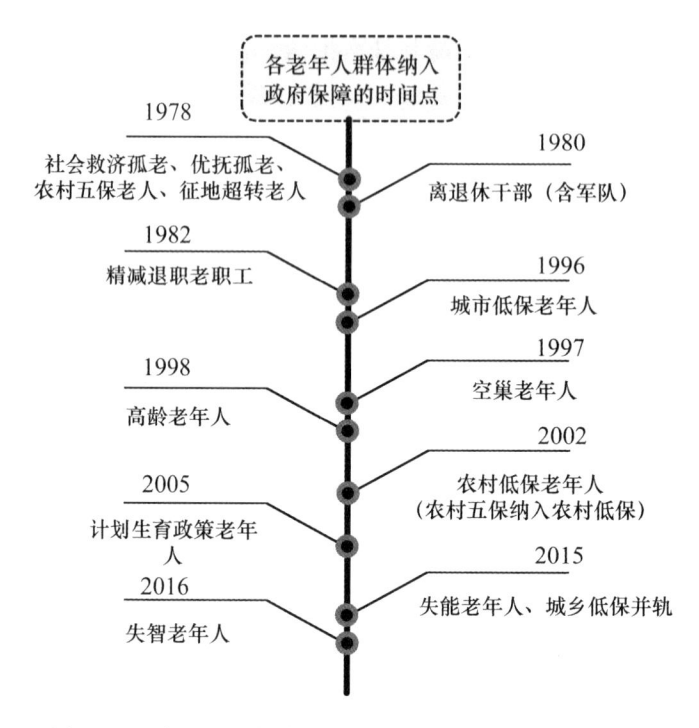

图 4-11　各老年群体被纳入到政府责任保障的时间线顺序

资料来源：根据历年《北京市民政统计年鉴》《北京民政年鉴》整理。

时间线内容：
- 1978：社会救济孤老、优抚孤老、农村五保老人、征地超转老人
- 1980：离退休干部（含军队）
- 1982：精减退职老职工
- 1996：城市低保老年人
- 1997：空巢老年人
- 1998：高龄老年人
- 2002：农村低保老年人（农村五保纳入农村低保）
- 2005：计划生育政策老年人
- 2015：失能老年人、城乡低保并轨
- 2016：失智老年人

1982 年，北京市又将精减退职老职工纳入责任保障范畴。随后，北京市在 1995 年、1996 年、2002 年先后建立起对农村五保、城镇低保、农村低保的正式保障机制，并在 2002 年将农村五保纳入农村低保的保障范畴，到了 2015 年城乡低保则实现了并轨，即实现统一保障标准。据历史资料记载，1998 年，北京市为高龄老人和百岁老年人提供了一系列的经济补助和精神慰问，由此，高龄老年人也被纳入政府责任保障范畴。2005 年，政府又对计划生育家庭的老年人进行了奖励补助。2015 年和 2016 年，政府开始着手将失能老年人和失智老年人纳入养老责任的保障范围。

从不同老年人群体被纳入政府养老责任保障范畴的时间线上可以大致看出，政府对贫困老年人的重视程度较早，但自 1978 年以来仅仅是对

社会散居孤老进行救助，水平较低、对象较分散、体系不完备。直至五保、低保制度的建立，对贫困老年人的养老保障才逐步完善、健全起来。对于奖励性的特殊政策老年人，政府的保障出现得也较早，说明了对该群体的重视与优先。对于补偿性的特殊政策老年人，由于各项政策执行时间各异的因素，政府也及时做出了保障措施。对高龄老年人的重视与保障在20世纪末开始显现，这与北京市人口预期寿命的增长、百岁老年人口的增加都有着密切联系。随着人口老龄化、高龄化趋势增强以及家庭结构变迁对老年人养老生活带来的影响，老年人随着年龄增长出现各类功能缺陷的风险性也越发明显，因此，政府近年来对失能、失智、空巢老人逐步出台了保障政策。总体而言，政府对不同老年人群体的责任保障的先后次序，主要是基于对老年人群体特征的显现次序而形成。从保障范围来讲，也从少数弱势老年人、少数政策优先老年人逐步涵盖更多有着不同养老需求的老年人，最后逐渐扩展到全体老年人群体。从保障体系上看，从临时性救济逐步向体系化、制度化、层次化方向发展。由此可见，就治理广度中的老年群体来看，政府对治理广度中的责任对象保障从选择性走向了全面性、从特殊性走向了普惠性、从分散性走向了层次性，在此基础上为不同老年群体的不同养老需求进行针对性和差异化的保障，最终形成有中国特色的养老保障体系。

第二节　养老需求：需求类别及其历史变化

　　人类行为往往是需求满足的动态化表现方式，属于社会的本质性特征。从人本主义的角度出发，需求可以被简单界定为社会个体在其生命过程中呈现的某种缺乏的状态，当这种缺乏被认知并需要借助外在于人的社会体系协助提供资源保证满足时，便形成了某一方面的需求。需求（need）并不等同于欲求（want）、欲望（demand）、要求（demand），后三者更偏向于主观性的概念，更多的是个体对具体需要物品的指向性意义。而需求是客观性的，更具有普遍意义，并不以个体主观臆断为衡量标准，而是依据缺乏事实与社会后果得以确定。

在马克思的人本主义社会观中，其提出"需要是人的本质属性"[①]。个体的需要在社会中得到满足，是人成为社会人的根本所在，也是人进行各类实践活动的内在性动力。个体在社会中为了保证自身生存与发展成为可能而必须满足的要求，即为需求。需求在不同程度上得以满足才能使得作为需求主体的个人而具备存在意义。个体的需求往往不能通过自身单独的行为得到满足，因此，个体组织起来进行生产、交换、分配，通过满足需求的实践行为将个体紧密联系在一起。当个体需求聚集到一定程度成为一种在同一种社会文化背景下的群体共同的需求时，个体需求就上升成为社会需求，如果从个体需求的未满足状态演变成为社会需求未能得以满足的状态，则会成为影响社会和谐发展的社会性问题。

政府的合法性及其行使的权力源自公意的授予，政府的存在是为了保障公民对公共利益的需求。公众的满意度成了政府获取合法性基础的主要来源，随着现代生活的发展，个体需求的重视、个体意识的张扬愈发凸显了从国家本位到社会本位、从权力本位到权利本位的转变轨迹。以公民公共需求为中心本位应成为政府责任定位的价值取向和应然逻辑。这便要求政府确定合适合理的责任目标、政策体系，从而形成合理恰是的政府责任。同时，养老需求会随着社会、时代、经济的推进而不断发展，这就要求政府根据特定的社会发展情况适时调整政府责任及其责任方式，用动态的观念与思维调整责任的应然角色。

老年人群体的多元性与社会行动的动态性使得养老需求的含义变得深刻丰富，也使得养老需求满足的制度安排与手段富有弹性与多样性。需求具有历史性与阶段性，因为社会发展的不同阶段而产生不同类型的需求。随着经济社会的发展，老人的养老需求层次、内容、程度都相应地在变化，越来越多的老年人无法仅仅依靠家庭获取必要的养老服务供给，导致养老需求广泛地溢出到社会中来，形成社会化养老服务需求的出现。而养老服务社会化需求的进一步扩大，促使政府不断扩大责任对象的范围，逐渐从最初的以三无、五保为代表的弱势老年人扩大至全体老年人。同时，责任对象范围的扩大，也意味着老年人养老需求在数量

[①] 《马克思恩格斯全集（第3卷）》，中共中央马克思恩格斯列宁斯大林著作编译局译，人民出版社1982年版，第514页。

和种类上的增加。由于自然环境、社会环境等因素的变化而产生的人类需求是老年人福利与养老保障发展的重要性动力。只有以动态化的养老需求为本，老年人的养老保障才能不断发展，并解决老年群体需求无法满足的问题。基于新的养老需求的目标定位，政府对老年人的养老保障不断发展升级以回应不断涌现的新型养老需求，因此，老年人的养老需求是社会老年人福利制度发展的根本性动力来源，也是政府养老责任定位发生调整变动的根本性原因。

系统了解和科学分析老年群体的养老需求对于政府应对人口老龄化有着基础性和战略性的作用，前者在很大程度上影响着政府在老龄工作上的科学决策水平。只有清楚了解并精准掌握老年人的养老需求，政府养老责任才能有的放矢。随着人口老龄化趋势的变化和发展，老年人群体的养老需求也随之发生改变，导致政府的养老责任面临新的内容和挑战。全面了解并把握北京市老年人养老需求的内容，探求其养老需求变化的规律与特征，将系统科学地分析养老需求的变化发展作为进一步推进发展社会养老保障的出发点和基础。随着社会经济的发展，不同养老需求的具体内容也在发生变化，表现为需求内容逐步细化、需求项目日益增加等。以医疗保健需求为例，以前仅仅强调解决老年人看病贵、看病难的养老难题，而随着物质生活条件的改善、医疗卫生水平的提高、社会对健康保健的重视，医疗保健需求逐渐延伸到老年人对获得便捷的健康保健服务和就医条件的需求类别，同时将需求细化至代办取药、陪送看病、巡诊、挂号、康复锻炼等具体需求内容。

在现有社会经济条件允许的前提下，最大化满足不同老年群体的基本养老需求，是社会养老保障的重要战略目标，但是由于养老资源禀赋、资源配置能力的限制，无法满足老年人的全部养老需求，只能在不同社会发展阶段对最主要、最基本、最紧迫的基本养老需求进行优先排序并加以保障。因此，不论是政府养老责任的落实，还是整体社会养老保障体制的运行，都必须在明晰不同历史阶段老年人的养老需求的基础上，将满足老年人基本养老需求作为最重要的客观性依据。

一　养老需求的类别划分和内容指向

人的成长与生产是一个需求不断得到满足的过程，人在不同年龄阶段的需求存在差异性，在进入老年阶段之后，个人因为心理、生理、社会性人格等方面发生较大变化从而导致对外界的依赖有明显增强。目前，学界对老年人养老需求的分类观点各异，但大多是基于不同养老服务项目提出的需求类别，例如，姜向群认为养老服务需求包括养老金服务、医疗康复保健护理服务、法律权益维护服务、心理健康服务、日常生活照料服务、老年文化娱乐服务、老年消费服务、老年人事业发展服务。① 王建云认为养老服务涵盖了医疗康复保健护理、日常生活照料、文体娱乐、老年人继续教育、心理慰藉、社会参与服务等。② 杨淑芹从"五个老有"角度把老年人的需求分为健康、物质、精神三类需求。③ 穆光宗将老年人需求分为生存性、发展性、价值性，从基本生存到精神情感都带有阶段性、层次性。④ 周伟文等认为老年人最迫切的需求是医疗健康照护，其次才是文化生活以及精神慰藉需求、日常生活照顾和经济需求。⑤

按照需求溢出理论的观点，养老需求按照需求价值的大小、需求正义的强弱可以分为人道性养老需求、适度性养老需求、奢侈性养老需求。考虑到老年人群体作为社会中掌握、配置资源的弱势群体，其养老需求溢出个人和家庭的可能性与风险性更高，因此，其养老需求均属于人道性养老需求和适度性养老需求。老年人溢出的人道性养老需求和适度性养老需求都属于价值性公共养老事务，属于政府和社会公共养老保障的责任范畴。本书结合已有的养老需求分类研究、历史数据的归类整合，认为老年人的养老需求是在养老生活中出现的影响法定养老权益和基本生活质量的各方面需求。在本书中出现的养老需求仅仅指的是老年人的人道性养老需求和适度性养老需求，即若其溢出时将被归入公共养老事务范畴的需求，并不包括奢侈性养老需求（例如，出国度假、旅游养老等）。因此，本书将老年人的养老需求类别划分为以下几大类：

---

① 姜向群：《老年社会保障制度——历史与变革》，中国人民大学出版社2005年版。
② 王建云：《"医养结合"养老服务模式下资源整合路径研究》，《老龄科学研究》2015年第12期。
③ 杨淑芹：《论老年人的价值、需求及老年人的社会参与》，博士学位论文，辽宁师范大学，2003年。
④ 穆光宗：《丧失和超越：寻求老龄政策的理论支点》，《市场与人口分析》2002年第4期。
⑤ 周伟文：《老年人精神文化生活需求与公共政策选择》，《浙江学刊》2003年第3期。

(一) 经济保障需求

作为社会弱势群体，由于退出生产领域，收入明显降低，老年人可能会比在职职工减少1/2甚至2/3的收入，因此，其面临的最大问题是经济上的贫困化。2015年，北京市老年人离退休的平均年龄达到55.37岁，离退休年龄大部分分布在50岁、55岁、60岁。这意味着个体进入60岁左右，其经济收入会相应地受到较大限度的削减，部分老人甚至面临无经济来源的困境，必须依靠其他行动主体获得经济支持。老年人群体的经济收入通常低于在职职工，同时，在退休老年人之间存在较大差距的退休金收入。大部分老年人的经济收入仅仅限于维持其基本日常生活，无法应对生病住院等紧急性、突发性事件。经济水平是制约老年人基本生存与发展的首要因素。

因此，经济保障需求是老年人最基本、最基础的需求之一，是各类养老需求中最需优先保障的一项，较好的经济生活保障能够为老年人解决温饱问题、保证生活品质，并为解决其他养老需求溢出问题奠定物质基础。老年人群体的经济收入是其实现老有所养的物质基础，是实现物质需求供给最为基本的形式，是提高老年人生活质量的基本保障。只有有了充分的经济来源保障，才能保障老年人一日三餐营养的均衡摄入、保障适应四季天气变化的衣物、保障居住环境的整洁卫生等。

(二) 生活照料需求

依据联合国的界定，生活照料是协助老年人进行日常活动的帮助。[1] 老年人的日常活动包括基本性活动和工具性活动，前者例如吃饭、穿衣、上厕所等，后者包括理财、购物、外出等。[2] 总体上，生活照料需求包括日间照料、生活用品代购与配送、卫生清扫、衣物清洗、就餐洗浴等需求。例如，卫生清扫需求是老年人在解决卫生打扫方面的服务需求，家庭卫生环境与老年人的健康以及生活品质有着密切关系，居住环境的洁净度有利于防止部分老年疾病的产生。同时，由于老年人体力和敏捷度

---

[1] 陈树强：《成年子女照顾老年父母日常生活的心路历程》，中国社会科学出版社2003年版，第26—27页。

[2] 姚远：《非正式支持的理论的实践：北京市老龄问题应对方式的再研究》，知识产权出版社2005年版，第80页。

下降，在打扫卫生时很容易出现意外等新的问题，急需他人的帮助，因此卫生清扫服务需求有着存在的必要性。再如，养老助餐需求是由于老年人身体机能下降、食欲减退、做饭不便等情况引发的养老服务需求，许多老年人存在每餐凑合吃的习惯，在膳食安排上缺乏理性思考，随意性过大。社区中兴起的老年餐桌项目就是解决老年人买菜难吃饭难的问题，使得老年人可以在社区内以较为低廉的价格享受到营养均衡的热饭菜，既提供了便利性，也保障了老年人的营养保健标准。

老年人的照料需求往往和老年人的身体健康状况和日常活动自理能力（包括完全自理、半自理、完全不能自理）紧密联系，老年人的生活自理能力影响到其是否需要日常生活照料、需要照料的内容、需要照料的强度与急迫性等。同时，老年人的日常照料需求融合了多重性和差异性的特征，多重性是指老年人会同时要求多项照料帮助，差异性是指对于同一项照料服务，不同的老年人也会有不同的程度要求，从而表现出个性化需求的差异性。伴随年龄增长，老年人的生理机能出现老化现象，在最基本的生活起居方面存在依赖他人协助的需求，且依赖性随年龄逐渐增加。

老年人生活照料方面的困难主要源于赡养经费的不足和日常生活照料缺乏人手两方面。一方面，由于大多数老人的经济收入受限，若缺乏足够的赡养经费，则更是增加了其生活照料上的困难程度，其无法利用社会上有偿的养老服务，而只能依赖于家庭成员来承担照料。另一方面，随着老年人年纪增大，日常生活的衣食住行等都急需子女照料护理，特别是高龄老人和失能老人，但绝大多数家庭都面临着子女因工作或距离等原因无法提供照料的人手不足问题，导致老年人的日常照料需求满足难度加大。在传统社会中，老年人基本的生活照料责任主要由家庭进行承担，但随着生产社会化和工业化的发展、家庭结构的变迁，由家庭成员提供生活照料的可能性与动力都持续性地削弱。

根据"北京老龄化多维纵向研究"的调查，1999年北京市老年人日常生活照料的满足程度仅为2.1%。[1] 2015年，有17.08%的老年人需要生活照料，有91.45%的老年人得到了日常生活照料，在得到照料的老年

---

[1] 白恩良：《北京市老年人的需求与对策》，中国人口出版社2002年版，第231页。

人中，家庭成员仍旧为最主要的照料资源，83.65%的老年人的首要照料者是家庭成员，其中配偶照料的占34.98%，子女照料的占46.57%。除家庭照料之外，家政服务人员是最重要的照料提供者，占15.97%；养老机构人员照料占0.38%。在被访老年人家庭中，有15.43%的家中还有其他需要照料护理的老年人，在这些家庭中，有67.06%的被访老年人承担着照料其他老年人的重任，在这些提供照料的被访老年人中，有7.2%老年人自身也需要他人提供照料。[①] 此类情况说明，部分家庭有一个以上的有照料护理需求的老年人，这些照料任务大部分落在了家中其他老人身上，因此，这部分家庭的照料需求更为迫切。家庭成员在照料老人方面的困难实质上是机会成本、时间成本、心理成本的上升，也是市场竞争带来的普遍性问题。纯老年家庭数量不断增加的情况虽然意味着老年人群体自立能力的提高，但更意味着在老年人身边可提供生活照料的人员在不断减少，导致老年人的日常生活照料问题日趋严重。人口老龄化趋势的发展与独生子女一代的长大，老年人的生活照料方式必然成为更大的养老问题，必然从以家庭照料为主、社会照料为辅转变为家庭和社会共同照料并行。

(三) 居住保障需求

由于年事已高、体质下降，老年人对自然环境的适应能力也随之衰退，在居住方式与宜居环境的选择上，需要同时照顾到老年人的生理和心理特征。合理良好的居住条件与环境不仅可以减少不良因素对老年人带来的侵害与刺激，也能有利于改善老年人的家庭关系、调解老年群体的情绪精神、提高老年人的健康水准、强化老人的生活自信。在老年人的居住条件和环境中，必须要考虑到安全、便利、舒适因素，也要考量对老年人的护理照料便利。随着社会主义经济的高速发展、人民物质生活水平的提高、城乡住宅建设力度的增加，老年人的居住保障和条件水平得到了一定程度的改善。但是，不可忽视的是，城乡差别、社会阶层、经济收入水平、健康状况等因素都会影响到老年人的居住需求。老年人的居住环境会直接影响到其基本生活质量，而老年人的居住环境不仅包

---

① 数据来源：北京市老龄工作委员会办公室《北京市2015年老年人口信息和老龄事业发展状况报告》。

括居住形式和面积，还涉及住房的条件和配备。老年人住房的采光通风状况、有无卫生间和自来水、房屋质量高低、安全防护性能等因素都是影响其居住质量的重要因素。

新的老年人群体的突起，更是改变了老年人的养老需求内容。新的老年群体是指中华人民共和国成立时以及之后出生的人口对象，这部分群体有着较强的经济基础、更长的生存寿命、较新的思维方式、较为广泛的社会关系。[①] 这使得他们的养老需求从原先的只求生存转变为追求一定生活质量，即传统一代的老年人追求的是衣食住行等基本性养老需求，而新一代老年人将心理、情感、健康、居住环境、自我实现等都纳入养老需求中。《老年人权益保障法》在修订之后将宜居环境单独作为一章。北京市根据全国老龄工作委员会办公室与国家发展和改革委员会、中华人民共和国人力资源和社会保障部等25个部门联合出台的《关于推进老年宜居环境建设的指导意见》，将老年人宜居环境建设提升到战略规划层面，一是加强老年人宜居社区建设，为老年人群体提供环境适宜、功能齐全的社区居住环境；二是利用技术创新等优势为老年人提供安全出行、方便出行的交通环境；三是在保障性住房的建设和分配上适度地向老年人倾斜，提升老年人群体的住房保障和质量。

虽然城镇住房日趋紧张，但绝大多数老年人都拥有自己的住房，这主要是源于城镇老年人的住房大多为国家和企事业单位分配的非商品性公房，有相当一部分的老年人在获取此类住房时具备较大优势；另外，城镇老年人大多数都拥有独立经济来源，对子女的经济依赖较小，而子女独立意识较强，更愿意分开单过。但不可忽视的是，由于子女不孝或单位住房分配不公等因素，城镇中有一部分老年人仍然没有正式的住房，有的栖身于厨房、过道或单身宿舍和工棚之中，这反映出老年人存在基本的住房保障需求。在农村中，随着土地联产承包责任制和农村商品经济的发展，许多农民走向富裕盖起了楼房，大部分老年人的住房算得上是可以住下甚至宽裕。但农村中同样也有一部分老年人缺乏正式住房或者房屋简陋缺乏安全保障，而农村老年人因为缺乏固定经济收入导致其

---

① 姚远：《非正式支持的理论的实践：北京市老龄问题应对方式的再研究》，知识产权出版社2005年版，第8页。

遭遇的住房困境更为险恶，其住房保障需求也更为急迫强烈。

(四) 医疗保障需求

老年人的恐老心理驱使其对健康问题尤为关心重视，老有所医是老年人群体关心的重要内容，良好的医疗护理体系能为老年人的晚年生活提供重要保障。随着老年人年龄的日益增长，由于身体素质的下降、生理机能的衰退、抵抗能力的下滑，老年人患病率、就医率远高于其他年龄组，因此老年人群体有着较强的医疗保健需求。人口老龄化带来的老年人问题主要集中在两个方面，一是老年人的经济问题，二是老年健康问题。[1] 德国老年医学家法兰克教授认为老年人的死亡多是由某种疾病造成的；日本学者发现老年人真正衰老或脏器萎缩的仅占3%—5%。[2] 由此可见，各类疾病是造成老年人死亡的根本原因，也是老年人老年生活中最首要和最致命的威胁。

随着老年人年龄的增长，老年人机体器官老化严重、抗病能力大大削弱，导致其患慢性疾病的可能性与危险系数随之升高，慢性疾病也随之成了影响老年人健康状况的重要因素。然而长期以来，我国医疗保障体系通常将重点置于短期住院治疗和急性病症上，医院较少会设置老年门诊，往往将一般病症和老年病症混为一体，这种医疗状况无法适应老年人生病的特殊需求。根据北京医院的统计，老年人发病率超过10%的疾病主要有17种，且多数为慢性疾病，包括：冠心病、白内障、慢性支气管炎、高血压、耳聋、肺炎、肺结核、脑血管病、恶性肿瘤、糖尿病等。[3] 因此，考虑到老年人健康风险系数较高、患病概率较高且较为复杂，其在医疗保障方面的需求也更为特殊、紧迫，对政府乃至社会养老保障提出了更有技术含量和难度的要求。

老年人对充分的医疗服务以及医疗费用负担的减轻的需求尤为迫切。老年人若无法享受到便捷、高效的医疗保健服务，产生的看病难问题会给其及家庭成员带来更大的困难和不便；若老年人自负的医疗费用支出过大占据其退休等经济收入，造成的经济负担加重容易降低老年人的生

---

[1] 邬沧萍、姜向群：《"健康老龄化"战略刍议》，《中国社会科学》1996年第5期。
[2] 田雪原：《中国老年人口（社会）》，社会科学文献出版社2007年版，第239页。
[3] 田雪原：《中国老年人口（社会）》，社会科学文献出版社2007年版，第239页。

活质量，影响其基本养老生活的幸福感。但是老年人在健康医疗的供需方面可能会面临种种矛盾，一是老年人收入水平在下降，但对医疗保健的需求却在猛增，经济条件往往是限制老年人满足健康需求的重要制约因素；二是社会所提供的医疗服务与设施的短缺，导致老年人即使有经济能力也无法获取足够、便利的医疗服务。

除了生病时享受到及时到位的医疗保障服务，老年人的医疗保健需求中还包含健康体检需求。健康体检需求是侧重于定期检查提供健康保健服务，是为了加强对老年人疾病预防和疾病控制，让其更主动地预防疾病而非被动地接受治疗。健康体检能够让老年人在疾病发病之前提前检测出来，获得最佳治疗时机，同时通过定期检查可以了解疾病发展程度，及时调整治疗方案等，是老年人积极主动的健康观念的体现。另外，陪同看病需求是老年人因为出行不方便、儿女无法陪同的情况下，由他人陪同去医院就医的养老服务需求，陪同看病既能帮助老年人解决看病时有意外发生而无人帮忙的紧急情况，也能在一定程度上缓解老年人在看病时的无助感与孤独感。除此之外，医疗保健需求中还包括：定期的用药、营养、康复训练等咨询和指导；定期诊断护理，如换药、测血压、注射、输液等；家庭急救呼叫系统。

（五）精神慰藉需求

早在2000多年前，老年人就存在"乐""敬""忧"的精神心理需求。随着生活水准、文化素质等因素的提高，更多的老年人开始关注自身的精神文化生活。在世界卫生组织对健康的定义中，个人健康不仅仅是指生理上没有疾病，还包括在心理方面和社会参与上的健康。老年人的心理健康程度也是衡量其健康水平的重要标尺。老年人在年老或退休之后从社会回归家庭，从劳动者角色转变为被供养角色、从决策角色转变为平民角色、从工具角色转换为情感角色、从父母角色转变为祖父母角色，这些角色的转变容易产生经济危机感、寂寞感、被抛弃感等，最终导致其心理失衡等问题的出现。在这种情况下，老年人更容易被孤独、失落、焦虑等负面情绪笼罩。精神慰藉需求若长期无法得到满足则会严重影响老年人的生活品质，进一步影响到其生理健康水平。

随着步入老年阶段老年人的心理能力和人格特征都会发生变化，相较于中青年时代，老年人的记忆、感知、思维能力等心理机能都会出现不同程度的衰减，甚至会导致精神疾病或心理异常，这容易导致老年人变得孤独烦躁，或变得极度不自信，对于外界产生极强的依赖性。必须认识到，不同老年个体在老年时期心理衰退的程度和速度各有差异，不同老年人心理能力和心理活动的发展及其衰退状态都是不同的。面对社会角色的转变、社交圈的缩小、个人生理与心理机能的衰退、意外事件的打击等，意志坚强和自我控制能力较强的老年人往往能较好地适应环境的变化，保持健康的心理与愉快的心境，但那些无法良好调整与适应的老年人就会出现如上所述的人格变异、情绪崩溃、器质性病变等。心理健康主要体现在老年人的幸福感和孤独感上。作为老年人精神健康的重要方面，老年人幸福感自评在一定程度上能够反映出老年人的生活状态和生活质量。老年人的精神文化需求与其平时与亲友的来往互动、情绪不佳时是否有人可倾诉等密切相关。虽然家庭结构核心化、小型化趋势明显，家庭职能在不断被削弱，但家庭仍旧是大多数老年人寻求慰藉和寄托的基本支持动力。随着老年人与社会的正式化脱离、子女不在身边的情况出现，其缺少倾诉对象，孤独感自然上升。

根据《北京老化多维纵向研究》的数据资料，从心境、抑郁症状、认知功能、满意度四个方面可观测到自1992—1997年北京市老年人的心理健康变化内容与特征。[1]就心境而言，北京市老年人的心境检测得分下降，心境变差。在抑郁症方面，1997年有20%的老年人有明显的抑郁症状，相较于1992年的13%明显上升，同时发现，女性、低文化水平、高龄、居住在山区的老年人发生抑郁症状的可能性和危险性更高。在认知功能上，其随着年龄增加明显减退，虽然各年龄组的老年人认知功能低下的发生率在成倍增长，但高龄老年人的增加最大。就满意度而言，虽然自1992—1997年老年人的客观生活条件在逐渐改善，但是老年人对生活的满意度却在下降。根据该项研究结果可以发现精神生活内容的匮乏，以及缺少社会和家庭的支持是老年人无聊感产生的可能性原因。根据调

---

[1] 此部分的数据资料源自项曼君、汤哲等《北京老年人心理健康纵向（1992—1997年）观察》，载白恩良主编《北京市老年人的需求与对策》，中国人口出版社2002年版。该项调查于1992年在北京市城区（宣武区）、近郊平原（大兴县）、远郊山区（怀柔区）采用分层、整群、随机抽样的方法调查55岁以上居民，并在1994年、1997年、2000年分别进行了三次随访。

研，北京市老年人的精神文化需求有三个方面的特征，一是自我性，表现为较多的个人独立活动和以个体为圆心的需要；二是参与度很低，即老年人对精神文化生活缺乏热情以及较少参与活动；三是差异性，即不同老年人对精神文化的需求不同。① 因此，增加对老年人精神文化生活的慰藉与关心，减少老年人的无聊感与孤独感，是提高老年人养老生活质量的重要环节。如何坦然接受衰老的事实并适应老年期的心理变化，在老年生活中充分调整好自身心理状态，保持完整健康的老年人格，是老年人的一项重要养老需求。

(六) 文体教育需求

老年人的文体娱乐活动需求对老年人的精神生活方式与健康水平有着重要的影响与意义，能够丰富调剂老年人晚年生活的内容，减轻并消除老年人的孤独寂寞感，同时，有助于增进老年人思想感情的交流，促进老年人社会人际关系的健康发展，并通过发挥兴趣爱好和潜能特长，认知自我的社会价值，在精神上产生新的寄托和追求。老年人的文体娱乐需求在内容与形式上与其他年龄阶段的群体具备相似或相同的部分，但也具备着老年群体独有的特征，从文体活动内容的需求上看，一是老年人文体活动需求以娱乐休闲为主，尽可能减少输赢胜负带来的精神压力；二是老年人文体活动需求更注重传统文化的内容与形式，通过挖掘老年人多年经验和技能专长等传承文化财富；三是老年人文体活动需求更追求修身养性，而尽量减少剧烈运动的活动方式。

由于老年人性格、年龄、文化程度、身体状况、生活习惯、兴趣爱好方面的差异，老年人对开展文体娱乐活动的形式需求也是多元化的，包括：以个人为主的文体活动，即老年人个体根据自身兴趣爱好自主选择的文体娱乐活动，更具有随意性和自主性；以群体为主的文体活动，即一部分老年人基于共同的兴趣爱好，自发地聚在一起参加的文体娱乐活动，更具有组织性、固定性和社交性，例如公园晨练、合唱排练等；以社会为主导的文体活动，即由政府或社会组织开展的老年文体娱乐活动，更具有竞赛性、选拔性、团体性，例如老年门球赛、老年书画展览、老年时装表演等活动。老年人文体娱乐活动的主要特点表现为：锻炼娱

---

① 白恩良：《北京市老年人的需求与对策》，中国人口出版社2002年版，第343页。

乐两者相结合；受年龄、身体条件的制约和影响较大；在时间上随意性强和选择度高；对场地、资金等物质条件要求不高，且活动以普及型和群众性为主。①

由于老年人在退休之后闲暇时间较为充裕，其社会需求的水平和内容也在不断提高和丰富，因此，急需为其提供丰富多样的文化产品和文化生活，以满足不同老年人群体日益增长的文化需求。老年人在日常生活中利用闲暇时间开展有利于自身健康的文化体育活动，有助于提高其生活质量并实现自身价值，同时丰富其晚年生活，便于老年人与人交往，强化老年人与社会之间的联系等。

（七）社交活动需求

依据社会嵌入理论的观点，任何人都是非孤立的、嵌入特定社会网络和关系结构中的，并通过特定社会关系获得社会支持和社会资源。老年人群体在进入老年阶段之后仍然需要继续保持社会化，通过继续学习、提高修养、自我调整等提高自我认知和自身价值。随着人口老龄化的加速，现代社会退休制度的完善，老年人的经济条件日渐改善，预期寿命时间越来越长，其闲暇时间也逐渐增多，这为老年人参与社会活动提供了较为充裕的精力、时间、财力支持。老年人的社交活动需求包括两个方面，一是婚姻介绍需求，二是社会参与需求，这两类需求关乎归属和情感的需求，会影响到老年人的社会交往质量。本书将婚姻介绍需求纳入老年人的社交活动需求中，是考虑到老年人退出社会工作之后，社会交往圈子急剧缩减，有着再婚需求的老年人就需要通过扩大社会交往、增加介绍途径等方式解决婚姻需求的溢出。

家庭是满足物质支持、情感寄托等各类需求的基本场所，而婚姻是实现这些需求的基本途径。追求婚姻完整与幸福不仅是大多数人的追求目标，也是个体的基本权利，老年人更是如此。老年人婚姻关系是老年人口家庭的基石，也是老年人在后期生活过程中的重要支柱。由于老年人在家庭生命周期的最后阶段，教育功能、人口再生产功能、社会交往功能等都随着年老退休而受到削弱，因而老年婚姻关系成为老年家庭的基础。从个人生命周期的角度看，该时期内老年人由于年龄变动较大、

---

① 田雪原：《中国老年人口（社会）》，社会科学文献出版社2007年版，第187页。

社会角色变迁较快,将会给老年人带来一系列生理和心理不平衡问题的调适压力,因而老年婚姻关系也就成了调解失衡的重要支柱。老年人的再婚是指婚姻关系因离婚、丧偶等原因终止之后,老年人选择再次择偶婚配以延续婚姻关系。随着人口老化过程的推进,老年人群体中丧偶独身个体的数量也必然在增加,导致老年再婚也成为老年人养老生活中的一大需求。

老年人再婚主要是为了调适老年生活,完善婚姻关系,但再婚带来的利益取向与老年人各自的原生家庭存在冲突,容易引发各类不利于老年人再婚的习惯、阻力、舆论,甚至导致老年人再婚的自我心理障碍。但是随着社会发展与进步,老年人再婚的社会观念也在改变,属于大势所趋,再婚者数量也在增多,子女对老年父母再婚的支持也在日益增长。老年人的再婚需求已经成为一项重要的老年需求,需要明确失偶老年人拥有再婚自由、再组新家庭的权利。同时,由于老年人离开工作岗位,社会交往机会大为减少,而且受到生理与心理限制因素,老年人的个人活动能力也面临诸多困难,对于有再婚意愿的老年人而言,自行择偶存在一定难度,需要政府与社会介入调适婚配关系,帮助老年人解决再婚需求。同时,老年人需要外界帮助协调好原生家庭与新家庭之间的财产关系等,减少再婚阻力,巩固再婚关系。

老年人的社会参与需求是指老年人通过社区社会活动、就业劳动、志愿活动等多种形式参与社会活动的需求,其需求价值在于保持老年人与社会之间的交流联系,是老有所为的重要构成内容,也是积极老龄化的关键体现。老年人的社会参与,即使是义务性或志愿性的社会参与,对于提高老年人的社会适应能力、自我保障能力以及延缓衰老等都有极大益处。促进老年人积极参与到社会中,一方面有利于提升老年人自我价值、增进老年人身心健康、丰富老年人养老生活、发挥老年人的正能量,另一方面也有利于增加社会财富,推动积极应对人口老龄化,对老年人、家庭、社会、国家各个层次都有益处。

与社交活动需求紧密联系的是尊重需求,尊重需求是指个人有稳定的社会地位,且能力与成就被社会所承认。老年人积累了许多宝贵工作经验和生活阅历,是一笔巨大的社会财富,老年人也有将自身经验传递给后世的责任感,是老有所教的表达与需求。同时,老年人希望通过学习新技能和新知识来丰富自身的老年生活，是老有所学的最佳体现。在现实生活中，由于老年人不再从事工作，失去了工作期间的社会地位与身份，现实生活的平静与被人尊重的需求之间产生了矛盾与冲突，容易导致失落感。让老年人继续挖掘个人能力与潜力、发挥余热，找到合适的新岗位，利用自身能力和经验的优势发挥一技之长，实现老有所为、退而不休，再创自我价值。

(八) 法律维权需求

老年人的权益保护是我国法治化进程中不可避免的一大问题，一方面，随着空巢老人的增多、老年贫困问题的存在，侵犯老年人财产、人身、婚姻、住房等合法权益的问题以及歧视老年人的现象时有发生；另一方面，大多数老年人仍面临自身法律意识不够、维权方式欠妥等问题，这容易导致老年人在维权过程中遭遇不公、不利的困境。老年人被侵权事件常有发生，一是因为随着老年人生理方面的衰退，维权意识和维权能力都受到了削弱，二是因为社会尊老意识淡化导致部分个体存在歧视老年人的思想，从而使得老年人经常成为被侵权的对象之一。2015 年的调查数据显示，北京市老年人中遭遇上当受骗的比例有 3.46%，遭遇抢劫的有 0.12%，遭遇被盗的有 0.86%，遇到恐吓打骂情况的有 0.77%，其他侵权事件比例为 1.75%，未遇到任何侵权事件的老年人比例达 93.05%。老年人的法律维权需求既包括侵权维护的需求，也包括法律咨询需求。侵权维护需求是指当老年人的合法权益受到侵害时，需要通过法律途径加以解决的养老需求。法律咨询需求指的是老年人对于涉及自身养老权益的事务，需要咨询的服务需求，包含法律层面、政策层面等关乎老年生活的方方面面。

二 八类养老需求的内在层次关系

对上述八类养老需求的分类主要是基于已有研究成果和政府保障内容归纳得出，一方面，将涉及老年人基本养老生活的需求权益都纳入类别范畴内，尽可能全面地呈现老年人养老需求的多方面、内容性；另一方面，通过对政府历来养老保障的内容与养老需求作出对接分类，在一定程度上反映了政府在政策注意力上的分类特征和关注重点。

但从理论逻辑上看，八类养老需求中实质上存在着两类层次关系，即直接养老需求和间接养老需求。直接养老需求是老年人直接产生的第一序列的各类需求，基本涵盖了老年人基本生活需要和养老权益。间接养老需求是为了进一步保障直接养老需求能得到满足而产生的需求。这种层次分类主要是从老年人视角出发，即依据老年人这两类需求的满足的终极意义和价值为何。按此分类，直接养老需求包括生活照料需求、居住保障需求、医疗保障需求、精神慰藉需求、文体教育需求、社交活动需求六大类，而间接养老需求中则包括经济保障需求、法律维权需求两类。

间接养老需求中，满足老年人的经济保障需求，让老年人自行决定经济资源用于满足何种养老需求（例如生活照料、精神慰藉等），换言之，老年人经济保障需求的满足是为了进一步解决其他养老需求的溢出问题。同样，老年人的法律维权需求也是源于为其他直接养老需求能得到有效保障，因此，老年人需要借助法律维权来维护基本养老权益、保障基本养老生活。因此，对老年人两类间接养老需求的保障是为了将自由决定权交予老年人，让其决定将保障资源和结果最终用于解决哪类实际养老生活问题，例如，是用钱聘请护工提供生活照料服务，还是通过法律咨询和援助解决赡养、财产等问题。直接养老需求中，政府对这六类养老需求的保障解决的是老年人直接面对的实际生活问题。理想状态下，若老年人的六类养老需求都能得到合理保障，则并不会产生经济保障需求和法律维权需求的溢出问题，因其基本合理的养老生活都得到了满足和保障。

从政府治理的角度出发，为何在实践中政府既提供经济保障、法律维权和其他类服务保障？究其原因，对于部分经济条件较好的老年人，其直接养老需求的程度和迫切性更强烈。例如，金钱对于有经济能力的失智老年人而言直接价值并不大，受其身体条件和行为能力限制，其更需要诸如生活照料等服务。再如，对于陷入经济困境的老年人，满足其经济保障需求能够有助于其在直接养老需求方面的满足程度，即其可通过获得的经济补助津贴获取所需的养老服务，这也与老年人养老保障的个性化理念相契合。总体上，将养老需求划分为直接养老需求和间接养老需求，对于政府养老责任的定位有着更贴切的理论价值，能够更好地帮助理解为何政府在治理广度和治理深度中既提供经济扶助和法律援助，又提供包括医疗保健、生活照料、居住保障等在内的各类具体生活服务。

三 各养老需求纳入政府责任保障的时间次序

图4-12呈现了上述八类养老需求首次被纳入到政府养老责任保障范畴中的时间点与事件,在该时间线整理中,未对不同养老群体的各类养老需求分别地进行整理(此部分将在后文具体展开讨论),而是把四类所有老年人群体的八类养老需求首次被政府归入养老责任保障范围内的时间点整理呈现,以此显示八大类养老需求在政府养老责任保障出现的先后顺序,也能在一定程度上反映出政府养老责任对不同养老需求保障的优先次序、对不同养老资源的配置调控。从整体的先后顺序来看,居住保障需求最前,随后紧跟的是经济保障需求、文体教育需求、社交活动需求和精神慰问需求、法律维权需求、医疗保健需求,最后一位是生活照料需求。各类需求首次被政府纳入养老责任保障范畴的时间点并不等同于对各类养老需求重要性、价值性、正义性的排序,其出现的时间点受到政府获取养老需求信息的能力、政府可支配的养老资源总量、社会文化价值等多种因素的影响。

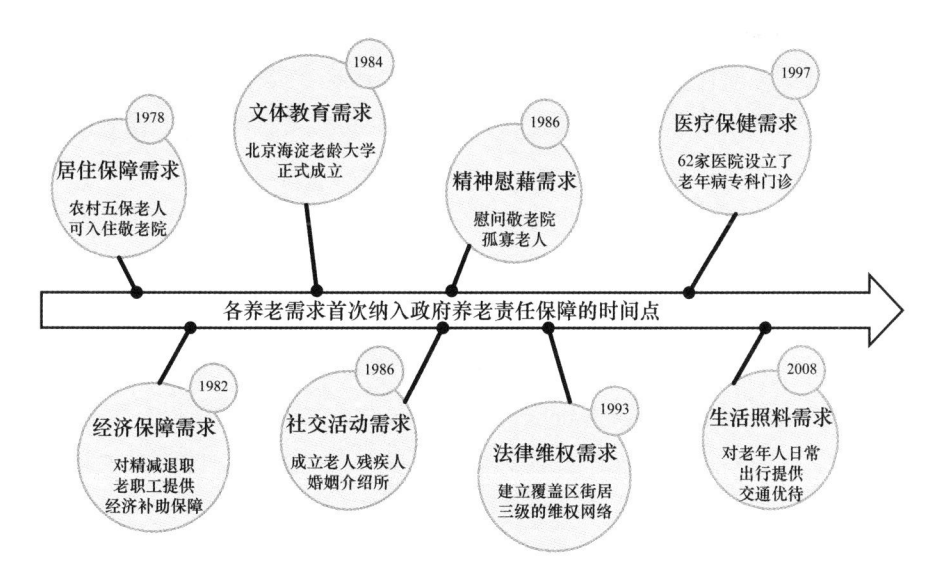

图4-12 各养老需求类别首次纳入政府养老责任保障的时间点

资料来源:笔者自制。

北京市部分区县在1978年之前便先后建立起了敬老院，收住五保老年人和其他老年人，提供了托老入住的保障服务，属于居住保障需求的一种。1982年政府对60年代精减退职老职工提供相应的经济补助保障，是对老年人群体提供经济保障的一种形式。随着北京市海淀老龄大学的正式成立，老年人文体教育需求中的教育需求率先被纳入政府养老责任保障范围。1986年，政府成立了老年人残疾人婚姻介绍所标志着对老年人婚姻介绍需求的关注与重视，而该年民政相关领导对敬老院孤寡老年人的慰问走访则可被视为政府对老年人精神慰藉需求保障的开端。1993年部分区县建立起了覆盖区、街、居三级的老年人维权网络，政府对老年人法律维权需求的保障措施开始得到落实。1997年，62家医院先后设立了老年病专科门诊，属于政府对老年人医疗保健需求溢出的解决，标志着政府对这项养老需求的保障开始落到实处。对老年人生活照料需求的保障正式见于2008年，政府对老年人日常出行的情况提供了一系列交通优待服务，解决了老年人日常衣食住行中的"行"的需求问题。

随着老年人每项养老需求内容的不断充实，八类养老需求中具体的次级需求也逐渐被政府纳入养老责任的保障范畴中。而且各类更具体的次级需求随着政府注意力和资源配置能力的变化而交错着进入政府责任保障序列中。对此将在后文维度二中结合政府养老责任的治理深度进行具体分析。就政府养老责任的治理广度标准而言，政府对八类养老需求保障的先后顺序，总体上符合对老年人养老需求的价值排序。例如，老年人的居住保障需求和经济保障需求出现的时间较早，随后文体教育需求、社交活动需求、精神慰藉需求都依次出现在政府养老责任内容中，但都属于临时性、碎片化、弱强度的性质。到了20世纪90年代，随着法律意识的增强，对老年人的法律维权需求的重视和保障也提上了议程。而老年人疾病问题严重性、特殊性的凸显，加之政府医疗卫生资源的逐步充实，政府对老年人的医疗保健需求也开始着手进行保障。对老年人的日常生活照料需求保障体现了政府更为具体、细致、完备的责任安排，其涉及老年人的衣食住行各个方面，此时，政府的养老保障治理也随之体现出精细化、精准化的特征，标志着老年人生活质量的提高、政府养老责任的普惠化走向。

第三节 本章小结

就治理广度的变迁而言，北京市老年群体呈现了数量和类别上的增长变化。在人口上，北京市经历了老龄化程度加深、高龄老人比重增加、老年抚养系数上升、区域差异明显的过程，体现了养老群体"扩容"特征。同时，考虑到不同群体老年人的需求特征各异，本书将老年人群体进行归类划分，包括贫困老年人、高龄老年人、特殊困难老年人、特殊政策老年人。基于四类老年人群体纳入政府责任保障的时间点，政府的保障范围从少数弱势老年人、少数政策优先老年人逐步涵盖更多有着不同养老需求的群体，最后逐渐扩展到全体老年人，体现了"扩面"特征。从保障体系上看，从临时性救济逐步向体系化、制度化、层次化发展。

只有精准掌握老年人的养老需求，政府养老责任才能有的放矢。基于已有研究和现实考察，本书将老年人的养老需求分为八大类：经济保障需求、生活照料需求、居住保障需求、医疗保健需求、精神慰藉需求、文体教育需求、社交活动需求、法律维权需求。在八类养老需求中存在第一层需求和第二层需求的层次关系，即直接养老需求和间接养老需求，间接养老需求包括经济保障需求、法律维权需求两类，直接养老需求包括剩余六大类。将养老需求划分为直接养老需求和间接养老需求，对于政府养老责任的定位有着更贴切的理论价值，能够更好地帮助理解为何政府在治理广度和治理深度中既提供经济扶助和法律援助，又提供包括医疗保健、生活照料、居住保障等在内的各类具体生活服务。

第 五 章

维度二：政府养老责任中治理深度的变迁路线

第一节 经济保障需求的治理深度变化

政府对老年人群体经济保障需求的治理中的权责关系较为复杂，在不同养老保障制度中的责任定位与承担存在差异性，城镇企业职工基本养老保险制度在统账结合原则下实行个人与企业缴费，政府通过给予一定财政补贴承担比例制责任。城镇居民基本养老保险制度则采取中央政府和地方政府补贴、个人缴费的定额责任机制。新型农村社会养老保险制度实行的是集体补助、政府补贴、个人缴费的三方定额责任机制。农村五保供养制度、计划生育户奖励扶助制度等实行的是中央与地方财政分担的全额性财政供款责任机制。[①]

一 养老保险层面的经济保障：从少数到全民

老年人的养老保障从老年救济逐步发展到老年社会保险是养老保障历史上的进步，养老社会保险将享受社会保障的对象从一般的弱势老年人扩展到普通就业劳动群体，既肯定了老年人的社会贡献，又明确了劳动者的法定合法权利，以权利义务对等的原则，建立了较为合理的保障机制。基本养老保险不同于社会养老服务体系，前者主要针对老年人基本收入的需求，其功能在于满足老年人的基本生活，后者主要应对的是

---

① 丁建定：《中国养老保障制度整合与体系完善》，《中国行政管理》2014年第7期。

老年服务需求，其功能在于提升老年人生活质量和幸福指数，两类保障有机结合，共同构成了养老保障体系的基本要素。[①] 城乡居民养老金正常调整机制中，有基础养老金和福利养老金，前者是城乡居民养老保险，后者是老年保障福利养老金，老年保障福利养老金人员包含在享受城乡居民养老保险待遇中。政府对老年人的养老保险保障从单位退休金制度，发展到城镇职工基本养老保险制度、农村社会养老保险，并逐渐完善城乡居民养老保险，对无社会保障的老年人实行城乡居民福利养老保障，最终形成城乡一体、全民覆盖的养老保险保障，较大程度地满足了全体老年人的基本经济保障需求。

（一）单位养老金制度

1951年，《中华人民共和国劳动保险条例》颁布，从此建立起了企业职工退休金制度。1955年则继续建立起了国家机关以及事业单位人员的退休金制度，并在1958年对上述两项退休金制度进行整合统一，1978年国家继续颁布了《关于工人退休、退职的暂行办法》，并修改了前述制度。[②] 这些退休金制度均是针对工薪劳动者对象，未能覆盖农民群体和其他社会成员。退休金在计划经济时期是城市劳动者的专属权利，是单位保障中极为重要的组成部分，退休金全部由单位承担，个体本人无须缴费，而实行单位制的机构（包括政府部门与企业）的背后都是国家在支撑。在改革开放初期，独立于企业和事业单位之外、依据社会化逻辑运行的养老保险制度尚未建立起来，大部分单位仍旧延续了单位退休金制度，为退休人员提供养老金。

在改革开放初期，北京市实行养老金制度的公社数量呈增长趋势，从1982年的37个增至1983年的45个。1985年实行养老金制度的乡镇共有84个，1988年增至94个。从享受养老金的人数规模来看，1982年共有2.24万人享受养老金保障，1984年有2.74万人。但1985年仅有1.8万人，之后波动变化，在1986年继续减至1.6万人，在1987年增至2.75万人，在1988年达到1.8万人。从享受养老金保障的人数规模来看，保障规模极小，仅有极小部分的对象能够享受到养老金经济保障，但人数

[①] 丁建定：《中国养老保障制度整合与体系完善》，《中国行政管理》2014年第7期。
[②] 何文炯：《改革开放40年：中国养老保险回顾与展望》，《教学与研究》2018年第2期。

规模较为稳定，保持在 2 万人左右。20 世纪 80 年代，北京市养老金的规模变化较为稳定，基本维持在年均 180 元左右。相较于城镇和农民家庭年均可支配收入，养老金水平较低，且未能随着时间推移而获得提高调整，反而略有下降走势。

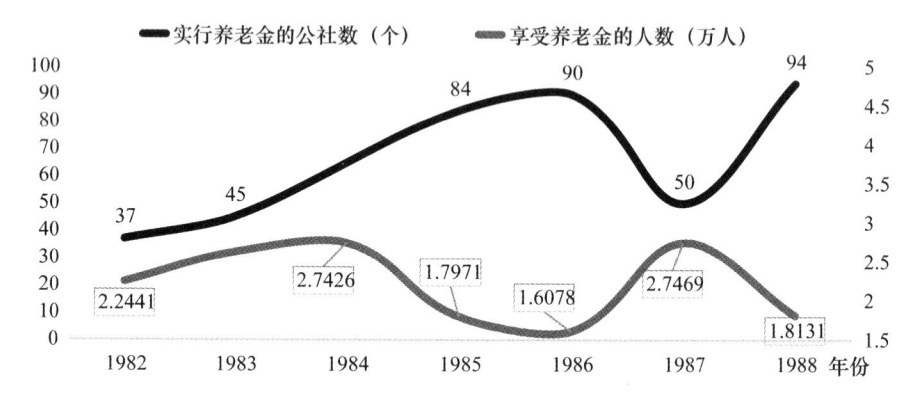

图 5-1　北京市历年实行养老金制度的公社/乡镇个数与保障人数规模

资料来源：根据历年《北京市民政统计年鉴》《北京民政年鉴》整理。

图 5-2　20 世纪 80 年代北京市养老金水平

资料来源：根据历年《北京市民政统计年鉴》《北京民政年鉴》整理。

（二）城镇职工基本养老保险

城镇职工基本养老保险制度是北京市最基础、保障范围最广泛的养老保险制度。1998年政府出台了《劳动者养老保险规定》，同时，北京市劳动局出台了配套的《关于贯彻实施〈北京市企业城镇劳动者养老保险规定〉有关问题的办法》。截至1998年年底，全市参加养老保险统筹的职工和退休人员达359.2万人，比1997年增加了94.9万人，覆盖面达95%。依据政策规定，1998年7月1日以前参加工作的对象的基本养老金由个人账户养老金、基础养老金、综合性补贴、过渡性养老金等组成；1998年7月1日之后参加工作的对象的养老金由个人账户养老金和基础养老金组成。

2002年，政府相继出台了自收自支事业单位养老保险制度改革试行办法、农转居人员参加社会保险试行办法、中断缴费人员养老保险办法、机关事业单位转制或流动到企业的人员养老保险衔接办法等，加大了对养老保险制度的改革力度。2003年，北京市逐步扩大了养老保险制度的覆盖范畴，自收自支事业单位中共有4万多名职工参加了基本养老保险，同时政府指导了4.8万多人参加了农转居社会保险试点工作。这两项改革措施均是在全国尚无先例的前提下，结合北京实际进行的创新工作。年内养老保险基金支出147.7亿元，保障了141.5万名企业退休人员的基本生活。2004年，继续将基本养老金向退休金水平低、退休时间早的人群对象倾斜，促使困难群体的基本需求得到有效保障。

图5-3 北京市历年城镇职工基本养老保险参保人数与领取情况

资料来源：根据历年《北京统计年鉴》整理。

随着国家对城镇职工基本养老保险制度的相关规定进行调整，2006年，北京市也做出了相应的调整并出台了《北京市基本养老保险规定》，指明在北京市范围内的企业和与之产生劳动关系的城镇职工、城镇个体工商户、灵活就业人员需按照相关规定参加基本养老保险参保对象覆盖了市内企业和与之形成劳动关系的城镇职工、城镇个体工商户和灵活就业人员，个人缴费和企业缴费相结合，对于1998年7月1日之后参加工作的对象的基本养老金由基础养老金和个人账户养老金组成，对于1998年6月3日以前参加工作的对象，除按月领取基础养老金和个人账户养老金之外，再发放过渡性养老金。同时，该《规定》建立了基本养老保险的激励与约束机制，进一步加大了对基本养老保险制度的改革力度。

养老金的调整关乎职工退休之后的经济保障和生活质量，北京市自1994年起对不同类型的离退休人员的养老金做出了及时调整，城镇企业退休人员的基本养老金保持了22年的连续上涨。北京市养老金的调整上涨受到国家养老金调整政策的影响。《关于北京市城镇企业离退休人员1994年调整基本养老金的通知》指出，退休人员每人每月增加养老金30元。1995年国务院规定基本养老金按照当地职工上一年度平均工资增长率的一定比例进行调整，该年增加的标准上升至45元，这是针对所有离退休人员进行的普遍调整。1995年的调整方案首次出现了与缴费年限挂钩的调整，对象是农转工人员。自1996年开始，与缴费年限挂钩的调整转为针对企业退休人员，缴费年限不同，则对养老金调整的幅度就不同。

2005年，国务院发布了《关于完善企业职工基本养老保险制度的决定》，规定适时调整企业退休人员的基本养老金水平。2007年的调整中先是进行了与缴费年限挂钩的调整，再是对养老金水平较低的退休人员进行了二次调整。2008年则在与缴费年限挂钩调整之后增加了一次普遍调整，每人每月继续增加45元，如此持续到2011年。除了普遍调整、与缴费年限挂钩调整的方式，政府还出台了与缴费年限和退休时间挂钩的调整，与退休时间挂钩加普遍调整，与离休时级别挂钩的调整，根据缴费年限、人员类型、退休时间进行的调整，缴费年限两次调整等方式。① 在北京市二十多次的养老金调整过程中，可以看出从无序混乱走向有序规范的动向，体现了普遍调整和向特殊群体倾斜相结合的方法。

在多次基本养老金调整的促进作用下，北京市企业退休人员整体的养老金水平也在不断提高，1994年达到343元，2003年则超过了800元。从2006年的月人均1245元增加到了2013年的月人均2773元。2007年，对于65岁以上的退休人员，政府划分了不同的年龄段，以不同的额度提高其养老金，调整之后该部分人群平均每月每人增加了205元的养老金。自2009年起，企业退休人员基本养老金每人每月增加了200元，增幅为历年最高，其中65岁以上的老年人人均增加265元养老金，2009年企业退休人员月平均养老金达到1851元。2018年是政府第26次连续增加企业退休人员养老金。根据定额调整、适当倾斜、挂钩调整的方式对养老金进行调整，特别是对退休时间早、缴费年限与连续工龄长的退休人员，进一步加大倾斜力度，让退休人员更多享受社会发展成果。

图 5-4 北京市城镇职工基本养老保险基本养老金水平
资料来源：根据历年《北京统计年鉴》整理。

（三）农村社会养老保险

如何引导农民解决基本养老问题，是政府的重要责任。农村社会养

---

① 张航空：《首都人口老龄化与养老问题研究》，中国劳动社会保障出版社2016年版，第100—106页。

老保险制度是保障农民利益、深化农村改革、解除农民养老生活后顾之忧、促进农村稳定的重要举措。必须要认清社会保险的根本性质，并处理好基本保险和其他类型保险之间的关系。农村社会养老保险是保障农民年老之后基本生活需求得到满足的制度，所以其是强调低标准、基础性的，在建立之初，各区各乡可以根据自身经济发展水平和经济能力确定保障标准。自 1991 年起，北京市开展了农村社会养老保险工作，从点到面的试点与探索，在此基础上形成了基本框架。

依据国务院《关于企业职工养老保险制度改革的决定》的规定与民政部的部署意见，1991 年年初，政府确定将大兴和顺义作为首批农村社会养老保险试点县，同年，将试点扩大到经济基础较好的海淀、朝阳、石景山、丰台、通县、房山等区县。20 世纪 90 年代，北京市农村社会养老保险制度的基本模式为储蓄积累式为主，并结合现收现付模式，即老人老办法、新人新办法的逐步过渡方式。部分乡（镇）对已退休人员由乡村或企业按照原规定发放养老金，其余人员均参加储蓄积累式社会养老保险制度。采取国家、集体、个人合力分担的模式，实行以自我保险为主、集体补助为辅、国家政策扶持的原则，个人投保费占大比例，集体补助占据 20%—40%。

1992 年年底，根据民政部在全国农村养老保险工作会议上的精神，农村社会养老保险进入全面铺开的阶段，北京市将试点工作从平原推向山区、从经济基础较好的区推向经济基础较为薄弱的地区发展，全市共有 13 个区县开展养老保险工作。农村基层社会保障制度建设工作也将重点放在推进农村社会养老保险制度的建设上，14 个区县中，已启动 12 个，其中 3 个区县政府下发文件，4 个区县政府召开了农村社会养老保险工作会议，理顺关系并具体部署，推进了农村社会养老保险工作，全市已有 72 个乡镇开展了农村社会养老保险制度的试点，投保人数达 6.1 万人，共收取保费近 700 万元。截至 1994 年 7 月，全市已有 12 个区县 109 个乡镇、463 个企业、282 个村开展了社会养老保险工作，累计参加投保人数约为 11.9 万人，共收取保费 1870 万元。

1995 年，为了贯彻《国务院办公厅关于进一步做好农村社会养老保险工作的通知》，以及《北京市人民政府办公厅关于加快建立农村社会养老保险制度的通知》，北京市进一步推动了农村社会养老保险工作的进展。农村社会养老保险实施对象包括农民、乡镇招聘干部、乡镇企业职工、民办教师、义务兵、乡村医生等农村各类人员，以农民自我保障与个人缴纳为主，个人缴纳部分不低于保险费的50%，集体提供一定补助，国家予以扶持。至1995年，在已开展农村社会养老保险的乡镇中，个人缴保费占较大比例，集体补助一般占20%—40%。养老金的领取一般从年满60周岁开始并直至死亡，领取不足10年死亡的，保证支付10年，在保证期内的养老金余额由指定受益人或法定继承人继承。1995年年底，累计145个乡镇、941个乡镇企业参加养老保险，投保人数达15万人以上，收取保费4700多万元。1996年，275个乡镇中有229个开展了养老保险，覆盖面达到了83%；4060个村中有2575个村开展了养老保险，覆盖面达63%，保费累计达1.09亿元，基金累计总额达1.19亿元。

2005年，政府还出台了《北京市整建制农转居人员参加社会保险的试行办法》，在通州与大兴两个区实行了农村养老保险改革试点，农村养老保险参保人员总计达36.84万人，占全市农村从业人口的26.3%。2007年，《北京市新型农村社会养老保险实行办法》发布，建立起个人账户与基础养老金两者相结合的新型农村社会养老保险制度（新农保政策），根据制度规定，享受农村社会养老保险待遇的对象从2008年1月起其基础养老金每个月增加280元。2008年新农保政策（新型农村社会养老保险制度）实施之后，参保率从2007年的36.6%提高至85%，打破了十几年来参保人数徘徊在40多万人的僵局。新农保政策将60岁及以上的城乡无社会保障老年人纳入老年保障制度中，2008年全年新增58.4万人参加农村社会养老保险，累计参保127.5万人，参保率达85%。2009年、2010年参保覆盖率分别升至90%和92%，在较大范围内保障了农村居民的养老保险覆盖。

就农村养老保险待遇领取人数的情况来看，1993年领取农村养老保险的老年人仅为2400人，此水平一直维持到1998年，该年共有2900人领取保险金，1999年相较于1993年，领取人数翻了一倍。2002年领取人数则继续翻倍，年内共有1万人领取了养老保险待遇。2005年领取人数突破了2万人，达到2.3万人的领取规模。2008年领取人数继续翻倍，2008年年底，领取养老金人数为7.5万人，养老保险待遇水平从2007年年底的平均100元上升至平均400元。从领取养老金待遇的老年人人数来看，越来越多的群体领取到了农村养老保险的经济保障收入，自1993年至2008年，人数增长了近30倍。自2009年开始实行城乡居民养老保险制度后，被纳入养老保障的人数规模增长更明显。

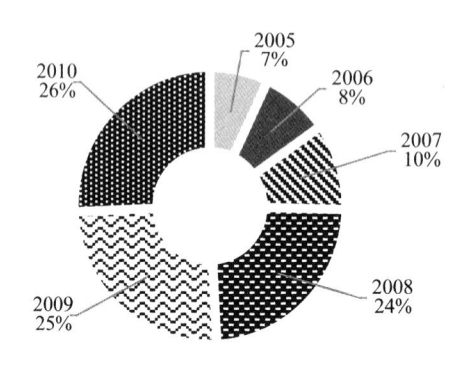

图5-5　北京市历年农村养老保险覆盖率

资料来源：根据历年《北京市民政统计年鉴》《北京民政年鉴》整理。

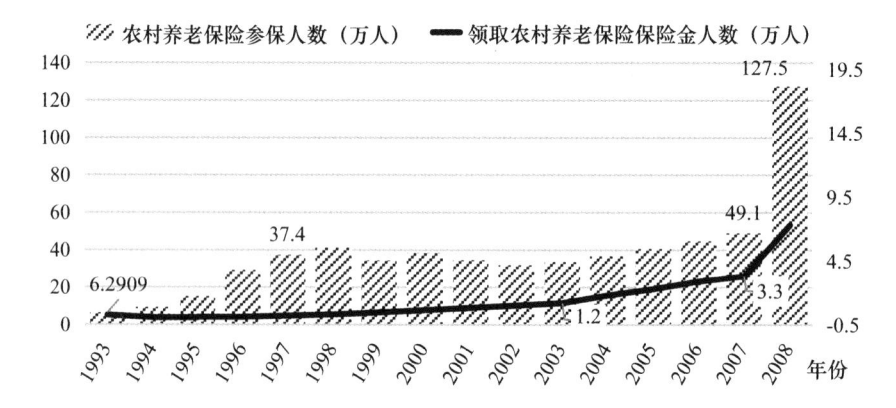

图5-6　北京市历年农村养老保险参保情况与领取待遇人数规模

资料来源：根据历年《北京市民政统计年鉴》《北京民政年鉴》整理。

（四）城乡居民养老保险

由于城乡差异，北京市乃至整个中国的养老保障制度在结构上呈现出割裂状态，即存在养老保障制度的碎片化特征。虽然前期针对不同社会群体逐渐建立起不同的养老保障制度，在一定程度上有利于实现养老保障的全覆盖，但这种二元化甚至碎片化的养老保障制度的结构层次容易导致不同老年群体养老保障的公平性受到损伤，使得养老保障待遇差别较为明显且养老保障效果欠佳,这也是政府决定推行并实现城乡居民基本养老保险制度统一的主要原因所在。

2009年,北京市在新农保的基础上新建立了统筹城乡的居民养老保险制度,政府先后发布了《北京市城乡居民养老保险办法》和《北京市城乡居民养老保险办法实施细则》,规定北京市符合相应条件的城市无业居民和农村人口都应当参保,开始建立城乡居民养老保险制度,以力图消除养老保障制度的覆盖盲点,该制度的建立,实现了城乡居民养老保险制度的全面覆盖。按规定,城乡居民养老保险的缴费标准上至上一年度农村居民人均纯收入的9%,下至上一年度城镇居民人均可支配收入的30%。男性年满60周岁、女性年满55周岁的参保人员按月享受城乡居民养老保险待遇,待遇由基础养老金和个人账户养老金两个部分组成,其中基础养老金是指参保对象领取待遇时由政府补助的财政性资金,全市统一标准,当年为每人每月280元。

自北京市城乡居民养老保险制度实施以来,参保人数不断增加。2006年北京市农村社会养老保险制度改革稳中推进,参加农村养老保险的有44.8万人,2007年达49.1万人。2008年北京市在全市推行新型农村养老保险,年底参保人员达128.14万人,参保率得到大幅度提升。2009年在新农保的基础上,北京市建立了统筹城乡的居民养老保险制度,参保人员达162.13万人,其中农民参保达153万人。自2007年至2009年,农民参保率从36.6%提高至90%,北京市逐渐形成整合居民和职工的养老保障制度,实现了城乡全面覆盖,参保人员达1163.9万人。2010年,政府完善了城乡居民养老保险筹资办法,初步建立起了和职工基本养老保险的衔接机制与办法,参保人数也不断增加,2010年突破160万人,2012年达到175万人,2013年突破180.05万人。

同时,城乡居民养老保险领取待遇的人数不断增加(图5-7)。2007年实施的仍是农村社会养老保险政策,该年享受农村社会养老保险待遇的有3.3万人;2008年实行新型农村社会养老保险政策之后,享受待遇的人数达到7.25万人。2009年实施城乡居民养老保险政策之后,领取待遇的人数猛增至12.72万人,2010年突破17万人,2012年达到28万人,2019年之后稳定在90万人以上规模。在养老金月均水平方面,也呈现了不断提高的变化趋势。2007年城乡居民养老金月人均水平为100元,从

2008年起,享受农村社会养老保险待遇的对象每月增加280元的基础养老金。在实行城乡居民养老保险政策之后(图5-8),2009—2010年城乡居民养老金保持在月均400元的水平,2011年增至413元,2012年增至450元,2016年增至460元,2018年增至710元。2020年,北京继续落实城乡居民养老金正常调整机制,基础养老金从每人每月810元提高至每人每月830元。

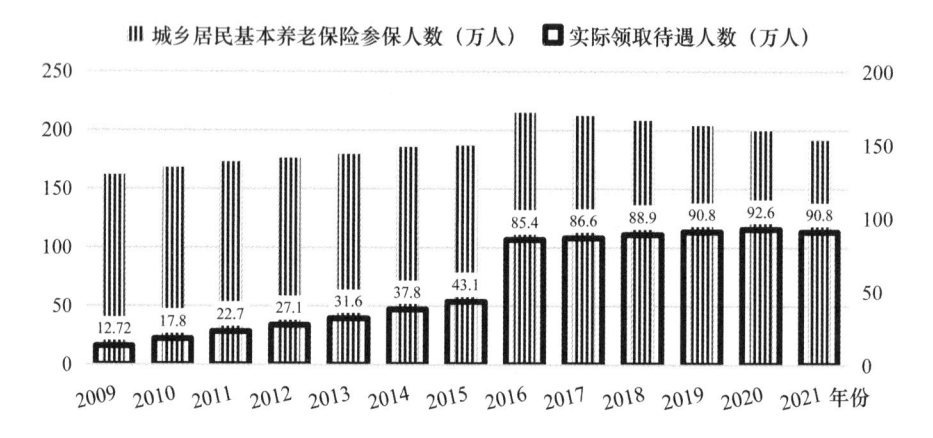

图5-7 北京市城乡居民基本养老保险参保情况与实际领取待遇人数

资料来源:根据历年《北京市老年人口信息和老龄事业发展状况报告》整理。

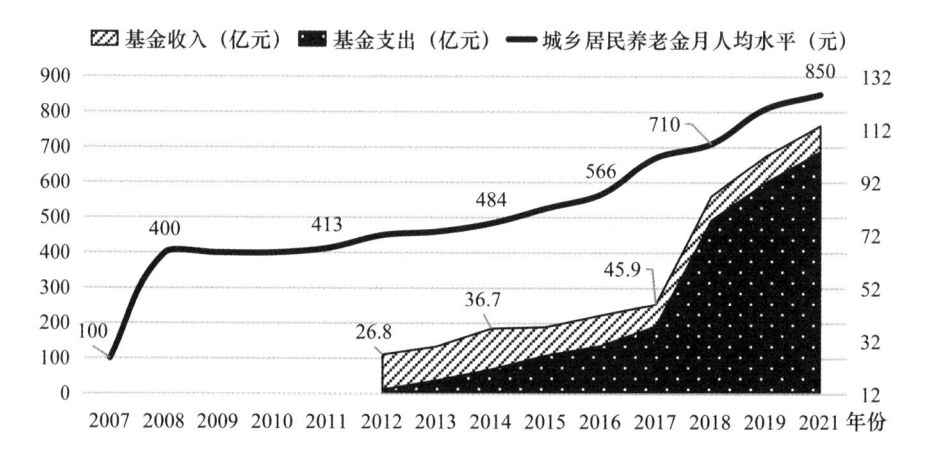

图5-8 北京市城乡居民养老金月人均水平与基金收支情况

资料来源:根据历年《北京市老年人口信息和老龄事业发展状况报告》整理。

2014年，政府继续完善了北京市城乡居民养老保险制度，健全该制度与职工养老保险衔接机制，实现和国家制度的全面统一，启动了机关事业单位养老保险制度改革的相关准备工作，并完成了全市机关事业单位职工与退休人员的收入调查和测算工作。2016年，实施了机关事业单位养老保险制度的改革工作，实现制度并轨。整合了新农合制度和城镇居民基本医疗保险制度，阶段性地降低了职工养老、工伤、失业保险费率，为企业减轻50多亿元的负担。北京市为落实《关于阶段性降低社会保险费率的通知》，自2016年5月起，将北京市企业职工基本养老保险的缴费比例从28%下调为27%[①]，降低费率的期限暂时按照两年执行。实施阶段性降低社会保险费率，每月为企业减负6.5多亿元。

"十二五"期间，北京市通过构建"职工+居民"的制度体系，坚持创新驱动、城乡统筹，基本上实现了人群的全覆盖。同时深化社会保险的制度性改革，破除企业职工和机关事业单位职工养老保险的双轨制，实现制度并轨，保证了在医疗、养老等保险制度上的统一性。2017年，以完善机关事业单位养老保险制度和城乡居民养老保险缴费激励机制为重点，完善了养老保障政策体制，确保符合条件的对象全部参保。进一步健全了社保待遇的确定和调整机制，提高了相关社保待遇标准，首次一年两次提高了城乡居民基础养老金和福利养老金，积极发挥社保再分配的作用和功能。

（五）城乡居民福利养老保障

在先后建立起城镇职工养老保险制度和城乡居民养老保险制度之后，仍然有一部分老年人没有享受到任何的养老保障。因此，北京市在2008年建立了针对城乡无保障老年人的福利养老金制度。作为全国第一个统筹城乡、标准相同的福利性养老保障办法，无保障老年居民养老保障制度在制度层面上解决了北京市70万60岁以上的城乡老人无社会养老保障的问题。但该项福利养老金仍处于低水平状态。对于城乡居民中低收入群体，建立了城乡居民低保制度。从制度的覆盖范畴角度看，北京市基本实现了对居民的全覆盖。

---

① 在28%下调为27%的部分中，单位缴费比例从原来的20%下调至19%，个人缴费比例则不作调整，仍保持为8%。

2007年，北京市在全国范围内率先建立了城乡统一、标准一致的"福利养老金制度"的老年保障制度，在制度层面上实现了城乡居民人人都能享有社会保障的目标。2008年，北京市在福利性养老保障方面作出了制度性的突破，出台了《北京市城乡无社会保障老年居民养老保障办法》，规定对60岁以上的、不享受社会养老保障待遇的北京市户籍的城乡无社会保障的老年人自2008年1月起都能享受到每月200元的福利养老金。

从福利养老金涵盖的人群来看，在2008年该项保障制度建立之初，覆盖人员是60岁及以上的不享受社会养老保障待遇的群体，2009年对2008年12月31日之前年满55周岁且不满60周岁的不享受社会保障待遇的女性发放了福利养老金，实现了与城镇职工基本养老保险、城乡居民养老保险的无缝衔接。后来覆盖范围扩大为全市55周岁及以上的无社会保障城乡居民享受福利养老金待遇。

从待遇水平上看（图5-9），2011年待遇水平提高至每月250元，2012年上升至277.5元，2013年提高到310元，2016年达到425元，2017年增至525元，2018年福利金水平为每月人均625元。待遇水平在10年之间获得了较大的增长，增加了2倍左右，较好地为无社会保障老年人提供了必要、有力的经济保障。从领取福利养老金的人口数量上看，

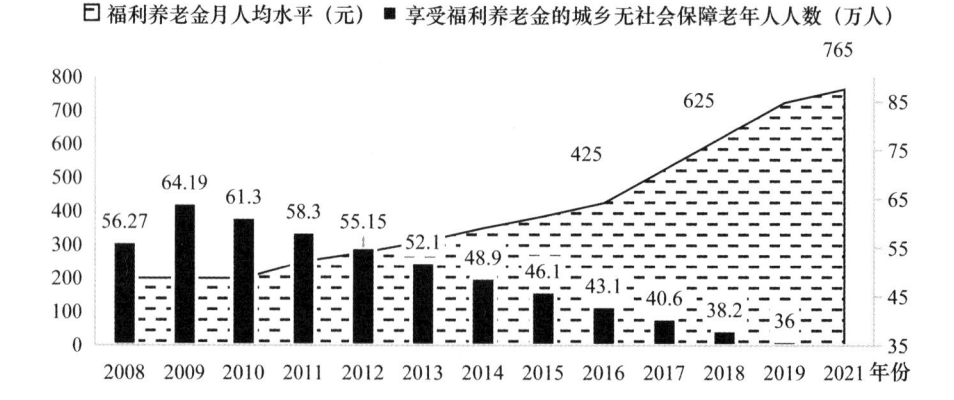

图5-9 北京市领取福利养老金的老年人人数与养老金水平

资料来源：根据历年《北京市老年人口信息和老龄事业发展状况报告》整理。

2008年有56.27万人领取了福利养老金，2009年有64.19万人。自2009年之后，虽然覆盖人群从60周岁放宽至55周岁，但领取人数一路下降，2011年减少至58.3万人，2013年仅有52.09万人。2014年更是跌破50万人，仅为48.9万人，随后至2017年都保持在40多万的规模，2018年领取福利养老金的无社会保障老年人人数达到了历史新低，仅有38.2万人领取福利金。领取人数呈下降趋势的可能性原因在于部分老年人由于领取了其他类型的养老保障待遇而停止对福利养老金的领取，还有部分老年人死亡而导致数据减少。

二 经济救助与福利补贴：一般性与专项并行

（一）一般性经济救济

1. 城镇定期定量救济

社会救济，即社会救助，是国家通过国民收入的再分配，对因为自然灾害或其他经济、社会原因而无法维持最低生活水平的社会成员所给予的临时性救助。[①] 社会救济包括对城乡困难户的救济、收容遣送安置流浪人员、自然灾害救助等。由于城乡各类困难户遭遇贫困困境有偶然与必然的原因差异，政府对其施与社会救济的方式也相应分为定期救济和临时救济两类。本书主要讨论的是享受定期救济的、涵盖老年人的对象人员，包括无依无靠、生活无着的孤老病残人员。对于无生活来源的无依无靠的孤老病残人员，主要依靠政府救济获取基本生活保障。政府对这部分主要采取集中供养、分散供养和五保这两种方式。集中供养是指政府统一将其收入各类社会福利院、敬老院进行供养照料。分散供养和五保是指对于城乡散居的孤老对象，政府除了定期发放救济金之外，由居委会、村委会统一提供照料和分散五保（即保穿、保吃、保医、保住、保葬）。因此，从保障贫困孤老的经济救助需求角度出发，政府对该群体的经济救助保障主要体现为两方面，一是对社会散居孤老提供定期定量的救济金，二是通过农村五保的分散供养提供经济救助。

1979年，北京市民政局出台了《关于修订本市烈、军属定期定量补助办法和调整社会困难户定期救济标准的意见》的通知。1982年，北京

---

① 孙光德：《中国社会保障》，中国劳动出版社1993年版，第157页。

市又提高了城镇社会困难户定期救济标准,由每月 14 元至 16 元提高到 16 元至 18 元。医疗、衣被、房租、冬季取暖费用等另外按照实际需要进行救济。为解决城镇社会孤寡老人日常生活照料问题,北京市自 1985 年 9 月开始对部分社会孤寡老人实行领养扶养工作,全市已开展该项工作的有 6 个区 63 个街道,其中签订协议、建立领养扶养关系的有 26 个街道,共领养、扶养社会孤寡老人 628 人。1992 年政府三次增加城镇社会救济对象的生活补贴,一是调整粮食统销价格后每人每月增加 5 元,二是调整民用燃料价格后每人每月增加 5 元,三是肉蛋菜价格放开之后每人每月增加 12 元。1995 年再次上调了社会救济标准,对 11650 多位社会救济对象的补助在原基础上每人每月上调 20 元。

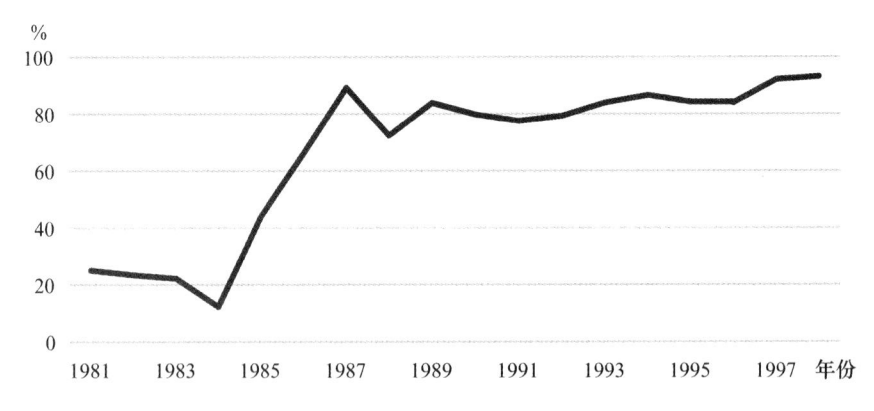

图 5-10　社会散居孤老残幼总人数及散居孤老人数变化

资料来源:根据历年《北京市民政统计年鉴》《北京民政年鉴》整理。

从数据中显示(图 5-11),自 1981 年至 1998 年,社会散居的孤老残幼总人数在 1985 年和 1988 年经历了较大的增长,达到 1.1 万多人,在 1984—1990 年间保持在 7500 人的规模之上。之后逐年平缓,维持在 4000—5000 人的规模,1998 年上升至 6264 人。而其中社会散居孤老的人数也大致呈现类似的变化趋势,1981 年社会散居孤老有 1070 人,其后三年保持在 900 多人的规模,但 1985 年达到 5069 人,翻了 5 倍之多,在 1988 年达到顶峰,有近 8100 人,随后逐年下降至 3500 多人(1993 年),之后经历了较缓增长,1998 年有 5831 位社会散居孤老。从社会散居孤老的占比来看,整体呈现增长趋势,特别是 1985 年孤老占比从 12.3% 增至

43.8%，并在1987年达到89%，之后稳定在80%以上，可见社会散居孤老的规模在逐年壮大，且其在社会散居孤老残幼对象中占比越来越大，导致其成为政府社会救济的重点对象。

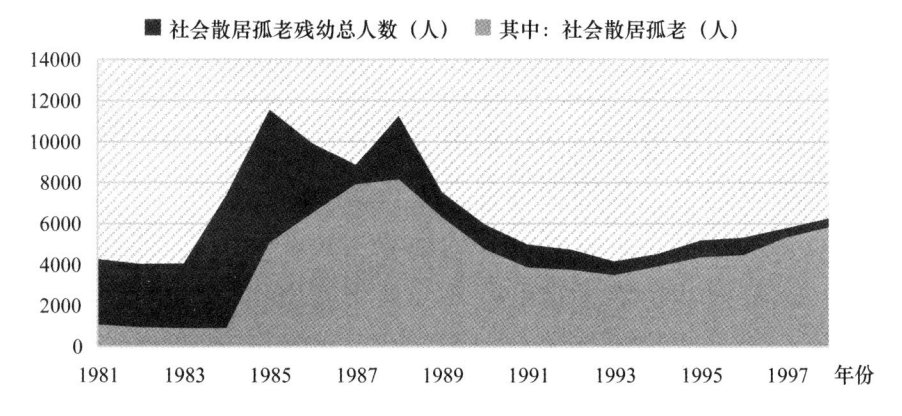

图 5-11 社会散居孤老占社会散居孤老残幼总人数的比例变化

资料来源：根据历年《北京市民政统计年鉴》《北京民政年鉴》整理。

从享受政府定期定量救济的孤老残幼平均人数和平均金额的历年变化来看（图5-12），1986—1997年享受救济的孤老残幼人数较多[1]，基本保持在900人以上，1996年则是达到1183人，在1998年降至604人，而2001年升至顶峰，达到1394人，但从2002年起人数锐减，降至261人，2005年仅有86人，之后均保持在100人以下。享受政府定期定量救济的孤老残幼人数在2002年起人数急剧减少，与实行城市低保制度的推行与完善密切相关，后者逐步将大部分城镇低收入、无赡养来源、无劳动能力的老年人纳入保障范围，因此享受定期定量救济的孤老残幼人数也急剧缩减。就孤老残幼享受的定救平均金额来看，主要呈现了逐渐增长的大致趋势，在2000年、2002年稍有下降。从1986年的年均408元上涨至2009年的6893元，翻了15倍之多，平均年增长率达到88%左右。由此可见，对城镇贫困户中的孤老残幼救济保障水平进步明显、力度

---

[1] 由于历史数据统计口径的原因，在享受定期定量救济的孤老残幼平均人数中包含了孤老、残疾人、幼儿等弱势群体，未能单独列出孤老人数，但考虑到孤老在孤老残幼人数中占比较高，因此，可借此数据显示享受定救的孤老人数情况。

较大。

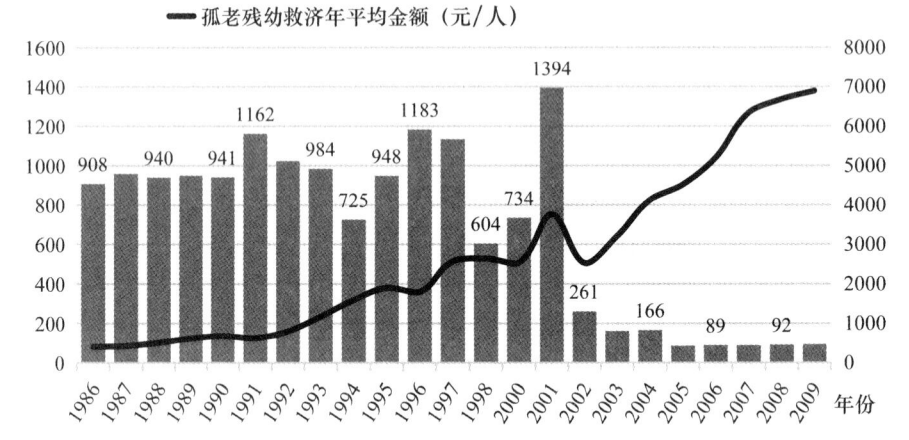

图 5-12　历年享受定期定量救济的孤老残幼平均人数及平均金额
资料来源：根据历年《北京市民政统计年鉴》《北京民政年鉴》整理。

2. 农村五保救助

在农村老年人的救济上，1994 年国务院出台了《五保供养工作条例》，拓展充实了农村五保供养工作制度。1995 年北京市开始提出新的五保供养标准，对五保对象免收三金两费（包括税金、公益金、公积金、管理费、生产费）并免除义务承担等措施。年内开展了第二次五保供养工作普查，调查结果显示，全市五保供养标准得以提高，其中 9 个区县对五保对象实行定期定量补助，最高每人每月 30 元，最低每人每月 5 元。2002 年建立农村低保制度之后，全市五保对象被纳入农村低保范畴，五保供养经费由当地财政各自负担。2003 年，农村五保对象已全部纳入农村低保范畴，除全额享受农村低保待遇之外，另外可获得保障金的 10% 以保障基本生活，实际生活水平均达到或超过了当地农民人均收入的 65%。2007 年起草了《北京市农村五保供养工作办法》。2008 年，为了进一步落实国务院新修订的《农村五保供养工作条例》，北京市出台了《北京市实施〈农村五保供养工作条例〉办法》，确保农村五保对象的供养标准不低于当地上年家庭年人均收入的 65%。

从历年享受农村五保保障的老年人数量及其占比看（图 5-13），60

岁及以上的五保对象人数在20世纪80年代较多,1981年有6128人,逐年增长至1984年的8991人。到了21世纪初,60岁及以上的五保老年人锐减到3000人左右且轻微曲折维持在该水平。农村五保老年人占农村五保对象总人数的比例自1981年的97%逐年下降,但在1984年占比回升至90%,从2006年开始,农村五保老人占比一直保持在70%上下的标准,在2016年稍有上升,达到81.2%。总体来看,享受政府五保保障的对象总数呈现逐年递减的趋势,其中五保老年人的数量在进入21世纪之后大幅度减少,这反映出农村老年人生活水平的提高与改善,被归入五保范畴的老年人越来越少。

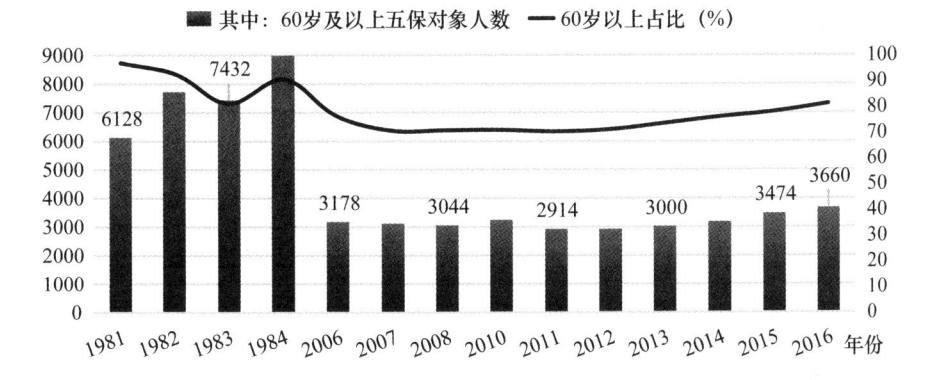

图5-13 历年60岁以上的农村五保对象人数及其占比

资料来源:根据历年《北京市民政统计年鉴》《北京民政年鉴》整理。

就农村五保供养的最低和最高标准来看,2002年,在敬老院集中供养的农村五保对象供养的最高标准年人均接近8000元,最低标准为年人均1881元;分散供养的农村五保对象供养的最高标准为每人每年6943元、最低标准为每人每年1036元。截至2009年年底,五保老年人共有3000名,平均供养标准达到年人均7000元,最高达到11260元(朝阳区),最低为5536元(延庆县)。2012年五保供养最低标准做了调整,分别为年人均8135元(延庆县)至16888元(朝阳区)。2013年7月1日起,各区县农村五保供养最低标准分别调整至9017(延庆县)—18381元(朝阳区)。至2015年,全市13个涉农区全部统一了城乡低保标准,对农村五保供养最低标准和城市特困供养标准进行了调整,五保供养最低标准为年人均 11190—20313 元，城市特困供养标准为年人均 19808—31921 元。

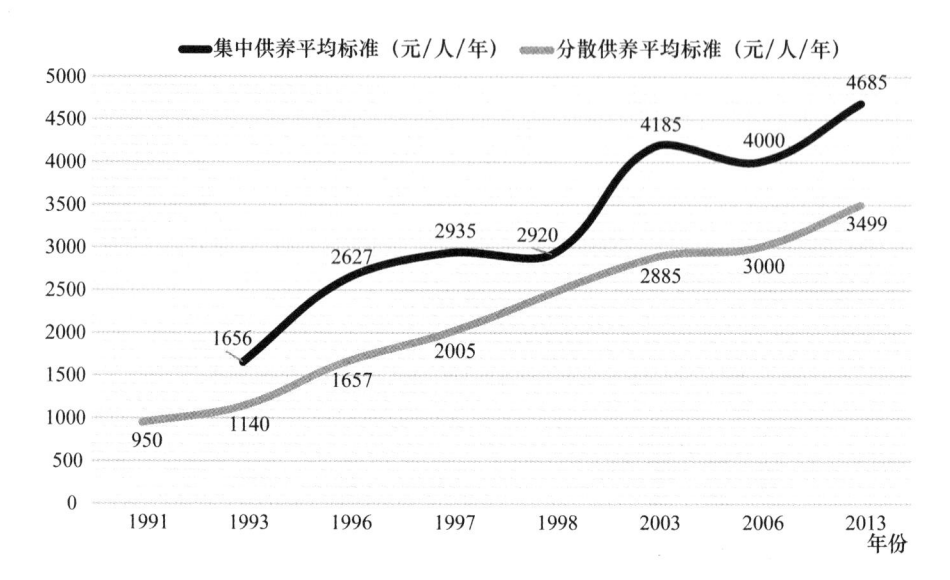

图 5-14 历年农村五保供养平均标准的变化

资料来源：根据历年《北京市民政统计年鉴》《北京民政年鉴》整理。

1997 年，平原地区五保供养标准达到年人均 1600 元，贫困地区 800 元，城乡结合部 2000 元。就农村五保供养的平均标准来看，2002 年，在敬老院集中供养的农村五保对象平均供养标准为每人每年 4185 元，分散供养的农村五保对象平均供养标准为每人每年 2885 元。2003 年，共有 6295 名五保对象，其中集中供养 2726 户，平均供养标准为每人每年 4185 元；分散供养 2707 户，平均供养标准每人每年 2885 元。2006 年集中供养农村五保户的年均救助标准为 1608.2 元，分散供养救助标准为 1224.5 元，分别是同年农村最低生活保障标准 850.8 元的 1.89 倍、1.44 倍。2009 年 7 月 1 日起，农村五保供养标准按照各区县上年度农村居民消费性支出水平统一上调供养标准。2011 年 7 月 1 日起，13 个郊区县按照上年度农村居民人均消费支出水平，对农村五保供养最低标准统一进行了调整。2013 年，集中供养标准为 4685 元，分散供养为 3498.5 元，分别是同年农村低保标准 2433.9 元的 1.92 倍、1.43 倍。从整体上看，政府对农村五保户的供养标准逐年上涨，且集中供养的平均水平要高于同期分散供养的平均标准，而分散供养的平均水平历年增速较稳，集中供养的平均水平波动较大。

3. 城乡低保救助

（1）城镇低保救助

1996年，北京市正式实施了城市低保制度。城市居民最低生活保障制度是国家"九五"计划中提出的重要任务之一，也是完善、改革传统社会救济体系的重要举措。城镇居民最低生活保障制度是社会主义市场经济体制的重要构成部分，随着经济体制改革的推进，特别是在调整所有制结构进程中建立了现代企业制度，完善了分配方式和分配结构，但随之而来的也是社会利益格局的调整，导致新的社会问题和社会矛盾的出现，例如下岗、贫困、贫富悬殊等。为了保障公众的基本生活权益、维护社会稳定，政府建立并完善城镇居民最低生活保障制度，将其作为推动经济体制改革的基本配套举措，从而为经济改革的深化推进提供社会保障的托底作用。城镇居民最低生活保障制度，也是政府按照最低生活保障标准对生活困难人群进行差额救助的社会救济，促使城市居民基本生活得到长期稳定的保障，把解决人民生活困难问题的方法推向规范化和制度化。

相较于改革开放以前的传统社会救济制度，城镇居民最低生活保障制度的救济标准更为合理、范围更广、制度更加规范，更能适应社会主义市场经济新形势的发展需求，是保障公民基本生活权益的最后一道安全网。根据《国务院关于在全国建立城市居民最低生活保障制度的通知》（1997）中提出低保对象包括：无劳动能力、无生活来源、无法定赡养人或抚养人；在职人、下岗人员在领取工资、退休人员在领取退休金之后，家庭人均收入仍低于低保标准的；领取失业救济金、低于低保标准的居民。

从图5-15可以看出，1996—2003年，享受城镇低保待遇的人数增长较快，1996年仅有8598人，1998年近3万人享受相关待遇，2000年则比1998年增长了2倍，2002年逼近10万人，2003年更是达到15万人。随后几年维持在14万人以上的保障水平，直至2011年降至11万多人，2014年跌破9万人，逐年降至2018年的6.73万人。从享受城镇低保待遇的人数变化趋势看，随着城镇低保政策的落实与成熟，被纳入低保保障的对象人数逐渐增长，覆盖面逐年扩大，并在21世纪初期维持了较高的保障人数水平。但进入2010年之后，由于人民生活水准的提高、国家经济发展的提速，享受城镇低保待遇的总人数也在下降，意味着城市低收入群体数量的减少，也为政府的养老责任保障减轻了一定的压力和负担。但就老年人数量及其占比而言，2007年，享受城镇低保待遇的老年人数达到1.14万人，自2008年起每年基本保持在1.3万人左右，从绝对数量上来看基本保持在稳定水平。但由于同期城镇低保总人数的下降，老年人占比反而呈现上涨趋势，从2007年的7.8%一路增至2021年的20.4%。由此可见，虽然城镇低保对象总人数在减少，但老年人群体较为稳定，其占比逐渐增加，成为政府在对低保实行救助时的重要责任对象。

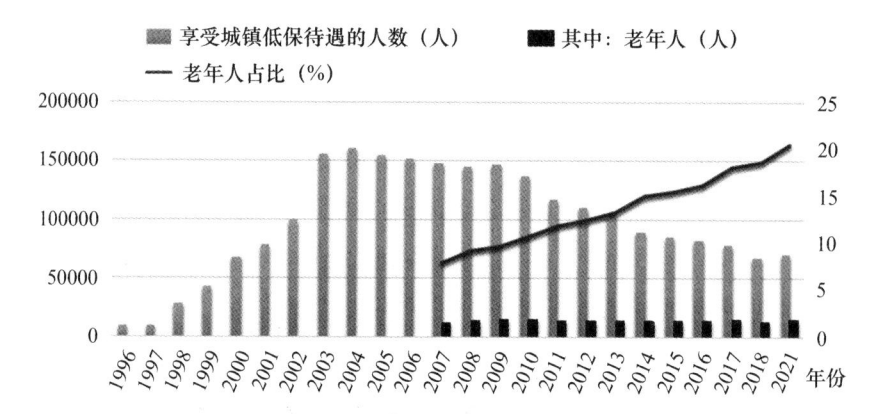

图 5-15　享受城镇低保待遇的老年人人数及其占比变化
资料来源：根据历年《北京市民政统计年鉴》《北京民政年鉴》整理。

1996年，政府将城镇居民最低生活保障线标准定位在家庭月人均收入170元[①]，最低生活保障金则根据北京市城镇居民的家庭月人均收入和当年公布的城镇居民最低生活保障线之间的差额来确定，差额即为保障金补助金额。实施城市居民最低生活保障制度之后，社会保障覆盖

---

① 在此之前的原城镇社会救济标准和职工生活困难补助标准均被城镇居民最低生活保障线标准所取代。

面得到扩大，真正保障了城镇低收入群体的基本生活质量。在实施城镇居民最低生活保障之前，北京市城镇相对贫困居民的家庭月人均收入为130元，城镇居民中重残人的生活补助为每人每月120元，城镇孤老烈属为每人每月280元。在实施城镇居民最低生活保障之后，该三类群体的月人均收入分别达到了190元、190元、500元，分别增长了46.2%、58.3%、78.6%。

自1998年7月1日起，城市居民最低生活保障标准从家庭月人均收入190元上调至200元，粮油帮困卡供应票价值从20元调整到40元。2000年，经市政府批准，城市居民最低生活保障标准从273元提高到280元，并根据国务院加快完善社会保障体系的安排部署，修订完善了《北京市城市居民最低生活保障制度实施细则》，出台了《北京市实施〈城市居民最低生活保障条例〉办法》，以规范城市低保工作。自2001年7月1日起，北京市城市居民最低生活保障标准从280元提高至285元。2002年政府制定实施了《关于完善本市城市居民最低生活保障制度若干意见》，对现行低保政策做出了补充和突破，对在城市化进程和经济结构调整中出现的领取各类一次性经济补偿金人员、农转居人员、企业内部退休人员、小城镇户籍人员等都制定了收入核实的方法，将符合条件的均纳入低保范围。2007年，城市低保标准从家庭月人均310元调整到330元，2009年从390元调整至410元。北京市民政局和财政局《关于调整2011年本市城乡低保标准的通知》规定，城市低保标准从家庭月人均430元上调至480元，上调幅度为11.63%。2012年上调至520元，2013年调整至580元。

2004年，北京市开始实施城市低保分类救助政策，7月市民政局发布了《关于对城市低保对象实行分类救助的通知》，正式实施分类救助的政策。该年共5.18万名老年人、"三无"人员等特殊困难对象的救助标准按照低保标准上浮了10%。2005年有近6万特殊困难对象上调了救助标准。2005年，政府出台了城乡居民基本生活消费品价格变动应急救助预案、城市低保标准的调整机制。2006年政府继续完善城镇低保分类救助政策，按照1.05—1.15的救助系数获得救助待遇。2008年，70岁以上的低保老人按照分类救助系数1.1的标准享受救助金，3000多名五保老人得到政府供养。2007年，在分类救助政策的保障下，根据不同的救助系数，6.63万名的城市三无人员、重残人、老年人、未成年人、重症病患者等特殊困难群体的救助水平分别得到了5%、10%、15%不等的提高（分类救助标准为346.5元、363元、379.5元）。

2008年，有7500名50—70岁的对象按照低保标准的1.05系数差额获得救助待遇；有3600名70岁及以上的老人按1.1系数差额获得救助；有3084名城市三无老年人等按1.15系数全额获取救助保障。对于低保重残老年人，按照1.1系数进行保障。2009年继续实施城乡困难群众的分类救助（从城市低保对象扩展到城乡低保人群），按照城乡低保标准的1.15的系数差额（即115%）享受救助的对象包括城市"三无"人员和农村五保分散供养对象。具体看，在城市救助中，享受城市低保待遇和生活困难补助的70岁及以上的老年人可以按照城市低保标准的1.1系数差额进行分类救助；60—69岁的城市低保老年人可以按照城市低保标准的1.05系数差额享受救助。分类救助的政策在一定程度上适时提高了城乡低保老年人的救助力度。2014年发布了《关于规范和统筹本市城乡居民最低生活保障分类救助制度的通知》，基于困难对象年龄结构、身份类别、劳动能力等状况，适当降低了救助准入的门槛，从而扩大了救助范围。自1996年实施城市低保以来，经过多次动态调整，2010年城市低保标准从家庭月人均410元调整至430元，2011年继续上调至500元。至2015年，城市低保标准从家庭月人均650元调整至710元，全市13个涉农区全部实现城乡低保标准一体化。

（2）农村低保救助

2002年4月27日，市政府批转了市民政局《关于建立和实施农村居民最低生活保障制度的意见》，市民政局和市财政局、市农委联合发布了《北京市农村居民最低生活保障制度实施细则》，在全市建立起了农村居民最低生活保障制度，让农村困难户的基本生活有了制度化保障。农村五保对象、孤老烈军属等特殊优抚困难对象、精减退职老职工等，按照当地农村低保标准全额享受救助待遇。2003年政府在全市范围内组织了农村低保和五保家庭的排查工作，对享受低保待遇的家庭重新审查登记。

自1999年试行农村居民最低生活保障制度以来，享受农村低保待遇的人员从1.2万人增至1.8万人，2002年正式实行之后保障人员达到4.9万人。2004年则突破了7万人，达到7.5万人，随后至2010年，每年均保持在7万多人的保障水平。2012年享受保障的人数下降至6.3万人，之后跌至2018年的3.77万人。从整体上看，享受农村低保待遇的总人数在下降，与城镇低保待遇保障的人数变化特征基本一致。就享受农村低保待遇的老年人群体而言，自2006年至2018年基本保持在2万人左右，最高峰为2010年的2.7万人，自此之后一直呈现下降趋势，直至2018年缩至1.64万人。由于享受农村低保待遇总人数下降的幅度高于同期享受农村低保待遇的老年人下降幅度，因此，老年人占比相反呈现上涨趋势，从25.4%波折涨至43.6%，增幅接近20%。这也同样反映出，虽然农村低保任务压力在逐渐缩小，但政府对低保老年人的重视程度并未减少。

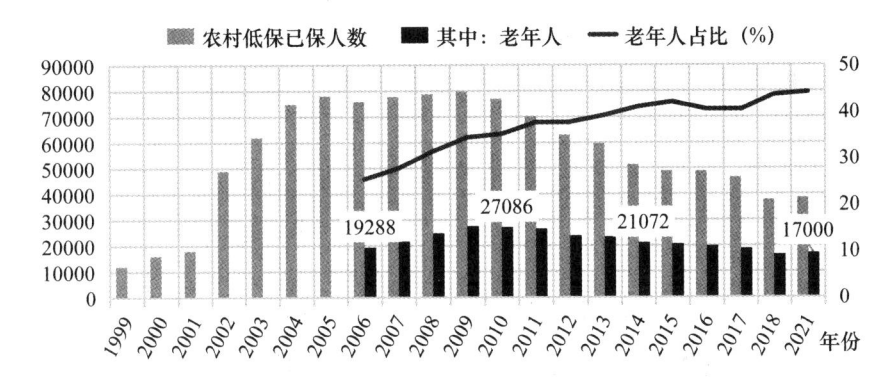

图5-16 享受农村低保待遇的老年人数及其占比变化

资料来源：根据历年《北京市民政统计年鉴》《北京民政年鉴》整理。

2006年，有农业人口的各区县自行制定低保标准，其中，丰台区和朝阳区已经实现了城乡低保制度并轨，年人均超过3700元，其他区县在1000—3000元。2007年，各区县农村低保标准从年人均1100—4000元。2008年，标准最高的是实施城乡并轨的海淀、朝阳、丰台（4680元），最低是怀柔区（1780元）。2009年继续实施城乡困难群众的分类救助（从城市低保对象扩展到城乡低保人群），按照城乡低保标准的1.15的系数差额（即115%）享受救助的对象包括农村五保分散供养对象。在农村分类救助中，享受农村低保待遇的70岁以上的老年人可根据当地农村低保标准的1.1系数差额享受补助；60—69岁的农村低保老年人，可按照当地农村低保标准的1.05系数差额享受分类救助。2009年，农村低保标准最低的区县为2040元，朝阳区、丰台区、海淀区年人均保障标准为4920元。2010年，农村低保标准水平在2520—5160元。2011年，农村低保标准最高为人均6000元，最低为4080元。2013年最高为6960元，最低为5520元。2014年，最高和最低分别调整至7800元、6720元。从图中可以看出，历年各区县农村低保标准之间的差距在逐渐缩小，特别是在2010年之后缩减趋势愈发明显。

按照城乡统筹等理念，北京市将工作侧重点放在了农村，注重加大农村低保标准的调整幅度，缩小城乡差距。从2011年到2015年，城市低保标准年均增幅约8.14%，农村低保标准年均增幅约18.8%。仅用4年时间，农村低保标准和城市低保标准的差距就缩至零。通过实现城乡低保标准并轨，2021年，城乡最低生活保障标准提升至1245元。

（3）临时经济救助

a. 临时生活补贴

2007年，由于居民基本生活消费品价格上涨，政府决定启动《北京市城乡居民基本生活消费品价格变动应急预案》，北京市民政局、统计局、财政局、发改委等部门联合下发了《关于发放城乡低收入群众临时生活补贴的通知》，发放范围为民政部门管理的、享受城乡居民最低生活保障待遇和生活困难补助的全部对象，临时生活补贴标准为每月人均20元，发放期暂定为5个月。2010年11月，市民政局和财政局联合发布了《关于为本市城乡低保对象发放临时生活补贴的通知》，为城乡低保对象、农村五保对象、城乡生活困难补助人员发放一次性临时生活补贴每人100元。

2011年，根据物价波动状况，先后3次发放临时生活补贴。1月，按照城市低保每人150元，农村五保、低保每人100元，为21.78万城乡困难群众发放了2869万元的一次性补贴。11月，市财政负担，按照每人200元的补贴标准，为21.63万名农村五保、城乡低保、享受生活困难补助人员、享受定期抚恤补助的优抚对象等发放一次性补贴4323万。12月，按照城市低保人均300元，农村低保、五保人均200元，为21.74万城乡困难群众发放了一次性补贴5956万元，有效保障了低收入群众的基本生活。

2012年春节前，按照城市低保每人300元、农村低保每人200元的标准，为19万名城乡低保对象发放了中央一次性节日生活补贴。按照每人200元标准，在春节前为18.95万名城乡低保对象（包括农村五保对象）发放市级一次性节日生活补贴。2013年春节按照城市低保人均300元、农村低保和五保人均200元，为22.32万名城乡困难群众发放中央一次性生活补贴，共支出6295.7万元资金。按照每人200元的标准，为22.44万名城乡低保、农村五保、享受生活困难补助人员、享受定期抚恤补助的优抚对象等发放市级一次性生活补贴，支出4488.08万元。

b. 单次生活补贴

随着政府出台涉及日常生活消费支出的新的社会政策，考虑到城乡低收入群体的生活困难，都会予以一定的补贴以帮助其实现对新政策的适应和过渡，因此表现为单次生活补贴，包括对购买公交卡、试行电价的补贴保障。自2006年起，北京市采用一卡通IC卡替代公交地铁纸质月票，根据《北京市民政局、北京市财政局、北京市交通委员会、北京市教育委员会关于北京市居民最低生活保障对象购买公交地铁月票IC卡补助办法的通知》，对于购买公交和地铁月票IC卡的享受居民最低生活保障待遇的对象，按照每人每张月票IC卡每月10元的标准给予补助。2012年政府根据居民生活用电试行阶梯电价方案，为了进一步保障城乡困难群众的用电需求，城乡低保对象和农村五保对象每户每月15千瓦时的电量，按照居民阶梯电价第一档电价标准（04883/千瓦时）计算之后的金额进行补贴。

（4）专项生活补贴

a. 粮油帮困补贴

《关于实施城镇低收入居民粮油供应帮困措施的通知》（1996）进一步解决了城镇低收入居民的生活困难问题，城镇低保居民均可以户为单位申请帮困卡，该卡可用于在政府指定的国有定点粮店内购买食用油等，每户一卡、每人每月一票，每张票可抵偿20元货款，且不能兑换现金，过月作废。城镇居民最低生活保障制度和城镇低收入居民粮油供应帮困措施是政府为解决城镇低收入居民生活困难问题采取的有力措施。1997年为保障城镇低收入居民的基本生活，政府对持有帮困卡的低收入居民发放了冬贮大白菜补助费，一次性补助人均10元，1998年继续对每人给予一次性补助10元。1998年，调整了城镇低收入居民粮油供应帮困卡供应票的价值，每月增加10元，即原有帮困卡每张供应票抵偿货款20元增加至30元。1999年，帮困卡的票面值从30元提升至40元，从2002年7

月起,将粮油实物补贴统一调整为现金补助。2008年,粮油帮困补助仍为每月40元。

b. 采暖帮困救助

2005年,政府对燃煤自采暖城市低保家庭每户发放200元取暖补贴。《北京市民政局、北京市财政局关于发放本年度冬季燃煤自采暖救助金的通知》(2006)规定,对享受城乡低保待遇和生活困难补助待遇对象中仍旧依靠燃煤自采暖过冬的家庭,按照一个采暖季每户200元的标准发放。《北京市民政局、北京市财政局关于部分民政对象申领住宅清洁能源分户自采暖补贴的实施意见》(2006)明确指出,对于住宅没有集中供暖设施的居民住宅清洁能源分户自采暖方式的民政部门管理的特殊群体予以补贴,包括征地超转人员、城镇优抚对象、享受城市居民最低生活保障待遇的家庭。其中,征地超转人员按照居住建筑面积60平方米、30元/平方米/采暖季/户的标准补贴,即若住宅建筑面积小于60平方米的按照实际居住建筑面积补贴,超过60平方米的超出部分由个人负担。对于优抚对象和城市低保对象家庭,按照居住建筑面积80平方米、15元/平方米/采暖季/人的标准进行补贴,对于面积不足80以及超过80平方米的同上处理。其中,孤老优抚对象1人户按照2人标准进行补贴。2010年,政府调整了燃煤自采补助标准,为缓解蜂窝煤价格上涨对困难家庭生活的影响,城乡低保家庭每个采暖季救助标准从每户300元提高至400元。2015年,采暖标准由500元/户/采暖季提高到1000元/户/采暖季。

(二) 专项经济救助

1. 高龄老年人经济救助与津贴

北京市对高龄老年人的经济救助和津贴主要分为三类:高龄特困老年人救助金(1998年至今)、百岁老年人营养补助金(1998—2005年)、高龄老年人津贴(2008年至今)。三类经济救助针对高龄老年人的高龄化、贫困性等特征进行综合考虑得以制定,其中,第一类更注重对高龄老年人群体中的特困对象进行救济救助,而后两类更侧重于对高龄老年人的福利津贴保障,并且对高龄老年人作了年龄的划分,对普通高龄老年人和百岁老年人提供不同层次的津贴保障,对百岁老年人的生活保障予以重视和关怀,体现了政府分类保障的治理思路。

(1) 高龄特困老年人救助金

北京市自 1998 年起为高龄特困老年人发放生活救助金，年内深入各区县 100 户特困高龄老人家中调查情况，为开展特困高龄老人救助行动提供依据，该年为 198 位符合条件的老年人发放了救助金。1999 年纳入救助范围的特困高龄老年人数猛增至 622 人，上涨了 2 倍之多。2000—2002 年下降至 200 人左右，回到 1998 年的起始保障人数。2003 年起，政府扩大了高龄特困老人救助面，对 500 名享受低保的特困老人、城乡孤寡老人和空巢家庭的患病、高龄、生活不能自理的老年人进行救助，救助金额从每人 500 元提高至 600 元。此后，政府保持了每年对 500 名高龄特困老年人发放 600 元的生活救助金，直至 2012 年，享受政府救助金的高龄特困老年人达到 3015 人，是前十年保障人数的 6 倍左右。之后，2013 年至 2015 年保障人数基本保持在 3333 人左右。整体上来看，政府认识到了高龄特困老年人由于其年龄、经济等因素所受到的养老困难，因而对其提供一定的经济救助。从救助规模上看，2015 年受救助的高龄特困老年人人数是 1998 年的 16 倍之多，保障人数得到了很大的进步，而在近 20 年时间中救助金额也从 500 元上调至 600 元，但若考虑到生活消费水平、物价上调等因素，救助金额的调整仍有缺及时性和动态性。

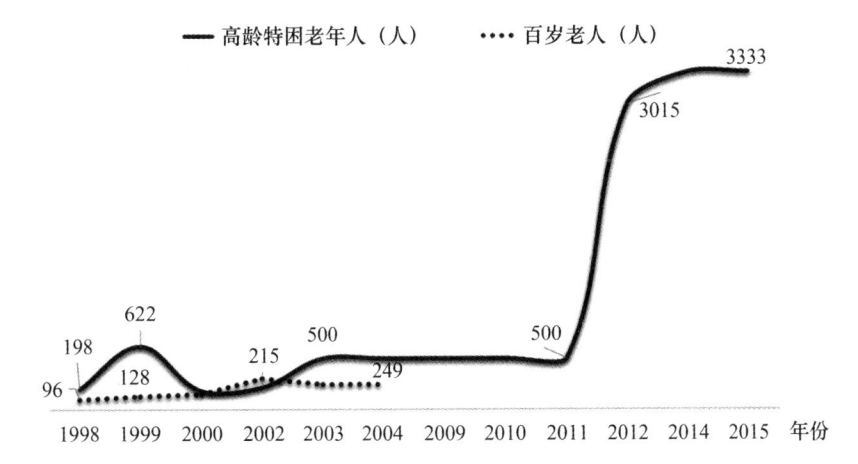

图 5–17　高龄特困老年人救助金和百岁老人营养补助金保障人数

资料来源：根据历年《北京市民政统计年鉴》《北京民政年鉴》《北京市老年人口信息和老龄事业发展状况报告》整理。

（2）百岁老年人营养补助金

政府在1998—2005年为百岁老年人发放了营养补助金。1998年时享受营养补助金的百岁老年人有98位，随后逐渐增加至128位，直至2002年达到最高值，有304位百岁老年人享受到补助保障。之后保障人数稍有下降，至2004年共约249名百岁老年人享受营养补助金保障。其间人数些许下降的可能性原因是部分百岁老年人的趋势，但总体上获得补助保障的百岁老年人数获得了近2.5倍的增长。而营养补助费的金额也在逐渐上调，从1998年的每人年均600元上调至2002年的每人平均1000元。相对于对高龄特困老年人的救助金额，百岁老年人享受到的营养补助金额要高，特别是在2002年上调之后，后者接近前者的两倍。这也凸显出政府对百岁老年人的重视和关怀，也从侧面反映出两类经济救助中，前者更包含了救助性特征，后者更被赋予了福利津贴的色彩。

（3）高龄老年人津贴

2006年起，政府为80岁及以上的高龄老年人发放高龄补贴。2008年，政府出台了《关于加强老年人优待工作的办法》，要求明确建立起高龄津贴制度，全面提升了老年人的优待水平。2008年1月1日，北京市正式实施了《北京市高龄老年人津贴发放办法》，开始实施高龄津贴发放制度。其中90—99周岁的老年人每人每月享受100元高龄津贴，百岁及以上的老年人每人每月享受200元高龄津贴。从图中可以看出，从2006年开始发放高龄补贴到2008年正式实施高龄津贴制度期间，享受到高龄补贴的80岁及以上老年人数从16933人增长至31608人，增长了整整1倍之多，虽然不及高龄津贴制度正式建立之后保障的高龄老年人数，但在短短四年之间，仍取得了较大的保障范围。在高龄津贴制度正式建立之后，享受高龄补贴的80岁及以上老年人数在2010年获得飞跃性增加，约有31.68万人获得补贴保障。之后至2017年，基本保持在31万—38万人的区间波动起伏，2020年，保障人数突破59万。覆盖范围的快速增长反映出对高龄老年人的经济福利补贴的保障范畴获得了长足发展。

政府的高龄老年人津贴制度对不同年龄阶段的老年人实行不同的保障力度，自2009年至2017年享受高龄津贴的90—99岁高龄老年人数从2.7万人增至4.7万人，基本保持持续上涨趋势，年增长率达到14.11%。

而享受高龄津贴的百岁老年人数也从 2007 年的 486 人上升至 2015 年的 676 人，除了 2010 年保障人数下降之外，基本历年都呈上涨趋势。2019 年全市高龄津贴累计发放约 73 万人次，发放金额约 6776 万元。从高龄老年人津贴的金额上看，90—99 岁的老年人每人年均享受 1200 元，百岁及以上老年人每人年均享受 2400 元。相对于高龄特困老年人救助金和百岁老年人营养补助金，高龄老年人津贴的额度均高出很多，基本是同期同类群体的 2 倍左右，这显示了政府对高龄老年人的福利津贴保障力度越来越大，进一步提高了高龄老年人的经济能力，降低其养老需求无法解决的可能性与风险性。

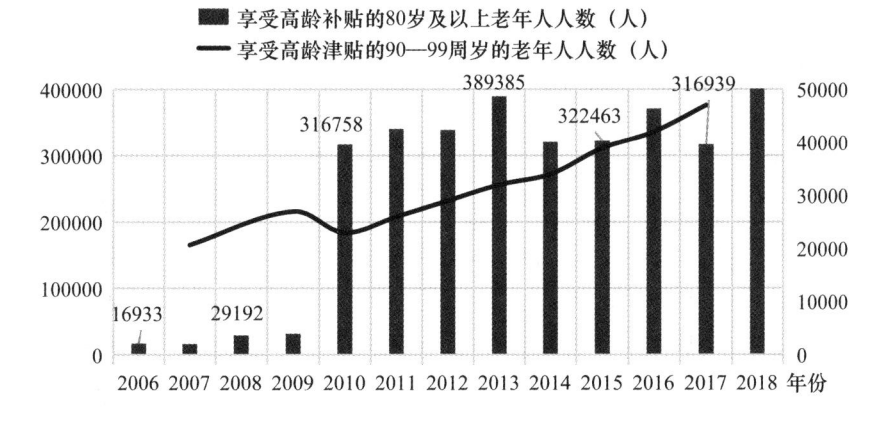

图 5-18　历年享受高龄津贴的不同年龄段老年人数变化

资料来源：根据历年《北京市老年人口信息和老龄事业发展状况报告》整理。

2. 精减退职老职工经济救助

1982 年，市民政局转发了财政部、民政部《关于进一步做好精减退职老职工生活困难救济工作的通知》。北京市共有 1957 年年底以前参加工作的精减退职老职工 10.7 万人，按照国务院的规定，需要补办 40% 救济的共有 1200 人，按照平均每人每年 324 元（每月 27 元）计算，每年需要经费 38.88 万元。1993 年政府出台文件，解决 20 世纪 60 年代初精减退职老职工的生活困难问题，对其发放一定的生活补助费。补助对象主要集中于原先在北京市所属单位并于 1957 年年底前参加革命工作、在 1960 年 8 月 1 日至 1965 年 6 月 9 日经过组织动员回乡并领取一次性退职补助费、目前暂无工作（经济收入）的职工。根据参加革命工作的不同时间，发放35—60元四档不同的生活补助费。1995年，《北京市民政局、北京市财政局关于调整部分优抚、社会救济对象生活标准的通知》中对享受原工资40%精减退职老职工和一般精减退职老职工的补助标准每人每月增加20元。1997年为每人每月120元，2011年将60年代初期精减退职老职工生活困难补助标准从平均每人每月140元提高至250元。

图5-19呈现了北京市历年政府保障的享受原工资40%的精减退职老职工和一般精减退职老职工（即享受定期定量救济的老职工）的平均人数。总体上，被纳入享受原工资40%的精减退职老职工人数在同期都低于享受定期定量救济的老职工，但两者都呈现了平缓波折之后逐年下降的变化趋势。在享受原工资40%的老职工群体中，1983年平均有2868人享受到保障，1983年达到3407人，随后到2001年基本每年都稳定在3300人左右。2002年人数跌回3000人以下，逐年下降至2009年，该年仅有1371人被纳入政府的救济保障中。在享受定期定量救济的精减退职老职工群体中，1983年共有2074人被纳入保障范畴中，1984年达到4255人，随后几年基本保持在5400人的保障规模左右。2000年降至5000人以下，为4984人，并逐年减少，2009年仅有1864人。从两类保障群体的数量上来看，享受政府救助保障的人数在进入21世纪之后都在逐渐缩减，其可能原因是部分老职工的去世，导致享受该项救助保障的老年人数越来越少。但这并不意味着政府对其保障深度的忽视和减弱，从享受两类经济救助的人均支出金额来看，政府对每个精减退职老职工的保障水平呈现了逐年提高的趋势。

1983年，享受原工资40%救济费的老职工年均可获得的政府资金达到304元，享受定期定量救济的老职工年均可获得资金达到158元，仅为前者的一半左右。自1984年至1987年，享受原工资40%救济费的老职工年均可获得的救助资金基本保持在270元左右，1990年逐渐上涨，1994年突破1000元，达到1095元，2001年突破了2000元，随后一直增长至2009年的2519元。享受定期定量救济的老职工享受的年均救助资金到1990年突破了300元，达到336元；1996年则超过1000元，并稳定在1300—1500元，到2009年人均可享受到的救助金额达到

2067元。总体上，享受原工资40%救济费的老职工可获得的政府救济金额要高于享受定期定量救济的老职工，但随着经济发展、物价提升，两类金额都在逐渐上涨，前者保持在年均29.1%的增长率水平，后者年增长率达到48.3%，增幅反而超过享受原工资40%救济费老职工救济水平的增长率。

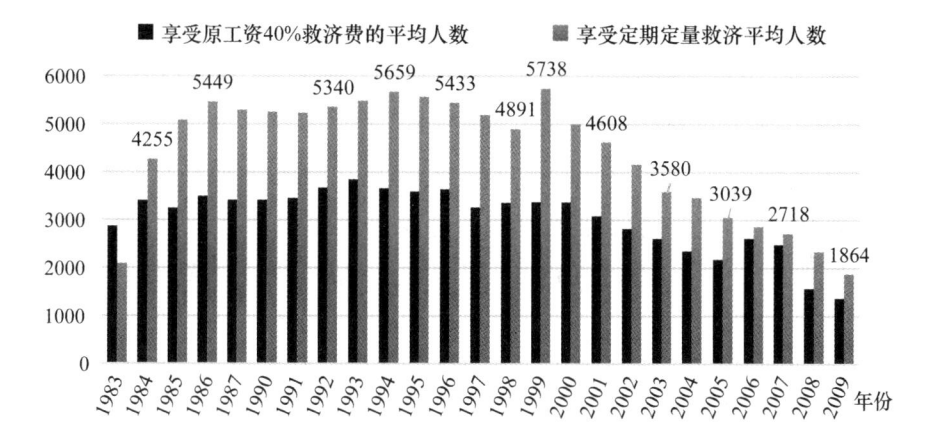

图 5-19　精减退职老职工历年享受政府救济的平均人数

资料来源：根据历年《北京市民政统计年鉴》《北京民政年鉴》整理。

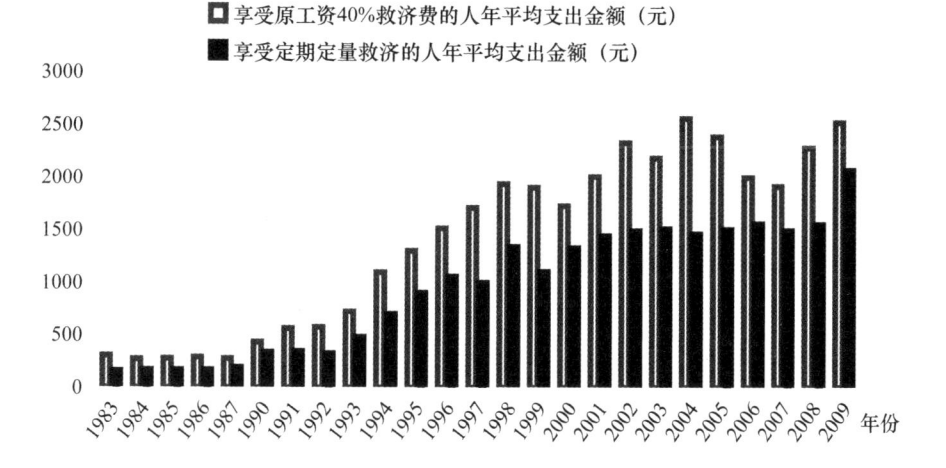

图 5-20　精减退职老职工享受政府救济的年均金额变化

资料来源：根据历年《北京市民政统计年鉴》《北京民政年鉴》整理。

3. 优抚孤老经济补助

民政部在1979年优抚对象大规模普查基础上，将复员军人和烈军属的补助费用的60%—70%用于定期定量补助，将很大比例的经费改制成人头费，既解决了优抚对象的生活难题，也防止了优抚事业费的滥用现象。[①] 对优抚对象的定期定量补助是指由中央财政和地方财政划拨专项经费，根据不同的补助对象与条件，定期（每月或每年）向优抚对象发放一定额度的生活补助费用。对优抚对象提供定期定量补助工作是1955年提出的，民政部在1979年下发了《关于改进优抚对象定期定量补助工作的规定》，推动该项工作在全国范围内普遍实行。[②] 该项《规定》考虑到随着时间的推移，在战争年代牺牲的烈士的配偶与父母多数进入衰老阶段，同时复员军人特别是在抗日战争时期入伍的老复员军人带病回乡，养老困难较多，因此将定期定量工作的重点对象放在烈士配偶、父母以及老复员军人上。

1988年国务院颁布的《军人抚恤优待条例》将革命烈士家属、病故军人和因公牺牲军人家属的定期定量补助改为定期定量抚恤，将生活困难的在乡复员军人享受定期定量补助正式纳入条例中，规范了定期定量补助工作。此后的抚恤金标准不断调整变动，这是从量变到质变的飞跃和突破，从此国家建立起抚恤革命烈士家属的制度。享受国家提供定期定量补助的优抚对象包括：在乡退伍红军老战士、在乡西路军红军老战士、在乡复员军人和带病回乡退伍军人。对于在乡退伍老战士中自理生活存在困难的孤老，在个人自愿的前提条件下，可将其安排至光荣院供养，不愿去的则由所在乡村安排专人照顾，并提供适当的护理费。对于在乡复员军人中的孤老，实行定期定量补助。各地在制定抚恤补助标准时对孤老对象的补助标准予以适当优厚。

北京市自1984年起优抚对象中的孤老人数从1984年的1674人增至1987年的1958人，但随后逐年递减，到2000年跌破1000人，降至943人，但2001年又剧增到4426人。而孤老占优抚对象的比例也和孤老绝对人数的变化趋势大致相同，从1984年的0.41%经过稍微上涨之后下降至

---

① 周士禹、李本公主编：《优抚保障》，中国社会出版社1996年版，第18页。
② 周士禹、李本公主编：《优抚保障》，中国社会出版社1996年版，第18页。

2000年的0.38%,孤老占比基本保持在0.4%左右。虽然20世纪八九十年代优抚孤老人数在逐年下降,但政府对优抚孤老的定期抚恤补助未有疏忽。

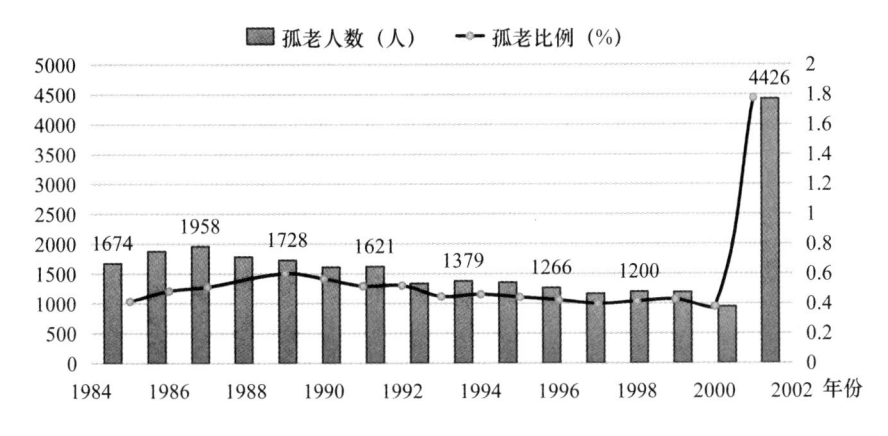

图5-21　历年优抚孤老人数及其占比变化

资料来源:根据历年《北京市民政统计年鉴》《北京民政年鉴》整理。

1979年,北京市民政局发出了《关于修订本市烈、军属定期定量补助办法和调整社会困难户定期救济标准的意见》的通知,全市全面检查落实了优抚政策,推动农村普遍实行优待工分评定工作,享受优待工分的有13053户,城乡享受定期定量补助的优抚对象比普查前增加了65.3%。1980年,北京市民政局发布了《关于进一步贯彻民政部、财政部〈关于改进优抚对象定期定量补助工作的规定〉的通知》,规定对于城镇优抚对象定期补助,仍继续执行市民政局1979年第275号通知规定的标准,对郊区农村优抚对象定期定量补助标准,按照每人每月6—10元发放。至此,全市享受定期定量补助的优抚对象从原来的5964人增加至7830人,增加了31.2%。1988年,市民政局和市财政局联合通知各区县民政局、财政局,从1988年7月1日调整部分优抚救济对象的生活补助、救济标准,有13种优抚救济对象,每人(户)每月提高补助救济标准为5—7元。

1994年,《北京市民政局、北京市财政局关于调整部分优抚、社会救济对象生活标准的通知》规定,为使优抚、社会救济对象生活水平随着人民生活水平提高而改善，对北京市享受定期抚恤、补助、救济的部分优抚、社会救济对象生活标准进行调整。因调整增加的经费由市和区县两级财政负担，其中，市属福利院收养人员生活费增加产生的经费由市财政负担；优抚对象调标增加的经费，区县财政负担40%，市财政负担60%；社会救济对象调标增加的经费由区县财政负担。调整的标准包括国家给予的价格补贴（1988年10元副食补贴、1991年和1992年的6元与5元粮油调价补贴、1992年5元燃料价格补贴、1992年12元肉蛋菜价格补贴、1993年10元粮价补贴）。

2010年，优抚对象的抚恤补助标准实现城乡一体化政策，农业户籍的优抚对象定期抚恤和定期补助的标准均按照城镇户籍同类优抚对象的标准予以执行，1万多名农业户籍的优抚对象补助标准平均增幅达65%，全面实现了14类优抚对象抚恤补助标准的城乡并轨。在实行补助标准城乡并轨的基础上，按照上年度城镇居民家庭人均消费支出增长的情况，提高全市优抚对象的定期抚恤补助标准，增幅达8.7%。定期抚恤补助标准最高达人均每月2984元，占上年度城镇居民家庭人均消费性支出的200%。2015年，政府将优抚对象定期抚恤补助金标准提高6.6%，调整后补助标准最高达每人每月4673元。对农村籍60岁以上、未享受定期抚恤补助的退役士兵，每服一年义务兵役，老年生活补助达到每人每月20元。2016年，将优抚对象定期生活补助金标准提高8.7%，调整后定期抚恤补助标准最高达每月每人5080元。该年农村籍退役士兵老年生活补助标准达到人均每月25元。

北京市在历年对优抚对象的定期抚恤补助标准的调整中，涉及优抚孤老的抚恤标准主要体现在四类孤老群体上：孤老烈属、孤老病故军人家属、孤老复员军人、孤老伤残军人。对上述四类孤老优抚对象实行了城市与农村两类抚恤标准，且历年城市孤老优抚对象的定期抚恤补助金额均高于农村孤老服务对象，但在2009年开始对其实行城乡统一的新标准。就孤老烈属的抚恤标准而言，城市与农村孤老烈属的定期抚恤补助标准在1994—1998年的差距较小，均保持在70元左右，但1999年起城乡补助标准的差距逐渐拉大，从200元逐渐增至500元的差距，2008年城市孤老烈属补助金额达到每人每月1406元，而农村孤老烈属仅拿到914元。随着2009年城乡统一标准措施的推进，孤老烈属优抚补助金额

第五章　维度二：政府养老责任中治理深度的变迁路线　／　173

逐渐上调至 2018 年的 1828 元。就孤老病故军人家属的抚恤标准来看，其定期抚恤补助的金额基本略低于同期的孤老烈属抚恤标准，城市孤老病故军人家属的抚恤标准从 1994 年的 190 元增至 2011 年的 1579 元，增长了约 6 倍；农村孤老病故军人家属的抚恤标准也增长了近 65%。就孤老复员军人享受的抚恤标准而言，其略低于同期的孤老病故军人家属的抚恤标准，自 1994 年至 2011 年，城乡均增长了 8 倍左右。对于孤老伤残军人享受的定期抚恤标准，其城乡差距在 1999 年之后开始逐渐拉大，从 1994 年至 2004 年，城乡抚恤标准均增长了 4 倍之上。总体而言，政府对孤老优抚对象的定期抚恤标准逐年上调，虽然其间经历了城乡差距拉大的现实困境，但在 2009 年之后逐渐实现了城乡统一标准的保障力度，切实加强了孤老优抚对象的经济保障。

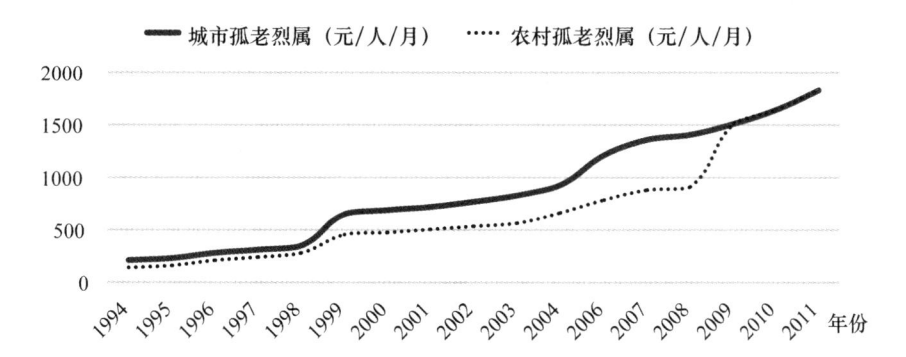

图 5-22　历年城乡孤老烈属定期抚恤补助标准变化

资料来源：根据历年《北京市民政统计年鉴》《北京民政年鉴》整理。

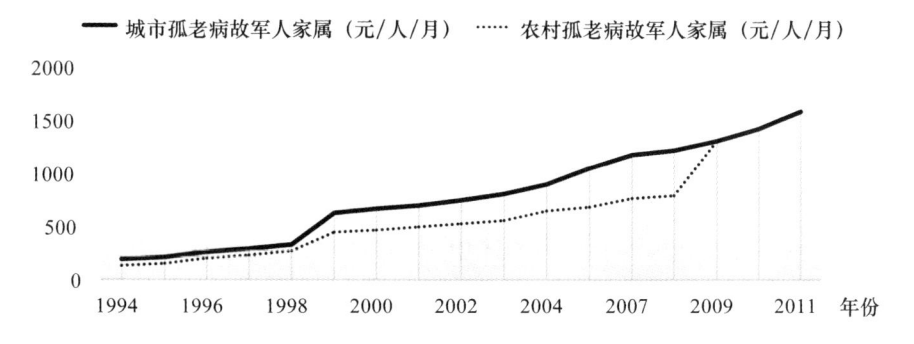

图 5-23　历年城乡孤老烈属定期抚恤补助标准变化

资料来源：根据历年《北京市民政统计年鉴》《北京民政年鉴》整理。

图 5-24　历年城乡孤老复员军人定期抚恤补助标准变化

资料来源：根据历年《北京市民政统计年鉴》《北京民政年鉴》整理。

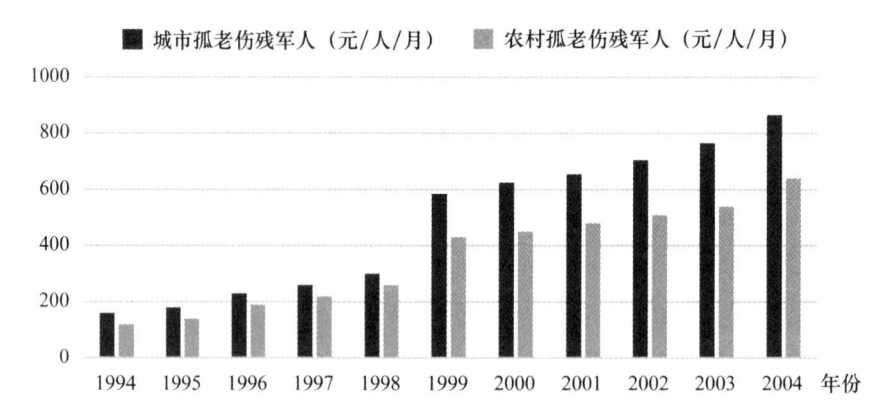

图 5-25　历年城乡孤老伤残军人定期抚恤补助标准变化

资料来源：根据历年《北京市民政统计年鉴》《北京民政年鉴》整理。

4. 征地超转老年人经济救助

北京市征地超转人员始现于 1978 年，北京市政府规定征地超转人员的生活补助待遇由民政部门进行统一管理。如图所示，自 1986 年至 1998 年，北京市征地超转的老年人群体中，大部分老年人有人赡养，有人赡养的人数占年末实有人数的比例基本都保持在 95% 以上。住敬老院的人数从 1986 年的 35 人升至 1998 年的 50 人，人数增长较缓。在 2006—2016 年期间，征地超转群体中的孤老总人数基本保持在 130 人左右，但在 2016 年仅仅有 72 人，这不排除部分老年人离世的情况。而该期间孤老占比整体呈现逐年下降的趋势，从 2006 年的 0.46% 到 2011 年仅占 0.21%，而 2016 年孤老占比缩至 0.06%。整体来讲，北京市征地超转孤老的赡养难度较小，多数有家庭赡养保障，且人数较少并呈缩减趋势，因此政府对其经济保障的压力较小。

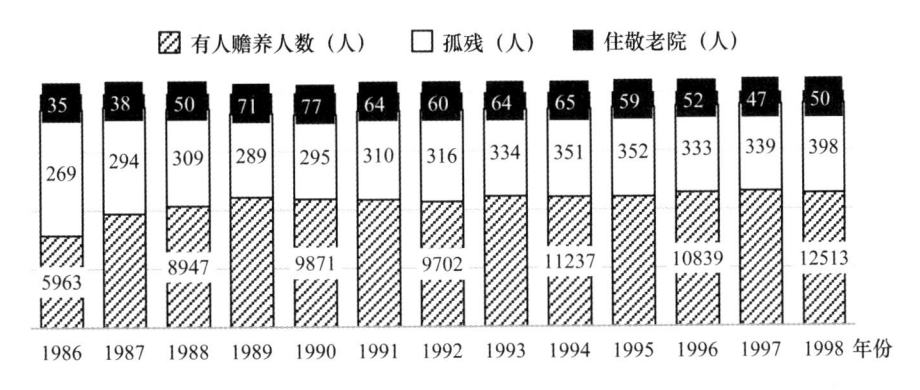

年份	有人赡养人数（人）	孤残（人）	住敬老院（人）
1986	5963	269	35
1987	8947	294	38
1988	9871	309	50
1989	9702	289	71
1990	11237	295	77
1991	10839	310	64
1992	12513	316	60
1993		334	64
1994		351	65
1995		352	59
1996		333	52
1997		339	47
1998		398	50

图 5-26　北京市历年征地超转对象赡养情况

资料来源：根据历年《北京市民政统计年鉴》《北京民政年鉴》整理。

但政府并未因此而忽视对征地超转孤老群体的养老保障，1993 年之前，考虑到全市征地超转人员生活补助标准人均每月仅 38 元，最低仅为 4 元，补助标准较低，同时，加上物价上涨因素[①]，且生活补助具备包干补贴性质，补助对象不再享受其他医药费、副食补贴、丧葬费等补助，征地超转人员仍存在生活困难问题。因此，市民政局和建行北京市分行、市土地管理局联合发布了《关于提高建设征地农转居人员中超转人员生活补助费接收标准的通知》（1993），将新转居的人员的生活补助费从 1988 年规定的每人每月不低于 42 元、平均超过 55 元，上调至每人每月不低于 62 元、平均不超过 72 元。同时，对孤残人员的月补标准从 1989 年规定的 60 元提高至 90 元，对 1993 年以前转居的人员对象中生活补助标准过低的人员予以困难补助。另外在生活补助的基础上，政府为每人每月增发 25 元的物价补贴。1995 年，为一般征地超转人员每月每人增加 10 元补助，给孤残人员每月每人增加 20 元补助。《北京市人民政府办公

---

① 自 1988—1993 年之间，北京市政府已经出台了 5 次物价调价政策。

厅转发市民政局关于提高征地超转人员生活补助标准请示的通知》（1995）文件将一般人员生活补助标准上调至近郊区每人每月150元，远郊区每人每月130元，同时每人每月增加30元的医疗补助，孤残人员生活补助标准上调至每人每月180元，暂定未来10年中所有超转人员生活补助每年上调10%。至1995年年底，北京市征地超转人员人均月领补助达到180.62元，比年初时107.9元提高了72.72元。1997年，近郊区每人每月190元，远郊区县每人每月170元。

2004年，政府印发了《北京市人民政府办公厅转发市民政局关于征地超转人员生活和医疗补助若干问题意见的通知》，对超转政策进行了调整，提高了超转人员待遇，一般超转人员每月生活补助费起补标准从原来单一参照城市低保标准调整为参照城市低保最低生活保障至本市最低退养费标准，超转孤残人员的生活补助则参照城市低保至本市最低基本养老金。具体在支付中，一般超转人员按照本市最低退养费标准的调整比例进行调整，孤寡老人、病残人员按照本市最低基本养老金标准的调整比例进行调整。2007年政府调整了征地超转人员的保障政策，规定征地超转人员的生活补助发放的标准高限从参照北京市最低退养费标准提高至参照北京市最低养老金标准。自2015年起，参照北京市关于企业退休人员中缴费不满15年的建设征地农转工退休人员的养老金调整政策，对征地超转人员的保障进行了调整。从图中可以看出，自2006年到2016年期间，征地超转人员的月均生活补助从532元上升至1950元，平均年增长率达到24.2%，每年增长较为平缓稳定。从2006年至2009年，征地超转人员的生活补助年均上涨幅度大致维持在100元左右，并在2010年突破1000元，达到1038元，随后基本保持每年200元左右的上调幅度。但与同期城镇居民人均每月可支配收入相比，征地超转人员的月均生活补助是后者的1/3至1/2。

5. 计划生育政策家庭老年人的经济扶助

农村部分计划生育家庭奖励扶助制度，是为了鼓励农民自觉实行计划生育，从而实现稳定低生育水平、扶助老年人养老生活、促进人口与经济社会协调性发展的重要措施。2005年开始，北京市实施了农村部分计划生育家庭奖励扶助的制度①。2007 年，部分区县、乡镇政府以及村委会在市级政府奖励扶助的基础上分别对计划生育老年人进行了奖励扶助。2009 年除了农村部分计划生育家庭奖励扶助制度之外，还出台了对计划生育家庭特别扶助待遇（特别扶助条件为女方年满 49 岁以后），包括对独生子女伤残家庭和独生子女死亡的家庭的扶助。

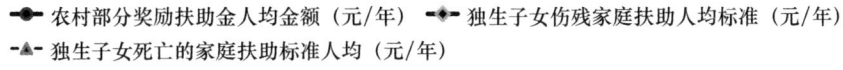

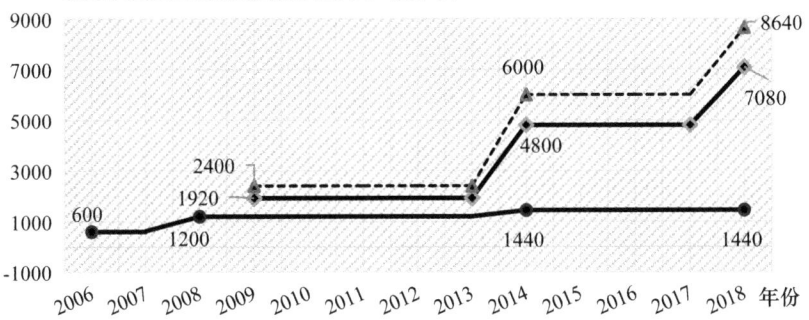

图 5-27 领取计划生育家庭特别扶助、奖励扶助的金额标准
资料来源：根据历年《北京市老年人口信息和老龄事业发展状况报告》整理。

领取农村部分计划生育家庭奖励扶助制度的老年人在 2006 年为 8515 人，到 2008 年达到 11152 人。虽然保持每年 1000—2000 人的增长幅度，2012 年人数猛增至 26673 人，至 2015 年，有 51793 名老年人领取了奖励扶助金。而自 2009 年实行计划生育家庭特别扶助待遇制度之后，该年内有 14318 人领取了扶助待遇，2012 年达到 19619 人，2013 年增至 22000 多人。其中在享受计划生育家庭特别扶助待遇的对象中，独生子女伤残家庭人数在历年都高于独生子女死亡家庭的人数。前者在 2010—2012 年都保持在 1 万人左右，2013 年则增至 13261 人。从政府保障的人数规模上看，不论是领取农村部分计划生育家庭奖励扶助金，还是领取计划生育家庭特别扶助待遇的对象，在数量上都保持了稳定增加的走向，即越

---

① 计划生育老年家庭奖励扶助对象需同时满足四个条件：一是 1933 年 1 月 1 日以后出生；二是本人及配偶均为农业户口；三是 1973 年以来，未违反计划生育相关法律政策而生育、收养子女；四是依法生育的子女现存一个，或均已死亡。

来越多符合政策条件的老年人被纳入政府对计划生育政策家庭的补偿性责任保障范畴。

就对不同计划生育政策家庭的经济扶助金额来看，领取计划生育家庭特别扶助待遇对象的金额要高于农村部分计划生育家庭奖励扶助金额。农村部分计划生育家庭奖励扶助金额在2006年达到了人均每年600元，2008年的奖励扶助金提高至1200元，比国家规定的最低标准高出了一倍。随后至2013年，每年保持着1200元的扶助标准。2014年继续上调至1440元并持续保持该水平，对于具有北京市农村户籍、仅有一个子女、年满60周岁的居民，每年按照每人1440元的标准发放奖励扶助金。至2020年，该标准上调至2100元。对于领取计划生育特别扶助待遇的对象，2009年独生子女伤残家庭的领取标准是每人年均1920元，而独生子女死亡家庭的扶助标准为2400元。2014年，政府上调了该两项标准，对于具有北京户籍、女方49周岁以上、独生子女三级残疾以上或死亡、未再生育收养子女的夫妻，独生子女伤残的按人均每年4800元、独生子女死亡的按人均6000元的标准发放保障金额。2018年又再次调高了扶助标准，分别上调至7080元、8640元。2020年全市共投入资金5.1亿元，覆盖1.39万人。2021年，计划生育家庭奖励扶助共投入2.3亿元，覆盖10.97万人。

从政府对不同计划生育家庭的经济扶助力度来看，对于农村部分奖励扶助金的老年人而言，政府的经济扶助更多的是体现鼓励性、奖励性，为了在当时鼓励农村家庭认真贯彻计划生育政策，以实行一定的激励措施。而对于领取计划生育特别扶助待遇的对象，由于是在响应政府计划生育政策的前提下，遭受着独生子女伤残、死亡的悲痛经历，且赡养来源遭到破坏甚至失去了未来赡养支撑，反而还需要付出物质和精力照顾伤残子女。基于此，政府对该类群体的经济扶助既体现着奖励性，更多的是赋予了补偿性，为了保障其基本的养老生活维持，因而该部分老年人获得的扶助金额要远高于普通计划生育家庭老年人。这也是体现了政府在养老责任保障过程中的分类治理、差异化保障思路。

（三）专项福利补贴

2008年8月，市民政局联合市财政局发布了《关于深入开展居家养老服务试点工作的通知》以及《关于印发〈北京市特殊老年人养老服务补贴办法（试行）〉的通知》，后续还出台了《北京市特殊老年人自理能力评估管理办法（试行）》《北京市特殊老年人养老服务补贴办法（试行）实施细则》等配套文件，在房山区、顺义区和城八区共 10 个区内开展了居家养老服务试点工作，试点区根据高龄、收入较低、年满 60 周岁、纯老年户等具体不同的条件，为老年人发放 50—250 元不等的服务券，涵盖了居家养老存在自我照料困难、经济困难、家庭照顾困难的老年人。全市 10.7 万名老年人获得了居家养老服务补贴，月补贴资金达 780 万元。

2009 年，市民政局、老龄办、残联、财政局、发展改革委、规划委、人力社保局、卫生局、社会办、住房城乡建设委、社会办等 13 家单位联合下发《关于贯彻落实〈北京市市民居家养老（助残）服务（"九养"）办法〉的意见》，"九养政策"内容中提出要建立居家养老（助残）券服务制度和百岁老人补助医疗制度，对 80 周岁及以上的老年人、60—79 周岁的重残人予以人均每月 100 元的养老（助残）券，用于老年人购买家政服务、生活照料、精神慰藉、康复护理等服务。

从 2010 年开始，北京市向老年人群体发放居家养老服务券，年内向 2.6 万名 60—79 岁的重度残疾老年人发放居家养老服务券，向 33.5 万名 80 岁及以上的老年人发放居家养老服务券，受惠老年人数量达 36.1 万人。2011 年领取服务券的 60—79 岁的重度残疾人增加至 3.6 万名，80 岁以上老年人领取的人数增至 37.7 万名。2012 年、2013 年领取居家养老服务券的总人数达到 40 万人左右。居家养老服务券发放的总额保持在 4 亿元的规模左右，考虑到老年人口数量的上涨，政府发放的金额也在增长。2010 年发放金额达 4.3 亿元，2011 年稍有下降，为 3.9 亿元，2012 年和 2013 年分别达到 4.48 亿元、4.49 亿元。2014 年北京市民政局和北京市老龄委办公室出台了《北京市养老助残卡管理办法（试行）》，自 2015 年 1 月 1 日起，将原来的居家养老服务券变成养老助残卡。2015 年开始，对 80 周岁及以上的老年人每人每月发放 100 元的居家养老服务补贴，借助养老助残卡充值电子金额的方式发放。

2019 年 10 月，实施《北京市老年人养老服务补贴津贴管理实施办法》，整合集成原分散在各部门的碎片化老年人社会福利政策，围绕"三失一高一独"等老年群体，统筹建立困难老年人生活补贴、重度失能护理补贴和高龄补贴制度。2020年向困难、失能、高龄老年人全年累计发放养老服务补贴津贴21.49亿元，月均发放76万人次，提升了购买养老服务的支付能力，有效推动基本养老公共服务均衡化。其中，向困难老年人4.61万人全年累计发放0.99亿元、重度失能老年人19.4万人累计发放9.91亿、高龄老年人63.99万人累计发放10.59亿元。另外，2020年，享受到护理补贴的老年人数达到17.7万。

2021年，全年累计向困难、失能、高龄老年人发放养老服务补贴津贴27.39亿元，月均发放87.14万人次。

第二节　生活照料需求治理深度变化

一　养老助餐：社区全覆盖与品牌化运作

在落实"九养"政策过程中，政府通过开放辖区单位内部食堂、签约餐饮企业、社区或村自办等多种形式，建立起了养老（助残）餐桌。2010年建立了4584个养老餐桌，实现了所有社区全覆盖的目标。2011年有3837个，2012年继续减少至3729个，但2013年增加至4240个，2014年继续降至3429个，2015年仅有2675个，老年餐桌数量的减少不排除部分运营机构无法维持运营而倒闭退出的原因。2015年，在朝阳、东城、西城等8个区施行了养老助餐服务试点，根据按需设点、政府扶持、社会参与、特困优先、兼顾其他、属地管理、区县主责等设计原则，探索养老助餐服务的多种模式，2015年政府投入资金4495万元，将工作重点放在解决老年人口密度大、养老需求高的中心城区中独居老年人、纯老年人家庭的高龄老年人、生活自理困难老年人的日常就餐困难的问题，实现社区送餐点和老年餐桌集中就餐、老年餐进入社区配餐点的服务目标，初步形成了养老助餐服务体系。同时，按照竞争性择优原则，培育了100家养老服务专业品牌企业。

2015年和2016年，市政府财政共支持资金7039.46万元，在探索中总结出了"老北京、老字号、老年餐"，"中央厨房制作并分餐、由社区统一配送、老年人集中就餐"，"中央厨房结合冷链运输、社区配餐"等多种服务模式，促使全市养老助餐服务体系趋于成熟与完善。全市共有673个老年餐桌，日均服务就餐老人超过6.4万人次，年均超过2000万人次，满足了老年人营养用餐、方便就餐的需求。2018年北京市所有养老服务机构累计开展208万次居家辐射服务，累计达成584万小时的服务时长，其中助餐服务次数最多，占据总服务次数的47.1%。截至2021年年底，全市累计发展养老助餐点1015个。

二 家政服务：以券购买多元化服务

北京市于2009年建立了养老（助残）券服务制度，2010年1月起，开始向北京市户籍80周岁及以上的老年人及16—59周岁无工作重度残疾人和60—79周岁重度残疾人每人每月发放100元养老（助残）券，平均每年财政投入4.2亿元。养老（助残）券服务制度为老年人提供了6大类110项服务，满足老年人在生活照料、康复护理、家政服务等基本生活服务需求。养老（助残）券通过发展服务商、激发市场活力、整合社会资源等取得了社会和经济效益。

2012年出台的《北京市民政局、北京市残疾人联合会、北京市老龄工作委员会办公室关于进一步加强北京市市民居家养老（助残）券使用管理工作的通知》将养老（助残）券补贴的老年人类型分为：分散五保60—89岁、分散五保90岁以上、农村低保60—89岁、农村低保90岁以上、农村低收入60—89岁、农村低收入90岁以上、分散三无60—89岁、分散三无90岁以上、城镇低保60—89岁、城镇低保90岁以上、城镇低收入60—89岁、城镇低收入90岁以上、纯老年户60—79岁、80岁以上高龄老年人、16—59岁重度残疾人、60—79岁重度残疾人，明确了居家养老（助残）券服务项目中包括：（1）生活照料，包括订奶、理发、送水、修脚、洗浴、洗衣、擦吸油烟机、换煤气、小帮手电子服务器、半成品菜与净菜；（2）家政服务，如保姆、家政、服装加工、家电维修、修锁及其他；（3）康复护理。保健按摩、医疗、敬老院、租赁康复用品；（4）其他的诸如报刊订阅等。

2011年，通过政府购买服务以及以奖代补的方式扶持社会力量参与到养老服务中来，年内发展了1.5万家养老（助残）服务单位，提供包括家政服务、生活照料、精神慰藉、康复护理、老年教育、其他服务等六大类110项居家养老（助残）服务，并出现了永和大王、芙蓉家政服务公司、青松老年看护服务公司、草桥松龄爱老家园等一批先进服务单位和为老服务品牌。在1.5万家养老服务单位中，咨询、家政、护理签约服务商2000多家，占13.1%。2015年服务单位包括了餐饮、百货购物、家政服务、医药医疗、生活照料、养老机构、日间照料、社区便利、文化娱乐九大类内容，带动老年人消费金额达3亿元。2020年年底，北京建立起以"北京通—养老助残卡"为中心的居家服务支付体系，全市居家养老服务商共计10977家，提供正常服务已装POS机10977家。依据服务类型划分，社区便利店4130家、老年餐桌1686家、百货购物1353家、家政服务221家、生活照料670家、医药医疗1368家、养老机构1298家、文化娱乐250家，共八大类居家养老服务商。

三　出行优待：无障碍便利与人身安全双重保障

（一）公共交通优待

随着北京市老年人优待政策的出台与完善，老年人出行享受到了各类优待，保障了其日常生活中出行的基本养老需求。2009年，65周岁及以上的老年人持老年人优待卡可以免费乘坐北京市域内969条公交路线，在215个首末站台专门为老年人设立了免费乘车咨询服务台（2011年有235个首末站），发放老年人免费乘车的宣传品，为其提供咨询服务。各条运营路线推出了各有特色的服务，部分线路在车座上铺上了敬老棉垫，部分路线在高峰时段为老年人开设了绿色通道。2010年，65周岁以上老年人持优待卡免费乘坐969条公交路线，每天平均有150万人次老年人享受到了公共交通票价的优待服务。2011年，日均166万人次老年人享受到了公共交通票价优待服务。2012年，日均156万人次老年人享受到优待。2013年日均运送160万人次，仅市区公交共计免费运送65周岁以上老年人乘客共58400万人次。2014年日均200万人次，全市地面公交和郊区客运行业共免费运送老年乘客7.3亿人次。2015年，日均运送240万人次，全市公共汽电车共免费运送65周岁以上老年乘客8.6亿人次。2016年，日平均150万人次，全市老年人享受刷卡免费乘坐地面公交的人次有2.34亿。2017年，免费乘坐的有3.43亿人次老年人，日均运送152.11人次。2018年，免费乘坐4.73亿人次老年人，日均129.7人次。2018年，北京市将免费乘坐、免费游览公园景区的老年人群范围，从65周岁及以上常住老年人扩展到60周岁及以上的常住老年人。以北京通—

养老助残卡为基础，政府逐渐建立起了科学精准的持卡老年人信息管理系统、优待数据管理系统、卡业务运营监管系统、福利政策实施和监管系统、老年人大数据应用服务系统，为政府制定实施各项养老政策提供了决策依据。

2016年，政府组织出租车企业为老年人和有特殊出行需求的人群提供更为周到便捷的服务，例如银建公司推出了优先保障65岁老年人电话预约出租车的措施，行业超过5000名驾驶员创建了50个品牌班组、公益车队，其与敬老院结对子、在运营过程中关照老年人等实际行动，为老年人奉献爱心。2021年，继续推动网约车平台开发上线便利老年人打车模式，降低操作难度，开发"一键叫车"或通过客服电话预约网约车等方式，便利老年人约车。

（二）出行无障碍设施

2008年，公交系统着力配套建设无障碍设施，年内共改造了2800多辆无障碍公交车。2009年，公交车全部设置了不低于座位总数10%的老幼病残孕专座，并设有专座标志。在80多个场站、280多个站台都设置了无障碍专用候车区。已开通的三条快速公交线路双向均配有"老幼病残孕优先上车"的中英文双语标识，引导老年人群体优先上车。2014年，对更新车辆增设20%的老幼病残孕专座，统一用黄色或红色座椅靠背加以区分，并在专座区域车窗下方张贴明显专座标志，并张贴了为老幼病残孕乘客让座的温馨提示。对2万多部公交车更换了5万张新版的双语站名表，增大了字号、扩大了规格，方便老年人乘客查看。2015年，将老年人优待工作融入工作日常，要求驾驶员驾驶平稳，遇到老年人乘车时，慢关车门缓起步，并要求乘务人员有耐心、不催促、找座位，为老年人乘客提供周到服务。2011年，改造了4400多部无障碍（低地板）公交车，2012年共有5575辆，其中5000多辆装有伸缩板，为乘坐轮椅的老人提供便利。2013年，共有5600辆无障碍公交车，其中5100辆装有伸缩板。2014年，有5700辆一级踏步公交车，其中带导板的无障碍公交车有5200辆。2015年，无障碍车辆有7400辆，占车辆总数的32.8%。2013年，实施了老年人无障碍专用候车区站台改造工程，选取了有条件的公交枢纽站台、部分公交首末站站台、大容量快速公交站台等地方设置了无障碍候车专区，对70多处站台进行护栏改造、地面整修、候车座椅加装。开辟了23处绿色通道,便利老幼病残孕乘客乘车。2014年,在117处自管首末站台开设了32处绿色通道,实现坐立席分开乘车,便利老年人乘车。截至2021年年底,公交集团配备无障碍公交车1.2万辆,城区无障碍公交车配置率达到80%以上,"老幼病残孕"专座数量不低于座椅总数的20%;配置无障碍出租车500余辆;轨道交通开展升降平台和爬楼车专项改造工作,更新并补充了144台轮椅升降平台和57台爬楼车。

2009年,各公园、旅游景区积极改造无障碍设施,方便老年人出行。市属公园建设并改造了236处无障碍设施,在重点游览区域内的卫生间内安装了无障碍设施,建成了154.4公里的无障碍游览线路,基本实现了入园、如厕、游览、购物全程的无障碍便利。市级和区县级旅游景区改造建设了一批为老年人服务的设备设施,其中整修7300米的游览步道,新增6处参观路线老年通道;新建69处1326米无障碍坡道;新增31辆轮椅;新增26个专业车位;新增13处老年人休息大厅和2924个休息桌椅;配套建设20套各类健身器械;增加了57个专用标示牌;设置283处其他无障碍设施。此外,各公园和旅游景区为老年人增加了一系列的便民措施。紫竹院公园、陶然亭公园、北京植物园、玉渊潭公园、天坛、颐和园等公园各自设置了1000—2000米不等的健康大道,以便老年人开展健身活动。2010年,各旅游景区建设基础设施,完成了12028平方米的无障碍坡道,3183米长的扶手,配备了522台轮椅和6部专用电梯、11部升降平台、9部爬楼车,建设了110个旅游咨询站,562个无人值守咨询点。市属11家公园配备了148台轮椅、147个针线包、113个小药箱、18处饮水服务、112种宣传材料、34处游览咨询、73处视频咨询服务,总投资达2193.7万元。2021年,完成全市99个公园、211个点位无障碍设施整治计划,并积极推进旅游公共服务设施改造提升,已实现所有5A级和大部分4A级景区设立适用于年轻人陪伴行动不便老年人使用的家庭卫生间。

(三)人身安全保障

为了落实《北京市"十二五"时期老龄事业发展规划》中"支持商业保险企业开发推广老年人意外伤害保险产品"的要求,发挥商业保险的重要补充性作用,提高老年人群体抵御意外风险的能力,增强养老服务过程中老年人与为老服务单位双方的风险防范能力，北京市民政局、财政局、老龄办共同印发了《北京市老年人意外伤害保险暂行办法》的通知（2012）。政府补贴人群包括北京市户籍60周岁及以上的享受城乡最低生活保障待遇对象、农村五保对象、城镇三无人员、优抚对象，上述群体参保时，政府为每人购买一份保险产品。按照政府引导、市场化运作、企业优惠、老人自愿、社会参与原则推动参保工作，由中标保险公司设计专门性的意外伤害保险产品。保险保障范围包括老年人乘坐公共交通、进入公共服务场所、参加各类公益性活动与会议时发生意外所导致的残疾、身故、烧伤以及产生的医疗费用。同时，政府在与中标保险公司签订合同的基础上，给予中标公司100万元的一次性引导资金，用于宣传推广工作等。

2013年，根据《北京市老年人意外伤害保险暂行办法》，经过公开招标确定中国人寿保险股份有限公司为中标保险公司，与中国人寿保险股份有限公司北京市分公司签订保险协议，为近7万60周岁及以上的城乡低保对象、城镇"三无"人员、失独老年人、农村五保对象，统一购买北京市老年人意外伤害保险。

2014年共承保30.39万人，总保费达658.06万元，其中119万元是市财政统保资金支出，市民自愿购买以及其他形式的保费收入达539.06万元。受理理赔申请共计1583件，支付赔款382.99万元，老年人投诉率为零。2015年，共有44.2万人购买老年人意外伤害保险，保费859.96万元，其中105万元为市财政统保资金支出。共受理理赔案件2528件，累计理赔金额657.88万元。2016年，政府拓展了老年人意外伤害保险服务，在原有的为城市特困、城乡低保、农村五保、优抚老年人购买意外伤害保险的基础上，将保障范畴扩大至北京市无赡养人（或赡养人无赡养能力）的独居老年人，受益人群增至7.5万人。

2017年，统一为享受优抚待遇、经济困难、计划生育困难家庭等特殊困难老年人对象购买了意外伤害保险，保障对象扩大至无人赡养的独居老年人，保险人数达7.5万人。年内，自主参保老人有50.4万人，自付保费864.4万元。受理老年人意外险理赔案件3458件，累计理赔600.8万元，意外医疗费用理赔3464件，赔款金额493.95万元（每件平均赔款1438.4元）；身故、残疾理赔30件，赔款金额106.8万元（每件平均赔款 3.56 万元），提升了特殊困难老年人抵御风险的能力。截至 2021 年年底，困难老人由政府全额补助的全市老年意外险项目保费收入为 922.6 万元，累计承保 20.1 万人次，覆盖率 6.1%；理赔 1308 人次，理赔金额达 219.94 万元。

第三节 居住保障需求治理深度变化

一 住房保障：贫困老年人与奖励性特殊政策老年人双覆盖

（一）贫困老年人的住房救济[①]

1. 城市贫困老年人的住房救济

2001 年，市委、市政府出台了城市廉租住房制度。2004 年，通过实物配租、租金补贴、减免、还贷等措施，2471 户住房困难的城市低收入家庭享受到了廉租住房政策，发放租金补贴 1482 万元。2005 年政府共向 1.4 万余户城市低收入家庭提供廉租住房救助。2006 年政府将救助对象从低保对象覆盖至家庭月人均收入在 580 元以下的家庭。2007 年共有 2.6 万户城市低收入家庭享受到了廉租住房待遇，是 2005 年的近 2 倍。

2008 年北京市出台了《城市廉租住房管理办法》，家庭收入和资产、人均住房面积等满足规定条件的老年人可申请廉租住房，家中有 60 周岁及以上老人的家庭可申请实物配租。2017 年，家中有 60 岁及以上老人的家庭全部获得优先分配的资格，等候时间平均缩短近 1 年。同时，建立了特殊困难家庭租金补贴机制，推行公租房亲情配租政策，并开展了老年人家庭公租房专项配租试点。截至 2017 年年底，全市范围内已经解决了 3 万多户老龄家庭住房困难的问题，其中限价房 16023 户、经济适用房 7669 户、公租房（含廉租房在内）7902 户，对于家庭成员均为 60 周岁及以上的老年人且无子女的家庭可提高一档标准发放租金补贴。2018 年，

---

① 历史统计资料中未对贫困老年人的住房保障进行单独的统计和说明，仅有对城乡特困群体的住房保障措施，基于贫困老年人是城乡特困群体的重要组成部分，因此，此部分用部分政府对城乡特困对象的保障措施作为描述贫困老年人住房保障需求满足情况的参考数据，有助于观察政府对包含贫困老年人在内的特困对象的住房保障措施和责任保障的深度变化。

全市累计解决3.6万多户老龄家庭住房困难，其中限价房16334户、经济适用房8621户、公租房（含廉租房在内）11540户。

对于城镇居民的住房救助，政府主要通过配租公共租赁住房、发放市场租赁住房租金补贴、发放公共租赁住房租金补贴等方式实现。2018年，平谷、怀柔、延庆、密云四区县中对于民政部门认定的分散供养的特困人员、城市最低保障家庭的补贴比例为95%，对于民政部门认定的城市低收入家庭的补贴比例为90%，其余补贴比例则由四区县根据家庭收入分档线自行确定。在对城镇贫困老年人的住房救济中，政府逐年扩大了享受廉租住房保障的范畴，进一步涵盖了更多的保障对象的类别，并在2008年明确了符合条件的老年人的申请权利，同时也逐年提高了对廉租房租赁等的补贴力度。

2. 农村贫困老年人的住房救济

1995年，北京市财政局联合民政局发布了《关于落实我市山区特困户危房修缮工作的通知》，对全市社会救助对象的危房改造工作进行了部署安排。1998年，10个郊区县为农村特困户翻建256户、760间房屋，购置了94户、324间住房，维修212户、760间房屋。2000年，10个郊区县共完成561户、2160间的危房翻建任务，改善了社救对象的居住环境和条件，提高了农村社会保障水平。2003年是2001—2003年农村社救对象危房修缮三年计划实施的第三年，为536户特困户翻修了1703间住房。2004年是2004—2006年农村社救对象危房修缮三年计划的第一年，10个郊区县计划为特困户翻修住房600户、1800间，社会救助对象的危旧房屋翻建仍以农村低保困难户为主。截至9月底，市、区县、乡镇、村共出资838.95万元，为629户特困户翻修住房1964间，提前并超额完成了翻建任务。2005年，政府为608户农村特困户翻建、维修住房1914间。2007年，共为1085户农村困难群众翻建并维修了3421间住房。

2010年，民政局和住建委、财政局、农委发布了《北京市农村住房救助实施办法（试行）》，明确农村住房救助范围从低保家庭扩展到低收入家庭。全年为社会救助对象翻修房屋1407户、5084间，投入资金5524万元，其中翻建1163户、4119间，维修了244户、965间。2011年，为1623户农村社救对象翻建维修住房5994间；2013年，为农村社会救助家庭翻建维修住房1318户、4194间，其中翻建1126户、

3560间，维修192户、634间，支出资金5655.1万元。2014年为1207户农村住房困难的社会救助家庭翻建维修危旧房屋4171间，支出救助资金4616.1万元。

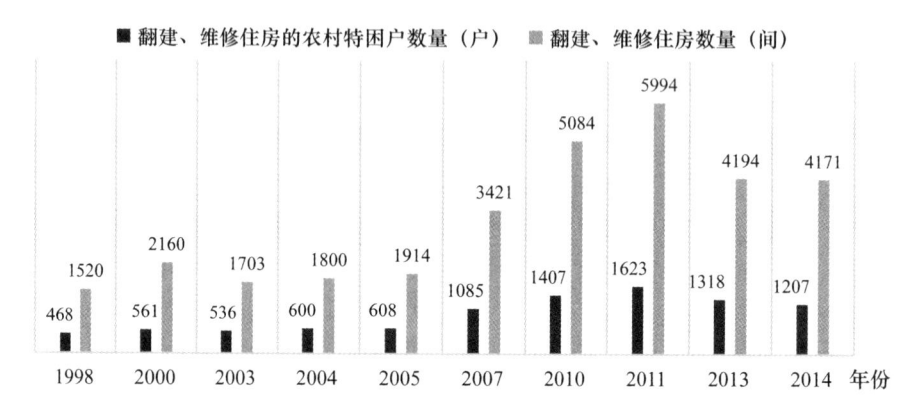

图5-28 历年农村社会救助对象危房翻建维修情况

资料来源：根据历年《北京市民政统计年鉴》《北京民政年鉴》整理。

对于农村居民的住房救助主要通过发放农村危房改造补贴的方式进行，2001年发布了《关于实施农村优抚社救对象危房翻建维修工作第三个三年规划的通知》，提高了建房补助的标准，规定农村社会救助对象每户翻建3间，每间补助4500元，每户维修3间，每间补助3000元。2004年每间翻建补助4500元、每间维修补助3000元。继农村优抚、社救对象危房翻建维修工作实施4个三年规划之后，2007年政府考虑到优抚社救对象建房需求与承受能力、农村建房成本，加大了翻修建房的救助力度，每户翻建3间，每间补助7000元；维修每间补助3000元。从2001年至2007年，政府对翻建危房的补助从每户1.35万元增加至2.1万元，增加了50%左右，对维修危房的补助标准保持不变。

在继续推进农村社会救助对象的危房维修翻建工作的同时，政府开始重视对老年人群体的救济优惠和优先保障。2011年，家庭成员中如果有老年人的农村低保以及低收入家庭住房状况若符合规定要求，则可以申请危房翻建或旧房维修等救助，翻建维修房屋按照每户3间、按平方米标准给予补助。翻建房屋按照每间15平方米、每平方米1000元的标准进行补助，每户补助 4.5 万元；维修房屋则按照每平方米 300 元的标准进行补助，每户补助 1.35 万元。

(二) 优抚孤老的住房保障①

1. 城镇优抚对象

2000 年制定了城镇优抚对象的住房优惠政策，在政府出台的自 2000 年 4 月 1 日起提高共有住房租金政策的同时，民政局和房改办出台了享受国家定期抚恤补助待遇的优抚对象免交新增租金的政策，并全部落实到位。2001 年，为了探索并解决城镇优抚对象住房困难问题的方法，北京市民政局与国土资源和房屋管理局协商之后，在制定《北京市城镇廉租住房管理试行办法实施意见》等政策中，将家庭人均住房使用面积低于 7.5 平方米的城镇优抚对象归为需保障的特殊家庭，允许其申请廉租住房。2002 年是实施优抚对象廉租住房政策的第二年，通过 4 次摇号配租之后，有 27 户优抚对象享受到了政府廉租住房待遇。优抚对象作为对国家有功之臣，大部分对象年事已高，并且考虑到其长期在城区范围内生活的特殊性，2002 年年底，政府决定在广渠门北里投入先期建设资金 1.12 亿元，建设了 3 万平方米的 400 套廉租住房，用于优抚对象的实物配租，专门用于解决优抚对象住房困难问题。截至 2004 年 5 月，经过公开摇号配租，已有 343 户优抚对象获得了广渠门北里廉租房的实物配租资格。同时，政府为小区购置了室外健身器材并给予 5 万元的经费支持，为优抚对象提供室外健身场所。

2. 农村优抚对象

自 1995 年起，政府开始实施对农村优抚社救对象的危房翻建维修工作，2000 年政府完成了 365 户农村优抚对象危房改造工作。2002 年，政府为农村优抚对象翻建维修了 387 户住房，市、区县、乡镇三级财政共投入了 720 万经费。2003 年是农村优抚对象危房翻建工程实施的第九年，4 月民政局协调市财政局划拨了 240 万元危房翻建补助经费给 14 个有建房

---

① 同样，历史统计资料中未对优抚对象中孤老对象的住房保障进行单独的统计和说明，仅有对优抚对象群体的住房保障措施，此部分用政府对优抚对象的保障措施作为描述优抚孤老住房保障需求满足情况的参考数据，有助于观察政府对包含优抚孤老在内的优抚对象的住房保障措施内容和责任保障的深度变化。

任务的区县，年内为优抚对象新建房屋309户、维修99户、购买房屋19户，合计共为427户农村优抚对象解决了住房难题。

2004年，鉴于仍有部分农村优抚对象的住房需要翻建，市民政局协同市财政局制定了北京市第四个农村优抚对象危房翻建规划，计划在2004—2006年，利用三年时间为900户农村优抚对象翻建危房，以老伤残军人、老复员军人等老年群体为主。2004年，市民政局协调市财政局及时将240万元的危房翻建补助经费划拨给10个有建房任务的区县，截至10月底，共为312户优抚对象翻建了住房。2005年，为328户农村优抚对象新建了1372间房屋。2006年，为308户农村优抚对象新建了1204间房屋。从2000年至2006年，受到政府维修翻建保障的农村优抚对象基本保持在300户以上，2003年最高，达到427户，较好地保障了包含农村优抚孤老在内的优抚对象的住房救济需求。

就政府对农村优抚社救对象危房翻建维修的补贴力度来看，2001年政府发布了《关于实施农村优抚社救对象危房翻建维修工作第三个三年规划的通知》，提高了建房补助的标准，规定农村优抚对象每户翻建3间，每间补助从5000元提升至8000元。2004年，每户翻建3间，每间补助8000元，每户补助建房经费2.4万元。2007年，农村优抚对象每年计划翻建300户，每户翻建3间，每间补助1万元，每户补助3万元。7年间，政府对翻建危房的补贴从8000元上调至3万元，增加了近3倍。

(三) 离退休干部的住房福利[①]

以军队离退休干部为例，北京市对离退休干部提供了较好的住房福利。1991年，中央下达北京市第一、第二、第三批军队离休退休干部建房总面积为72.76万平方米，建房经费为39357万元。截至年底，累计建房竣工面积为40.5万平方米，其中专项住房面积31.4万平方米，附属用房面积9.1万平方米，建成4530套住房，累计减免3亿元建房税。1996年，在《关于转发民政部、财政部、总政治部〈关于调整移交政府安置的军队离休退休干部住房租金和住房补贴标准的通知〉》中，对于居住军

---

① 由于数据可获取的难度、统计数据的缺失，对离退休干部住房保障需求的保障深度讨论以军队离退休干部为代表（不涉及对一般单位的普通离退休干部的住房保障讨论），以观察政府对离退休干部住房需求保障的深度变化，以及该群体与其他老年人群体住房保障深度的差异。

队离休退休干部专项住房的军队离休退休干部和退休志愿兵，其提租金额每平方米使用面积从基本月租金的 0.32 元上调至 0.6 元。1998 年，《关于转发民政部、财政部、建设部、总政治部、总后勤部〈关于出售移交政府安置的军队离休退休干部住房的通知〉的通知》对于军队离休退休干部、退休志愿兵可以按照北京市房改办（96）第 002 号文件公布的成本价和标注价购买住房，若按成本价购买现住房，产权归个人所有；若按照标准价购买现住房，则拥有部分产权。

2002 年，在市财政的支持下，下拨危电改造、楼房粉刷等资金 840 万元，进一步改善了军休干部的居住生活条件。同时，加快了军休干部房改工作进度，第四、第五批军休干部成本价售房已经基本完成，同时有 92% 的军建点完成了产权过户的工作，为后续售房工作提供了基础。2004 年规定第五批之后的军队离休退休干部以购买经济适用房为主，由部队协助落实房源。2007 年，落实建房规划 4.6 万平方米，投资 2 亿多元。2009 年，政府将移交北京市安置的军休干部住房纳入政府保障性住房供给范畴，全年争取建设部队房屋 4556.9 平方米，购置地方开发商建房 14641.1 平方米，实际支出金额 24508.6 万元。累计落实用房 13 万平方米，实际支出资金 11 亿元。建设了密云老年公寓，指导区县军休办做好立项、规划、设计、维修改造工作，满足军休干部个性化养老需求。截至年底，市军休办管理房屋共有 11840 套、总建筑面积达 113 万平方米，其中专项住房 10444 套、建筑面积 84 万平方米；服务管理机构用房居室类 1396 套，建筑面积 29 万平方米。

2010 年，完成了第一批军休干部房改所需经费的审核上报工作，上报人数 3634 人，审核通过 3621 人，通过率达 99.6%。涉及经费 4.1 亿元，占全国经费总额的 26%。2011 年，完成了第一批军休干部房改经费 4.1 亿元的兑现工作。上报第二批房改人员 3433 人，审核通过 3425 人，通过率 99.8%，涉及经费 6.2 亿元。2012 年，完成第二批军休干部房改经费的兑现工作，申报第三和第四批房改经费，涉及军休干部 2097 人、经费 4 亿元。截至年底，已完成四批军休干部房改经费的申报工作，涉及军休干部 9143 人，兑现经费 14.3 亿元。2013 年，申报第五批共 1124 名军休干部房改经费约 2.5 亿元，截至年底，共完成 9143 名军休干部 14.3 亿元的房改经费兑现工作。2014 年，申报第六批共 52 名军休干部房改经费 1319 万元。截至年底，累计完成为 10267 名军休干部 16.8 亿元的房改经费兑现工作。

二 托老入住：多种福利型收养单位并存

（一）光荣院收养

作为集中供养孤老优抚对象的优抚事业单位，光荣院是对孤老优抚对象实行特殊社会保障的优抚事业单位，保障孤老优抚对象的合法生活权益，让其安度晚年。光荣院原先取名为烈属养老院，最早的一批建于 1958 年，1978 年全国第七次民政工作会议上正式使用光荣院的称谓。自党的十一届三中全会以来，国家开始推动农村经济体制改革，依据各地孤老优抚对象的经济状况和数量等情况，光荣院出现了集体办光荣院、国家办光荣院、在社会福利院或农村敬老院内设置"光荣间（区）"三种集中供养的方式。1982 年，民政部出台了《光荣院管理工作暂行办法（草案）》，成为光荣院发展史上第一部全国性规章，规范了对光荣院的管理工作，推动其从经验型管理向科学化、规范化方向发展。1991 年民政部开展了"创建文明光荣院"活动，提高服务和管理水平。根据 1982 年的《光荣院管理工作暂行办法（草案）》，光荣院接收退伍红军老战士、烈属、伤残复员军人中的孤老优抚对象。

1981 年，为了使无人照料的孤老烈属、残废军人、复员退伍军人欢度晚年，北京市兴建的第一所光荣院在平谷县落成，建筑面积达 1800 平方米，随后延庆、房山、门头沟 3 个区县各自建立了一所光荣院，平谷县光荣院已收养孤老烈属、残废军人、老复员军人 50 人。1983 年，根据中共中央（78）66 号文件和第七次全国民政会议关于要积极办好光荣院使无人照料的孤老烈属、老复员军人、退伍红军老战士安度晚年，北京市民政局从福利生产利润中拨出 100 万元，在平谷、门头沟、房山、延庆等 4 个山老区县试办光荣院，共收养 204 个老人，其中孤老烈属 8 人、孤老残废军人和复员军人 196 人。1986 年，市民政局发布了《关于贯彻光荣院管理工作暂行办法的通知》，规范了光荣院管理。为了使得孤老伤残军人、孤老烈属、孤老复员军人等优抚对象安度晚年，1980—1991 年，北京市分别在门头沟、房山、延庆、平谷、昌平、怀柔、顺义、通县、密云、大兴 10 个区县建设了 10 所占地面积 260 亩、建筑面积达 28664 平

第五章 维度二：政府养老责任中治理深度的变迁路线 / 193

方米、床位600张、收养560名老人的光荣院，市县两级财政先后共投入2000万建设资金。1991年，市民政局再次投入10万元、延庆县投入12万元，建设了600平方米的老人康复楼，解决延庆光荣院老人的康复问题。市民政局拨款14万元、县级投入10万元，扩建大兴光荣院，同时县级减免了建筑、设计等20万元税费，扩建面积达1100平方米，增收40名老人。1992年，为解决门头沟光荣院的危房问题，保证入住老人的安全，市区两级再次投资120万元，对其进行彻底改建，改善老人生活条件以及院容院貌。

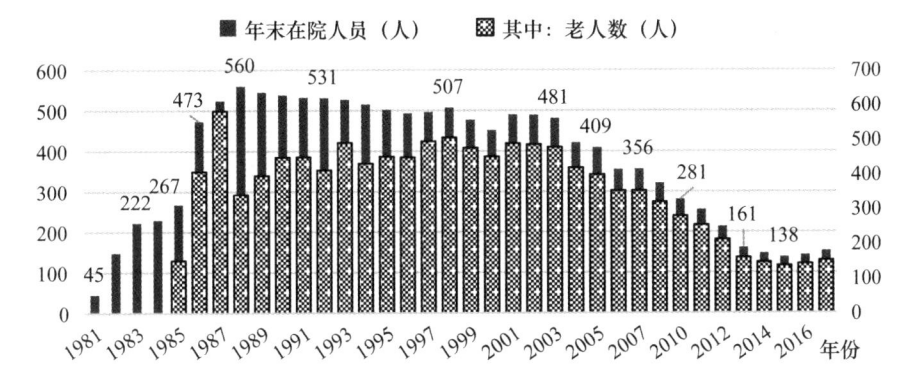

图 5 - 29 北京市光荣院历年年末在院人数及收养老人数情况
资料来源：根据历年《北京市民政统计年鉴》《北京民政年鉴》整理。

自1981年至2018年，光荣院收养人员经历了迅速增长、维持较高水平、逐年下降的三个趋势。1981年，光荣院处于兴建阶段，仅收养了45人，随后逐年上涨，到了1986年已经翻了10倍，收养了473人。之后至2003年，基本保持在500人左右的收养规模，但在2004年之后收养人数逐年下降，2006年跌破400人，仅收养了355人，2015年仅收养了138人。从光荣院收养的老年人数量来看，老年人一直是光荣院收养的最主要的群体，在1986年至2004年，光荣院收养的老年人数基本维持在400—500人的规模，其中1987年最多，达到582人。2005年开始，随着光荣院整体的收住规模的下降，其收养的老人数也开始呈现下降趋势，2010年跌破300人，仅有279人，2013—2018年，收养老人的规模维持在140人左右。光荣院在进入21世纪初期之后收住规模的缩减，与社会养老服务机构的大规模发展有着密切联系，后者的多元化、多层次发展，加之社会经济水平的提高，使得老年人有更多选择养老机构的机会，因此，入住光荣院的老年人数逐年下降。

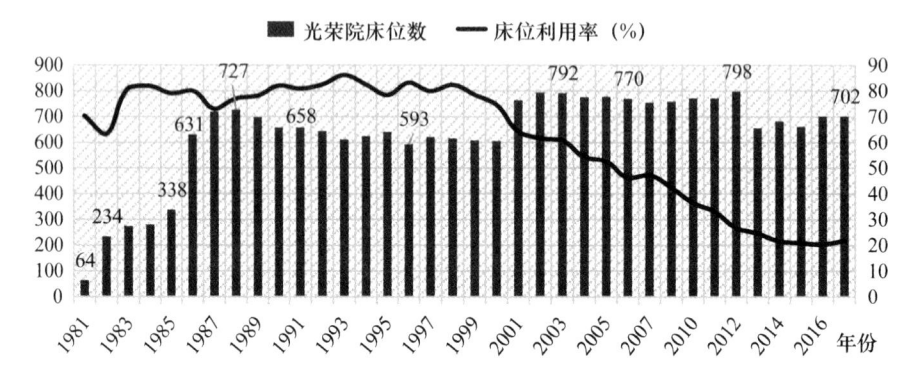

图 5-30　北京市光荣院历年床位数及其床位利用率变化

资料来源：根据历年《北京市民政统计年鉴》《北京民政年鉴》整理。

从光荣院历年床位数及其床位利用率的变化来看，其床位数整体呈现增长趋势，从1981年的64张床位增至1986年的631张，翻了10倍左右。随后至2000年，床位数量保持在600多张的规模，进入21世纪之后，床位规模扩大至近800张，并持续到2012年。2013—2018年床位数量稍有下降，保持在700张左右的规模。从光荣院的床位建设和规模看，能够较大程度地满足收养老人的需求，但从床位利用率的标准看，光荣院的床位利用率在保持一段时间的高水平之后进入了大幅度的下降趋势。自1981年至2000年，光荣院的床位利用率基本保持在70%至80%的水平，利用率相对较高且极为稳定。但进入21世纪之后，光荣院床位率继续下降，2004年仅为54.3%，2012年更是跌破30%，仅达到26.7%，之后基本维持在20%左右的水平。光荣院床位利用率的下降与后期收养老人数量的缩减密切相关，如何提高床位利用率、搞活光荣院收养资源以更好地保障老年人收养入住需求，是政府未来不得不思考的重点问题。

除了保障重点优抚孤老收住至光荣院，政府在20世纪90年代也注重对住院老人生活标准的保障和改善。1993年，为了提高光荣院老人生活水准，政府发布了《关于提高光荣院老人统筹款和工作人员岗位津贴补助标准的通知》，规定由乡村负担的老年人生活统筹款调整为每位老年人年均不低于500元的标准。在《关于光荣院实施最低生活保障制度有关问题的通知》（1993）文件中，将光荣院供养的孤老优抚对象划入民政保障范畴，保障其享受每月170元最低生活保障金。其中，100元纳入老年人伙食补贴，20元纳入老年人零用钱汇总，其余部分由光荣院自行支配。1994年出台的《北京市民政局关于提高光荣院老人个人零用钱标准的通知》规定，考虑物价调整与人民群众生活水平的提高，从1994年8月1日起，在原有基础上每人每月增加10元。1995年，提高了光荣院入院老人的零花钱补助标准，在原有基础上继续提高了10元，提高了光荣院老人的生活水平。

从光荣院每名收养老人的年平均开支金额来看，1982年，每位老年人的平均开支仅为710元，1983年突破1000元的水平，随后在曲折中大幅上涨。1991年首次超过了1万元，达到1.27万元。之后虽有轻微下降，但整体开支水平较高。进入21世纪之后，光荣院收养老年人的人均年开支达到了2.6万元左右，2003年增至4.3万元，并稳定保持到2008年，达到5.8万元，2011年则达到新的高峰，人均每年开支金额达到9.35万元。整体而言，从1982年至2011年，光荣院收住老人每年的人均开支金额增长130倍左右，增幅和增速均较高。虽然人均年开支金额并不能直接等同于老年人的生活水平，但其作为政府投入的保障资金在每位老年人身上体现的保障深度，可以在一定程度上说明政府光荣院老人的生活水平保障深度越来越深。

随着社会福利社会化的开展，收治供养重点优抚对象的光荣院在满足当地收养对象入院需求的前提下，通过开放、改革等方式改变以往封闭式办院的状态，面向社会开放，利用空余床位开展自费代养的工作，接受社会老人。2013年出台了《北京市光荣院管理办法》，进一步放宽了优抚对象的入园条件，对于老年、残疾、未满16周岁的烈士遗属、病故军人遗属、因公牺牲军人遗属，进入老年的残疾军人、退伍军人、复员军人，因法定抚养人、扶养人、赡养人缺乏赡养能力且享受国家定期抚恤补助待遇的，可享受到光荣院集中供养待遇。同时，部分有条件的光荣院可以开展有偿服务，在满足集中供养优抚对象的需求之外，若仍有剩余床位，可优先向不符合集中供养规定、但享受国家定期抚恤补助的优抚对象及其直系亲属提供有偿入院服务。2014年,《市民政局市财政局关于加快推进光荣院社会化建设的通知》特别提出了扩大收养服务范围的规定,在确保满足优抚对象入院需求的基础之上,根据各个光荣院的设施设备和接收能力,逐步向社会开放。

(二)乡镇敬老院收养

乡镇敬老院[①]是民政事业单位性质,也是农村五保供养工作的关键核心。民政事业单位是城乡社会保障服务体系的重要依托和基本载体,是政府民政部门落实责任、服务公众的重要阵地。随着改革开放的推进,农村敬老院的发展基本呈现了两个转变,一是在80年代随着北京市农村乡镇均建立起敬老院的步伐,实现了从农村五保从分散供养向集中供养和分散供养兼具的转变;二是随着90年代农村敬老院逐步向社会开放,逐渐接收社会老人,完成了敬老院从单纯供养到面向全社会提供供养服务的转变。1997年,政府提出要在现有219个五保服务中心的基础上,主动适应社会发展需求,建立起以敬老院为依托的社会保障服务中心,完善敬老院的服务功能和服务项目,突破工作局限,服务于整个农村社区,从而提高社会效益,发挥敬老院的辐射作用,发展收养、服务、科研、治疗、娱乐、学习等综合性多功能,[②] 以此促进乡镇敬老院逐渐成为农村社会化福利服务和社会保障中心。

1980年新建53个敬老院,入院老人达500多人,这是此阶段以来敬老院发展最快的一年。截至1981年9月底,北京市15个郊区县的269个农村公社,已有141个公社建立了敬老院,占比52.4%,比1979年增加了79所,增加了1.25倍。已经收养老人的有116所,收养了1366位老人,占全市五保户5856人的23.3%。其中,海淀区收养较多,占五保户人数的62%。海淀、朝阳、丰台、平谷、通县、燕山等6个区县,除了5个公社尚未建院,已经有20个公社建立了敬老院,基本达到了一社一院。大兴、顺义、昌平三个县的社办敬老院已经达到公社总数的60%。

---

① 自中华人民共和国成立以来,城乡分别形成了农村敬老院和城镇社会福利院两种具备社会福利性质的养老机构,解决特殊老年人的养老问题,其中,城镇社会福利院主要集中收养安置城市"三无"老人,而农村敬老院主要是收养农村五保对象,两类机构体现了救济、福利和补缺的特征与功能。

② 参见《楚国清副局长在全市农村五保供养工作会议上的讲话》,1997年10月8日。

原有的62所社办敬老院大部分进行了扩建、房屋维修等，提高收养能力。此外，还有大队办的敬老院28所，收养了100多位老人。根据1980年《北京市农村敬老院工作会议纪要》发现，大部分敬老院收养的老人数量比较少，敬老院收养能力尚未发挥出来，现有的社办敬老院的收养能力可达2500人，当时仅收养了1366人。至1997年，北京市五保供养工作获得了较快发展，已建成一批设施设备较为健全、规模较大、服务较为规范的敬老院，并评选出了海淀区四季青乡等一批市、区县级、国家级先进敬老院。同时，敬老院院办经济逐步增强实力，并向社会开放，有效发挥了敬老院的辐射作用，并促进了敬老院经济效益和社会效益的双重提高。

图 5-31　历年乡镇敬老院规模及其收养孤老人数情况

资料来源：根据历年《北京市民政统计年鉴》《北京民政年鉴》整理。

从乡镇敬老院的发展规模及其收养的孤老人数来看，自1978年至20世纪末，乡镇敬老院的数量得到了较大发展，从1978年的83所发展至1982年的171所，翻了2倍。1984年则是突破了200所，达到254所，1988年开始稳定在300所左右的规模水平，其收住的孤老人数也获得了飞跃式的增长。1978年乡镇敬老院仅收住了965位孤老，1982年收养孤老人数翻了一倍。1986年则突破了3000人的收养规模，并在至1990年期间维持在较为稳定的水平。到了1991年，收养孤老的规模进一步增至4000人左右并保持持续增长，1995年共收养了4869位孤老。乡镇敬老院作为收养五保老年人的重要场所，有效地解决了对五保老人的收养托老需求。

除了收养孤老规模的实质性上涨，在院老年人的生活标准也在逐年提高。自1980年至1981年，农村社办敬老院在数量、管理水平上都有了明显提高，老年人的伙食费每人每月为10—15元左右（不含自产的菜、蛋、肉等），零用钱每月为2—4元。1991年敬老院以五保供养统筹费为基础，院办经济收入作为补充，全市农村乡镇敬老院暖气化率达83.9%，健身康复室普及率达到44%，彩色电视机拥有率达到82%，冰箱拥有率达到77%，洗衣机拥有率达到99%，在院五保对象年人均生活费达到1249元，比上年增长了16%，月人均伙食费66元，比上年增长20%。1992年，各敬老院月人均生活费达120元，乡镇敬老院使用暖气率达83.9%。1993年，在院集中供养的4218名五保对象月人均伙食费为76.8元，比上年提高10元。

除了收养五保分散供养的老年人之外，乡镇敬老院在实现社会化开放过程中，逐步扩大收养范围，为更多有需求的老年人提供托老入住的保障。1984年，海淀、朝阳、石景山、丰台区相继将9所敬老院改建成了城乡结合、工农结合的敬老院（幸福院）①，这些敬老院不仅收养该乡的五保户老人入院，也吸收了城市社会孤老和退休职工孤老入院，缓和了城区孤老居民要求集体供养、入市属养老院难的矛盾，为多层次举办养老设施开辟了新的道路。1992年，全市已有48所农村敬老院面向社会开放，收养社会老人500多人。1993年，向社会开放的敬老院已由1992年的48所上升到80所，占全市乡镇敬老院总数的30.7%，接收自费老人达928人。1994年，乡镇敬老院向社会开放接收自费入院老人1140人。1997年，全年向社会开放的敬老院达90所，接收自费入院老人2136位。1998年，90所乡镇敬老院向社会开放，接收自费入院老人2364名，在社会化养老服务中发挥了一定作用。1999年，政府继续推动敬老院改革步伐。乡镇敬老院进一步扩大对社会开放，全市乡镇敬老院已接受自

---

① 其中包括：石景山区1所（石景山幸福院）、朝阳区3所（东风乡敬老院、十八里店乡敬老院、南磨房乡敬老院）、海淀区2所（玉渊潭乡敬老院、永丰乡敬老院）、丰台区3所（南苑乡敬老院、王佐乡敬老院、长辛店敬老院）。

费入院老人2000多人。

（三）社会福利收养机构

从收养老年人的各类城乡社会福利事业单位[①]的收养情况来看，老年人的托老入住得到了较大保障。自1981年起至2018年，各类收养类福利单位年末在院收养人数从817人增至2832人，翻了3倍。在1997年之后收养人数稍有下降，但整体呈现的是上涨趋势。从被收养的老年人人数来看，自1981年至1989年，收养的老年人数保持在400多人的规模。1990年之后收养规模增至600人左右，1997年之后收养的老年人增至945人，并在此水平上保持到2001年，2002年之后突破1000人的规模，达到1182人。此后在波折中上升，2012年达到2168人，2013—2018年维持在2000人的收养水平。2020年，收养2279人。从各类福利收养单位收养老年人的绝对数量来看，被收养的老人数量显示了较大幅度的增长，36年平均年增长率超过8%。

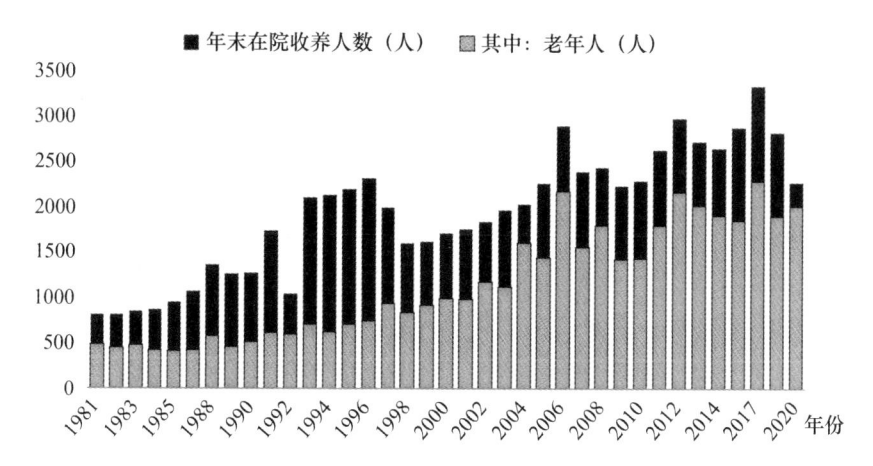

图 5-32　北京市历年各类社会福利事业单位收养老年人数的情况
资料来源：根据历年《北京市民政统计年鉴》《北京民政年鉴》整理。

从收养老年人占所有收养对象的比例来看，老年人收养入住的占比

[①] 各类城乡社会福利事业单位包含了所有收养对象包括老年人在内、提供住宿的社会服务福利单位，包括社会福利院、各类养老服务机构、精神病类服务机构等，不包含光荣院在内（光荣院收养老年人情况上文已单独进行讨论）。

经历了先降后升的趋势。自1981年的占比从60%逐年下降至1991年的35.2%，虽然在1992年增至57.1%，但之后仍保持在30%左右的比例。1997年开始，收住老年人的占比持续增加，到了2002年增至64%。2004年则增至79%左右，2006—2014年期间老年人收养入住的占比基本维持在70%左右，2015—2018年之间稍有下降，降至68%左右。整体而言，老年人收养入住进各类福利机构的比例在20世纪八九十年代持续走低，但进入21世纪之后，老年人的收养比例恢复了增长幅度，并维持在60%—70%的收养比例规模，在很大程度上解决了老年人托老入住的需求溢出问题，同时也说明在各类收养福利机构中，对老年人的重视程度较高、对其资源保障倾斜较大，是政府养老责任深度的重要体现。

在各类社会福利收养机构中，老年人福利机构的收养情况更能体现出对老年人收养入住的直接性保障深度和水平。1998—2018年，北京市老年人福利机构总数从279个增至533个，翻了近1倍，整体呈增长趋势。其中，城市老年福利机构的规模数量在曲折变化中增长，从2002年的130个增至2018年的225个，在2006年、2013年有下降回落的变化特征；农村老年福利机构的数量从158个增至270个，基本保持着较为稳定的增长态势。就城市和农村的老年福利机构数量差距来看，农村老年福利机构数量基本高于城市老年福利机构，前者在2010年便突破了200个，达到211个，并在2014年达到270个以上，而后者从2010年起便一直保持在170个左右，直至2017年才超过200个，达到225个的数量规模。

从城乡老年福利机构收养的老年人占比情况看，2002—2017年均保持在90%的比例之上，同时，城市养老机构入住老年人占年末在院人数的比例历年都要高于农村养老机构入住老人占比。其中，城市养老机构老年人入住占比从2002年的93.6%增至2009年的97.3%，随后稳定在95%。农村养老机构老年人入住占比基本保持在93%，在2017年增至最高峰，达到96.3%。从城乡养老机构收养老年人占比变化上看，其收养老人的水平与效果较好。从城乡养老机构年末收养的老年人规模来看，城市养老机构的收养老人数从2002年的4485人左右增至2017年的17444人，增加了3倍；农村养老机构收养的老年人从6000多人增至近2万人，增加了2倍，说明了对老年人托养入住保障的水平和程度。2020年，养老机构年末共收养44374位老人，占比接近95%。

图5-33　北京市历年城乡老年福利机构数量变化

资料来源：根据历年《北京市民政统计年鉴》《北京民政年鉴》整理。

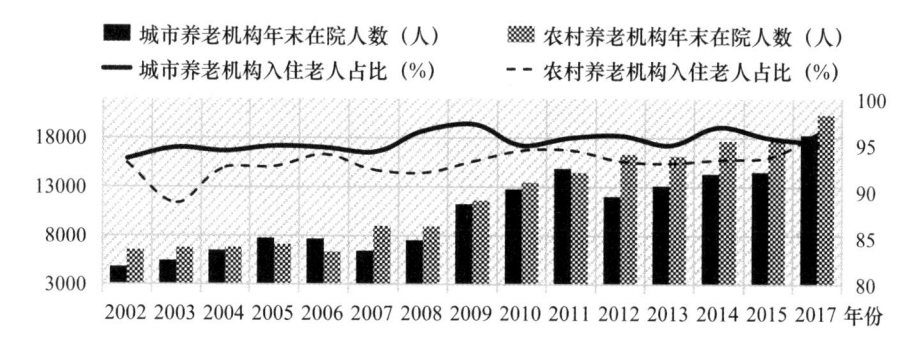

图5-34　北京市历年城乡养老机构收养老年人比例情况

资料来源：根据历年《北京市民政统计年鉴》《北京民政年鉴》整理。

三　环境宜居：适老化改造提高便利性

老年人的宜居环境主要指老年人居住与生活的空间、设施等硬环境，关系到老年人的生命质量和生活权益，最新的《老年人权益保障法》将提高老年宜居环境质量提升至立法层面。坚持以老年人为本的原则，北京市政府在城乡规划与建设的各环节中，依据老年人的生理特征和心理特点，建设适宜老年人需求的社会软硬件生活环境，促使老年人群体和其他年龄群体共融发展。《北京市"十三五"时期民政事业发展规划》提出了建设宜居环境，要求为老人提供无障碍设施改造，优先保障对象包括有着高龄、贫困、独居、病残、失能等特殊情况的老人家庭，具体措施包括为老旧小区加装电梯，并鼓励社会主体参与。11月24日，市民政局、老龄办、残联、财政局、发展改革委、规划委、人力社保局、卫生局、社会办、住房城乡建设委等13家单位联合下发《关于贯彻落实〈北京市市民居家养老（助残）服务（"九养"）办法〉的意见》，其中提出要为老年人配备养老（助残）无障碍服务车、实施家庭无障碍设施改造。

北京市主要通过改善社区养老设施配套建设，推进老旧社区加装电梯的工作，推动设施无障碍改造与建设，同时，通过背街小巷环境改造、小区综合治理等，营造适宜老年人居住生活的家庭环境、社区环境、城乡环境。同时，政府将无障碍环境建设工作纳入北京市宜居城市建设的重要构成部分中，通过对老年人和残疾人家庭无障碍改造和周边无障碍设施进行有效衔接，提高老年人与残疾人出行的可达性、连续性、便利性。2010年，政府为全市322个街（乡镇）全部配备了养老（助残）服务车，共改造了1.7万户家庭的无障碍设施，全面覆盖了80岁以上的老年残疾人，截至2017年年底，完成经济困难老年人家庭适老化改造4682户。2018年完成为经济困难老年人家庭免费适老化改造7402户。

2017年，北京制定了《老旧小区综合整治工作方案（2017—2020）》，选取10个小区作为试点，开展老旧小区综合整治工作，内容包括增设电梯、建设养老服务设施、完善无障碍设施等一系列适老化改造工作，在10个试点项目中，有76栋楼，建筑面积达43平方米，涉及5600多户居民。2018年3月，政府出台了老旧小区综合整治的方案，并出台了4份相关配套文件，新一轮老旧小区的综合整治从任务制调整为申报制，即按照小区实际情况和居民意愿来确定整治项目。年内北京市在全市范围内确定了100个老旧小区综合整治项目，涉及1165栋住宅楼，638万平方米，7.62万户居民，整治的内容包括增设电梯、建设养老服务设施、完善无障碍设施等适老化改造工作。"十三五"时期，全市累计完工132个项目，涉及155个小区。

2017年，北京市重点推进对既有多层住宅增设电梯的工作，市级财政按照加装电梯购置与安装费用的40%，且最高不超过每台24万元进行补贴。截至2017年年底，北京市增设电梯项目共有447部开工，其中有186部完成安装并投入了使用。2018年，既有住宅加装电梯的工作被列入北京市重要民生实事项目，同时，制定了《2018年老楼加装电梯实施方案》，将任务落实到各小区、各楼栋。该年共有990部开工，其中完成加装的有378部，投入使用之后将实质上解决老年人上下楼不便的问题。截至2020年年底，全市老旧住宅楼累计加装电梯1843部。2018年，海淀区还开展了社区老年宜居环境系统规划建设的试点探索，尝试建成以居家养老为基础、以社区照料为依托、以智慧手段作为辅助、医养结合全部覆盖的社区养老服务模式，在区内建成各具特点的老年宜居社区。

2014年，政府为符合条件的老年人试点安装2500个烟感报警器，2015年、2016年分别安装了5000个，2017年安装了1.4万个独立式烟感报警器。2018年，政府推进了为老年人居住和活动场所安装独立式烟感火灾报警装置任务，并将其纳入为民办实事项目中。2018年完成了安装75.7万个独立报警装置，超额完成年度目标任务。北京市老龄工作委员会、北京市防火安全委员会共同印发了《关于加强老年人场所火灾防范工作的通知》，引导各区优先为失能、独居、高龄、行动不便的老年人家庭安装应用，同时倡导选择联网型产品，同步向管理人员和监护人等发送短信等报警提示信息，提高独立报警装置等实效性和针对性，提升居家养老火灾防范的能力。2021年，进一步推进家庭适老化改造工作，截至年底，全市累计完成经济困难老年人家庭入户评估2.8万户，实际改造2.7万户。

在保障老年人的环境宜居和安全上，政府通过对老年人家庭进行无障碍适老化改造、为楼增设电梯、提高老年人居家养老火灾防范能力三大举措，为老年人提供宜居、安全、便利的人性化居住环境，在一定程度有助于解决老年人居住保障需求的进一步溢出，体现了政府在此方面的保障深度。

四 紧急救援：应急服务保障人身安全

1997年，政府完成了为散居孤老、体弱多病、身边无子女照料的老年人安装应急服务铃的试点工作，为 2500 位老人安装了救助门铃，在西城区厂桥社区服务中心召开 10 个城区老龄办事机构负责人参加的现场会，推广西城区和厂桥街道办事处安装应急服务铃的经验。1998 年，为城市近郊区 2602 户散居孤寡老人与体弱多病身边无子女照顾的老年人安装应急服务铃，超出年初计划数 602 个。1999 年，为 1723 户城镇孤寡和体弱多病、身边无子女老人安装了救助门铃。2000 年共为 1380 位孤寡老人和身边无子女照料的老人安装应急服务铃，"十五"期间共为 4000 户孤寡老人安装了救助门铃。2002 年安装了 2526 个应急服务铃，2003 年制定并下发了《关于做好帮扶空巢家庭老人工作的意见》，为空巢家庭特困老人安装救助门铃 5550 个，2004 年安装了 3934 个。

2005 年，市民政局联合北京 120 急救中心合作，升级了传统应急服务门铃，为城八区有特殊困难的空巢家庭老年人安装紧急医疗救援呼叫器（简称"一按灵"），健全空巢家庭老年人紧急医疗救援网络。并制定了优待政策，免除特殊困难老年人每年 160 元/户的服务费用。2006 年，在城区安装了 2000 多个"一按灵"，在 10 个远郊区县安装 2004 个应急服务铃。2010 年为城八区符合条件的空巢老年人安装了 5002 个紧急医疗救援呼叫器（一按灵），其后，每年安装数量稳定在 5000 个左右。

2016 年，政府还为 10000 名有需求的失智老年人配备防走失手环。2017 年，政府为失智老年人配发了 1.7 个防走失手环。在已配发的防走失手环中，老年人子女或监护人通过实时定位功能查看老人实时位置次数达 560 万次；使用紧急呼叫功能在紧急情况向紧急联系人呼叫通话 54 万次；通过运动轨迹功能查看老人活动范围 10.4 万次；通过安全区域提供功能为家属提供提醒服务 8.4 万次，从而为失智老年人家庭提供服务支持。

第四节　医疗保健需求的治理深度变化

与其他年龄阶段的人群相比，老年人的医疗费用明显要高出很多，许多研究表明老年人的人均卫生费用要高于非老年人群。例如 Anderson 和 Hussey 的研究表明，在 20 世纪 90 年代，65 岁以上老年对象的人均卫生费用是 65 岁以下对象人均卫生费用的 2.7—4.8 倍。① 而不同年龄阶段的老年人的卫生费用也存在差异，Fuchs 判断 85 岁及以上的高龄老年人的卫生费用是 65—74 岁老年人的 3 倍，是 75—84 岁老年人的 2 倍。② 对老年人的医疗保障有利于减轻老年人的生活负担与养老风险，政府从医疗保健需求角度出发，减少老年人因医疗健康等需求溢出而导致到养老公共事务负担的增加。

根据四次城乡老年人口状况抽样调查数据，自 2000 年至 2015 年，北京市老年人的医疗保障覆盖率一直处于不断上升的状态，2015 年的医疗保障覆盖率比 2000 年上升了 21.93%，上涨了近 1.3 倍，2015 年北京市基本实现了老年人医疗保障的全覆盖，有 99.52% 的老年人至少享受到一项医疗保障服务。就城乡差距来看，2006 年城市老年人医疗保障覆盖率达 94.5%，比 2000 年稍有下降，同期农村老年人的医疗保障覆盖率比 2000 年上升了 59%，达到了 92.56%，上升速度极快，2006 年城市老年人的医疗保障覆盖率仍旧高出农村老年人 1.96 个百分点。到 2010 年，城市老年人医疗保障覆盖率上升了 4.19%，农村老年人覆盖率上升了 5.31%，整体上城市老年人和农村老年人医疗保障覆盖率之间的差距缩小至 0.84%。2015 年医疗保障覆盖率上升幅度较小，城市老年人覆盖率上涨了 1.02%，农村老年人上涨了 1.87%，但城市老年人和农村老年人的医疗保障覆盖率大致持平。

一　医疗保险：城乡分化走向城乡一体

（一）城镇职工基本医疗保险制度

2000 年，政府制定了建立个人账户和社会统筹相结合的城镇职工基本医疗保险制度的实施方案，出台了《北京市基本医疗保险规定》，并在海淀、宣武、西城 3 个区的 7 万名职工中实行了试点探索。2001 年 4 月 1 日，北京市启动了医疗保险制度的改革工作，建立了大额医疗互助制度，

---

① G. F. Anderson, P. S. Hussey, "Population aging: a comparison among industrialized countries", *The Aging Male*, Vol. 3, July 2000, pp. 191–203.

② Fuchs V R. "Provide: the Economics of Aging", in Andrew Rettenmaier and Thomas R. Saving, eds. Medicare Reform: Issues and Answers, Chicago, IL: University of Chicago Press, 1999, pp. 15–36.

原有的大病统筹范围内的企业和职工基本实现了新老制度的转换。2001年发布《北京市基本医疗保险规定》根据医院级别、医疗费用、在职职工、老年人的区别实行不同报销比例，对于退休人员而言，个人支付比例为职工支付比例的60%。

2002年，政府完善了医疗保险政策，从而减轻了参保人员的医疗费负担，同时，加强对971家定点医疗机构的监管，发布及时有效的医疗保险费用相关信息，在一定程度上控制了医疗费的支出，政府还建立了医疗保险托底机制，减轻了特困人员的医疗负担。2003年，北京市调整了退休人员门诊大额互助报销相关政策，降低了起付标准，提高了报销比例。2006年城镇退休人员个人负担的住院治疗费用是在职人员的60%，其门诊报销起付线为1300元，对于超出的部分，70岁之下的人员报销比例为60%，70岁之上的可报比例为70%。

2010年，各级人力资源和社会保障部门继续落实中央深化医药卫生体制改革的要求，扩大了医疗保险的覆盖面，进一步提高医疗保险待遇。该年，政府解决了困难企业职工和关闭破产企业退休人员的医疗保障问题，指导区县将各类关闭破产的国有企业退休人员纳入职工医保范畴，解决其他关闭破产企业退休人员和困难企业职工的医疗保障问题。

随着流动人口和就业人口的不断增加，医疗保险参保人数也在持续上涨。2001年参保人数仅有210.2万人，2013年则增至1354.8万人，其间，2002年、2006年、2007年、2011年等年增长量均超过100万人，而2002年的参保人数增量最高，达143.6万人，这与2001年施行的《北京市基本医疗保险规定》有较大关系。就城镇职工医疗保险参保率而言，2010年达到95.7%，2011年、2012年、2013年分别上涨至96.6%、97%、97.4%。同时，享受城镇职工医疗保险的退休人员也在不断增多，2008年退休人数仅182.44万人，2010年达到210万人，2011年突破230万人，2012年超240万人，2013年则达到249.76万人。截至2021年年底，全市参加职工基本医疗保险人员达1486.0万人，比上年增加35.3万人，增长2.4%。其中退休人员共320.5万人，比上年增加7.6万人，增长2.4%。

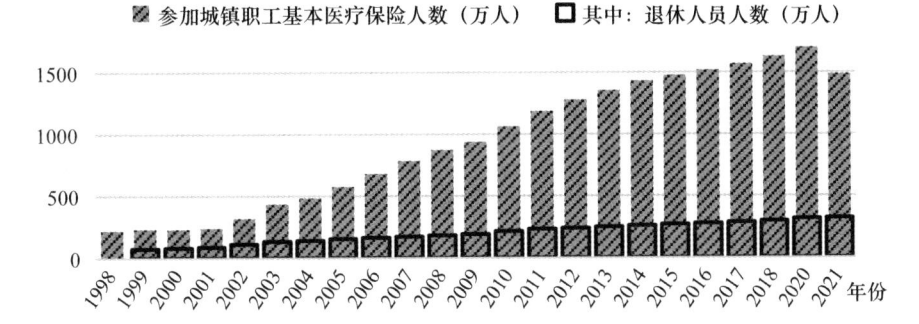

图 5-35 北京市历年参加城镇职工基本医疗保险人数及退休人员规模

资料来源：根据历年《北京统计年鉴》整理。

2001年，为了减轻老年慢性病患者和危重病患者的医疗费用负担，以及保障医疗保险制度改革工作的顺利展开，从10月起，政府加快了企业补充医疗保险的建设步伐。截至2001年年底，企业补充医疗保险覆盖了147.6万人，覆盖面扩大至68.1%。2002年，北京市继续扩大了基本医疗保险的覆盖面，落实企业补充医疗保险，企业补充医疗保险至年底已覆盖314万人，占企业参保人员的94.6%。2006年北京建立了统一的企业退休人员补充医疗保险，在报销范畴内、由个体承担的费用报销比例达到50%，对于住院费用个体仅需支付5%以下的费用，对于门诊费用个体仅需支付10%—15%的部分。年内共为137万人次报销了3.8亿元的医疗费，选择社会化报销医疗费的企业退休人员达100万人，占居住在北京市的退休人员总数的65%。

(二) 城镇居民医疗保险制度

2007年，国家开始了城镇居民基本医疗保险试点的工作，城镇居民医疗保险是为了没有工作的居民和未参加城镇职工医疗保险的城镇未成年人而设置的医疗保险制度。城镇居民"一老一小"大病医疗保险制度改革在全国范围内启动，北京市率先在全国范围内启动城镇居民"一老一小"大病医疗保险制度改革，印发了《关于实施北京市城镇无医疗保障老年人大病医疗保险制度的具体办法》，该制度针对"一老一小"的群体特征，通过政府补贴和政策引导，向困难群体实现一定程度的倾斜保障。该政策规定无医疗保障的老年人可以享受到政府财政提供的每年每人1100元参保费用作为参保补贴，区县财政负责符合条件的城市低保对象参保的个人缴费部分。这一制度的展开与落实，标志着北京市基本建立起了以城镇职工、城镇居民基本医疗保险以及新农合作为主要内容，同时以城乡医疗救助作为补充，覆盖到城乡全体居民的医疗保障制度体系和框架。

图5-36 北京市历年城镇居民基本医疗保险参保人数及老年人参保情况

资料来源：根据历年《北京统计年鉴》整理。

2007年有17.04万无医疗保障的老年人参加了城镇居民医疗保险，共有8978人次的老年人产生了医疗费用，为城镇无医疗保障老年人共支出大病医疗费用4148万元。2008年，政府进一步解决了"一老"门诊医疗费用的报销问题，在保证不增加个人缴费负担的前提下，逐步解决老年人普通门诊的医疗费用负担，报销起付标准为200元，达到200元之上的可报销的比例为50%，年内支付的上限为500元。2009年，对享受"一老一小"大病医疗保险的城镇老年人每人每年提供1500元的补助，全年共补助了门诊、住院等医疗费用2.7亿元。2008年参保老人数达到18.64万人，经过2009年的增加之后，2010年降至18万人，2011年达到顶峰，有19万人之多，后续虽然参保老年人数有所减少，但基本保持在18万人的水平之上。2017年，参保的城镇老年人达到19.9万人，占比接近10%，但在2018年参保老人数获得飞跃式的进步，增至110.5万人，占比飙升至28.3%，是无保障城镇老年人参保基本医疗保险取得巨大成效的一年。

2010年,人力资源和社会保障部联合财政部等印发了《关于做好2010年城镇居民基本医疗保险工作的通知》,提出了继续扩大覆盖面、完善参保政策的要求。中央提出了"有效整合基本医疗保险经办资源,逐步实现城乡基本医疗保障制度和管理统一"的要求,部分地区逐步开展了统筹城乡医疗保障制度的探索与实践。通过理顺管理体制,实现信息标准统一化,整合经办资源,统一城乡医疗保障制度体系,进一步提高了农村居民医疗保障待遇,在一定程度上能够避免重复参保,减少不必要的重复投入,提高了服务水平和管理效率,也便利了参保人群。2010年,北京市发布了《北京市人民政府关于印发北京市城镇居民基本医疗保险办法的通知》以及《北京市城镇居民基本医疗保险办法实施细则》,于2010年开始实施城镇居民医疗保险制度。同年,北京市整合了无业居民大病医疗保险制度和"一老一小"医疗保险制度,覆盖了更多保障对象,为城乡居民医疗保障体系的构建创造了条件。

根据城镇居民基本医疗保险的相关规定,具备北京市非农业户籍、未纳入城镇职工基本医疗保险范畴、男性满60周岁或女性满50周岁的居民被纳入到参保范围中。城镇老年人按照每人每年300元进行缴费,门诊医疗费用的报销起付标准为650元,起付标准以上由城镇居民基本医疗保险基金支付50%,年度内累计支付上限为2000元。住院医疗费用的起付标准为650元,起付标准以上部分由基金支付70%,年度累计支付上限为17万元。

2010年,享受城镇居民医疗保险待遇的城镇老年人门诊费用超过650元以上的可以报销50%,一个年度之内的报销额封顶线为2000元;住院费用1300元以上报销60%,年度报销额上限为15万元。2013年,门诊报销相同,住院费用1300元以上的可以报销70%,一个年度报销额度封顶线为17万元。2014年在基本医疗保险的基础上建立了城镇居民大病保险制度,进一步保障了大病患者产生的高额医疗费用,参保对象在基本医疗保险报销之后,个人自付医疗费用超过上一年度全市城镇居民年人均可支配收入的高额医疗费用可以实行二次报销,自付医疗费用超过大病保险起付金额之后,5万元之内的费用由大病保险资金再次报销50%;5万元以上的费用由大病保险资金继续报销60%,并且不设置封顶线。

(三) 新型农村合作医疗保险制度

新型农村合作医疗是政府引导、多方筹资的医疗互助制度。2003年北京市发布了《北京市建立新型农村合作医疗制度的实施意见》,开始建立起了新型农村合作医疗保险制度,规定北京市内具有农业户口的农村居民等对象均可参加新型农村合作医疗。

新型农村合作医疗保险制度初建立时,各级财政给予定额补助,市财政对近郊区年人均补助10元,对远郊区平原区年人均补助15元,对半山区和山区人均补助20元。市级、区县、乡镇政府也逐步提高对新型农村合作医疗的补助标准,2006年,对近郊区年人均补助15元,对远郊区平原区年人均补助25元,对半山区和山区人均补助35元。2007年每项资助人均增加5元。2008年,对近郊区年补助每人20元,远郊区平原区35元,半山区和山区45元。各区县和乡镇的补助标准由当地政府按照农业人口和财政收入情况确定。

在报销标准上,各区县根据当地医疗费用的发生状况和筹资水平,合理科学地确定农民大病医疗统筹各档次缴费者的报销比例、报销起付标准、最高报销限额等。2010年,新农合政策范围内门诊报销比例为41.1%,住院费用报销比例为60%。2011年,门诊报销40%,住院报销比例全市平均水平为60%。为了持续有效地减轻参合农民的医疗负担,并逐渐缩小城乡居民基本医疗保障的差距,政府出台了关于提高新农合政策范围内住院费用报销比例的相关政策,对于参保新型农村合作医疗对象中患有终末期肾病、恶性肿瘤等9类重大疾病的,住院费用政策范围内的报销比例不低于70%。2012年,门诊实际补偿比例为36.3%,住院实际补偿比例为50.3%。扩大了重大疾病保障的范围,将艾滋病机会性感染、脑梗死、耐多药肺结核、急性心肌梗死、唇腭裂、甲亢6种疾病纳入了重大疾病保障的范畴,并提高了补偿的比例水平,规定15种重大疾病政策范围内的住院补偿比例提高到75%。2013年住院报销比例50.86%,门诊补偿比例36.83%。开展了新农合大病保险的工作,参合患者发生的医疗费用在享受当年新农合报销之后,个人自付的医疗费用超过大病起付线的部分,则由新农合大病保险资金再次给予一定的补偿报销,报销比例不低于50%。

新型农村合作医疗保险参保人员的数量呈现先增后减的态势，2006年新型农村合作医疗保险参保人数为261万人。2007年参加新型农村合作医疗保险的老年人数达到44.32万人，为历年最低点。其后，参合老年人的数量不断上涨，截至2008年年底，参加新型农村合作医疗的有272.48万人，参合率达92.89%，其中，参合的60岁以上老年人有52万人。2010年增长至最高点，达278.5万人，之后逐渐减少。而新型农村合作医疗保险的参合率整体呈上升趋势，从2006年的86.9%上升至2007年的88.9%，2008年涨至92.89%，2009年突破95%，并一直保持在95%的水平以上，直至2013年达到98%。在参合率维持较高水准的背景下，参保老年人口数量却呈下降趋势，可能的原因有原先参保的部分老年人从农业户口转入非农业户口，从而退出了新型农村合作医疗保险保障范畴。

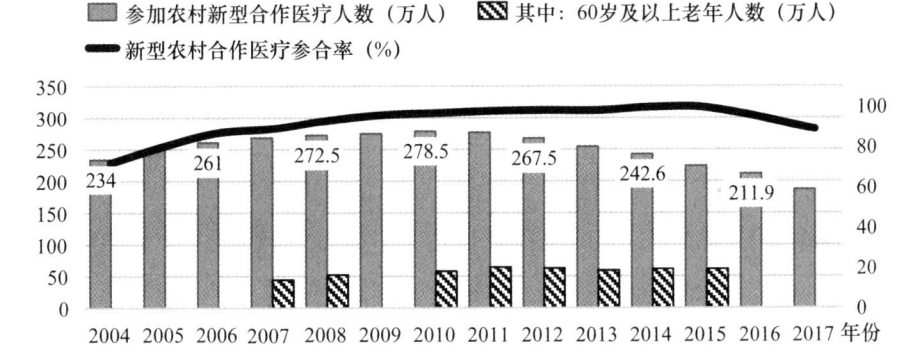

图5-37 北京市历年新型农村合作医疗参保情况及老年人参保规模
资料来源：根据历年《北京统计年鉴》整理。

(四) 城乡居民基本医疗保险制度

2015年，北京市老年人的医疗保障覆盖率达到99.73%，没有任何医疗保障的老年人仅占0.27%。在老年人享受的各类医疗保障所占比例中，城镇职工医疗保险所占比例最高，达53.17%；参与新型农村合作医疗保险和公费医疗的比例也较高，分别达到了17.58%和16.66%；城镇居民基本医疗保险达9.1%，城乡居民基本医疗保险为2.8%，职工大额医疗补助比例达1.34%，城乡居民大病保险比例为0.83%。由此可见，老年人的医疗保障覆盖范围较广、覆盖效果较高，其医疗保障需求在很大程度上得到了解决与重视。

2017年，为了彻底打破城乡分割的制度壁垒，政府建立了统一的城乡居民基本医疗保险制度，330万城乡居民实现了持卡就医，享受基本医保和均等化服务，这标志着北京市社会保险制度全面实现城乡统一化。2018年北京市全面实施了统一的城乡居民医保制度，进一步健全了全民医保体系，提高了医疗保险基金使用率，深化改革医保付费。城乡居民医保制度是将原本实行的城镇居民基本医疗保险和新型农村合作医疗统一合并，实现了城乡全覆盖。合并之后整体上调了医保报销标准，门诊报销比例最高为55%，上限为3000元；住院报销最高为80%，上限增至20万元。在就医范围上逐步向基层医疗机构倾斜，对3000家定点医疗机构实施统一标准的协议管理，大幅度拓宽了参保对象的看病渠道。截至2021年年底，全市参加城乡居民基本医疗保险人员达400.8万人，其中老年人有110.3万人。

2020年，为全面推进老年残疾人参加基本医疗保险，实现"应保尽保"的目标，13部门制定出台了《关于进一步做好个人缴费享受政府补贴人员参加城乡居民基本医疗保险工作的通知》，进一步优化老年残疾人城乡居民医疗保险参保机制。依托本市政务数据大平台，建立联网通办工作机制，做好残疾人证卡管理系统与基本医疗保险系统实时对接，通过信息交互、比对筛查，全流程开展残疾人身份认定、参保缴费补贴等常态化工作，确保老年残疾人全员医保。

二 医疗救助与福利：基于群体差异性的福利方式

（一）贫困老年人医疗救助

2001年，为了进一步完善城市居民最低生活保障制度，解决城市特困群众的基本医疗问题，政府出台了《北京市城市基本医疗救助办法》，通过发布《北京市人民政府办公厅关于印发本市城市特困人员医疗救助暂行办法的通知》进一步保障了低收入群众的基本医疗需求，完善了具有社会保障性质的城市医疗救助制度。该制度规定基本医疗救助对象为享受城市居民最低生活保障待遇的居民，每人每月按照不低于城市居民最低生活保障标准的15%安排基本医疗救助资金，救助对象按照低保标准的15%比例进行医疗费用报销,其中无劳动能力、无生活来源、无法定赡养人或抚养人的"三无"人员以及因公致残返城知青的医疗费用全免,60年代初精减退职老职工的医疗费用按15%比例报销,但全年报销最高支付额度为3万元。除了上述定量救助之外,另外还提供临时救助,基本医疗救助对象的医疗费用支出若超过报销比例,则超出部分由个人负担;对于因患大病导致医疗费用个人负担过重(全年高于3000元)难以维持基本生活的对象,可申请基本医疗救助对象。根据《关于在我市医院实行医药费"总量控制、结构调整"改革的通知》(1997)中的规定,对于基本医疗救助对象,各个医疗机构要给予基本手术费20%、普通住院床位费50%、核磁共振与CT等大型设备检查费20%的医疗优惠。

2004年,北京民政局发布了《关于调整本市城市特困人员医疗政策有关问题的通知》,享受救助的疾病品种在危重病的基础上增加了慢性病、常见病,对于未参加基本医疗保险的城市低保等对象,个人负担总共超过500元的部分可申请救助,并按照个人负担的50%比例予以救助;部分困难对象还可继续申请享受临时救助,按《关于建立临时救助制度有关问题的通知》(2003)执行。2004年,不仅指定1—2所非营利性二级公立医院负责医疗救助任务,还将负责医疗救助任务的医院扩展为非营利性一级公立医院、社区卫生服务中心、乡镇卫生院。2007年,取消了城市医疗救助慢性病与常见病500元的起付线,实行零起付制度,救助上限仍为每年2000元。

2004年,市政府办公厅转发了财政局、民政局、卫生局制定的《北京市农村特困人员医疗救助暂行办法》,农村医疗救助制度得以建立,政府对农村低保对象予以一定资助,帮助其参与合作医疗,在医疗救助和新农合之间形成系统性对接。按照文件规定,所有农村低保对象由区县政府出资保障参加当地新型农村合作医疗。农村低保对象与其他困难人员若因患急重病,经过农村合作医疗报销之后,个人医疗费用负担过重且影响到基本家庭生活的,可申请临时救助待遇。2007年出台的《北京市民政局关于完善农村医疗救助制度有关情况的报告》进一步完善了农村医疗救助制度。新的医疗救助制度在延续原有医疗救助内容的基础上,逐步与城市医疗救助衔接,一是政府继续对农村低保提供资助,帮助其参加农村合作医疗;二是继续实施低收入人员医疗费用减免的政策,包括大型设备检查费与手术费减免20%，床位费减免50%；三是常见病和慢性病患者可获得不低于农村低保标准50%的救助；四是推行大病医疗救助，额度按个人负担的50%进行保障，封顶线为1万元；五是和临时救助制度进行有效对接。

农村医疗救助制度的特点是先保险、后救助，农村低保对象先由政府资助参加各地的新型农村合作医疗，经过合作医疗报销相关医疗费用之后，再向民政部门申请医疗救助。同时医疗救助具备了多层次性特征，当农村低保对象患病时，经过新型合作医疗、医疗救助、临时救助等多层次解决医疗费用，加大了保障力度。同时，政府采取了医疗费用垫付的办法，对于罹患常见病、慢性病的低保对象，可报销的部分由定点医疗机构先行垫付，这在很大程度上减轻了医疗压力，并略去了复杂冗长的报销环节。2007年，政府明确了农村医疗减免政策，其中，农村五保对象就医时除了享受各项医疗减免优惠政策之外，经过农村合作医疗报销之后的剩余个人负担部分享受实报实销的待遇；对于民政部门管理的60年代初精简退职老职工除了享受各项减免优惠政策外，经农村合作医疗报销之后个人承担的部分，继续按照原有政策享受医疗报销待遇，即报销之后个人实际负担医疗费不超过个人年度医疗费用的三分之一。

2007年的《关于城镇无医疗保障老年人和学生儿童大病医疗保险制度与城市医疗救助制度衔接问题的通知》，明确了城镇无医疗保障老人和学生儿童、退离居委会老积极分子等人员中的医疗救助对象及其救助标准。城市低保对象的医疗费用在经过"一老一小"医疗保险报销之后，个人自付仍高于500元的，可按照50%比例申请不超过1万元的大病医疗救助；同时，取消常见病和慢性病医疗救助每年500元的起付线。2007年，城乡低保老年人的医疗救助按照产生费用的50%进行申请，农村低保老人则按同样的比例申请救助待遇，同时可享受到床位费减免50%、大型设备检查费等减免20%的优待。

2008年，城乡低保老人的医疗费用在经过各类医疗保险报销后，可继续申请医疗救助，救助金额按个人负担费用的60%比例进行支付，全年封顶线为3万元。城市低保老年人按照个人负担医疗费用的60%支付，封顶线为2000元。农村低保老年人按照40%支付，剩余的60%由医疗机构垫付并定期与民政部门进行结账，医疗机构每年垫付的最高额度不能超过2000元。2009年，按照"先保险、后救助"的原则，政府资助城乡低保老人参加城镇居民大病医疗保险或新型农村合作医疗，若报销之后老人负担部分仍过重，则可申请医疗救助。

2010年，财政局、民政局、卫生局联合发布了《关于建立城乡特困人员住院押金减免和出院即时结算制度的通知》，规定城乡特困人员可享受定点医疗机构住院押金减免60%（三无人员、农村五保对象减免100%）、出院即时结算服务。享受原工资40%救济的60年代初精减退职老职工办理出院手续时，政府按2/3的比例对其报销之后的自付费用进行救助，全年上限3万元。

2011年，政府出台了《关于资助低收入家庭中重病、重残等特困人员参加城镇居民基本医疗保险或新型农村合作医疗有关问题的通知》，扩大了资助参保参合的人员范畴，从城乡低保人员、农村五保供养人员扩大至城乡低收入家庭中的重度残疾人、重病患者、60岁以上老年人，减轻了低保边缘群体的就医负担。2011年，政府出资帮助城乡低保老年人参加城镇居民基本医疗保险、新型农村合作医疗。2014年，享受北京市社会救助的老年人享受住院押金70%的减免。2017年，老年人享受住院押金减免的比例提升至80%。

2011年，北京市民政局联合卫生局、财政局等发布了《关于进一步加强城乡特困人员重大疾病医疗救助有关问题的通知》，规定罹患重大疾病的城市三无人员、农村五保对象、城乡低保对象、城乡低收入救助对象被纳入救助范围。对于罹患终末期肾病等九大类重大疾病的低收入和低保老年人，政府的救助比例在原有的60%基础上上调了10%，全年封顶线在原有的3万元基础上增加了5万。2014年，罹患恶性肿瘤等十五类重大疾病的老年人可获取的救助比例在70%基础上增加了5%，全年上限增加了5万元。2017年，民政部对上述对象的重大疾病医疗救助比例提高至85%，全年救助最高额度上升至13万元。2014年，政府发布了《关于调整完善我市城乡医疗救助制度的意见》，完善了救助政策，将资助参保参合的范围从城乡低保人员扩大至城乡低收入群体；将住院救助和门诊救助的比例从60%提升至70%，并将救助封顶线分别从3万元、2000元提升至4万元、4000元；将重大疾病救助的病种范围从原有的9类80多种扩大至15类134种，并将救助比例从70%提升至75%；在区县设立3—5所定点医疗机构,并由机构按照70%的比例减收特困人员的住院押金、垫付治疗费用。

2015年,为了解决因病返贫、因病致贫等问题,同时为缓解困难群众医疗支出负担,市民政局与市财政、市人保局、市卫计委联合出台了《关于开展因病致贫家庭医疗救助有关问题的通知（试行）》,将医疗救助范围从城乡社会救助对象扩大到了因病致贫家庭中包含罹患重大疾病老年人在内的重大疾病患者,对于未享受到低收入、城乡低保等社会救助的家庭,若家庭成员患有终末期肾病、恶性肿瘤、白血病等15类134种重大疾病发生的医疗费用,再经过城乡居民大病保险、基本医疗保险、商业保险报销赔付以及各类救助之后由家庭负担的医疗费用,民政部门按照3万元以下报销30%、3万—5万元报销40%、5万元以上报销50%的分段标准进行医疗救助,全年救助上限额度为8万元。对于患有上述15类重大疾病以外疾病导致家庭陷入贫困的,则由各区县民政部门联合财政部门研究制定费用救助的标准与认定条件。

2017年,民政局和人社局、卫计委、财政局共同印发了《关于调整社会救助对象医疗救助相关标准的通知》,对于最低生活保障对象、特困供养人员、生活困难补助对象、低收入救助人员,门诊救助比例在70%基础上增加了10%,救助上限增加了2000元,达到6000元。住院救助比例也在70%基础上增加了10%,救助上限增加了2万元,增至6万元。重大疾病救助比例在75%的原有基础上继续上调10%,年内封顶线增加了4万元,达到12万元。60年代初精减退职老职工的门诊救助和住院救助比例增加了10%,达到80%,重大疾病救助比例在75%基础上也增加了10%。2021年,全市社会救助对象门诊救助累计12.5万人次,住院救助累计1.5万人次,因病致贫救助2548人。

(二)高龄老年人医疗救助

2009年,市民政局、老龄办、残联、财政局、发展改革委、规划委、人力社保局、卫生局、社会办、住房城乡建设委等13家单位联合下发《关于贯彻落实〈北京市市民居家养老（助残）服务（"九养"）办法〉的意见》。"九养政策"中的内容包括建立居家养老（助残）券服务制度和百岁老人补助医疗制度。2010年北京市对百岁老年人试行补助医疗制度,对100周岁及以上的老年人在北京市定点医疗机构门诊和住院产生的、符合相关医疗报销规定的医疗费用中的个人按比例负担部分提供补助。2010年，共有436位百岁老人领取《北京市百岁老人津贴和医疗补助领取证》，为69位百岁老年人报销了352253.3元医疗费。

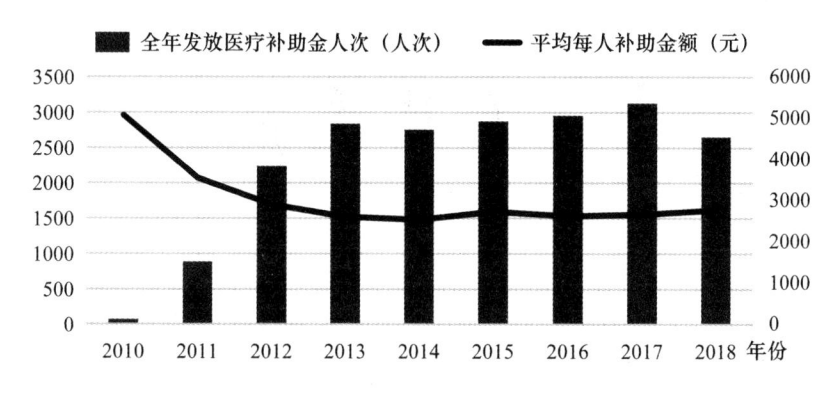

图5-38 北京市高龄老年人享受医疗补助的情况

资料来源：根据历年《北京市老年人口信息和老龄事业发展状况报告》整理。

2011年，北京市民政局等5家单位出台了《关于实施95周岁及以上老年人补助医疗制度的通知》，政府继续扩大补助对象的覆盖范围，将年龄标准下调到95周岁及以上的老年人群体。老年人补助医疗制度覆盖范围扩大至95周岁及以上，并将百岁老年人医疗补贴范围扩大至95周岁，已为95周岁及以上老年人办理补助医疗379人次，补助金额163万元。政府对百岁老人补助医疗的补助金总额也在不断增长，2010年仅有35万元的补助金总额，2011年由于年龄下调的因素，补助金额快速增长到315.3万元，2012年达到650万元，2013年更是增长至741.7万元。受惠对象数量也在增加，2010年受惠对象仅有69人次，2011年由于年龄下调，受惠人群达到888人次，2012年增至2238人次，2013年为2841人次95周岁及以上老年人补助医疗费用741.72万元。2015年，为2875人次95周岁及以上老年人报销医药费786.6万元。

（三）特殊政策老年人医疗福利

1. 优抚对象医疗减免福利

优抚对象医疗费减免政策一直遵循了民政部于50年代制定的不享受公费医疗待遇的优抚对象若因病无力支付其医疗费，则由当地卫生部门酌情给予减免的规定。但随着优抚对象年龄结构老龄化的趋势，以及医疗制度的改革、财政体制的变化、国家经济的发展，原有的医疗减免政策已经无法适应优抚对象看病就医的需求。1980 年北京市卫生局、财政局、民政局制定了《关于对烈、军属医疗减免工作中的几个问题的联合通知》。

1991 年，北京市卫生局、财政局、民政局联合印发了《北京市优抚对象医疗费减免办法》的通知，规定了享受医疗减免的对象是指不享受公费医疗待遇、支付医疗费用存在困难的因公牺牲军人家属、革命烈士家属、义务兵家属、病故军人家属、带病回乡的复员退伍军人。对于不同优抚对象政府提供了不同幅度的减免优惠，其中，对于享受国家发放定期抚恤金和定期补助金的孤老优抚对象、带精神病退役的复员退伍军人、在乡老红军，其医药费全免。《办法》还规定为每个享受医疗费减免的优抚对象办理统一的《北京市优抚对象医疗费减免证》，至年底共为 22000 名优抚对象办理了医疗费减免证，下半年的医疗费减免经费达到 200 万元，是上半年的 3 倍，全年增至 500 万元，比上一年多支出了 340 万元的医疗减免经费。优抚对象医疗费减免制度的改革创新，为优抚对象看病就医提供了有效可靠的保障。

1996 年，享受优抚对象医疗减免有的 17666 人，其中的孤老 1495 人。《北京市优抚对象医疗费减免办法》颁发之后，北京市优抚对象的医疗减免工作更趋向于制度化、法制化方向发展。随着政府对优抚对象疾病治疗财政投入力度的加大，在优抚对象医疗减免人数逐年减少的情况下（1992 年为 28000 人，1996 年为 17666 人），政府医疗减免的经费反而呈现出上涨趋势，自 1992 年的 550 万元上涨至 1996 年的 726 万元，平均每年增长了 6.8%，人均医疗减免费用也从 1992 年的 187 元上调至 1996 年的 411 元。在实际工作中，体现了政府不同部门之间的合作协调，《办法》规定民政局负责审批优抚对象的医疗减免，卫生局负责优抚对象的医药费和疾病治疗的减免，财政局则负责优抚对象医疗减免经费的计划列支以及划拨工作。同时，优抚对象的医疗减免工作体现了保障重点、兼顾一般的原则，各区县在具体工作中将有限的医疗减免经费优先用于保障全免的孤老优抚对象和老烈属等，其次再是保障患大病的优抚对象。

但是，1996年优抚对象医疗减免经费仍显严重不足，以北京市1996年军队离退休干部人均医药费（3200元）三分之一的低标准计算，全市优抚对象的医疗减免经费应该保持在1943万元，但实际经费才726万元，存在1217万元的差距。医疗减免费用存在不足主要是因为享受医疗减免的优抚对象大多数都是老伤残军人、老烈属、老复员军人，这部分群体占据整体享受医疗减免队伍的95%，医疗需求较为紧迫。但与此同时，随着国家物价水平的提高，药品价格上涨较快，各医疗机构设备更新较快，导致优抚对象医疗减免费用不断上涨。而政府对优抚对象医疗减免的财政投入增幅较小，自1992年开始实施《办法》至1996年，医疗减免经费年增长率仅为6.8%。上述种种原因，导致优抚对象医疗减免费用的供需矛盾更为明显。

1997年，优抚对象医疗减免经费财政支出852万元，年增长17%，共为24033名优抚对象提供了医疗减免，其中减免幅度为100%的优抚对象共2005名，约占减免总人数的8.3%。2000年下发了《北京市民政局关于加强优抚对象大病医疗补助资金管理使用的通知》，下拨了优抚对象大病医疗专项资金150万元。2002年在对1991年版修改的基础上出台《北京市优抚对象医疗费用减免管理办法》，优抚对象基本医疗费用的减免力度有了进一步的增加。对2000元以上的大额医疗费用，实行80%到95%不等的免除优惠。新《办法》实施之后，全市1.8万名优抚对象基本医疗得到实质性保障，全年医疗减免经费达到2540.4万元。2003年优抚对象医疗减免经费达3248.5万元。

2. 军队离退休干部医疗福利

1991年，《北京市人民政府军队离休退休干部安置办公室关于提高军队离休退休干部医疗费标准的通知》提高了接收军队离休退休干部医疗费的标准。

1993年，《北京市人民政府军队离休退休干部安置办公室关于对享受护理费的军队离休退休干部进行重新审定的通知》明确提出护理费的发放对象是军队离休干部因公因战伤残、因瘫痪或双目失明等生活不能自理、饮食起居需扶助的；军队退休干部因公因战致残的特等残废、一等残废、患二三期硅肺病生活无法自理且需人照顾饮食起居的对象。《北京市人民政府军队离休退休干部安置办公室关于提高军队退休干部特、一等革命伤残人员护理费标准的通知》（1993）中规定原退休干部每人每月51元的护理费停止执行，仅对特等、一等伤残人员予以补助。2004年按照中办发2号文件，军队中的离休干部与安置地国家机关离休干部获得同样的医疗优待保障，军队退休干部与同职级退休公务员获得同等待遇。2009年，民政局召开了"军休干部享受地方同职级退休干部医疗待遇百分百"工作会议，为14184名师职军休干部发放了医疗就诊证，卫生局确定了39家定点医院，军休干部及其家属、遗属可同等享受社会优待服务、居家养老服务等不同的养老待遇。

3. 征地超转人员医疗补助

2004年，在医疗补助费标准中，一般超转人员按照每人每月30元支付医疗补助，孤寡老人的医疗费用实报实销。2007年该群体的整体保障水平与城镇职工基本养老和医疗保险的保障标准相差无几。2012年，政府出台了《关于完善征地超转人员医疗待遇和管理有关问题的意见》，为超转人员发放社会保障卡，70岁及以上的超转人员发放标准为人均每年1284元（按月发放），70岁以下的标准为人均每年1164元。超转人员按照《北京市基本医疗保险规定》享受待遇，其中孤老产生的医疗费用若在起付线之下，由政府补充报销。2013年起征地超转人员实行持卡就医，获得城镇职工基本医疗保险对象同等的医疗待遇，超转孤老的医疗费用仍旧实行实报实销。

三　就医用药：资源保障与服务优待相结合

（一）就医渠道保障

1. 老年医院建设

1997年，在62家二级医院设置了老年病门诊或老年病科，方便老人就诊医疗。2001年，政府将北京市宣武医院和北京市胸科医院改建成市老年病医院，同时将东城区隆福医院、宣武区广外医院、西城区二院、崇文区第一人民医院改造成区级老年病院。同年还成立了北京市老年保健及疾病防治中心，正式启动了北京市老年健康服务体系。2004年全市共改建、扩建、新建了17所区级老年病医院。2006年市、区县两级的老年医院的床位数量超过了2600张。2018年北京市首次探索建立了老年友善医院，共有20家。2020年，老年友善医疗机构达到了182家。老年友善医院的建立是为了进一步提高老年人的医疗服务质量，改善老年人的就医体验，满足其日益增长的健康照护服务需求。北京市根据世界卫生组织老年友善原则，通过自愿申报、区级评估，再经过市级复核等程序最终确定了北京协和医院等 20 家医院作为第一批老年友善医院。老年友善医院的特征主要体现在四个方面：老年友善文化、老年友善管理、老年友善服务、老年友善环境[①]。

2004—2017 年，北京市老年医院数量基本维持在 17—20 家，规模较为稳定。而老年医院的床位数从 2006 年的 2665 张增至 2017 年的 2995 张，其间在 2013 年增至最高点，有 4600 多张床位，总体床位数量较为稳定。根据北京市每千名老年人拥有的老年医院床位数这一标准，从 2006 年每千人拥有 1.32 张一路降至 2012 年的 1.16 张，2013 年最高，有 1.65 张，但 2017 年每千名老年人只能拥有老年医院的 0.9 张床位。每千名老年人拥有的老年医院床位数量的下降，说明了在老年医院资源上保障深度的欠缺。

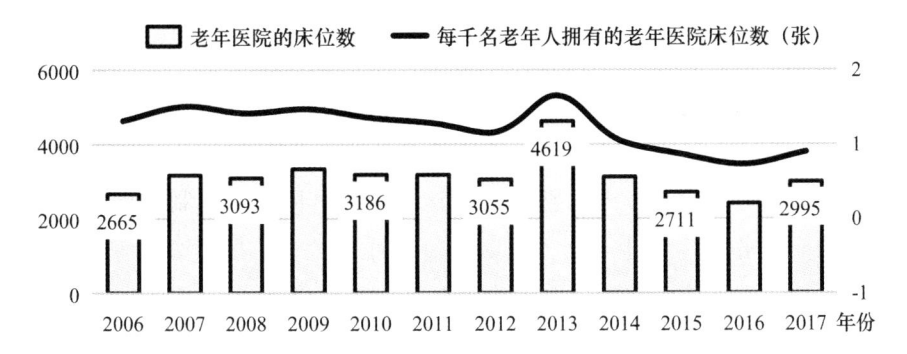

图 5-39　北京市历年老年医院床位数情况

资料来源：根据历年《北京市民政统计年鉴》《北京民政年鉴》整理。

---

① 老年友善文化是指医院医务人员经过培训之后与老年患者真诚交流，提供就医诊疗和健康指导；老年友善管理是指在管理层面，要建立老年医学伦理、老年友善观念、老年医学知识的系统机制，建立运行激励、评价改进机制，并提供政策扶持与经费支持；老年友善服务指的是对老年患者进行综合评估并提供针对性、个性化的医疗照护，提供连续性的康复、医疗、护理、安宁疗护服务，满足老年人在生理、精神、社会等层次的健康需求；老年友善环境是指在医疗机构内必须具备完善的无障碍服务设施以及标识，营造适合老年人就医的整体环境，为老年人提供更加舒适、安全、便捷的医疗服务。

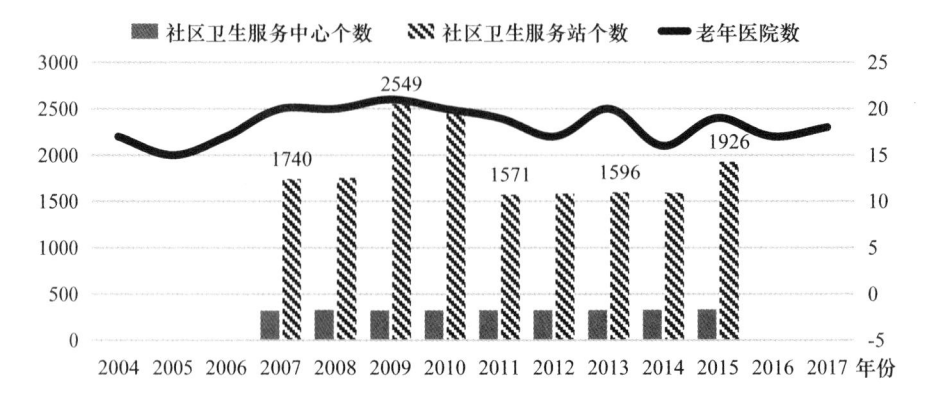

图 5-40　北京市历年老年医院和社区卫生服务机构数量变化

资料来源：根据历年《北京市民政统计年鉴》《北京民政年鉴》整理。

2. 社区卫生服务资源

2003年全市159个社区卫生服务中心和607个社区卫生服务站全部通过了市级医保定点机构的认定。2004年，城区社区卫生服务网络的覆盖率达90%，社区卫生服务中心定期为老年人开展体检、监测等活动。2006年各社区分别开展了以老年人为主要对象的"生活方式疾病综合防治"、慢性病费用控制和效果评价等活动，推行社区常用药品按进价销售，让利于公众。2007年，按照《社区卫生服务团队责任制管理办法》，社区卫生服务机构组建了服务团队，包括社区护士、执照医生等，并通过分片包户的方式实现健康保健的服务。城八区已经建立了由5052人组成的1181个社区卫生服务团队，覆盖了770多万居民。截至2008年年底，已建立2394个社区卫生服务团队，覆盖1200多万人口。2009年，建立了2648个社区卫生服务团队，管辖5860个村委会与居委会，覆盖了全市1558万人。2011年建立了3097个社区卫生服务团队，2015年共有2258个社区卫生服务中心与服务站。2008年还推进了社区首诊服务，其中包含了家庭医生式服务是指以老年人群为重点，社区卫生服务团队为居民提供综合化、持续性的健康管理服务。2010年在丰台区、东城区、西城区开展了推行家庭医生式服务的试点工作，组建了671个社区卫生服务团队，共签约了12.6万户家庭、26.3万人。

自 2000 年，政府为老年人建设的家庭病床数量呈现逐渐增加的整体趋势，从 5341 张增至 2018 年的 4.8 万张，数量是 2000 年的近 10 倍。在 2007 年之后，家庭病床数量逐渐稳定在 4 万张以上。从每千名老年人拥有的家庭病床数来看，2000 年，每百名老年人拥有 0.38 张家庭病床，2004 年突破 1 张，在 2008 年达到最高，有 1.95 张，意味着每百名老年人拥有近 2 张家庭病床，此后数量逐年减少，2018 年每百名老年人拥有 1.37 张家庭病床。其中不得不考虑到 2010 年以后北京市老年人口的整体增加幅度，导致每百名老年人拥有的家庭床位数呈现下降趋势。

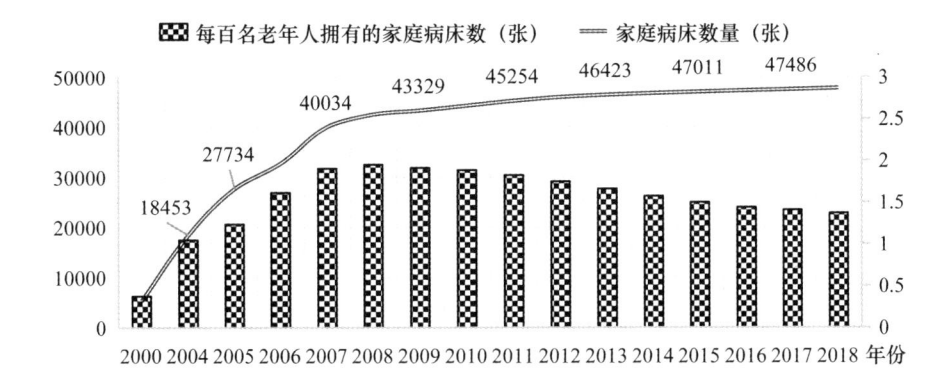

图 5-41 北京市为老年人建立家庭病床数量变化

资料来源：根据历年《北京市民政统计年鉴》《北京民政年鉴》整理。

（二）社区用药便利

2008 年调整了社区常规的零差率药品的品种清单，在原有的 312 个品种的基础上，增加了 16 个常用药品种类。在老年人的社区就医用药方面，为了减少老年人到大医院就医往返时间长、开药不便等问题，2013 年，北京市将 224 种用于治疗老年病、慢性病、常见病的药品纳入社区药品的医保报销范围，使得社区用药报销的品种达到 1435 种。同时，为了保障老年人在不同层级的医疗机构的用药报销对接顺利，2016 年将社区用药报销品种扩大到了 2510 种，进一步完善了社区用药报销的政策。为了方便老年人就近就医，扩大了社区医保定点网络范畴，2016 年全市范围内 2188 家定点医疗机构中有 1482 家位于社区，占比达 67.7%。

2017 年，政府对 60 岁以上老人提供免除门诊费自付部分的优待，同时，老年人在社区卫生服务中心可以享受到先就医治疗再结算的服务，年内共有 200 个社区卫生服务中心提供了此项服务。2018 年，政府进一步完善了基本药物和基层用药制度，对符合条件的糖尿病、高血压、脑卒中、冠心病 4 类慢性病患者，其可在社区卫生服务机构享受最长达 2 个月的药品用量的长处方服务。

2020 年，为 65 岁及以上诊断明确、病情稳定的家医签约老年慢性病患者和失能老年慢性病患者提供"送药上门"服务。对于化疗、乙肝病毒等特殊用药老人，通过缺药登记程序，落实由社区卫生服务机构开药拿药。对出现急危重症或需要放化疗、血透等情况的老人，通过开设绿色通道，做好严密防护后安排急救车送医治疗，实现"小病不出屋、护理不离院、急症能应急"。

（三）健康管理服务

2002 年，北京麦格回眼科诊所和市老年协会签订了合作协议，在全市开展"扶贫助老复明活动"，全年为 3 位老人做了免费复明术，并为 2923 位老人做了免费眼疾检查。2004 年，城区社区卫生服务网络的覆盖率达 90%，城区 80% 的老年人都建立了自己的健康档案，社区卫生服务中心定期为老年人开展体检、监测等活动。2006 年城八区的社区卫生服务机构为 60 岁及以上的老年人群体建立了 10 万份健康档案。2006 年，城八区的社区卫生服务机构为 60 岁及以上的老年人群体建立了 10 万份健康档案，2008 年，健康管理档案数量超过了 100 万份，2010 年超过了 200 万份，2016 年则继续突破了 300 万份。北京市老年人健康档案数量到 2018 年增至 343.5 万份，是 2000 年的 15 倍左右。

从每百名老年人拥有的健康档案数来看，2000 年，每百名老年人拥有 14.3 份健康档案，2007 年数量翻了 1 倍，每百名老年人拥有 35 份健康档案，2012 年则超过了 100 份，这意味着平均每名老年人都拥有了自己的健康档案。随后，数量逐渐下降，在 2018 年达到每百名老年人拥有 98.4 份的水平。截至 2021 年年底，北京市基层医疗卫生机构为老年人建立健康档案 391 万份，占 60 岁及以上老年人总数的 91%。可见，自 2012 年以来，政府为 95% 以上的老年人建立起了健康档案。2007 年，为老年人常见的慢性病等制定了 10 多项防治技术规范，指导社区医护工作者开展相应的管理工作。城八区借助"知己健康管理项目"鼓励并引导老年人关注并参与对自身慢性病的管理。开展了控制高血压限盐行动，政府出资制作500万只2克的小盐勺，并由社区发放到居民手中。

2009年，社区慢性病管理人数有157.2万人，为近1100名全口无牙的低保老年人提供免费镶牙的服务，为2.3万名65岁以上的老人提供了检查眼疾的服务，为老年人免费体检206690人次。2011年，社区卫生服务机构发放各类宣传资料607万份，签约73万户家庭，为其提供的健康评估服务人次达到94万，发放了184万多份的健康教育材料，为空巢、生活不便等老人提供上门服务，受惠老人次数达36万。同年，对65岁以上的老人提供一年一度的健康管理服务，服务内容包括身体检查、健康评估、康复指导等。年内共有157万老年人接受了健康管理服务。2016年，为145.7万名老年人提供了包括免费体检在内的健康管理服务。2017年覆盖了155.6万名常驻老年人。2018年，为161.8万老年人实现健康管理。2009年，每百名老年人享受的免费体检次数仅为9.1次，2018年增至18.8次。2021年年底，为符合老年优待政策的老年人免费体检64.3万人。

2019年，北京通过固化签约居民与家庭医生关系，逐步建立责任制健康管理，为居民提供规范、连续、精细化的基本医疗和基本公共卫生服务。建立家庭医生团队4809个，累计签约65岁及以上老年人189.4万人。全市高血压、糖尿病等四类慢性病重点人群家庭医生签约服务率超过90%。当前，北京建立家庭医生团队5170个，累计签约65岁及以上老年人224.2万人，占比达到77%。

（四）就医优待服务

2009年，依托社区"健康通"手机24小时的畅通，解答居民的医疗卫生问题，为居民提供了33.44万余次的健康咨询服务，实现了对社区居民24小时提供社区卫生咨询与指导服务。从2010年7月起，城六区社区卫生服务中心延长门诊时间至20时，部分有条件的服务中心还提供全天候的医疗应急处置服务。社区卫生服务机构为老年人提供优先挂号、优先就诊、优先建立家庭病床的"三优先"服务。2009年全市社区卫生服务机构为老年人优先就诊人次超过920万人次，免收挂号费人次接近520万人次，优先出诊人次超过17万，优先建立家庭病床3591人次。2016年，社区卫生服务机构在机构内公示，减少老年人就诊排队的等候时间，部分社区卫生服务中心还开展了错时、延时服务。2021年，北京市社区卫生服务机构共为老年人提供诊疗服务3889.8万人次，出诊10.66万人次，对60岁及以上符合优待政策的户籍老年人免普通门诊医事服务费个人自付金额部分3616.32万人次，对60岁及以上非户籍老年人免普通门诊医事服务费个人自付金额37.19万人次。全市共有50家社区卫生服务中心认定成为老年健康服务示范基地。

第五节　精神慰藉需求治理深度变化

一　慰问关怀：从单一精神慰问到兼具物质扶助

随着角色从社会逐步脱离，老年人急需对自我价值的重新认可，对此，外界对老年人的慰问、关怀能有助于老年人重获存在感、被重视感、幸福感。历年来，政府对老年人都给予了慰问关怀，既包括物质慰问，也附带了精神慰藉、人文关怀的促进作用，对老年人精神慰藉需求的满足有着不可或缺的作用。例如，1986年民政部副部长章明到海淀区四季青乡敬老院慰问孤寡老人和工作人员，向住院老人赠送节日食品与健身球。表中汇总了历年来政府对老年人群体的慰问关怀情况，部分慰问是关怀、走访形式的，更偏重于精神关怀；部分慰问是物质慰问和精神关怀相结合的方式，精神慰藉和物质扶助并重。一系列的慰问关怀活动是对不同老年人群体的重视、关怀，既体现了政府的人文关怀，也在一定程度上有利于老年人精神慰藉需求的满足。

1986年，民政部副部长邹恩同慰问了门头沟区光荣院和门头沟乡敬老院的住院老人。1987年，民政部副部长邹恩同到密云县光荣院、番字牌乡敬老院等处慰问烈军属与五保老人。同年10月31日，北京市第一个敬老日活动。在此前后，市民政局局长段天顺等分别到东城、西城、海淀、宣武、房山、朝阳区看望了百岁老人，赠送了慰问品。1988年，民政部副部长张德江等组成春节慰问团，到东直门街道敬老院看望慰问老人并赠送了慰问品；民政部副部长邹恩同慰问了通县光荣院、胡戈庄乡敬老院老人。1997年，全市各级民政部门走访社会救济对象和特困职工家庭32646户、敬老院300多所，发放慰问品和慰问金共计856万余元，为全市83位百岁以上的老年人发放600元慰问金及慰问品。同年，政府还走访慰问老年人47250人,发放慰问金、慰问品、补助金等共1109万元。10月8日,市老龄协会与市财政局的相关领导走访慰问了西城区特困老人、百岁老人。

表5-1　　政府历年慰问老年人群体的部分情况汇总

年份	慰问人次（人次）	慰问对象	慰问范畴	慰问物品折合金额（万元）
1986	—	光荣院、敬老院住院老年人	门头沟、海淀	—
1987	—	百岁老年人	东城、西城、海淀、宣武、房山、朝阳区	—
1988	—	敬老院住院老人	东直门街道、通县	—
1997	47250	老年人	全市	1109
	—	敬老院住院老人	市内300所敬老院	—
	—	特困老年人、百岁老年人	西城	—
1998	21300	敬老院住院老人	市内279所敬老院	654
	297000	老年人	全市	350
2000	—	敬老院住院老人	市内212所敬老院	—
2001	—	敬老院住院老人	市内188所敬老院	119
2002	7960	70岁以上低保老人	全市	100
2007	500	高龄特困老年人	全市	30
2008	15000	贫困老年人	全市	320
2010	24	高龄特困老年人、百岁老年人	全市	—
2017	3017	80周岁以上经济困难的中度、重度失能老年人	全市	301.7

资料来源：根据历年《北京市民政统计年鉴》《北京民政年鉴》整理。

1998年,市各级民政部门共走访慰问社救对象21300户,敬老院279所,发放慰问金及慰问品折合人民币654万元,另外走访慰问老年人29.7万人次,为老年人发放慰问品、慰问金350余万元。2002年,重阳节期间,政府从首都市民捐赠款项中拨付100万元,为全市7960位70岁以上低保老人发放了慰问金。2007年春节前期,政府为500名高龄特困老人发放 30 万元慰问金，送去粮油等慰问品。2008 年，重阳节期间，全市慰问贫困老年人 1.5 万人，发放价值 200 多万元的慰问品和 120 多万元的慰问金。2010 年，重阳节期间，市民政局 11 位局领导走访慰问了 24 位高龄特困老年人和百岁老人，并指导区县开展重阳节和国庆节期间的慰问活动。2017 年，政府在敬老月期间继续开展困难老年人慰问工作，对 80 周岁以上经济困难的中度、重度失能老年人发放每人 1000 元的慰问金，符合慰问条件的有 3017 人。

从历年政府慰问的人次、慰问对象、慰问范畴、慰问物品折合金额几方面综合来看，政府的慰问对象主要集中在贫困老年人（敬老院住院老年人、低保老人、特困老年人等）和高龄老年人（百岁老年人、高龄老年人）两大类，后期还对失能老年人这一特殊困难老年人进行慰问。可见，政府慰问的对象主要集中在有着特殊生活困难的老年人群体，彰显了对该部分群体的兜底保障、特别重视。从慰问范畴来看，前期针对部分区县，进行选择性的踩点慰问，进入 21 世纪之后，将慰问范畴扩大到全市范围，扩大了慰问范畴，从根本上提高了慰问效果和质量。从慰问物品金额方面看，前期的慰问主要是以精神慰问为主，未有记录在册的物品金额情况。进入 21 世纪之后，慰问内容从单一的精神关怀扩展到精神慰问与物质补助并重，且慰问金额水平较高、较稳定。为老年人提供一定的慰问物品或慰问金，更能在心理上提高被重视的满足度。

二　心理咨询：注重渠道便捷性与灵活性

2007 年，政府开通了第一条面向全市老年人的免费心理咨询专业服务热线——北京市老年心理咨询热线，该热线借助 96156 社区服务热线，向老年人提供心理咨询服务，服务时间为每天早 8 点至晚 8 点，全年无休。年内共接到 800 多人次电话，下基层提供 3000 多人次志愿者服务，干预了两起危机事件。11 月 24 日，市民政局、老龄办、残联、财政局、发展改革委、规划委、人力社保局、卫生局、社会办、住房城乡建设委等 13 家单位联合下发《关于贯彻落实〈北京市市民居家养老（助残）服务（"九养"）办法〉的意见》，"九养政策"内容中包括要求开展养老（助残）精神关怀服务。

2010 年，依托 96156 社区公共服务平台，开通了"北京市养老（助残）96156 精神关怀服务热线",整合了 17 个市级专业机构资源和 16 个区县社区服务中心,共 35 家单位签约成为养老（助残）精神关怀服务定点单位。至年底共接听了咨询电话 8759 个,其中心理方面咨询电话 2597 个,法律咨询电话 6162 个。各区县建立心理关怀咨询室 65 个,设立心理咨询热线 46 条,精神关怀室 1049 个,拥有心理咨询师 380 人、社会工作师和助理社会工作师 97 人、社区精神关怀服务队 623 个、社区服务人员 2000 人。2011 年,政府出台了《关于进一步加强我市养老（助残）精神关怀服务工作的指导意见》,为 274 万余人次提供了精神关怀服务。2012 年,为老年人提供了 10 万小时的精神关怀服务,并开展《北京地区老年人口心理健康及需求状况调查》,在全市进行养老（助残）精神关怀服务站试点建设,重点解决老年人（残疾人）等特殊群体的心理健康问题。2020 年 8 月,联合北京师范大学启动实施"北京市老年人认知障碍管理和心理关爱项目",完成心理健康调查共计 3092 人；举办了 20 余场次心理健康与脑健康知识科普教育活动,1500 余名老年人参加了活动；搭建了"北京市老年人健康关爱平台",持续为老年人提供脑健康与心理健康科普宣教、认知康复与身心调适服务,平台服务人次超过 23 万人次。

第六节 文体教育需求治理深度变化

随着社会经济投入的稳定增长,社会基础设施建设初步形成规模,北京市老年人的物质生活逐步得到基本保障,同时受到活动环境、空巢因素、身体心理等原因的综合影响,老年人对精神文化的需求也日益高涨。但是基于老龄人口基数大、教育背景和年龄等因素造成了老年人对精神文化服务的需求程度不同,老年人的精神文化需求日益呈现出多角度融合、全方位体现、个人主动参与的特点。同时,针对老年人的公共文化活动设施仍显不足,文化服务与产品仍欠丰富,导致老年人精神文化生活总体仍呈现出匮乏态势,要满足大多数老年人的差异化、个性化精神文化需求仍需要一个漫长的过程。北京市高度重视老年人的精神文化建设,在继续提高老年人物质生活水平的基础上,将社区作为重点建设老年人文教体活动的平台,制定了可量化和可操作的政策条例,通过兴建老年活动设施、发展老年教育、组织文体娱乐活动、完善公共服务设施功能等方式鼓励老年人参与到社会活动中去，丰富老年人的精神文化生活，提高老年人的晚年生活质量。截至2017年，北京市有6958个市、区、街乡、社村四级公共文化设施，平均覆盖率达98%，基本建成了公共文化服务体系；截至2021年年底，全市四级公共文化设施共43个，街道乡镇综合文化中心333个，社村文化室6467个，覆盖率超98%，为全市老年人提供方便、快捷、免费或优惠文化服务。

一 文化活动：多种优待方式并存

（一）文化场所服务优待

北京早在20世纪90年代便开始了对老年人的优待服务，并在1999年、2008年、2015年分别对老年人优待内容进行了升级调整。1992年发布了《关于为老年人试行社会敬老优待服务的意见》，将70岁以上的高龄老人作为敬老优待服务对象。1999年11月出台了《关于加强社会敬老优待服务工作的意见》，2008年出台的《关于加强老年人优待工作的办法》则将具有北京市户籍的60周岁以上老年人作为优待对象，享受4大类11项优待服务每项内容内部继续细化分成更多小项。2015年继续发布了《关于进一步加强北京市老年人优待工作的意见》，将优待项目进一步细化为6大类44小项。在老年人的优待内容中，包含了老年人在风景名胜和公园等旅游景区、图书馆、文化馆、博物馆等公益性文化设施所享受的优待，并在历次改革中逐渐丰富优待项目、深化优待内容。

1. 文化馆优待

自老年人享受社会优待政策起，各个文化系统对老年人实行不同的优待服务，包括提供电影放映服务、提供活动场地等。在《北京市人民政府办公厅转发市老龄问题委员会关于为老年人实行社会敬老优待服务意见的通知》（1992）对70岁以上的高龄老人提供社会敬老优待服务中，市、区（县）属各体育场馆、影剧院、工人文化宫、文化馆、俱乐部等举行体育比赛或白天放映电影的，对老年人实行门票半价优待。2000年，市文化局根据老年群体实际观影情况，不再区分年龄与国内外影片，对于老年人观看电影一律实行半价优惠。自2009年起，各级文化中心（站）开始定期为老年人提供放映电影的免费优待服务，在2009年全年放映的18万场电影中，有150人次老年观众受到了免费或打折优惠，基本解决了边远农村老年人看电影难的问题。

2009年，北京市各级文化馆①对老年人免费开放，并为其开展文化文艺活动提供场地。2011年起，各区县基本实现了老年人参加文化馆自办活动、老年人使用馆内相关娱乐设施、老年人参加文化馆培训课程时实行免费或优惠折扣。

2. 博物馆优待

1992年，《北京市人民政府办公厅转发市老龄问题委员会关于为老年人实行社会敬老优待服务意见的通知》规定，70岁以上的高龄老年人在市、区（县）属文物点、博物馆门票实行半价，在敬老日门票实行免费。2000年，市文物局与市内28家纪念馆、博物馆协商之后同意免费为老年人提供服务（其中市属3家、其他所属25家）。2009年，市属和区县属的42家博物馆都对60岁及以上的老年人实行持证免费参观的优惠。同时，对依托古建筑建立的博物馆进行无障碍设施改造，以方便老年人参观，还印制了字体较大的博物馆简介，在员工培训中特别增加为老年人提供特殊服务的内容。2010年，继续扩大免费开放博物馆的范围，已有46家博物馆实行对全社会免收费参观，另有10家博物馆对60岁及以上的老年人提供免费参观服务。2011年，对全社会免收费参观的博物馆增至49家。重阳节期间，首都博物馆、宋庆龄故居、国子监博物馆、孔庙等多家博物馆举办了多项敬老爱老活动。2013年，有75家博物馆和纪念馆对社会免费开放，10家博物馆对60岁以上老年人免费开放。2015年，有79家博物馆和纪念馆对60岁以上老年人免费开放，2021年增至95家。

3. 图书馆优待

根据《北京市人民政府办公厅转发市老龄问题委员会关于为老年人实行社会敬老优待服务意见的通知》（1992）的规定，70岁以上的高龄老年人在市、区（县）属图书馆办理图书借阅证实行半价。2010年，北京市公共图书馆免费向老年人开放，每年为老年人优惠办理了3000张证件。60周岁以上的老年人办理"一卡通"联合读者卡可享受押金减半的优惠。老年人读者凭借阅证，可以在150多个"一卡通"成员馆外借图

---

① 各级文化馆包括各种形式的文化站、文化宫、文化室、文化活动中心。

书，并在已经开通图书通借通还业务的图书馆异地还书，还可以进行网上或电话续借等服务。完善图书馆设备设施，为老年人读者设立了阅览专区或专座，提供大字阅读设备，提供放大镜、老花镜等便利老年读者使用。2015年，首都图书馆在市老干部党校和市老干部活动中心建设了2个服务离退休干部的"数字文化社区"。数字文化社区集学习、娱乐、休闲为一体，内设阅读区、高清交互电视体验区、藏书区等五个分区，配备了大屏幕电视机、终端计算机、触摸读报系统等服务设备。老干部和老干部工作者可以通过该系统享受到首都图书馆提供的300万册电子书、10万集学术类和文化类视频讲座、近万种杂志期刊和百部影视剧、舞台剧等视频。截至2017年年底，大部分公共图书馆设置了老年读者阅览区，昌平、怀柔、平谷、朝阳区图书馆专门建立了老年读者阅览室，便于老年人阅读。公共图书馆还为老年人提供了大字阅读设备、电子报纸阅读机、触摸屏读报系统等新型阅读设备，另外准备了放大镜、老花镜、急救箱、拐杖等。2018年，公共图书馆创新了服务形式，为老年人提供送书上门的服务，将阅读服务送到行动不方便的老人身边。

4. 公园景区优待

2009年，北京市已有115个A级旅游景区实施老年人优待政策，免费接待了1212万人次的老年人，优惠接待了1707万人次老年人。2010年，全市178个A级旅游景区以免票接待的老人次数超过1.4亿，以优惠票价接待的老人次超过0.1亿。2011年，全市176家A级旅游景区全年免票接待3073万人次，优惠接待接近1300万人次。2014年，实施老年人优待政策的A级景区有232个，免票接待1.6万人次、优惠接待了0.5亿人次。政府投资或控股的旅游景区对65岁及以上的老人免除门票。2015年，落实对老年人减免门票的优惠政策，同时鼓励私营旅游景点减免老年人票价，大部分景区落实了60岁以上老年人半票、70岁以上老年人免票的规定。从实施老年人优待政策的A级景区数量上看，从2009年至2014年增加了84家，景区免票接待老年人的人次也随着实施优待政策的景区个数发生增减，但总体仍呈上涨趋势，2014年是老年人获得免费游览A级景区人次最高的一年。越来越多的老年人享受到景区游览优待服务，且优待范围逐年增加，是政府对老年人文化活动需求保障深度的重要体现。

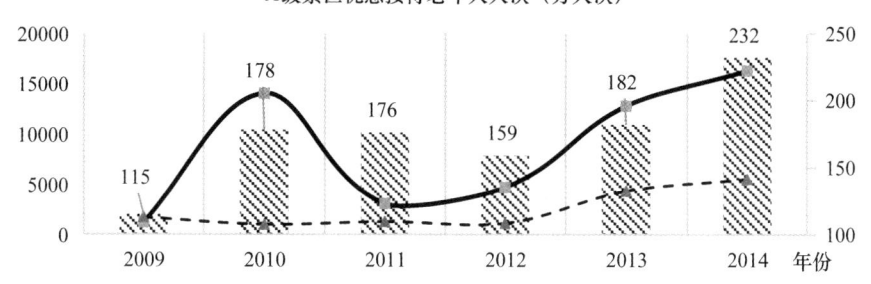

图 5-42 历年北京市实施老年人优待政策的 A 级景区个数及接待老年人人次数

资料来源：根据历年《北京市老年人口信息和老龄事业发展状况报告》整理。

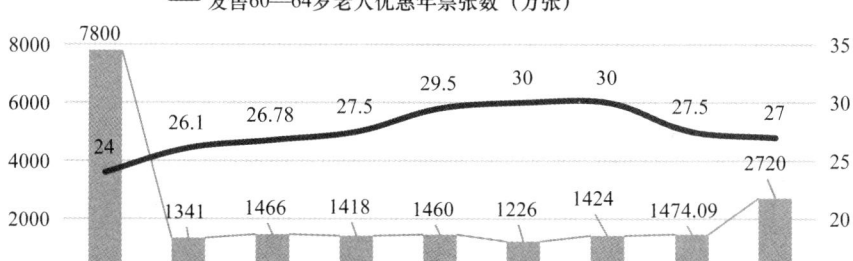

图 5-43 历年北京市属公园接待老年人免费游览人次及优惠年票办理情况

资料来源：根据历年《北京市老年人口信息和老龄事业发展状况报告》整理。

2009 年，市属公园接待了 7800 万人次享受门票优待的老年人，全市共发售 24 万张 60—64 岁老年人优惠公园年票。2010 年，市属公园向 60—64 周岁老年人发售 26 万多张的优惠年票；65 周岁及以上的老人免费游览公园超过 1300 万人次。全市共有 278 家公园实行免费参观服务，另外，有 46 家收费公园免费接待老人次数接近 2600 万人次。2012 年，市属公园向公众免费开放，有35家收费公园免费接待了1226万人次老年人游览。2014年，全年65周岁及以上的老年人免费入园3623万人次。2018年，老人持北京通—养老助残卡享受公园优待的有52万人、322万人次，平均每个老年人享受公园优待6次/年。从市属公园发售老年人优惠年票的数量上看，历年均保持在20万—30万的保障水平。从公园接待老年人免费游览的人次数看，考虑到2008年出台优待政策之后，老年人首次享受到公园优待服务，因此，2009年接待的老年人人次极高，随后趋于稳定，常年稳定在1400万人次左右，在2017年增至2700多万人次。可见，政府对老年人公园游览优待保障的治理深度较为稳定，在一定程度上解决了老年人的文化活动需求。2015年，根据北京市城乡老年人口状况的抽样调查显示，在具体的优待项目上，获得公共交通票价减免优待的老年人数量最多，占25.3%；位居第二的是得到公园门票减免优待，有23.17%，在城乡差异上，城市老年人获得的优待比例均远高于农村老年人。2021年，全市公园积极落实老年人入园优待工作，各收费公园及时把对老年人的优待政策纳入"购票须知"，明确告知老年人相关优惠标准和内容，积极为老年人代查健康宝111万人次。

（二）讲座培训资源开发

2006年9月，市老龄办联合北京市寸草春晖老年心理服务中心共同完成了老年人学电脑试点培训工作，由首都师范大学、北京师范大学等高校大学生志愿者作为授课老师，为丰台区和东城区90多位老年人培训了电脑知识。结合社会特点问题，文化系统举办了各类培训活动和关爱讲座，2010年共举办了主要面向老年读者或老年人专场的文化讲座560场，有5万多人参加。2011年，北京市公共图书馆开展了适合老年人的阅读活动，开设健康讲座，提供书画培训等，定期为敬老院老年人朗读报刊，全年面向老年人开展的阅读活动超过500场，约占公共图书馆阅读活动的20%，参加的老年人近50000人。2013年，北京市公共图书馆根据社会热点和老年人阅读特点，举办了700场讲座，占公共图书馆阅读活动的20%，有8万人次参加。

2014年，各文化馆在各级老干部工作机构、老干部活动中心、老年大学开展文化活动辅导。同年，首都图书馆创办了"生活课堂"关注老年人健康养生和生活品质，全年举办10场讲座，首都图书馆还向中老读者免费开展12场读者信息技能培训课程，提升该群体的信息素养，便利他们的日常信息生活。首都图书馆依托法律主题馆，邀请律师定期举办法律沙龙，为老年读者提供法律普及服务和法律问题咨询，截至2014年已经举办了4期。2017年，北京市公共图书馆利用资源为老年人举办了网络技能和电脑使用的专场培训，提高了老年读者运用电脑进行信息检索、资料查询、网页浏览等的能力。北京市公共图书馆还根据老年人阅读习惯和社会热点等，举办了"养生堂""书画系列讲座""朗诵沙龙活动"等系列视频讲座、法律讲座等活动。2020年，开展线上微信讲座等活动，从疫情期间生活方式改变、特殊时期的心理状态、调整心态，提高"心理免疫力"方面对居家老年人进行心理辅导。

（三）文化艺术活动开展

2007年，开展老年合唱比赛、边少地区公益性演出等文艺活动，丰富老年人的文化生活。政府大力支持品牌老年艺术团队的建设和发展，鼓励特色老年文化活动的展开。2008年，市老龄办联合多家单位组织了北京市退休人员春节团拜慰问演出、北京市贺新春敬老慰问演出、北京市贺新春敬老慰问演出杂技专场、庆重阳·北京市老年文艺汇演、刘老根大舞台二人转专场，600位老人代表参观国家大剧院、欣赏名剧《曹操与杨修》等多场演出活动，全年共完成5000场文艺演出。2009年，全市文化系统1094个老年文化活动团队定期举行了合唱、舞蹈、戏曲等公益演出或交流展示活动，全年举办了6000场公益演出，有212万人次参加了各类文艺活动。各区文化馆充分利用现有的资源优势，积极发展和组织老年艺术团队，为其提供全方位服务。组织多场敬老慰问演出，并举办了2009年北京市贺新春敬老慰问演出和庆重阳敬老慰问演出，与中国音乐家协会合唱联盟、北京市老年艺术协会联合举办了"喜迎建国60周年——我和我的祖国"北京市第四届老年合唱大赛，全市共有61支队伍参加，3100多人。

2012年，举办了北京市退休人员春节团拜会、北京市迎新春敬老暨答谢为老服务单位慰问演出和北京市庆重阳敬老慰问演出。2014年，各级文化馆组织并发展老年艺术团队，参加艺术类活动的老年人数超过了25万。北京文化艺术活动中心发挥北京文化志愿者服务中心的职能，各分中心的文化志愿者结合第六届北京文化志愿者"送福到家"活动、

2014年"中国青年志愿者日"主题活动、重阳节慰问演出等，为北京市老年人组织45场演出，深入到村镇和社区130次，有22000人受益。

二 体育活动：健身场所与活动项目双向开发

在对老年人的体育活动需求的保障过程中，北京市以健全全民健身公共服务体系为核心，积极推动全民健身公共服务体系的建设和发展，为老年人提供丰富多彩的体育健身服务，不断提高经常参加体育锻炼的老年人的比例。在老年人体育活动中，开展适合老年人需求、形式多样、内容丰富的兼具传统性、创新性、经常性的全民健身活动，推进老年人群体体育健身活动的均衡发展。

（一）健身场地建设

体育部门历年加强了对老年健身场所建设与健身指导，2001年，政府兴建了814000平方米配有老年体育设施的全民健身工程，部分还专门设有"老年人活动区"。至2004年，已经建成5103个全民健身工程，晨晚练辅导站达4447个，晨晚练辅导站成为老年人日常锻炼健身的首要场地选择。2008年，政府配建了6000多个全民健身工程，提供适合老年人使用的体育器材。2014年，全市共有7989套全民健身工程，总投资达7.44亿元，覆盖了100%的街道（乡镇）、100%的村、有条件的社区，同时完成了第一轮的更新工作。从2004年至2015年北京市全民健身工程从5103个增至8261个，在很大程度上为老年人参与体育健身活动提供了保障和便利。

在扩建全民健身设施的同时，政府也在不断完善全民健身设施建设。2009年对2004年配建的1225套全民健身工程进行更新，2010年对280套全民健身工程进行了更新，为老年人参与日常建设活动创造便利、安全的健身环境和设施。2010年，通过落实《北京市社区基本公共服务指导目录（试行）》，推动群众性体育组织建设、社区体育设施建设、居民体质测试、群众体育健身、健身宣传培训5个方面的服务内容全面覆盖，引导、鼓励、支持老年人积极参与到社区体育健身活动中来。2011年为近4000个村配建全民健身设施，实现了所有街道、乡镇、有条件的社区居委会、所有的行政村全民健身工程的全覆盖。全民建设设施的发展、更新与完善极大满足了老年人日益增长的健身需求。

2020年，建设完成314处多功能运动场地和36千米社区健走步道，配建更新室外健身器材2万余件，补齐区域体育场地设施短板，有效提升公共体育场地设施供给。

2009年，北京市创建了24个体育生活化社区和18个社区体育健身俱乐部，筹备成立北京市社区体育协会，利用社区的优势和资源，开展老年体育健身活动。2010年和2011年分别建立了15个体育健身俱乐部。2015年，政府创建了154个社区体育健身俱乐部，其中14个已经晋升为国家级社区体育健身俱乐部。除了对社区体育健身俱乐部的建设，政府还通过建设专项活动场地，以供群众开展健身活动。2009年，政府全年配建了300个农村篮球场和30处全民健身专项球类活动场地。2010年，建设的全民健身专项球类场地达30个，社区体育健身俱乐部达15个，为老年人就近参与健身活动提供了硬件条件。2013年，北京市还建设了昌平区国际温泉体育健身中心、朝阳区奥林匹克森林公园国家全民健身示范基地等6个国家级全民健身活动中心。因地制宜建设了棋院、门球、乒乓球等1304片专项活动场地，发挥10个远郊区县建设的31个乡镇文体活动中心的多功能作用。2017年新建509片专项活动场地，2018年新建700片。

除了通过借助全民健身工程的推进，满足老年人日常健身活动的需求，政府还通过开放社会相关体育场地资源、提供优待政策等措施，为老年人参加体育活动提供便利与保障。2010年，65周岁及以上的老人可在政府投资的87个社区体育健身俱乐部（2015年增至154个）中享受免费优待，60周岁及以上的老年人在29家公共体育场馆可享受五折优惠。除享受健身活动收费优惠之外，政府还推动具备开放条件的学校体育场地设施向社会开放，2013年开放率达61.7%。2015年，体育场地符合开放条件的学校有1171所，其中864所对社会开放，开放率达73.8%。通过开放的体育场地设施，为老年人就近开展体育健身活动提供便利条件。

（二）健身项目开发

政府一方面为老年人提供合适、便捷、安全的健身场所，另一方面也在实施老年人体质测定的基础上，推动了对老年人健身项目的开发、推广，鼓励并带动老年人积极参与到体育健身活动中来。2002年政府组织实施老年人体质测定，建立起社区、乡镇体质测试网络，利用老年人体质监测的结果，研究并推广了适合老年人的健身运动。2013年全年政府举办老年人心理与身体成分检测、讲座等培训30多场，共有800人参与。2014年，针对2010年第三次国民体质监测反映的老年人体质问题，政府加强了对老年人的体质测定和科学健身指导，为其提供培训服务和健身指导。大力推广体质促进项目，通过政府购买服务的方式投入2116.4万元的经费，将研发的锻炼器材和设备配发到1924个体育生活化社区，指导居民特别是老年人开展改善体质的健身比赛和活动。政府开展了日常体质测试服务，在市、区县、街道（乡镇）三级体质测试站点，提供日常体质测试、健身与健康咨询活动，老年人积极参与其中，了解自身体质情况并获取科学健身指导。

在老年健身项目的开发上，2001年政府下发《关于在全市开展"百万老年人科学健身活动"的通知》，组织开展了"万众一心盼奥运"太极扇和太极拳表演，承办第十六届全国老年人羽毛球邀请赛，举办"首旅杯"老年人优秀健身项目表演大会。2002年政府召开了全市老年体育工作会，推出20项优秀老年健身项目，并继续开展"百万老年人科学健身活动"，举行第五届北京市老年人优秀健身项目表演赛。2005年，创编了15套老年健身项目。2006年"北京市老年人优秀健身项目展示"活动形成品牌化效应，成为北京市全民健身体育节和全民健身周的主要活动之一。2010年，举办了乒乓球比赛、健身操表演等市级全民健身活动20项，县级活动超过660个、基层体育活动超过2500个。

2012年，北京市全民健身公共服务均等化的水平不断提高，政府举办了第六届"和谐杯"乒乓球比赛、健身气功交流展示、第十五届中老年优秀健身项目展示、第七届民族健身操舞大赛、"九九重阳节"第三届登山大会等全民健身活动。2013年，自2007年起每年举办的"建设银行杯"百家社区健身才艺大赛，覆盖了全市500万人参与。政府创立了市民广场健身舞比赛、百万市民健步走活动、健身气功展示、民族健身操舞大赛、健身秧歌腰鼓大赛、"九九重阳节"登山大会等20多项品牌活动。截至2013年年底，政府连续16年举办了北京市中老年优秀健身项目表演赛，设立了各类老年健身项目，每年有近百支队伍参加。2016年，全市各类全民健身团队近7000个，健身项目有30个，固定参与活动人数约35万人，其中老年人占85%。2020年，大力推广居家健身，加大线上健身项目的研发与推广力度，在北京电视台、"体育北京""北京健身汇"及各区、各协会社团官方微博、微信等持续推出系列居家健身小视频、图文资料等1500余条。

除了对普通老年人健身项目的推广建设，政府还对离退休干部提供了专门性的培训与服务保障。2013年，北京市体育局和北京市老干部局联合为全市副局级以上的离退休干部进行健身气功项目的推广和培训，举办了19期培训班，有1500人参与。2014年政府举办了19期离退休干部健身气功培训班，为130名离退休干部培训健身气功功法。由此可见，政府在推动全体老年人健身项目的开发的同时，也注重对老干部等特殊政策老年人的优待保障，体现了政府对不同类别的老年人群体的差异化需求保障。

三 老年教育：老年学校的规模发展与优化升级

老年大学不仅有利于提高老年人群体的生活质量，还能推动老年人人力资本的开发，从而推动社会进步。2015年调查显示，北京市老年人参与老年大学的比例仅占3.73%，绝大部分老年人尚未参与到老年大学/老年学校活动和学习中。下图对自2004年起北京市老年学校①数量及其在校人数的统计可以看出，北京市老年学校建设力度基本保持稳定，基本维持在2000所以上。2004年，北京市有2844所老年学校，逐年增长至2009年的3694所，但之后却逐年减少，直至2017年仅有1817所。老年学校数量的减少可能与对不同层级（市级、区县级、街道社区级别）的老年学校规划、合并相关，部分基层老年学校的招生与教学工作不力，必然会导致其无法持续运营。同时，线上教育的推进也使得部分基层老年学校进入改革创新阶段。但老年学校数量的减少，在一定程度上意味着老年人获得老年教育的渠道数量的减少。就各个老年学校在校人数的变化来看，自2005年起，在校老年人人数逐年上涨至32.1万人，但随后在校人数持续下降，2017年仅有17.8万人在校老年人。对此，依托北京

---

① 此表统计的老年学校指的是包含老年大学、社区老年学校在内的所有老年学校系统，涵盖了市级、区县级、街道及社区级老年学校的数量。

老年开放大学办学系统，北京市初步形成市、区两级办学网络，并进一步向街道（乡镇）、社区（村）延伸。截至2021年年底，全市共有3167所老年大学，经常性参与教育活动的常住老年人总数达57.8万人，全年网络注册学员数为14.9万人。

就北京市老年教育体系的历史发展路径来看，1984年，当时在全国规模最大的北京海淀老龄大学正式成立，有48个教学班、25名教师，在校学员近1500人，设置了国画、书法、篆刻、诗文、花卉、字画等课程，并按照物价局的规定收取相应的学费。1987年，北京市出现了第一家街道办老年学校——东城区建国门老年学校。1991年共有35所老年大学，1997年增至54所。1997年成立的北京老年电视大学通过在18个区县设立了老年电视大学工作站，利用科学技术为老年人教育学习提供了便利，并增强了与老年人的联系，其教学的课程包括书法、电脑、老年人保健、法律知识等12门。

2010年，各级开设了29个老年大学，常年开设20多个专业。各区县文化馆秉持着公益性原则，免费为老年人提供场地，组织专业培训和辅导，全年共有8万多人次受益。全市共组织摄影、书画、工艺美术、集邮等交流展览570场。2015年，全市各区建有30所老年大学，全市80%的街道建立了社区教育中心。以社区教育作为载体，为老年人提供丰富多样的培训和教育活动，持续性满足老年人对教育的需求。全市有60%的教育机构已经面向社区开放，为市民终身学习，特别是老年人提供了必要的学习条件。全市老年人参加社区教育培训达270多万人次，占全市培训总人次的22%。2015年，政府继续完善老年教育课程建设，开发老年教育教材，依托北京开放大学、社区教育中心（承认教育中心）、各区社区学院等为老年人提供包括养生、文明健康、信息技术、法律法规等内容在内的多种形式的讲座。对已经出版的《退休准备》《老年教育教程》《生命金辉》等老年教育相关的教材制作了视频课程和音频课程，每集控制在10分钟内，使其成为老年人易懂、易学的教育教材。

2017年，北京开放大学建立的"北京学习型城市网"（简称"京学网"）是为了各级各类学习型组织和北京学习型城市建设而建立的提供综合教育服务的非经营性教育网站，其中提供了老年生活、科学讲堂、居家常识、家庭生活、家庭护理、心理健康、养生保健、信息技术、文化传承、法律常识等20大类的内容，这部分资源可用于社区教育、老年教育、继续教育等多种类型的教育教学。2017年，"北京学习型城市网"自建的学习资源包括400个主题、5100集视频课程；另外引进了527集超星视频、17个主题的首都科学讲堂、8000多集的北京新农村建设课程等。2018年，北京形成了以北京开放大学为龙头，各乡镇成人学校和职业院校为依托，以各区社区学院（包括成教中心和社教中心）和开放大学分校为骨干，村成人学校和市民学校为基础的四级老年教育学习服务体系。全市有30所老年大学，80%街道建立了老年活动中心，超过60%的教育机构向社区开放，为市民终身学习特别是老年人学习提供了有利条件。"京学"网提供了包括生活技能、养生保健、法制教育、心理健康等内容的线上课程，其中包括了750集的老年教育专题资源，丰富了老年人学习的项目选择。2021年，各区属职工大学先后开展老年专科层次的学历继续教育，北京开放大学开展了本科层次的学历继续教育，既为老年群体的终身学习创造有利条件，又拓宽了成人高校的社会服务职能。

第七节　社交活动需求治理深度变化

一　婚姻介绍：搭建平台提供资源

随着老年人口的不断增长，特别是单身、空巢老人数量的剧增，该群体的家庭与婚姻问题引起了社会广泛关注，同时再婚老人的家庭和婚姻维系也常会面临困境。基于老年人群体的婚姻需求，1986年，政府建立了38个老人残疾人婚姻介绍所，1996年又新成立了5个老年婚姻介绍所，1999年建有老年婚姻介绍所11个。为了鼓励社区内老年人相互认识，提高建设和谐婚姻家庭的水平与能力，2011年，政府出台了《北京市民政局关于在全市设立"银龄婚姻家庭建设俱乐部"有关工作的通知》，在全市范围内有条件的社区服务中心设立银龄婚姻家庭建设俱乐部，发挥在人力资源和设施场地上的优势，建设面向本区域或周边地区老年人的服务平台，定期开展文体活动、交友活动、健康教育、婚姻咨询等公益服务，以进一步解决老年人的婚姻家庭问题。此项活动是政府引导、社区服务机构运作、社会多元力量共同参与的社区公益性活动。

二 社会参与：组织参与与活动引领

联合国在第二次老龄问题世界大会上通过了《老龄问题国际行动计划》和《老龄化马德里政治宣言》，基本确定了积极老龄化的行动指南，强调老年人个体的社会价值，将社会参与作为应对老龄化的关键战略之一。老人的社会参与既包括劳动层面，也包括经济、社会、公益等领域，进一步发挥老年人的经验智慧优势。在对老年人社会参与的倡导和扶持中，老年志愿活动是重要构件。世界卫生组织在《积极老龄化政策框架》中就"参与"问题明确了三方面内容，包括：鼓励老年人参与家庭和社区生活；承认并帮助老年人根据自身需求、喜好、能力等积极参与到各类经济发展活动、工作、志愿者活动中；为老年人提供终身学习和教育的机会。《中华人民共和国老年人权益保障法》中对老年人参与社会发展的基本内容也是以志愿者活动为主，这在一定程度上反映了老年人参与志愿活动的重要意义和法律地位。

（一）老年人协会

老年人协会是在社区中由村委会、居委会推动建立，或老年人自发建立的老年人互助组织，其工作宗旨在于维护老年人的合法权益，增进老年人群体的社会福利水平，促进老年人的互帮互助和社会参与。老年人协会是老年人实现自我教育与发展、管理和服务的基层群众性组织。《关于进一步加强基层老年人协会建设的指导意见》（2011）提出，要发挥老年人协会在老龄工作中桥梁纽带、助老服务、参谋助手的作用，参与计划生育、环境保护、维护社会治安、关心下一代、传播科学文化知识、宣传老年法律法规、调解老年人家庭纠纷等各种矛盾，维护老年人合法权益。组织老年人开展群众性的老年学习教育、文化娱乐、体育健身活动。根据2015年北京市城乡老年人口状况抽样调查数据显示，北京市老年人参与老年协会的比例为4.78%，且低龄老年人参与的比例高于高龄老年人，其中，60—64岁老年人参与比例达4.99%，65—69岁老年人参与比例达5.81%，70—74岁比例为5.68%，75—79岁比例为4.65%，80岁以上老年人参与比例为2.75%。在参与老年协会的老年人中，对老年协会组织的活动满意度较高，其中非常满意比例为28.13%，比较满意的比例为57.5%，一般的比例为13.13%，比较不满意的比例为1.25%。

社会参与是老年人群体在晚年阶段实现自我价值的重要途径和渠道，政府将老年人社会参与正式纳入"积极老龄化"的发展战略中，组成联合国应对21世纪人口老龄化的政策框架的重要组成部分。政府向来以积极态度对待老年人的社会参与，积极拓展老年人力资源的开发渠道，破解职业老年参与社会经济发展的思想观念障碍和政策法规束缚，为老年人在更宽领域和更大程度参与社会经济发展搭建了新的平台。北京市在关注老年人主体作用的前提下，发展基层老年协会，将其作为加强基层老龄工作和创新社会治理的重要内容，同时，倡导开展老年志愿服务，充分发挥其在参与社会公益事务、维护老年人权益、参与社会建设等方面的积极作用，从而探索出了符合首都老龄现状的特色老年人社会参与模式。2004年，政府组织召开了北京市社区老年人协会建设工作座谈会，培育基础社区老年人协会。年内本市6377个居（村）委会中有5835个成立老年人协会，占总数的91.5%，全市有4个街道成立了街道级老年人协会。2005年，全市96%以上的村（居）委会建立起了老年人协会，共有6万多老年志愿者。2015年，逐渐建成了区、街（乡）、居（村）三级基层老年协会建设。

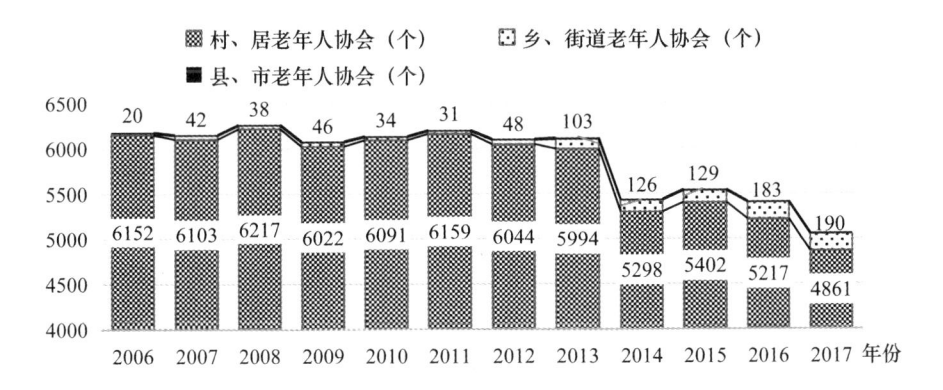

图5-44 历年北京市各级老年人协会占比变化

资料来源：根据历年《北京市民政统计年鉴》《北京民政年鉴》整理。

图 5-45　北京市参加老年人协会的老年人数及其占全市比例的变化

资料来源：根据历年《北京市民政统计年鉴》《北京民政年鉴》整理。

就各级老年人协会占比的发展情况而言，村、居级的老年人协会是主体力量，2006年共有6000多个，且数量较为稳定，直至2013年数量跌至6000个以下，并逐年下降，2017年仅有4800多个。与村、居级老年人协会数量的变化趋势相反，乡、街道的老年人协会数量整体呈现上升趋势，从2006年的20个增加至2017年的190个，翻了9倍。市、县层次的老年人协会数量较为稳定，从2个增至5个。总体上，北京市老年人协会总数在减少，但乡和街道老年人协会数量呈上升趋势，老年人协会数量的减少在一定程度上会影响到老年人社会参与的途径数量和参与机会。

随着北京市老年人协会数量的减少，历年参加老年人协会的老年人数也在减少，从2006年的48万人波折降至2017年的32万人。就参加老年人协会的老年人占全市老人总数的比例看，呈现着下滑趋势。2006年的参与占比为23.8%，2009年跌破20%，达到19.1%，随后一路降至2016年的11.2%，而2017年则达到了最低点，仅为9.6%。可见，由于老年人协会数量的递减、老年人社会参与的比例也在下降。老年人参与比例的下降是因为全市老年人的总人数在增加，但是参与老年人协会的老年人人数没有及时跟上，所以呈下降趋势。就此参与渠道的变化来看，政府对老年人社会参与的保障深度在逐渐变浅。如何鼓励、扶持老年人协会的发展，是未来政府加强养老责任保障的发展方向之一。

(二) 老年社团组织

老年社团组织也是老年人社会参与、扩大社交范围的重要渠道，对老年社团组织的保障、鼓励、扶持，是政府保障老年人社会参与需求得到满足的有效途径之一。从2007年至2017年，北京市各类老年人社团组织的个数从5723个增至5885个，其间呈波折式上涨，在2013年达到7000多个，随后稳定在6000个左右。整体上，历年老年社团组织的个数较为稳定，且呈现上涨态势。而各类老年社团组织的参加人数也随着老年社团组织的个数发生了相似变动，在2008年参加人数从上年的31.7万人跌至最低点，仅为18.6万人，随后逐年上升，直至2012年有63.1万人参加社团组织，但在2014—2015年却遭到了滑铁卢式的下滑，2015年仅有21.3万老年人参加，但其后回升至2017年的55.41万人。虽然老年社团组织的参与人数经历了起伏较大的波动状态，但总体上参与人数仍呈现上涨态势。就参加老年社团组织人数占全市老年人的占比情况而言，2008年的占比从2007年的15.1%落至8.5%，但随后逐年上升至2012年的24%，之后又一路回落至6.8%（2015年），2016年与2017年重新升至16%左右，与2007年参与比例相近。从参加老年社团组织的老年人人数占全市老年人比例来看，基本维持在15%的占比。

图5-46 历年北京市各类老年社团组织个数及参加人数情况

资料来源：根据历年《北京市民政统计年鉴》《北京民政年鉴》整理。

(三) 老年活动中心

老年活动中心（站）是由政府兴办的福利事业单位，为老年人开展社交活动、进行文化娱乐活动等提供了重要场所。北京市1986年便有1200多个老年活动中心（站），至1988年，基本维持在1200个左右。进入21世纪初期，老年活动中心（站）的数量大幅增至6412个，之后虽然轻微下降，但基本维持在6000个规模之上。由此可见，北京市老年人活动中心（站）的建设进入21世纪之后取得了显著进步，且保持在较稳定的发展水平。从老年人活动中心（站）的老年人参与人数上看，2006年北京市有66万老年人参与了老年活动中心（站）的相关活动，此后参与人数在曲折升降中呈现总体增加的趋势。其中，2012年参与人数降至72万人左右，下一年则升至最高峰，达到97万人左右，之后先降后升，在2018年共有93万多老年人参与了相关活动。从老年人的参与人数来看，保持了平均每年3.4%的增长率，从2006年至2018年参与人数增加了一半之多。

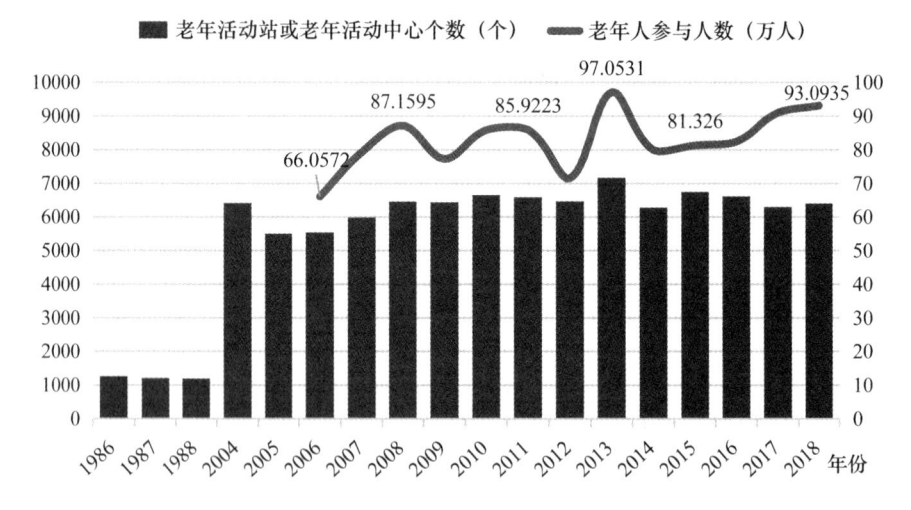

图5-47 北京市历年老年活动中心（站）个数与老年人参与人数情况

资料来源：根据历年《北京市民政统计年鉴》《北京民政年鉴》整理。

(四) "银龄行动"

老年志愿服务不仅能推动积极老龄化的发展，对老年人自身还具备较大益处，例如能提高老年人认知功能、增加社会整合感、减少抑郁症状和孤独感、增加生活满意度、促进心理健康等。老年人参加志愿活动能为其提供广泛的社会交流机会，从而预防痴呆等疾病，同时还能帮助其维持良好的自我效能感，提高身心健康。2003年，北京市老龄委开始落实全国老龄委关于开展老年知识分子智力援助西部大开发行动（又称"银龄行动"）的要求与精神。按照全国老龄办下发的《关于印发〈组织开展老年知识分子智力援助西部大开发试点方案〉的通知》精神，北京市组织了老年知识分子智力援助西部大开发的行动，2004年6月16日到8月19日期间，组织了19个三甲医院的19位医学专家前往内蒙古自治区乌兰察布市提供医疗援助。其间共接诊患者7200人次，完成170例各类手术，下乡义诊接诊患者2500人次，抢救重、危、急病患者100多人次，举办不同专业的学术讲座70余次，听课人员达3300人次，召开业务技术交流座谈会共15次。

2005年，市民政局提出了老年知识分子开展"医疗、教育、文化"（即"三下乡"）活动的创新性举措，年内组织85名各领域专家在郊区县开展了健身操、大合唱、医疗体检、书法、英语培训、健康讲座、文艺汇演等10个援助项目，共举办11场活动，2965人次受益。2006年，市老龄办与市农委组织了"银龄行动——走进山区·三下乡"活动，全年为11个受援区县提供以文化、医疗、教育为内容的14个援助项目，开展了40场服务活动，近7000多名老年人受益。2007年，为15个区县开展了27个项目300场活动，有160名离退休专业技术人员参加援助活动，近30000人受益。2008年，开展125次活动，市级活动31次，区县级活动94次。其中，医疗40次，科普知识培训33次，书法、秧歌、舞蹈、健身操等文化活动45次，厨艺、游泳、理财知识、救护等培训7次，近2万多人受益。2009年，活动方法从由市里开展为主转变为市级指导区县独立开展，全年拨付资助经费18万余元，共组织了演出、文化培训、理疗体检等106场活动，获得较好社会效果。

2018年，组织引导退休老同志发挥积极作用。政府为退休老同志提供了社会参与的平台载体和工作任务，让其在改革发展过程中继续为社会贡献力量。开展"增添正能量·共筑中国梦"的主题活动，鼓励退休老同志在参与城市治理、关心青少年成长、传播社会主义核心价值观、促进社会和谐、助力绿色发展、坚定理想信念六大方面起带头模范作用。继续推进老干部宣讲团、老党员先锋队两支队伍的规范化建设，在基层、邻里等第一线发挥好宣传群众和带动群众的积极作用，获得较好社会反响。2018年，共建立了136个老干部宣讲团，有868名宣讲员；建立了1584支老党员先锋队，成员有4.5万人，其中离退休干部党员有2.9万人。全年共宣讲1000场次，受众累计6万人。2018年，政府还依托街道、乡镇、社区等为老年人参与社会公益活动提供了良好条件，引导符合条件的老年人在居住地附近参与治安巡防、文明劝导、老年人互助、邻里守望等志愿服务活动。

2021年，政府鼓励引导老年人通过老年人协会等自治组织参与志愿服务，探索建立鼓励机制促进老年人参与社区治理、社会服务、老年人权益保护等。比如组建老年志愿监督员队伍，监督老旧小区综合整治适老化改造和无障碍环境建设。2021年年底，"志愿北京"平台老年人或助老相关的志愿团体1531个，志愿服务项目1.7万个，实名注册志愿者中60岁以上志愿者人数为84.79万人。同时，出台《北京市养老服务时间银行实施方案（试行）》，探索建立养老服务时间银行机制，创新互助养老服务模式。

第八节 法律维权需求治理深度变化

一 侵权维护：加强组织建设并降低援助门槛

（一）老年人维权组织建设

1993年，宣武、西城、海淀三个区建立起了覆盖区、街、居三级的维权网络，1995年9月，在市人大第十届二次会议上通过了《北京市老年人权益保障条例》，规定60岁以上的老年人所拥有的家庭保障、社会保障、基本保障、法律责任等，将政府的养老工作正式纳入法制化轨道。1996年，国家出台了《老年人权益保障法》，从更高阶层次保障了老年人的合法权益。1997年9月，北京市成立了老年人权益服务中心，为老人提供相关的维权服务，该中心在2000年加入由市妇联、司法局、残联等多个单位共同组建的"148"特殊群体法律服务协作网中，受理各类法律咨询服务。1998年，强化维权组织建设，新建各级维权组织316个，全市维权组织超过2000个。4月，市老龄协会邀请市司法局、东城区司法局等部门就为老年人提供法律帮助问题进行座谈，商定每个区县推荐一个文明法律事务所，向老年人提供法律方面的援助。为强化协调工作，部分区县增补了司法局作为老龄工作领导小组成员单位。

2003年，市公安局、司法局、老工办等单位印发了《关于加强维护老年人合法权益工作的意见》，在全市建立起市、区（县）、街（乡）、居（村）委会四级的老年人维权网络，实现网上办理、网上信访、网上答复。2004年，政府成立了维护老年人权益服务工作协调小组，在全市316个街道和乡镇设立了320名老年维权工作联络员，建立起街道和乡镇老年维权服务工作协调组织。2006年区县法律援助中心和区县老龄委共同设立了老年人法律援助工作站，在各乡镇、街道办事处依托司法所也建立完善法律援助工作站，让老年人能够就近提出申请。2010年，北京完善了四级法律援助网络建设，构建半小时法律援助工作圈。

2011年，在北京市范围内的街道（乡镇）全部建立起法律援助工作站，并在社区和村对应设立联络处。2012年，开展"法律援助村居行"的活动，建立法律援助工作站和法律援助联络点。2015年继续铺开法律援助站点建设，在部分合适的养老照料中心、养老机构等老人集中聚集的地方设置联络点，及时了解老年人的法律需求，为其提供快捷方便的法律援助服务。2016年7月设立北京市老年维权服务工作站，该工作站通过建设"四个一"的要求，构建了北京市老年维权服务体系。"四个一"包括：建立一张老年维权服务网络；设置一个固定维权服务场所；开通一条维权服务热线；保持一支专业维权服务队伍。北京市老年法律援助中心从2006年的36个增长至2017年的130个，增加了3倍。2021年，下发《关于开展2021年公共法律服务专项维权活动的实施方案》，活动期间，现场接受老年人咨询1.67万余人次，参与活动近10万人次。

（二）降低法律援助门槛

2007年，政府将农村五保等五类对象认定为存在经济困境的法律援助对象，并将老年人涉及人身损害赔偿的案件归入法援范畴。2008年政府将法律援助经济困难的认定标准降为低收入家庭，政府进一步完善了市、区、街、居四级法律援助体系，公证机构到老年人家中、敬老院等为其提供公证办理服务。2015 年，政府开始注意到面临身体残疾、孤寡空巢、高龄等情况的老年人的法援需求。在各级法律援助机构为老年人办理的老年法律援助案件数统计中，1998 年为老年人办理了 1187 件涉老案件，在 2005—2012 年，办理水平都局限在 500—700 件左右，保障水平较低，但 2013 年办理案件数上升至 1068 件，2017 年翻了 7 倍左右，达到 7100 多件，这可能与政府进一步放宽法律援助门槛有关，导致更多老年人有机会寻求法律救助。2021 年，全市各法律援助机构共受理老年人法律援助案件 1787 件次。总体上，各级法律援助机构接待处理的案件数量在整体上呈增长趋势，一方面，反映了老年人对法律援助的需求的增加；另一方面，也反映了政府与社会对老年人法律维权需求的有效解决。

（三）便捷法律援助通道

2009 年，北京市开展了落实《北京市法律援助条例》、维护困难群众合法权益的主题宣传周活动。各法律援助中心实行了老年人申请法律援助绿色通道，简化了一系列经济困难审查手续，为行动不便的老年人提供法律援助上门服务的活动，为老年人上门办理了 286 件法律援助案件。2014 年，出台了《关于进一步加强老年人法律援助工作的意见》，老年人可享受电话预约、上门办理的服务。2015 年，加强法律援助中心便民服务窗口的建设，设置老年人法律援助接待专区，完善方便老年人的硬件设施。同时，法律援助中心设立了老年人法律援助绿色通道，实行首问负责制、零等待服务、一次性告知制度等，安排专人优先接待老年人并解答老年人的法律咨询，简化老年人申请法律援助的程序，实现当天受理、当天审批、优先指派。指导有条件的区尝试为 80 岁及以上的老年人发放法律援助 IC 卡，简化提供经济困难证明程序。

2017 年，政府从基层法律服务、法律援助、司法鉴定、公证、律师、法制宣传的工作要点切入，推出了 6 大类 26 项服务老年人的便民措施，整合了北京市法律援助、调解、公证等各个部门的力量和资源，向老年人提供更为利民、亲民、惠民、便民的服务。2017 年，全市各公证机构完善了各项便老助老的服务措施，为老年人开设了办理公证的绿色通道，对于符合法律援助条件的老年人按照相关规定减免公证费用，对于 70 岁及以上和患病残疾、行动不便的老年人提供电话或网上预约的服务，在老年人接待窗口配置适老用品，由专人进行引导、协助办理公证。同时，在开展服务的过程中，对遗嘱继承类事务进行公证知识讲解，对以房养老诈骗、保健品诈骗等进行提醒，强化老年人自身的防范意识。2020年，开设"老年人维权绿色通道"，建成市、区、街、居四级公共法律服务实体平台，推进涉老案件网上立案、远程庭审和巡回审判，老年人合法权益得到有效保障。2021年，开展"法律援助进家门"法律援助志愿服务，帮助老人们营造良好的家庭氛围，规避法律纠纷，安享幸福晚年。

二 法律咨询：渠道便捷与畅通

1997年成立的北京市维护老年人权益服务中心当年共接待来访、来信、电话咨询718人次，维护了老年人合法权益。1998年，市和区县维权组织共处理老年人来访来信反映的问题4410人次。2000年，政府利用"148"法律服务热线为老年人提供法律咨询服务，2005年，通过"148"专线提供涉老咨询共12716人次。2009年，北京市老年维权中心全年共办理816人次老年人来信、来电、来访，保证事事有回音、件件有答复。2015年，政府充分发挥96156社区服务热线和12348法律服务专线的作用，便于老年人足不出户即可享受到法律咨询服务。

2016年，政府开通了老年维权服务咨询热线：010—83811699，同时和96156社区服务热线实现了对接，市民通过直接拨打96156咨询与老年人相关的案件问题，由95156进行人工转接，由律师提供法律咨询，年内解答涉老法律咨询近2000人次。从律师团队解答涉老法律咨询的案件来看，家事咨询占比达35%。2017年，政府强化了12348便民法律热线和北京法网在线法律咨询服务功能，并选派了援助经验丰富、职业素质高的律师定期值守网络与专线，全年共解答涉老法律咨询2451人次。

从老年法律援助中心历年为老年人提供的法律咨询次数看，1998年为老年人提供了4410人次的法律咨询，2006年，咨询人次增长至2万多，随后曲折降至2012年的1.5万人次，2013年法律咨询人数达到了5.7万人次，是2006年的近3倍。随后法律咨询人次回落至1.5万人次。从法律咨询人次的绝对数量来看，相对于20世纪90年代，老年法律援助中心为老年人提供的咨询次数得到了显著提高，但进入21世纪之后，历年老年人法律咨询人次基本较为稳定，保持在1.5万人次的规模。从每百名老年人获得法律咨询的次数看，1998年，每百名老年人可获得0.3次法律咨询，2006年每百名老年人可获得1次法律咨询，到了2013年可平均获得2次法律咨询，但2014年和2015年的法律咨询平均次数与20世纪90年代的保障水平相近，即每百名老年人只能获得0.5次法律咨询。这其中不得不考虑到期间老年人总数的急剧增长，为政府提供法律维权、咨询等保障增加了压力和难度，但仍显示出政府在老年人法律咨询的保障深度上有待提高。

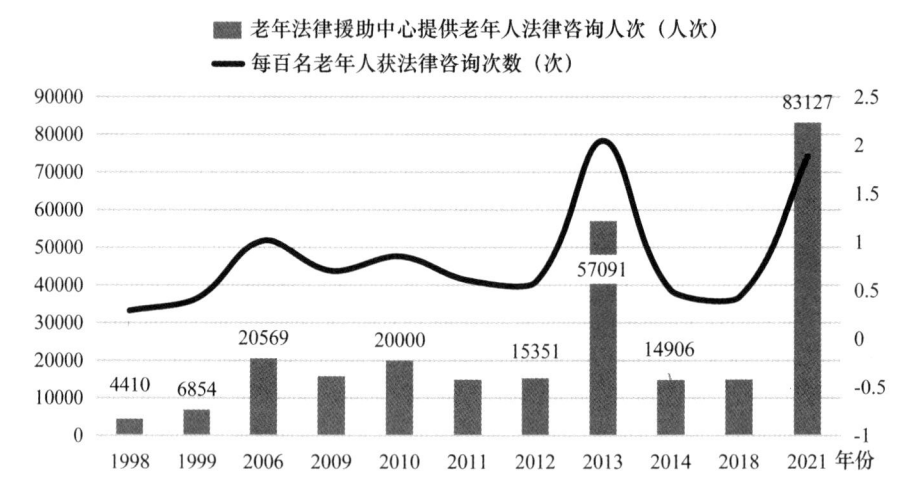

图5-48　北京市历年老年法律援助中心提供的法律咨询人次

资料来源：根据历年《北京市老年人口信息和老龄事业发展状况报告》整理。

第九节　本章小结

在对老年人经济保障需求的治理上，政府治理广度和深度都有着较明显的提高，政府保障范围从少数单一群体实现全面覆盖，保障标准从城乡分化走向城乡统一，保障措施从单一救助走向多元化措施并重。在养老保险层面，政府先后建立起了单位退休金、城镇职工基本养老保险、农村社会养老保险，并在此基础上建立了城乡居民养老保险，实现对城乡居民养老保障的全面覆盖，并通过对城乡居民福利养老保障对无社会保障的老年人提供托底保障，从而形成"职工+居民""城市+农村"全面覆盖的养老保险保障，较好地保障了老年人的基本老年生活。从保障深度上看，单位退休金在20世纪80年代水平较低且无明显增长，但其他四类养老保障措施的保障金额都在逐年上调，领取相关待遇的老年人规模也在逐年上涨，总体而言，政府通过养老保险对老年人经济保障需求的治理深度越来越深。

在对老年人的经济救助和福利补贴上，政府既有对低收入老年人的一般性经济救助，也有对不同老年人群体的专项经济救助。在一般性经济救助中，在改革开放初期，政府延续了之前对农村五保户、城镇定期定量社会救济孤老的政策，对其进行保障，但两类保障中老年人的人数都在逐年下降，这可能与老年人逐步被纳入其他养老保障中有关，而老年人平均享受到的金额却得到了大幅度提升，可见政府对其治理深度仍在继续增强。在一般性救助中，城乡低保保障对象规模逐年下降，但老年人占比却在逐年增加，同时通过分类救助对老年人进行政策倾斜保障，并在2015年实现了城乡低保标准的统一，实现了从城乡分野到统一化的转变。另外，政府还配套临时、单次、专项救助为低收入老年人群体提供生活补助，改善其基本生活。

在专项经济救助中，政府通过对高龄老年人实行特困救助金、百岁营养补助金、高龄老年人津贴的方式，加深对高龄老年人基本经济保障的治理深度，并对不同年龄的高龄老年人实行不同补助标准，体现了政府分类治理的理念。对于精减退职老职工的补助，虽然保障人数在2000年之后呈下降趋势，这不排除大量享受该保障政策的老年人的离世因素，但政府对其补助的水平却在大幅度提高，治理深度明显加强。对征地超转老年人群体的经济救助，虽然人数下降，但政府治理深度也得到较大加深。优抚孤老的经济保障在2009年实现了城乡统一。政府在2005年开始实行农村计划生育政策家庭的扶助，且针对不同家庭情况（一般家庭、独生子女死亡家庭、独生子女伤残家庭）提供了不同的经济补助并逐年上调。总体而言，政府对老年人的经济救助体现了兜底保障（一般性救济救助）和专项救助（针对不同老年人群体）相结合的特征，在治理深度上呈现逐年加深的明显趋势。

在对老年人生活照料需求的治理保障上，政府主要通过提供养老助餐服务、家政服务、出行优待三大措施加以解决，覆盖了老年人日常生活的食、行、衣等方面。在养老助餐服务中，政府在2009年出台了"九养"政策，通过对社区实现养老餐桌的全覆盖，保障了老年人基本吃饭问题，通过品牌化运营和完善送餐体系等措施，提高了老年人的就餐质量与效益，治理程度较深，效果较为明显。在家政服务中，政府通过引入1.5万家服务单位，发放养老助残券让老年人选择性消费所需的家政服务，涵盖了6大类110项服务项目。在出行优待方面，政府为老年人提供了免费乘坐公共交通的优待福利，并在2018年将享受人群从65岁以上扩至60岁以上。为了提高老年人出行的便利，政府分别在公园、公交车等公共场所为老年人提供无障碍设施，进一步提高老年人出行便利与人身安全。另外政府在2011年推行老年人意外伤害保险，更进一步提高了老年人出门在外的人身安全。政府在三类生活照料服务中，逐年增加了服务保障的措施、优化保障方式、扩大保障范围，实现了对生活照料需求治理程度的提高和改善。

在对老年人居住保障需求的治理中，政府展开了住房保障、托老入住、宜居环境、紧急救助四种渠道的资源投入和保障。在基本住房保障中，政府对贫困老年人、优抚孤老、军队离退休干部进行了不同程度的治理保障。对于城市贫困老年人，政府在2001年实行城市廉租住房的配租补贴保障，并在2008年特别提出对老年人廉租住房的配租保障优待。对于城镇优抚孤老，政府通过专门为其建设廉租住房等措施保障基本居住保障，相较于普通贫困老年人，政府对优抚对象的居住保障治理深度更深，投入资源的力度更大。在农村，政府对农村社救对象和优抚对象进行持续多年的危房改造措施，并在补贴力度上逐渐上调，翻建数量也在逐年增加。而离退休老干部的住房保障中，政府通过大量财力资源的投入建设了专用住房，治理深度相较于其他老年人群体要深得多。

在为老年人提供托老入住保障中，光荣院收养的人数在2000年之后大为减少，虽然床位数量保持较高水平，但床位率大大降低，政府在对光荣院收养老年人方面的治理深度越来越浅。而乡镇敬老院、社会福利收养机构收住的老年人越来越多，且机构数也在逐年递增，政府治理深度越来越深。随着生活水平的提高，政府开始为老年人提供宜居环境，在2009年通过适老化改造、2014年安装烟感报警器、2017年加装老旧小区电梯等多种方式为老年人改善居住环境，提高居住质量，并通过为空巢老年人、失智老年人提供应急救援设备降低其人身危险风险，进一步深化了对老年人的居住保障需求的治理深度。

政府对老年人的医疗保健需求的治理保障中，开发了医疗保险保障、医疗救助保障、就医用药服务三大举措。在医疗保险保障上，政府先后建立起了城镇职工基本医疗保险制度、新型农村合作医疗保险制度、城镇居民医疗保险制度、城乡居民基本医疗保险制度。城镇职工基本医疗保险制度中，退休人员领取待遇的人数逐渐上升。而城镇居民医疗保险将无医疗保障的老年人群体纳入保障范围，城乡居民基本医疗保险制度则打破了城乡分割的局面，实现了城乡医疗保障的统一。

在医疗救助保障上，政府针对贫困老年人、高龄老年人、特殊政策老年人分别提供了不同程度的治理保障。在2002年、2004年分别建立了城市特困人员医疗救助政策和农村特困人员医疗救助政策，并逐年提高救助上限，扩大医疗优惠。2009年起百岁老年人享受到了补助医疗保障。在特殊老年人群体中，优抚对象和军队离退休干部的医疗减免福利要比其他老年人群体的治理深度更为深入。在就医用药方面，政府通过建设老年医院、扩充社区卫生服务资源，拓宽了就医渠道资源，并进一步提高了社区用药的便利程度。在社区为老年人提供健康档案、家庭病床等健康管理服务，进一步加深了对老年人医疗保健需求的治理深度。

在老年人精神慰藉需求的保障上，政府主要通过慰问关怀、心理咨询两条举措并行，加深对老年人的需求治理深度。在慰问关怀上，在20世纪末期，政府领导对老年人的慰问关怀更加注重精神层面，但进入21世纪之后，政府在慰问老年人的同时兼重对其给予物质关怀，提高了慰问关怀的效度和效果。在心理咨询上，政府在2007年通过开通心理咨询热线，提高了老年人满足咨询需求的便利程度，并逐年扩展合作机构，为老年人提供更多的心理服务资源。

在老年人的文体教育需求的治理上，政府通过文化馆、博物馆、图书馆、公园景区等文化场所为老年人提供服务优待，老年人享受到的服务种类和人次都在逐年增加，另外政府通过提供各类讲座培训，为老年人提供文化活动方面的需求保障。在体育活动的服务保障上，政府借助全民健身工程的平台，建设老年人活动区，完善健身场地建设，并推动社会体育场地资源的开放，为老年人提供更多的场地资源，同时通过开发各类健身项目,为老年人满足体育活动需求提供多层次的资源保障,治理深度逐渐加深。在老年人教育需求的满足中,政府通过老年学校的规模性建设,为老年人提供更多的教育资源和教育渠道,并借助信息化手段提升教育资源的多元化,便捷老年人接受继续教育。

在保障老年人社交活动需求的过程中,政府搭建婚姻介绍平台,为老年人提供社交场所和渠道,帮助其解决婚姻需求。在社会参与方面,政府通过老年人协会、老年人社团组织、老年人活动中心等多种场所渠道为老年人提供社交平台,就历年老年人的参与比例来看,老年人在社团组织和老年人活动中心中的参与比例总体上升,较好地满足了其社交活动需求。但在老年人协会的参与中,老年人占比逐年下降,反映了政府在该平台资源中对老年人社交需求治理深度的弱化,如何提高老年人在老年人协会中的积极性和参与度,是政府提高治理能力、追求更大治理效度的重要任务。另外,自2003年起,政府通过"银龄活动"组织老年人发挥个体能动性,积极参与到社会服务中去,既提高了老年人的社交能力,又为社会盘活了更多老年志愿资源。总体上,政府对老年人社交活动需求的治理深度逐年加深,但在某些资源渠道中的治理深度有待审视与提高。

老年人的法律维权需求不可小觑,政府通过加强老年人维权组织建设、降低法律援助门槛、便捷法律援助通道三大举措加强了对老年人的权益保护,并通过出台《北京市老年人权益保障条例》,在法律层面上保障老年人应有的法律权益。在老年人维权组织建设中,1993年部分区县便建立起了覆盖区、街、居三级的维权网络,并相继组建起成熟的维权组织体系,为老年人提供法律维权服务。近年来,老年法律援助中心个数得到大幅度增加,保障了维权渠道的畅通。同时,政府通过降低法律门槛,让更多困难老年人得到法律援助。在法律咨询保障中,政府通过开通老年维权服务咨询专线,便捷老年人法律咨询渠道,以完善的维权组织体系、便利的维权咨询渠道、更广的法律援助对象来加深对老年人维权咨询需求的治理深度。

第 六 章

维度三:政府养老责任中治理力度的变迁透视

政府在养老责任中的资源配置即政府在落实养老责任过程中,基于对养老需求与服务供给关系的基础上,对系统内外的所有社会资源进行动员、汲取、归类、整合、配置,从而提高责任效率,增强保障效能,促进养老责任目标达成的一种能力。对于资源的分配能力,指的是在不同的社会群体间对稀有的社会资源进行权威性的再分配。政府对养老资源的整合与配置能力是将获取的资源进行重组、配置,从而形成资源合力,对各类资源要素进行整合,让其嵌入责任结构或社会网络中,提高政府养老责任的整体落实能力。政府对养老资源的整合包括两个层面:一是政府将养老资源进行直接配置,用于对老年人养老需求的直接性解决上。二是将社会公共养老资源在各个责任主体之间进行合理调配和布局,例如为非营利组织或市场营利组织提供税费优惠等以提高其提供养老服务的积极性、高效性。

强调政府养老责任的主导作用和地位,并非一味地要求政府在构建中国特色养老保障中对所有的养老事务大包大揽、承担全责。相反,在人类养老保障机制的历史变迁进程中,家庭、市场、非营利组织、政府等不同责任主体都发挥了重要不可缺的作用。不可否认的是,当政府主导的养老保障制度形成之后,其便责无旁贷地成为解决养老需求溢出问题的主要角色,然而各国的实践经验表明政府责任保障不能成为老年人养老保障的唯一机制。过度夸大或过度依赖政府养老责任的作用,都会促使政府背负过于沉重的包袱,同时也未必能达成养老资源配置的高效率。在认清政府有限性的前提下，要为其他体制留出必要的活动空间，才能最大化社会保障效率、为政府减负。[①] 长期以来，北京市老龄事业的成长与发展都主要依赖于政府的引导和推动，市场机制和社会力量作为有限参与主体在一定程度上调动了资源投入。随着政府对养老问题认识深度的变化，对养老保障发展的动力机制方面也相应发生了变化。为了形成部门间配合密切、群团组织积极参与的老龄工作机制，健全社会参与机制，从单一政府主导转变为政府主导、市场决定、社会参与的三方主体协同发展的机制。多年来，北京市政府在发挥社会力量和市场机制方面进行了多维度探索，初步构建起了政府主导、市场机制发挥基础性作用、社会参与的养老保障供给机制。

在政府养老责任的维度模型中，为了保障老年人群体的养老需求，在明确治理广度和治理深度的基础上，政府必须通过配置养老资源、动员社会力量减少老年人养老需求溢出的可能性与溢出程度，同时双管齐下解决老年人养老需求的溢出问题，这涉及政府手段责任层面。在本书构建的维度模型中，将政府手段责任的实现路径分为直接供给和间接供给两条主路径。在两条手段路径下，都可以通过配置资源的密度与强度对资源配置效果进行分析、评定，从而观测比较不同手段路径下政府对养老资源配置的效度，即政府养老责任的治理力度。直接供给路径强调的是政府的主导参与性，侧重于政府资源对养老需求解决的直接匹配性，而间接供给路径主要是指养老需求最终由其他社会主体投入资源进行保障，政府确定其他社会主体的责任定位，动员其输出利他性解决养老需求，实现共同解决养老问题的多元参与模式。在两条主路径中，政府责任的区别在于最终满足养老需求的资源主体的不同，直接供给中政府是提供需求解决的资源主体，而间接供给中其他社会主体才是养老资源的第一供给主体。本章将从治理力度的维度标准出发，分析直接供给和间接供给两条路径下政府对养老资源配置的密度、强度、效度变化。

[①] 刘燕生：《社会保障的起源、发展和道路选择》，法律出版社 2001 年版，第 16 页。

第一节　政府直接供给路径中的治理力度变迁

一　政府在直接供给中调控的资源状况

（一）人力资源的扶持力度

福山认为政府的治理质量取决于官僚（行政）体系的能力及其自主性的互动，其中，官僚（行政）体系的能力取决于行政人员的专业化水平。[①] 政府在直接供给中投入的人力资源表现在两方面，一是政府办养老服务机构中聘用的工作人员，即为老年人直接提供养老服务的、由政府直接聘用的人员[②]；二是政府老龄工作机构中的政府工作人员，包括老龄主管机构以及其他成员单位的工作人员，其中既包括领导班子对老龄工作的关注度与时间投入，也包括工作人员的编制数量与机构规模。考虑到牵涉养老保障的政府机构数量多、范围广以及数据的可获取性，此处以老龄主管机构的发展与人力资源变动情况为例，分析历年来政府投入的人力资源情况。

作为政府老龄工作人员的组织化载体，政府老龄工作机构的设置与调整是反映政府人力资源投入的直接表现，也是政府养老责任履行的关键载体，老龄工作机构建设能够丰富老龄工作职能、加强老龄工作力量，逐步促进老龄工作机构的规范化与制度化发展。在中华人民共和国成立之初，主要由内务部负责老龄工作，尚未成立民政机构。养老工作的统筹安排与具体执行交予城镇单位和农村人民公社承接，工作内容较为单一，着力于为部分老人提供基本生活保障。在改革开放以后，国家成立了民政部门，让老龄工作获得了主管机构。为了应对更严峻的养老局势，1982年3月，经国务院批准，老龄问题世界大会中国委员会正式成立同年10月更名为"中国老龄问题全国委员会"，并提出了老有所养、老有所依、老有所为、老有所乐的工作目标，标志着老龄工作正式被纳入政

[①] ［美］弗朗西斯科·福山：《什么是治理》，刘燕、闫健译，《中国治理引论》2013年第2期。

[②] 对于这部分由政府出资直接聘用的官办福利机构中的工作人员，因缺乏单独列支的数据，因而此处无法深入分析，但属于政府直接投入的人力资源。

府议事日程。[①] 1995 年更名为"中国老龄协会"。

根据 1995 年《北京市民政局职能配置、内设机构和人员编制方案》，在民政局内设机构中，优抚处负责优抚对象的抚恤、优待、补助工作；拥军优属工作；国家机关工作人员伤亡抚恤工作等。救灾救济处负责救灾、指导农村五保户和敬老院工作等。农村社会保险处负责农村（含乡镇企业）社会养老保险工作。1999 年，国务院成立全国老龄工作委员会作为领导机构，是国务院主管老龄事务的主要议事协调机构，其办公室设于民政部，并由政治局常委承担主任角色，领导协调老龄事业的推进发展。该委员会由 26 个成员单位构成。2005 年以后，中国老龄协会与全国老龄办合署办公。在国务院未单独设立办事机构的 25 个议事协调机构中，仅仅规定全国老龄工作委员会单独设立办公室，其他议事协调机构的具体工作则由其他职能部门或社会团体来具体承担，可见中央对老龄工作重要性和特殊性的认知程度。

北京市老龄工作机构适应人口老龄化发展新形势，从最初的社会团体到事业单位，由参公管理到依法履行行政职能，坚决执行市委、市政府老龄工作决策部署，积极回应人民群众对老龄事业的新期待，综合协调成员单位，指导督促区县工作，广泛动员社会力量，共同营造敬老爱老浓厚氛围，全力做好北京市老年人权益保障工作。1984 年 6 月成立了北京市老龄问题委员会，属于社会团体性质。1996 年 3 月，北京市老龄问题委员会撤销，成立北京市老龄协会，为副局级全额拨款事业单位，由北京市民政局代管。1996 年 4 月，经北京市委、市政府同意，成立北京市政府老龄工作领导小组，其办事机构设在北京市老龄协会。2000 年 5 月，经北京市委、市政府批准，市政府老龄工作领导小组更名为北京市老龄工作委员会，为市政府主管本市老龄工作的议事协调机构。6 月，成立北京市老龄工作委员会办公室（简称市老龄办），为北京市老龄委的办事机构，承担北京市老龄委的日常工作，设在北京市民政局。2009 年 4 月，市老龄办与市老龄协会实行合署办公。

2000 年，市老龄委共有成员单位 22 个，并制定了《北京市老龄工作

[①] 董彭涛：《大陆老年照护法律和政策现况》，载中国老龄科学研究中心《社会转型与老龄科学研究》，华龄出版社 2014 年版，第 84 页。

委员会成员单位职责》和《北京市老龄工作委员会工作制度》等文件，定期修改各成员单位的职责，逐年扩大老龄委成员单位范围，构建养老工作综合化大格局。2003年，老龄委成员也做了相关调整，新增了旅游局、公安局、共青团北京市委、人口和计划生育委员会成为市老龄委成员单位。2011年，市老龄委增补市国土资源局、工商行政管理局、政府法制办公室、信访办公室、政府研究室为市老龄委成员单位。为了进一步增强老龄委的职能作用，成员单位增加到2014年的43个，其中规划、工商、商务、旅游、科委、金融等部门是在人口老龄化新形势下，适应国家和北京市大力发展养老服务业要求而纳入成员单位中。2016年，将市质监局等11个部门纳入成员单位序列，最终形成53个成员单位，不仅包含了市委、市政府绝大部分涉老部门，而且还将国家机关事务管理局财务管理司、市国资委纳入成员单位，为积极构建央地养老一体化的工作格局做出了积极的探索和实践。仅2016年举办了市老龄委全会、老龄委成员单位联络会议等工作会20多次。

同时，政府设立外脑，加强老龄委智力资源，连续两年每年聘请10名老龄问题研究专家，作为市老龄委专家委员会专家委员，为推进老龄事业科学发展建言献策。2017年，政府加大了老龄工作统筹协调力度，分别召开了市老龄委主任扩大会、市老龄委全体会议、联络员会议等，部署并推进工作任务。同时，建立了年度老龄重点工作督察台账和各区老龄工作重点任务双月报制度。修订老龄委成员单位涉老工作职责。与市工商局、市科委等相关委办局对接，合作推进涉老项目。

2018年，党中央、国务院正式批准北京市机构改革方案，将市老龄工作委员会办公室等多部门的职责整合到市卫生健康委员会，作为市政府组成部门。2023年，中国共产党第二十届中央委员会第二次全体会议审议通过了《党和国家机构改革方案》，其中一个重要方面，就是在老龄工作这一重点领域进行机构职责优化和调整。将国家卫生健康委员会的组织拟订并协调落实应对人口老龄化政策措施、承担全国老龄工作委员会的具体工作等职责划入民政部；全国老龄工作委员会办公室改设在民政部；中国老龄协会改由民政部代管。这一次涉及老龄工作的机构改革，重新调整了2018年的改革方向。

图 6-1　北京市老龄工作机构人员规模及教育程度

资料来源：根据历年《北京市民政统计年鉴》《北京民政年鉴》整理。

从人员编制上看，1996 年，北京市民政局局长、市政府老龄工作领导小组副组长刘宝成兼任北京市老龄协会会长，另设常务副会长与副会长 2 名。市编办核定协会机关编制 55 人，内设宣传处、办公室、计财处、联络处、权益保护处、人事处。2000 年市老龄委设主任由主管副市长担任，常务副主任由市政府副秘书长和民政局局长兼任，副主任由老龄委成员单位主管领导兼任。截至 2016 年，市老龄办主任由民政局局长兼任，常务副主任由市老龄协会会长兼任。市老龄协会人员编制共 57 名，内设秘书处、政策研究室、养老服务处、权益保护处、计划财务处、组织人事处、宣传教育处、纪检工作处等 8 个职能部门，均为正处级，为日益增长的老龄工作任务加强了干部队伍力量。

自 2005 年以来，北京市各级老龄事业单位从 19 个逐渐稳定至 2017 年的 13 个，在各区县全部形成了完善的老龄工作政府机构。从老龄工作机构的职工数来看，2005 年全市老龄工作机构有 147 名职工，在 2009 年降至 139 名，随后继续保持增加，在 2011 年增至 171 名职工，持续保持到 2014 年，该年职工人数达到最高，有 181 名，但之后职工规模下降，2015 年仅有 140 多人，但在 2017 年恢复至 160 人的规模。从政府工作人员的教育程度来看，大学本科及以上的比例一直高于大学专科比例，显示了老龄工作人员的基本素质一直较高，且大学本科比例逐年上升，可见政府人力资源素质的整体提高。

民政部门机构的设立与完善、老龄工作主管机构的设置与调整、老龄委成员单位的增加与变动,都为养老保障工作的推进、发展、完善提供了较好的人力资源投入与保障,既反映出政府对养老保障工作的逐步重视、投入人力等政府资源,也从侧面体现了养老保障工作的复杂性与多面性,由于老年人群体的多样化、基数大,其通常涉及多个政府部门的职责工作,需要不同部门共同决策、同时推进,多方位、全面化地推动养老保障事业的发展,以解决老年人各类养老需求的溢出问题。

(二) 政府空间资源的配置力度

政府对空间资源的配置主要体现为对养老保障中土地资源等的规划建设,由于老年人收养需求较大、活动空间要求较高,单独依靠市场提供养老收养与活动空间难度太大且不现实,政府通过划拨土地的方式提供老年人收住保障,以保障其获得合理的空间居住权利。在这方面,主要体现为政府对收养性机构的基建情况,即通过划拨土地的方式进行基础建设,以提供完善合理的空间资源。不得不指出的是,在政府投入空间资源时,搭载着财力资源的投入,政府不仅仅直接提供土地等空间资源,还通过划拨投资金额支持为老服务机构和设施的建设与改造,以保障老年人的居住保障和活动的需求。政府对老年人空间资源的投入还体现为在社区中推进为老服务设施的建设和改造,由于老年人偏向于选择居家养老的方式,为了便利老年人就近享受养老服务设施和福利,政府在城市社区、山区等相继推进社区为老服务设施的建设,通过多种灵活方式投入空间资源,保障老年人应有的权益。

1. 收养机构的基建工作

政府对养老空间资源的投入方式之一表现在对老年福利机构的基础建设投资与规划,包括光荣院、养老服务机构等。就对光荣院的空间资源投入而言,政府在1993年对光荣院进行基建改造,建筑面积达2000平方米,增加了66张床位,投资了130万元。2013年投资12340万元进行光荣院基建工作。就老年公寓的投资扩建,政府在1996年扩建了2万平方米的老年公寓,投资了180万元,在1997年继续投资903万元,建筑面积增至23200平方米。1998年,先后建成了北京市第二社会福利新院、北京市老年公寓,其中第二社会福利院新院投资1800万元,占地38376

平方米，建筑面积13700平方米，收养床位500张。市老年公寓投资1.2亿元，建筑面积25000平方米，收养床位300张。1998年，政府还改建、扩建、新建了老年公寓9所，老年活动中心11所，敬老院、养老院32所，托老所6所。

2000年，市老年活动中心基本建设完工，各区县利用现有设施进行改建、扩建、新建等以加强老年服务设施建设。石景山区7000平方米的老年公寓开工兴建，东城区占地214平方米的区光荣院、西城区占地面积1万多平方米的老年活动中心、门头沟区占地面积4000平方米的老年公寓、海淀区阳台山老年公寓都相继建成并投入使用。2001年，市政府投资建成北京市老年活动中心与老年公寓；2003年，完成市老年活动中心二期工程的建设与职工单身宿舍建设。2009年，通州区漷县镇建华老年公寓、宋庄镇两所敬老院、梨园镇敬老院项目计划总投资866万元，当年完成投资546万元。怀柔区雁西镇敬老院、怀柔镇敬老院、杨宋镇敬老院、怀柔区喜来乐老年公寓项目计划总投资共1260万元，当年完成投资1110万元。2010年，通州区20个星光老年之家活动用房建设项目，在建项目总投资193万元，当年实际完成投资193万元，其中福彩公益金资助123万元，自筹70万元；大兴区光荣院改建在建项目总投资14000万元，当年实际投资30万元，开工累计完成投资625万元。

2013年共有61个为老年人与残疾人提供收留抚养服务在建项目，当年在建项目总投资达到31.35亿元，其中，国家预算内投资达到5.16亿元，年内完工数9个。2014年，在建项目71个，总投资32.26亿元，年内完工11个。2015年，在建项目的总面积达到13万平方米，项目总投资8.1亿元，年内完工项目的规模面积达到3.3万平方米；2016年，在建项目面积达到16.9万平方米，总投资20亿元，年内完工项目规模面积达到4万平方米；2017年在建项目面积达到15.3万平方米；2018年，在建项目面积为9.3万平方米，年内完成2万多平方米的项目规模；2020年，在建项目规模2.73万平方米，总投资1.61亿元。

2. 城市社区养老服务设施建设

根据民政部部署，《北京市"社区老年福利服务星光计划"实施意见》2001年出台，正式启动了"社区老年福利服务星光计划"[①]，星光计划以区县政府投入为主，市级和区县发行的福利彩票筹得的福利金的80%用于计划实施。在城市社区，对于已经建成的住宅区，通过改造、新建、置换、租用、购置、开放内部设施等多元化方式，挖掘社区内部资源进行合理配置与共享，完善为老服务功能；对于新建住宅小区，必须将老年福利服务设施放入小区的建设规划中，建成之后，政府或其他投资者按照成本价予以补偿。围绕老有所养、老有所教、老有所医、老有所乐、老有所学、老有所为的目标，配置服务项目，形成多层次、多类型的服务网络，让不同养老服务需求通过社区服务站或服务中心加以满足。

2001年至2003年全市共在城镇社区建成2335个面积在100平方米以上的社区星光老年之家，总面积达143万平方米，全市93%的城市社区均拥有"三室一场一校"（即文化活动室、日间照料室、卫生保健室、室外老年健身活动场、老年学校）设施。

2016年，还对社区规范化和社区用房项目建设进行了探索。北京市城市社区服务用房面积达标率[②]从最开始的18%到目前基本全部达标，共建成682个社区规范化示范点，为社区开展养老服务、设立日间照料室、设置为老文体设施（包括绘画室、棋牌室、活动室等）提供了保障，夯实了社区为老服务的硬件基础。2017年建成208个"社区之家"的示范点，该208家单位向社区居民开放了图书室、运动设施、食堂等多项服务设施，让众多社区老年人从中获益。2018年，政府对闲置设施进行腾退疏解，优先用于养老设施建设。

3. 农村社区养老服务设施建设

2006年，参照"社区老年福利服务星光计划"项目建设，政府决定推行"山区星光计划"，通过福利彩票公益金来资助部分山区村建设老年福利服务设施，改善山村老年人群体的生活环境。出台了《北京市民政

---

① "社区老年福利服务星光计划"主要通过各级政府财政投入、社会福利资金支持、社会参与，建设社区为老服务设施，包括日间照料室、医疗保健室、文化活动室、老年学校、室外老年健身活动场地。

② 社区服务用房面积达标率是指社区服务用房的整体面积达到或超过了350平方米。

局、北京市农村工作委员会、北京市财政局关于资助山区村建设老年福利服务设施的意见》(2006),要求建设建筑面积不少于200平方米,具备医疗保健、文化活动、综合服务、学习等功能的设施。2006年,全市投入8600多万元资金,其中市级2790万元、区县5000多万元,共完成8.9万平方米建筑面积和279个建设项目。2006—2008年,在房山区、门头沟区、怀柔区、密云县、平谷区、昌平区等的山区,年集体经济收入低于8万元、常住人口超1000人的行政村,建设了1255个山区老年福利服务设施,建筑面积达37万平方米。2006年同时开启了"山区星光计划",截至年底共新建或改建了279个山区"星光老年之家"。2007年,政府共投入2.31亿元资金,其中市级资助8000万元,共完成了800个村的建设项目,建筑面积达24.6万平方米。

2021年,加大力度盘活闲置资源发展农村康养,建立全市闲置农宅盘活利用发展特色产业季报制度。截至年底,除朝阳、丰台、海淀外,10个涉农区共有闲置农房院落21891处,盘活利用农房院落9452处,占比43.2%,主要发展精品民宿、旅游休闲、商务办公、健康养老等特色产业共2917处。房山、昌平等区通过建立"村集体+农户+社会资本""合作社+农户"等合作经营模式盘活闲置农宅,发展乡村民宿等特色产业。

4. 军休社区养老服务设施建设

2002年,驻京部队也落实了星光计划相关工作,前两批落实星光计划的53个部队大院全部完成了"三室一场一校"的改建扩建任务,市局共拨款990万元支持建设。同时下拨军休社区建设专项经费1300万元,完成了第一批20个点的建设任务,通过军休社区建设平台,较大改变了军休所的面貌与管理水平,推进了军休服务管理社会化发展,并提高了军休干部的生活质量。2003年,20个军休社区星光计划项目通过验收。将军休社区建设作为切入点,在服务管理社会化上获得了新进展,涉及环境、体育、文化、卫生、治安、社区管理等方面。

(三)政府财力资源的投入力度

只有配备足够丰厚的财力资源作为基础和支撑,政府才能维持基本运行,进而落实其养老责任。财力资源是影响政府养老责任落实、社会养老权益保障的最重要的资源之一。通常情况下,财政汲取能力强的政府比财政汲取能力弱的政府更能实现其政策目标。①

1. 政府对困难老年人救济的财力资源

（1）城乡低保财政支出②

历年来，政府对城镇低保的财力资源投入要远高于对农村低保的资源投入力度。1997 年，政府的城镇低保支出费用为 1147 万元，1999 年翻了 4 倍，达到 4635 万元，2000 年在上一年的基础上继续翻倍。2001 年城镇低保支出则突破 1 亿元，2004 年增至 4 亿元，并在 4 亿元的支出规模上保持到 2007 年，2009 年跃升至 6.32 亿元，并在此水平上保持到 2012 年。2013 年城镇低保支出达到 7.2 亿，2016 年突破了 8 亿元，并在 2020 年增至 10.1 亿元。政府对城镇低保的财力资源投入在此间翻了 88 倍。

图 6-2　政府历年对城乡低保的财力资源投入

资料来源：根据历年《北京市民政统计年鉴》《北京民政年鉴》整理。

在政府对农村低保的财政支出上，1999 年政府投入了 883.2 万元财力资源，2000—2002 年保持在 1000 多万元的支出规模，2003 年则猛增至 3621 万元，2006 年的财政支出是 2003 年的 2 倍左右。2009 年政府支出突破了 1 亿元，达到 1.37 亿元，并在 2011 年达到 2.4 亿元，在

---

① 王绍光：《安邦之道：国家转型的目标与途径》，生活·读书·新知三联书店 2007 年版，第 255 页。

② 在政府的城乡低保财政支出中没有区分对老年人的支出金额，但老年人群体是城乡低保的主力群体，因此，此处借政府低保财政支出的数据来描述政府对低保老年人大致的财力资源投入和保障力度。

2015年突破3亿元，在2017年突破4亿元，并在2020年保持5.2亿元的支出规模。就城乡低保财政支出的规模而言，政府对城镇低保的财力支出力度较大，但农村低保的政府财力支出增加幅度较大、增速较快，成效更大。

（2）农村五保与城镇孤老救济财政支出

政府对农村五保户①的财力资源投入在1987年之前处于较低水平，1981年政府投入了2.8万元，1983年仅投入1.2万元，1984年增至3.4万元，并在1986年增至12万元，但下一年又跌至7.6万元。进入1990年之后，政府对五保户的财力投入有了明显的提升，1990年政府支出达到17.4万元，1993年突破了20万元，并在1995年达到44.3万元。1997年政府支出达到了新高度，投入了100.3万元，2001年政府支出规模虽有缩减，但仍投入了72万元。自改革开放以来至20世纪末，政府对五保户救济的财力资源投入增幅较大，并且在20世纪90年代的投入力度明显加大。

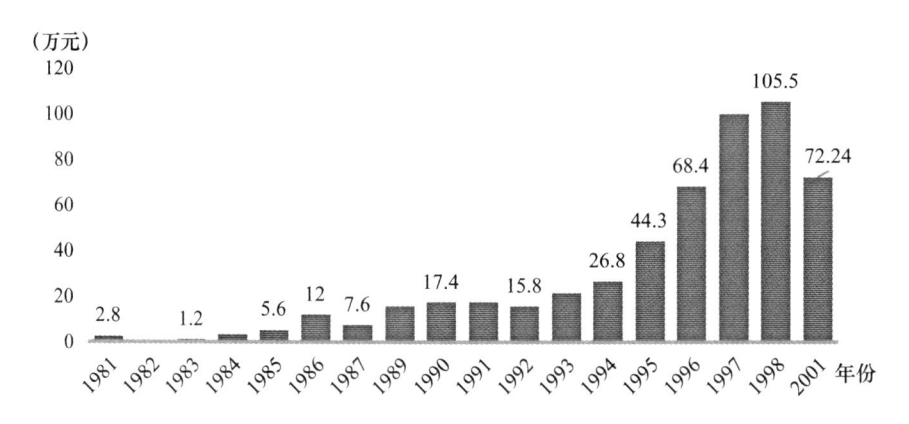

图6-3 政府对农村五保户救济的财力资源投入规模

资料来源：根据历年《北京市民政统计年鉴》《北京民政年鉴》整理。

政府对城镇孤老残幼定期定量的救济支出经历了先增后减的变化趋

---

① 同上，政府对农村五保户的财政支出中为单独列支对五保老年人的财政支出规模，但考虑到老年人是农村五保户的主要群体，因此，此处用农村五保户的财政支出来衡量政府的财力资源投入情况。

势，1986年政府投入了37.2万元的财力资源，在1990年增至64万元，翻了近一倍。1993年政府支出超过了100万元，达到116万元，并在1996年继续突破200万的规模，达到213万元。之后便陷入了下降的趋势，1998年政府仅投入了160万元。但1999年政府的投入资源达到290.7万元的规模，之后投入力度逐渐缩小，2000年降至186万元，在2001年至2008年保持在50万元的投入规模，政府财力资源投入的缩减与被纳入孤老残幼定期定量救济的对象人数的减少紧密相关。

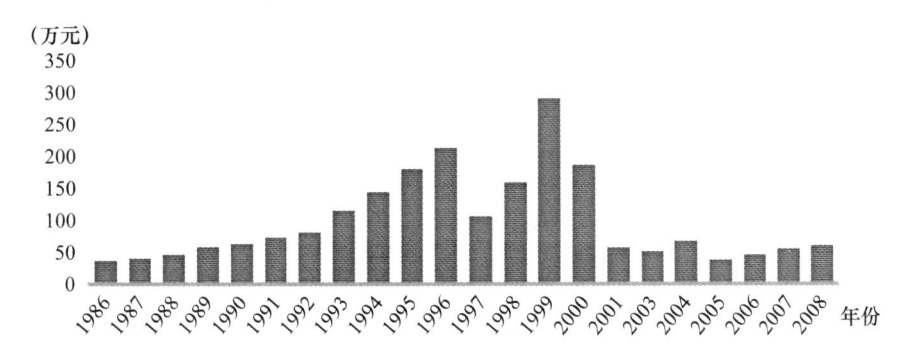

图6-4 政府对城镇社救的孤老残幼救济的财力资源投入情况
资料来源：根据历年《北京市民政统计年鉴》《北京民政年鉴》整理。

（3）精减退职老职工救济费投入

政府对精减退职老职工的救济费支出在改革开放至2011年一直呈大幅度增长的趋势，1981年，政府的财力资源投入仅为12.2万元，但1983年增加了10倍，达到120万元。1987年超过200万元的支出规模，达到207多万元，1990年继续突破300万元，在1993年超过533.7万元，并在1996年超过了1亿元，是1993年的2倍。随后至2004年期间都保持在1亿元的财政投入规模上。自2005年起，政府财力支出的规模有轻缓的下降趋势，从970万元逐年降至800万元不到。总体来看，政府对精减退职老职工的救济费保障在20世纪80年代水平较低，但在90年代增幅较大、增速较快，在90年代末期21世纪初期都保持了较高的财力资源投入规模，近年来少有缩减，这种变化趋势与精减退职老职工的年龄增长与离世人数等有较大联系。从享受原工资

40%救济费的支出规模和定期定量救济支出规模看,政府的支出规模相近且变化趋势相似。

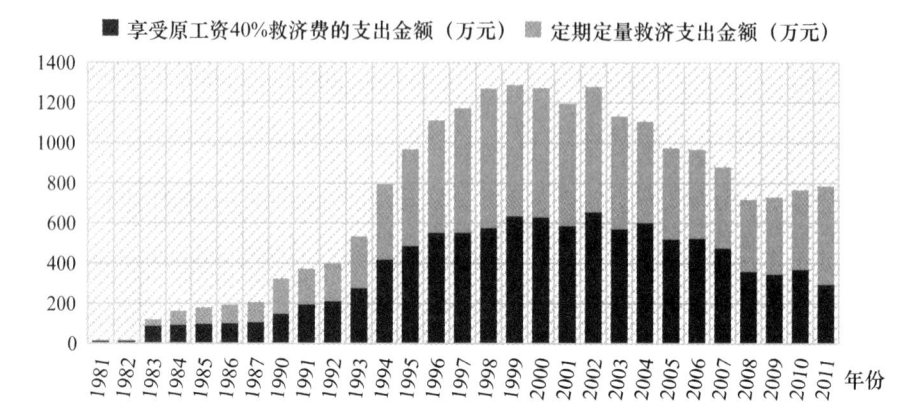

图 6-5　政府对精减退职老职工救济的财力资源投入规模

资料来源:根据历年《北京市民政统计年鉴》《北京民政年鉴》整理。

2. 政府对福利型收养机构的拨款补助

(1) 社会福利院支出

对于收养老年人的各类福利型机构,政府也投入了较大的财力资源以保障其运行和维持。就政府对社会福利院①的财力资源投入来看,政府从1982年起至1999年对社会福利院的财政拨款保持较高的增长趋势,1982年政府投入了140万元的财政金额,1990年投入规模接近400万元,并在1993年达到754万元。1996年突破了1000万元的财政规模,达到1315万,1999年的财政投入最高,政府投入了2750万元。但随后政府的财力资源投入剧减,2001年仅投入375万元,2002年跌至266.5万元,在2003年开始回升,2004剧增至5300万元,并在2005年增至最高点,达到7055万元。从增幅来看,政府对社会福利院的财力投入增加了近50倍,在20世纪保持了较低的增长速度,但在2003年之后增速极快。

---

① 社会福利院是收养老年人、残疾人、弃养儿童等弱势群体的福利型收养机构,老年人是社会福利院主要的收养对象,但政府对其的财政拨款投入是对整体机构的投入,未对老年人单做列支,此处借政府对社会福利院的财政投入说明政府对老年人收养的财力资源投入情况。

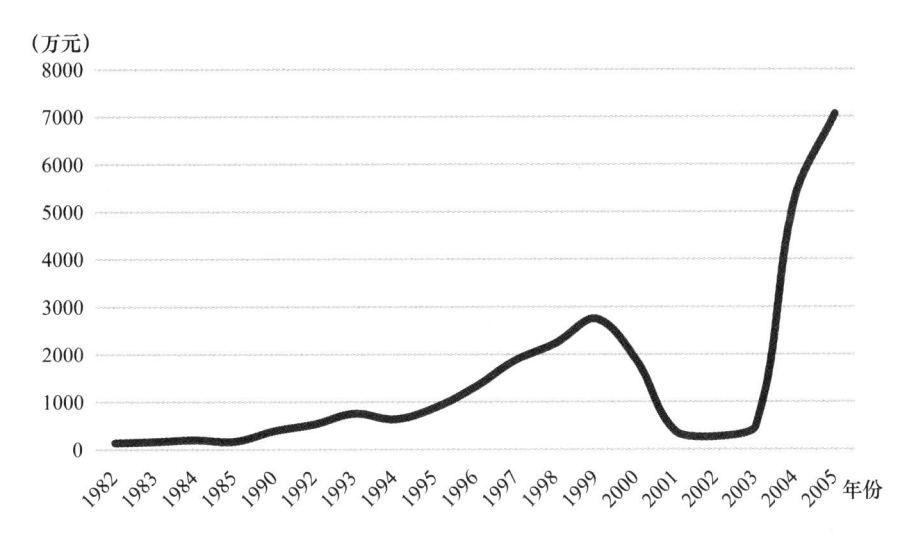

第六章 维度三:政府养老责任中治理力度的变迁透视 / 271

图 6-6 政府对社会福利院的财政拨款情况

资料来源:根据历年《北京市民政统计年鉴》《北京民政年鉴》整理。

（2）光荣院财政保障

光荣院是收养优抚孤老的主要收养性单位,政府对光荣院的财力资源投入也呈现较大的增长幅度与速度。1981 年,政府对光荣院的拨款仅为 39.5 万元,但在 1984 年接近 300 万元,并在 1988 年增至 300 多万元。1994 年政府财力资源投入规模达到 551 万元,政府对光荣院经费的投入

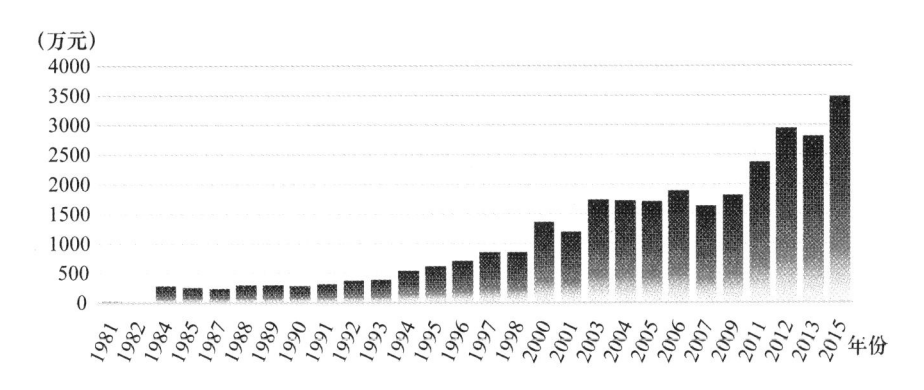

图 6-7 政府对光荣院的财力资源投入情况

资料来源:根据历年《北京市民政统计年鉴》《北京民政年鉴》整理。

在20世纪90年代前期的增长较缓。1997年政府投入了866万元，2000年投入的财力资源达到1368万元，并在2003年继续增至1746万元，在2011年，政府投入规模超过2000万元，达到2384万元，并在2015年突破了3000万元，共投入了3483万元。从1981年至2015年，政府对光荣院的财政资源投入增加了近100倍，增幅较大，且在进入21世纪后政府投入规模较大。

3. 政府对老年人福利的财力支出力度

在2007年的民政事业财政统计中，第一次出现了老年人福利支出的统计单项，也从侧面说明了政府对养老事业的重视以及相应的财力资源投入力度的增加。自2007年至2018年老年人福利支出从2222万元增至16.4亿元，增加了70多倍，足见政府对老年人福利财力资源投入和保障的力度之大。2009年，政府对老年人福利的财政支出达到7300多万元，是2007年的3倍，2010年则超过了1亿元的财政支出规模，2011年则是比上一年多了4倍，2013年达到9.9亿元，2014年突破10亿元，并在随后两年增至13亿元，2017年和2018年的支出则高达16亿多元。在2007年至2010年，政府对老年人福利的支出规模仍处于较低水平，但进入2011年之后增幅较大且增速较快，凸显了政府对老年人福利的财力资源投入力度之大。

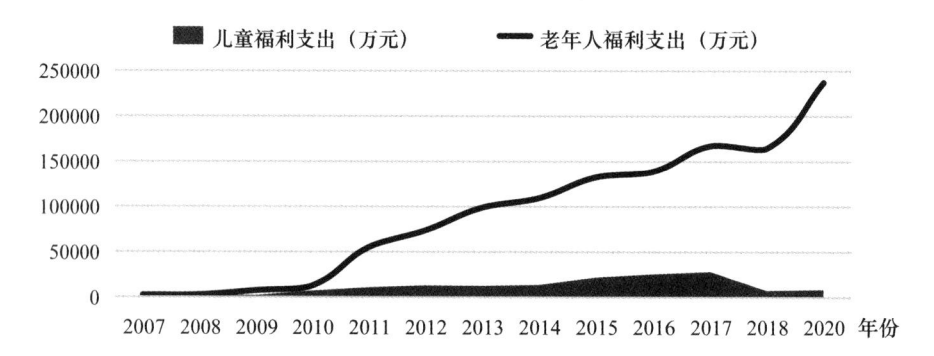

图6-8 北京市老年人福利财政支出规模变化

资料来源：根据历年《北京市民政统计年鉴》《北京民政年鉴》整理。

与儿童福利的财政支出相比，在2007—2010年，政府对老年人福利支出规模与其相近，但在2011年之后政府对老年人福利的财政资源投入远高于儿童福利，可见政府对老年人福利保障的重视程度，也从侧面看出人口老龄化对政府财力资源带来的压力之大。就老年人福利财政支出占社会福利总支出的比例来看，2007年老年人福利财政支出占比仅为8.4%，但在2009年翻了1倍，达到15%之上，在2011年更是高达40%，是2007年的5倍，并在到2016年期间，老年人福利财政支出规模占比保持在40%以上的水平，2017年和2018年稍有下降，分别降至33%和28.6%，老年人福利财政支出在社会福利总支出中的占比增大说明政府对老年人福利财力资源的优先保障。

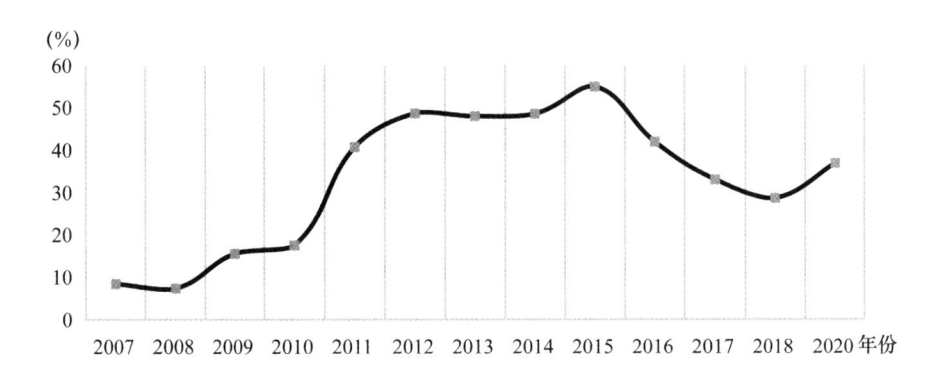

图6-9 北京市老年人福利支出占社会福利总支出的比例变化

资料来源：根据历年《北京市民政统计年鉴》《北京民政年鉴》整理。

4. 政府老龄事务的经费保障

作为老龄事业的主要工作机构和协调中心，北京市自20世纪90年代以来的老龄工作机构数量逐渐稳定下来，老龄工作机构是政府人力资源的主要载体，其正常运转关系到老龄工作的部署与推进，而财力资源对其有最基本的保障稳定作用。从历年老龄机构的工作经费（即老龄事务费用）来看，从1992年的54万元增至2017年的1亿元，增幅之大足见政府对其财力资源的投入力度之大、保障之深。1995年之前，老龄工作经费仍在100万元之下，1997年突破了300万元，达到364万元，1999年比1997年翻了2倍。2000年政府财政保障突破了1000万元，并在2007年超过2000万元。在2010年之前，政府对老龄事务的财力资源投入的增速较缓，但进入2010年之后，政府财政保障力度大为增加。2010 年，老龄事务经费接近 7000 万元，在 2013 年剧增至 1.25 亿元，虽然经历了较大的波动，但整体仍呈现较大的增幅。2016 年，老龄机构工作经费达到 1.4 亿元，2017 年也超过 1 亿元。政府对老龄工作机构的经费保障是解决老年人需求溢出、推动老年人养老保障发展的重要资源条件。

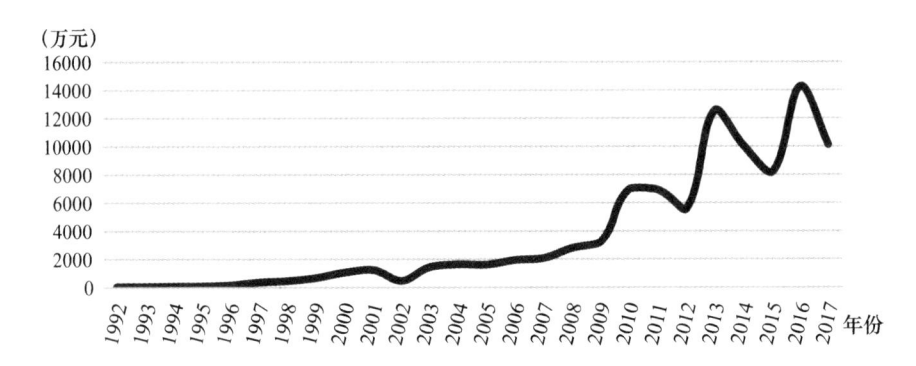

图 6-10　北京市老龄事务经费

资料来源：根据历年《北京市民政统计年鉴》《北京民政年鉴》整理。

二　政府投入资源的转化、组合与优化

（一）各类资源的转化关系

政府在直接供给中投入的各类资源并非相互独立、互不联系，而是在各类资源中存在着转化组合的关系，任何一项政策的实施都是多种资源进行组合配置的综合性结果，也印证了在保障某项养老需求时，政府投入资源呈现的嵌入性和混合性。就政府投入资源的转化关系而言，以政府投入的财力资源为例，政府对光荣院、老年福利机构投入的财力资源并不能直接用于解决老年人的某项养老需求，其必须转化为人力资源（雇佣护理员、医护人员等）、物力资源（在机构中添置床位、棉被等日常生活用品）等才能被直接用于解决老年人的收养入住需求和生活照料需求问题。但从政府责任供给的角度出发，政府配置的是财力资源，财力资源通过多种配置方式转化为其他类型的养老资源，最终用于保障老年人的养老需求。

在政府配置资源的组合方面体现在了具体养老保障措施中对各类资源的混合搭配、共同使用。以政府投入的空间资源为例，政府为老年福

利机构提供空间场地是空间资源的投入，但同时政府还对福利机构的建设提供了财力资源的保障，即在划拨土地空间的基础上，继续注入财政资金进行基础设施建设，形成为老年人托养入住提供场所保障的链条网络。若政府紧紧划拨土地作为养老福利机构的场所条件，未有后续资源注入保障基础设施建设，则投入的空间资源必然遭到荒废，造成资源错配甚至配置的无效性。同理，政府对人力资源的配置也同时搭载着财力资源的注入和保障，政府通过投入人力资源保障其对老龄工作的关注、投入、推进，若缺乏财力资源对工作人员进行嘉奖保障，则人力资源的稳定性和积极性都会受到动摇。因此，政府在直接供给中投入的各类资源，通常会搭载另一种甚至更多的资源，形成对治理广度和治理深度的组合保障，既体现了对资源密度的提升，也通过资源配置的组合方式提高资源效度（即治理力度）。在资源的组合搭配中，往往财力资源被用于搭载其他资源使用的情况最为常见，其组合搭配的效果也最为直接。

（二）政府资源配置的优化方式

在配置各类资源以保障老年人各类养老需求时，政府常借助于信息化技术提高其资源配置的优化。例如，政府推行养老（助残）券变卡的工作，将老年人优待卡变为"北京通—养老助残卡"，将优待卡转变为集多种养老助残服务补贴额度账户、市政交通一卡通、金融借记账户等多种功能于一体的养老助残卡，借助信息化的手段实现对老年人服务状况的精准管理和智能分析。2017年，政府制定了《北京通—养老助残卡临时卡管理办法》和《北京通—养老助残卡业务流程管理规范》，北京通—养老助残卡正式进入常规化运作模式。北京通—养老助残卡是老年人享受社会优待权利和社会服务的电子身份凭证，具备信息查询、信息记录、业务办理等用途[1]。通过信息化技术及时掌握老年人的需求信息和需求动态，借助信息化手段实

---

[1] 该卡包括了四大功能：一是优待功能，持卡老年人能够享受北京市老年人优待政策规定的优待服务，包括乘坐市域内地面公交车、游览政府投资为主的公园和景区等服务；二是借记功能，即具备银行借记卡功能；三是政策性功能，该卡根据政府养老服务相关政策体系的发展需求，不断扩展政策性的功能，例如发放高龄津贴、80岁及以上老年人居家养老服务补贴等；四是其他功能，持卡老年人可以享受到政府购买居家养老服务等政策性的优惠服务，在养老（助残）服务单位进行消费时，可以享受到优先服务和优惠服务等，同时，该卡还具备普通市政交通一卡通的基本功能，可用于非优待范围的其他领域（如轨道交通等）。

现对老年人需求与服务情况的精准管理和智能分析，并借助该平台为老年人提供更为便捷的需求保障服务，提高了政府注入的财力资源、人力资源的配置效率，是政府配置各类资源的优化表现之一。

三　政府直接供给路径中的资源效度

（一）资源密度大小

资源密度衡量的是正如投入资源的种类数量的多少，资源投入种类数量越多，则密度越大，反之亦然。从政府在直接供给路径中投入的资源类别来看，政府直接投入的资源有人力资源、财力资源、空间资源。其中，人力资源的密度随着时间的推进在不断增长。一方面，政府老龄工作的主管机构从建立之初几经调整，机构规模逐渐壮大，人员编制在2010—2014年经历了较高数量之后逐渐稳定，且编制规模高于创立之初，足以见人力资源密度的增加。另一方面，从老龄委成员单位来看，成员单位数量从创始时的22个几经调整逐次增加至53个，纳入了各个领域的主管机构，充实了老龄工作的人力资源，也体现了人力资源密度的实质性提高。因此，政府直接投入的人力资源的密度在总体上是增加的。

政府投入对财力资源的配置密度增长较快、增量较大，在直接供给路径中，政府主要通过对不同群体老年人的救助补贴、对老年收养机构的财政拨款等得以配置。从对老年人的经济救济资源的投入来看，一是救济资源的类别在增加，从城镇散居孤老定期定量救济费、农村五保老年人供养费，逐渐增加了城乡低保老年人的救助费等，是资源密度变大的表现之一；二是救助补贴支出规模的增加，从整体上看，对城镇低保、农村五保户的救济支出都呈现绝对数量的增加，但对城镇社救孤老、精减退职老职工的救济由于救济对象人数的减少或被纳入其他保障范畴，导致在绝对数值上呈现下降趋势，但从保障的规模来看，政府投入的财力资源密度并未减少。整体上，政府对老年人的救助财力资源的密度越来越大。

对于福利型收养机构的财力拨款的密度，政府在绝对数值上的投入规模在整体上呈现增长态势，显示了密度变大的趋势。对于老年人福利的财政资源保障，政府投入资源密度显示了绝对的增大，且在2010年之后资源密度变大的速度获得了质的飞跃，足见政府在此期间对老年人整体福利的财力保障力度。就政府对老龄事务经费的配置密度来看，虽然在 2012 年、2015 年有所缩小，但在 20 多年的变迁中，政府投入的资源密度仍是越来越大的状态。

政府投入的空间资源的密度无论是从项目数量、建筑面积还是投资金额上看，都是逐年增加的。20 世纪 90 年代初，政府投入的空间资源主要限于对光荣院、老年公寓、社会福利院等福利型收养机构，但随着社区养老服务工作的推进，政府对空间资源的投入扩展到了社区为老服务设施的基础建设上。同时，政府对老年收养机构的建设项目也在翻倍增加，从空间资源的配置上更加体现了对老年人群体的重视和倾斜。无疑，政府直接供给的空间资源在密度上是随着时间呈现显著增加的。

（二）资源强度高低

政府配置资源的强度是指配置的强制性高低水平，主要是看政府配置某项资源时采取的方式和形式，举例而言，政府以法律文件的形式投入了财力资源，则该项财力资源的强度极高。在政府直接供给路径中，政府对人力资源、财力资源、空间资源的配置强度各有差异。在人力资源的直接配置中，政府借助正式的组织结构确定为老龄工作投入的人力资源，因此，在此配置下的人力资源的稳定性更高、专业性更强、约束力更大，从而使得政府投入的人力资源的强度较强。同时对于老龄委成员单位，政府在后期通过定期举行老龄委工作会议、实行工作汇报制、制定工作职责规章等制度化方式规范投入人力资源的合理性与高效性，更凸显了政府直接投入的人力资源的强度在逐渐增强。在对财力资源的配置中，政府通过搭载制度形式直接划拨财政资源给老年人和机构，其配置方式较为直接高效，因此强度也较强。而对空间资源的投入中，政府直接通过划拨土地的方式进行基础设施建设，执行力和保障力较强，也显示了较强的资源强度。

（三）资源效度评价

资源效度[1]，指的是政府所配置的养老资源在实现政府治理目标（即

---

[1] 效度的评价既应从客观角度反映政府养老保障的治理效果，同时也应该借助一些主观指标体系反映社会对政府养老保障的取向和态度，其中可以通过满意度来衡量，但考虑到本书以时间轴为研究路线，历史上不同时期老年人群体对养老保障的满意度测评缺乏操作与记载，历年统计资料中皆是客观定量统计数据，因此本书中仅从客观层面将政府保障的效度呈现出来作为评价政府治理效度的依据。

养老公共事务中的治理广度与治理深度）上的资源效率，如果资源效率越高，则资源配置的效度越高。例如，通过投入更多的养老资源是否提高了老年人的养老机构入住率，通过增强养老资源的配置强度，是否提高了老年人法律维权的结案率等。从政府投入的上述三类资源来看，对于政府直接配置的财力资源，城镇社救孤老、农村五保老人、城乡低保老年人、精减退职老年人受到的救济标准都在逐年上涨（具体可见第五章中经济保障需求中对该四类老年人群体的保障深度），同时被纳入保障范围的对象人数也在逐年增加（除去因离世或被纳入其他保障范畴的原因而导致的人数减少），从资源投入后呈现的广度和深度的效果来看，政府投入的财力资源效度较高。

从各类福利型收养机构的收养规模来看，社会福利院、老年福利机构历年收养的老年人数都在大幅度增加，且机构的个数、床位数也在逐年增长，政府对其投入的空间资源的效度也较高。老年人入住占比在整体上呈现增长趋势，由此可见，政府对这两类收养机构的财力资源投入也取得了较大的效益，效度较高，足以证明历年来政府治理力度的加深。政府对光荣院的拨款金额在逐年上涨且幅度较大，但就北京市光荣院历年在院人数和收养老年人人数的情况来看，自1988年之后收养老人数在逐年递减，且在2004年之后降速加快，2015年收养的老年人情况与80年代初相近，其床位利用率也逐年下降，政府投入财力资源的增多、密度变大，直接拨款的资源强度较高，但带来的资源效度却呈负相关状态，再次印证了本书在维度模型中提出的观点：资源密度、资源强度和资源效度之间并不存在绝对的正相关关系，密度大、强度高的资源配置未必能提高资源配置的效果，其中涉及资源配置方式和比例的合理性与科学性。政府对光荣院的直接资源配置正是体现了这一逻辑规律，也揭示了政府未来应该如何提高对光荣院资源投入的效率是不得不解决的重要命题。

虽然，资源密度和资源强度与资源效度之间并不必然呈现绝对的正相关关系，但就政府直接供给路径中的整体资源效度来看，政府历年投入的资源密度都在逐年增大，资源配置的强度也基本维持在较高程度，所取得的养老保障效果也呈现逐年向好的趋势，因此，从整体上看，政府直接供给下治理力度整体呈现增强趋势，资源效度不断提高。

第二节　政府间接供给路径中的治理力度变迁

在资源配置中，政府动员是为了充分发挥出其他行动主体的潜能与责任，动员是统治精英获取资源尤其是人力资源为政治权威服务的过程[①]。政府动员能力是政府在养老领域中整合所有可支配资源，调动社会积极因子，让不同的行为主体在系统的服务支持体系中沿着有序、规范、高效的轨道发挥各自的功能，从而有效实现其责任目标的能力。政府动员的过程也是政府与其他责任主体的互动过程，既包括了政府通过各类政策激励手段、策略、方法等影响其他责任主体，也包含了其他责任主体在政府动员政策下作出的回应与反馈。资源整合强调的是各类组织在强调社会分工的同时通过整合既有资源并争取更多资源，形成功能上的互补依赖，达成共同目标。[②] 资源整合是个不断调试、渐进合理的动态过程，实质上是对资源进行优化配置的过程。考虑到养老资源禀赋的有限性和稀缺性，如何使有限的养老资源发挥最大的效用就必须对养老资源进行优化配置。对养老资源的整合属于资源优化配置的过程，强调政府与其他各类责任主体在分工合作时通过整合既有养老资源和争取更多养老资源，从而形成功能上的依赖与互补，达成对老年人养老权益维护的共同目标。

一　政府在间接供给中投入的资源力量

政府在间接供给的过程中也投入了一定量的资源力量，但政府所投入的这部分资源是为了撬动其他社会责任主体的资源投入，以激励、带动、引导其他责任主体的资源注入，从而形成政府与其他社会责任主体共同治理的多元化合作格局，是政府直接供给和间接供给路径的融合性与嵌入性的综合体现。换言之，政府为了引导、带入其他社会责任主体

[①] ［美］詹姆斯·R.汤森、布兰特利·沃马克：《中国政治》，董方等译，江苏人民出版社 2005 年版，第 102 页。

[②] 全国社会工作者职业水平考试教材编写组：《社会工作实务·中级》，中国社会出版社 2015 年版，第 338 页。

的资源投入,政府对不同养老需求的保障注入了资源,这部分注入的资源一方面可被用于对某项养老需求的保障,另一方面是为了吸引带动其他社会主体资源的引入和配置,从而形成对养老保障多元化的资源投入和保障,以提高养老资源配置的高效性。

(一) 政府对心力资源的引导性投入

1. 以表彰宣传激励社会养老助老

对于家庭养老功能的衰减退化,政府期望通过渲染敬老爱老的社会氛围、引导社会舆论等来减缓甚至防止家庭养老功能的弱化,防止老年人养老需求溢出于家庭。在推进养老保障体制建设的实践过程中,北京市政府始终没有忽略对家庭养老功能的维持与强化,包括以法律手段为主的强制性约束,以及以社会性手段为主的鼓励性引导。政府对孝星等的正式表彰对宣扬鼓励家庭孝道有着必然的积极作用,逐步被市场化思潮冲淡的家庭孝道越来越成为可贵的时代品质,政府在强化自身养老保障责任能力的同时,鼓励刺激家庭的养老保障能力和为老服务意愿必然成为老龄化时代中解决养老需求溢出难题的一项有效手段。

(1) 表彰敬老先进模范

1997年,政府评比表彰了"敬老养老模范家庭百颗星",大力弘扬中华民族敬老养老的传统美德,该项评比活动始于1996年,目的在于推动家庭养老功能发展。1988年,市民政局、老龄委等8个单位在中山公园音乐堂举办了北京市"老有所为精英奖""敬老儿女金榜"表彰大会,共表彰了230位先进个人。1999年,在全市开展敬老养老模范家庭百颗星评选活动,表彰了评选出的100户敬老养老模范家庭。2001年,表彰了100个敬老养老模范家庭,通过《北京日报》开设"敬老明星谱"专题,连续报道敬老养老模范家庭标兵事迹。2006年,市老龄委举办了第二届"北京市敬老爱老助老先进个人"评选表彰会,表彰了197位北京市"敬老爱老助老先进个人"、6个优秀组织奖、6个组织奖。经过推荐,46个人被评为全国"孝亲敬老之星",1人获得全国"孝亲敬老楷模"提名奖。2008年,北京市共有52名代表获得全国"孝亲敬老之星"荣誉称号。

2009年,市民政局、老龄办、残联、财政局、发展改革委、规划委、人力社保局、卫生局、社会办、住房城乡建设委等13家单位联合下发

《关于贯彻落实〈北京市市民居家养老(助残)服务("九养")办法〉的意见》,"九养政策"提出要建立万名"孝星"评选表彰制度。2010年,全市评选出10000名孝星和1000家为老服务先进单位。2011年,在上一年家庭孝老、行业助老、社会敬老的比例分别占67%、27%、6%的基础上,突出家庭孝老的作用与地位,该年家庭孝老的孝星所占比例高达80%,社会敬老和行业助老的孝星比例分别占10%,尊老敬老的社会气氛更为浓厚。

2011年,市民政局联合市委宣传部、首都精神文明办公室开展了2011年北京市万名"孝星"和千家为老服务示范单位命名活动。继续与央视网喜乐乐频道合作,开通2011年度万名"孝星"和千家为老服务示范单位官方网站,建立"孝星"和为老服务示范单位数据库。2012年,在万名"孝星"中,家庭孝老之星占82%,社会敬老之星占8%,行业助老之星占10%,20—50岁的中青年占70%。从万名"孝星"中精选出24名具有代表性的"孝星"和5家为老服务示范单位典型,并通过广播、电视、报纸、网络多媒体等宣传"孝星"事迹。2015年,政府命名了5000名"孝星",从历年评选命名的55000名"孝星"中推选出119位"孝星榜样候选人",从中产生魏发团等10名"孝星榜样"。

2016年,"孝星"命名人数达到2000位,首次将社区和单位纳入"孝星"的评选范围中,并首次聘请公益宣传大使,投放50块地铁宣传海报,组建了"孝星"宣讲团,走进社区和部队,举办6场活动讲述感人事迹。与北京广播电台合作,播出了50期"孝星"事迹人物专题和专访。2017年度"孝星"命名和"孝星榜样"的命名活动中,总计命名2000名"孝星"、10名"孝星榜样"。在全社会大力倡导尊老、敬老、爱老、助老、孝老的价值理念,引领并示范良好的社会氛围。2018年举办了孝满京城北京市"孝星榜样"宣讲学习会,倡导社会各界在生活中更多关注帮助身边老人。2019年共命名"孝顺之星"1287名、"孝顺榜样"10名。随后,印发了《2021年度"孝顺之星"和"孝顺榜样"命名工作方案》。

(2)文化宣传倡导敬老价值理念

除了对家庭成员孝老模范进行表彰之外,政府还采取多元化社会手段宣传敬老爱老的社会风尚,来激励家庭成员乃至全体社会对老年人的赡养支持。2016年，政府开展了"敬老月"活动，在10月以"敬老爱老，全民行动"作为主题，举办了551场活动，其中市老龄委成员单位举办了161项活动，各区举办了390项活动。同时加大宣传力度，组织媒体对养老团队、老年配餐、养老驿站、医养结合四个主题进行了采访报道。2017年，政府开展孝老爱亲"北京榜样"的活动、尊老敬老系列文化活动，培育和践行社会主义核心价值观，营造敬老、养老、助老的社会氛围。为了深化公民道德实践和首都精神文明建设，加强培育与践行社会主义核心价值观，北京市连续几年都开展了"北京榜样"的大型主题活动，其中，"孝老爱亲"是"北京榜样"的重要评选类别，其从社区（村）、基层单位开始，层层举荐、全媒传播，在全市范围内选取奋发向上、崇德向善的榜样人物。2018年，开展各类敬老爱老助老活动900项，政府与北京人民广播电台、北京电视台、主流视频网站合作，以公益短片的方式解读涉老政策、宣传孝文化，并介绍北京市老龄事业发展的最新情况。通过各种形式的重阳节宣传活动，营造敬老爱老的良好社会风尚，以及"孝亲起于自身，敬老见于小事"的孝道文化和行孝之风。2019年，孝道文化公益片《父母的亏欠》在多家主流媒体投放，首日上线点赞及转发量即突破5万人。2021年，聚焦空巢老人、独居老人、失智老人等三类群体，拍摄活动主题宣传片《孝是更好的陪伴》。

2. 以法律规范明确赡养义务

1954年国家宪法第三十九条就规定了劳动者在年老、疾病、失去劳动能力时，拥有获得物质帮助的权利，之后历次修改的宪法都继续强化升级了对该项老年基本权利的规定。1995年9月，北京市人大第十届二次会议通过了《北京市老年人权益保障条例》，规定了60岁以上的老年人所拥有的家庭保障、社会保障、基本保障、法律责任等，将政府的养老工作正式纳入法制化轨道。1996年国家出台了《老年人权益保障法》，2013年新修订的《老年人权益保障法》在第十四条规定了赡养人指的是老年人子女或其他依法负有赡养义务的对象，包括婚生子女、养子女、依法负有赡养义务的继子女、外孙子女、孙子女等。《婚姻法》在第21条中规定子女对父母负有赡养扶助的义务；并在第28条规定，（外）孙子女对子女死亡的（外）祖父母负有赡养义务。《中华人民共和国宪法》第四十九条也规定，成年子女有赡养扶助父母的义务。赡养父母是子女的法定义务，不得以任何方式或附加任何条件进行限制或改变。

3.以规范化推动养老机构高质量发展

（1）优化养老机构设立许可

2013年北京市出台了《北京市民政局关于养老机构设立许可若干问题的通知》，进一步规范了养老机构的设立许可工作。同年，《北京市民政局关于在全市范围内开展养老机构资质审查和颁发许可证工作的通知》针对全市已运营的养老机构设立许可进行分类实施，统一发证。优抚部门负责光荣院的先期资质审查，社会福利部门负责养老机构的先期资质审查，通过后由市、区县民政局颁发统一编号的《养老机构设立许可证》。2014年，年内受理涉外养老机构设立许可申请2例，依法准予许可。

2015年，在简化居家养老服务市场主体进入市场程序方面，自2015年起，从事居家养老服务的企业名称可以将"居家养老"作为行业用语，经营范围可以登记为"居家养老服务"项目；对于符合社会组织登记条件的居家养老服务机构，可以直接登记为社会组织，同时取消了挂靠业务主管单位的相关条件限制；推动实施注册资本登记制度、三证合一、先照后证等诸多重点改革措施，进一步简化了审批手续、优化了审批流程，为从事居家养老服务的市场主体提供便捷的市场准入服务，推动养老服务行业的发展。

（2）推动养老机构规范化发展

对养老服务机构实行标准化、规范化管理，是政府通过实施心力资源的表现之一，是政府借助规范制度对养老机构及其管理层的管理理念、管理标准进行监管，从而提高后者对养老服务供给的质量与效益。2005年，市民政局出台了《养老服务标准体系—要求、评价与改进》《养老服务标准体系—技术标准、管理标准和工作标准体系》《养老服务机构老人健康综合评估规范》三项地方标准，并于8月1日正式实施。随后与市质量技术监督局共同开展了贯标工作。先后出台了七项养老服务地方标准。另外还制定了《养老服务质量星级评定实施细则》，开发了《老年人健康评估信息管理系统》软件。2008年，政府修订完善了《养老服务机构服务质量规范》和《养老服务机构院内感染控制规范》，出台了《社会福利机构安全管理规范》，首次将以行政监管为主要方式的安全管理工作转变为地方标准和行政监管相互配合协调的新型安全管理模式，实现安全工作的常规化和标准化。和北京市律师协会合同法专业委员会联合制定发布了北京市第一个《北京市养老服务合同》范本，进一步规范了养老服务行业行为。

2011年，政府加强了养老（助残）服务规范化建设，出台《北京市居家养老（助残）服务单位管理规定（暂行）》，规范了准入机制、奖惩机制、服务管理，推动市场规范成长。同时，公布《北京市居家养老（助残）指导性收费标准》以及社会监督电话，列出了6大类110项服务指导性收费标准。2014年，政府制定了《养老机构综合评价指标》《养老机构社会工作服务管理规范》《养老机构老年人健康档案技术规范》《养老机构符号与标志》，并修订了《养老机构院内感染控制规范》《养老机构服务质量规范》《社会福利机构安全管理规范》3项标准。并推进全国"公办民营"养老机构试点的建设工作，落实门头沟区和顺义区的改革试点，规范公办民营机构招标流程、资产清算、产权方和运营方权责界定、准入退出等。2015年，编制了《养老机构安全管理规范》《养老机构生活照料技术规范》等地方标准。2016年，联合市安监局制定了《社会福利机构安全生产等级评定技术规范》，使得养老服务地方性标准达到了12个，推进了养老机构规范化、标准化的发展。同年，政府通过制定《关于对本市养老行业非法及不规范服务行为开展全面排查的通知》加大对行业不规范行为的整治和非法集资打击力度，维护老年人合法权益。2021年，印发《北京市养老机构综合监管暂行办法》的通知，引导和激励养老机构诚信守法经营、持续优化服务，促进养老机构高质量发展。

政府还推动了居家养老服务标准体系建设，2016年编制了居家养老服务规范，包括服务通则、助医、助餐、助浴、助洁、康复7项居家养老服务规范。2017年，开展北京市居家养老服务规范7项标准的试行工作，选择了7个街道开展为期一年的标准试点工作。继续编制10项居家养老服务标准，包括短期照料服务、呼叫服务、健康指导服务、文化娱乐服务、家庭适老化改造等5项居家养老服务规范，以及服务商准入与退出、服务流程管理、质量评价与考核管理、信息平台服务与管理、入户服务管理5项管理规范。2018年，北京市进一步规范了养老机构提供养老服务的行为与质量，包括出台了《养老机构康复辅助器具配置基本要求》（DB11/T 1549 - 2018）、《养老服务驿站设施设备配置规范》（DB11/T 1515 - 2018）、《养老机构评价指标计算方法》（DB11/T 1573 - 2018）、《居家养老服务规范》（DB11/T 1598 - 2018）等地方性标准。

（3）通过星级评定提高养老机构服务质量

2010年，市民政局联合市质量技术监督局发布了《关于进一步推进养老服务机构服务质量星级评定工作的通知》。大兴区红星社会福利院被评为三星级养老服务机构。2014年，对申请参评的61家养老服务机构，从设施设备、机构环境、服务管理、经营能力、服务质量、服务项目、管理制度等方面进行考核，评出15家一星级、41家二星级、2家三星级、3家四星级。截至2014年年底，共有218家机构评定星级，其中一星级58家，二星级146家，三星级6家，四星级6家，五星级2家。2021年，北京市共有星级机构458家，其中五星级13家，四星级40家，三星级58家，二星级309家，一星级38家。星级社区养老服务驿站777家，其中三星级13家，二星级402家，一星级362家。

（二）政府对人力资源的开发调动

1. 对老年人个体的能动性开发

中国社会长期对老年人群体存在着角色认识误区，即认为老年人仅仅是被照顾、被关怀的对象，从而忽视了老年人的积极性、创造性和能动性，仅仅重视老年人老有所养的需求，而忽视了老年人老有所为的需求。[①] 习近平总书记在主持中共中央政治局第三十二次集体学习时指出，要为老年人发挥作用创造条件，引导老年人保持老骥伏枥、老当益壮的健康心态和进取精神，发挥正能量，作出新贡献。志愿服务是应对社会老龄化的重要举措之一，政府需要推广积极老龄化的相关政策，老年志愿者需要发挥老有所为的精神。根据《国务院关于印发"十三五"国家老龄事业发展和养老体系建设规划的通知》，在"十二五"期间，老年志愿者的比例达10%，"十三五"规划中老年志愿者注册人数所占比例将达到12%。

---

① 穆光宗：《老年发展论——21世纪成功老龄化战略的基本框架》，《人口研究》2002年第6期。

《维也纳国际行动计划》中倡导要促使老年人有机会发挥力所能及并有益于家庭和社区的各种作用,尽可能鼓励老年人之间互相帮助,各国政府应该设法减少或消除对从事非正式和志愿工作者的财政或者其他限制,取消或放松有碍使用志愿人员同专职工作人员并肩工作,或在年长者疗养机构中提供社会服务的各种规定。[①] 受地域限制和情感原因,大部分老年人趋向于过渡到社区服务和自我服务中发挥作用。社区服务内容的广泛性、服务的福利性、方式的灵活性、地域的社区性等特征,较为适合老年人参与,容易成为老年人积极参与并施展才能的地方。1998年,政府在社区组建了老年志愿者服务队2381个,1999年有2065个。1999年北京市朝阳区松榆树里小区开展了"时间储蓄"活动,确定了16位老年志愿者为小区中34位需要服务的高龄老年人提供志愿服务。2004年,北京第一家"爱心志愿服务时间银行"在丰台启动,50多位社区党员和入党积极分子拿到了银行的储蓄卡,此卡按小时、分钟形式储备公益时间,时间积累越多则获得回报越丰厚。

2017年,政府还在怀柔区、平谷区、密云区探索了农村养老改革试点,成立了邻里互助服务队,并对服务队中的互助员进行培训和管理。年内共有近2000位互助员为1.2万名老年人提供了互助服务。以密云为例,首先利用集体或个人闲置用房,以流转或腾退等方式改造为幸福晚年驿站,在提供文化娱乐、助餐助洁、日间照料等基本养老服务的基础上,提供居家上门服务,全区建成了25家幸福晚年驿站,具备500张照料床位,辐射5500名老年人。其次,密云县针对农村地域广、老年人分散居住、集中养老服务无法辐射的现实问题,以村民自家居住地为中心,确定了服务半径,通过邻里互助的模式为老年人提供代买代缴、寻医送药、助餐助洁等服务,全区已经建成11支服务队伍,有130位邻里互助员为500名分散居住的老年人提供互助养老服务。再次,密云县针对部分分散特困的老年人、空巢或独居老年人无人照料的问题,利用自己宅院改造成具备基本养老服务功能的小型幸福院,让有意愿的老年人共同生活,让其相互帮扶,由村委会作为主体指定专人为

---

① 《老龄问题维也纳国际行动计划》,载谢联辉等《联合国老龄话题文件总汇》,华龄出版社1998年版,第15—36页。

老年人提供日常生活照料服务，让分散的特困、空巢、高龄老年人能够实现集中供养。

2. 对社会志愿力量的重视培育

目前老年人的购买力仍呈现不足状态，有能力支付房租、地租、服务费、生活成本的老年人不足 10%，有将近 60% 的老年人无力支付高额服务费，需要社会组织为其提供义工服务（有记录且能在日后换取服务）和社工服务（有工资、不纳税、不盈利）。① 为了降低老人居家养老成本，政府需要通过建立义工服务记录制度等，利用社区人力资源，发挥健康、低龄老年人的人力资本，采取付费等方式让其参与到社区助老为老服务中，进一步降低老年人服务费成本。

2017 年，北京市开展了"志愿北京之青春伴夕阳"志愿服务项目，同时在实现"医养结合"的养老服务目标和建设"健康中国"的战略背景下，逐步孵化并培育扶持了医疗类的专业助老志愿服务队伍。通过将各级各类医院与社区医疗卫生服务中心作为载体，开展了"惠志愿"系列志愿服务活动，发展了 23 家医疗助老志愿服务组织，有效发挥医疗机构在助老志愿服务中的专业性优势，形成在志愿服务领域的"医养结合"，引导北京市助老志愿服务的发展走向。出版了"夕阳再晨"系列口袋书之《预防诈骗》，收录了诈骗经典案例，教老年人识别诈骗伎俩，保护财产安全；开设"夕阳再晨"云课堂，既在线上开设老年教育课程体系，又在线下集成有多年服务经验的助老团队。服务了 71 个社区，开展 472 次活动，服务老年人 16117 人次，参与活动的志愿者达 15978 人次，促进社区养老、居家养老、机构养老和"志愿北京之青春伴夕阳"的对接和融合，为社区养老提供更为精准、具体的服务。

2017 年出台《关于开展为老志愿服务活动的通知》，倡导鼓励大中院校的学生开展陪护等为老志愿服务活动，倡导健康、低龄老年人志愿扶助高龄老年人。市政府通过购买服务方式，将街乡镇养老照料中心、养老机构、社区养老服务驿站作为平台，累计组织开展了 2.4 万人次的为老志愿服务。2018 年，在"志愿北京之青春伴夕阳"志愿服务项目

---

① 杨燕绥:《中国大多数老人买不起养老服务》,《凤凰网》2009 年 3 月 4 期,http://www.ccgp.gov.cn/gpsr/gdtp/201411/t20141113_4724341.htm.2019-3-4,2022 年 5 月 2 日。

中，政府组织志愿者和全市各区的养老服务机构进行结对，形成"养老服务机构+青年志愿者组织+接力"的项目实行方式。2018年该项目共开展了1800多场常态化活动，有3.6万多名志愿者参加，其中依托"夕阳再晨"等骨干助老队伍，全年进社区提供870次助老服务，参与志愿者达15133人次，累计服务时长达68098小时。2021年，开展"年龄无障碍"新知识、新信息交流服务，组织青年志愿者以一对一的方式，为老人读报、介绍讲解社会时事等，并发起"致敬建党100周年·百名老党员践行智慧助老"活动，开展线下培训32场，选拔培训骨干志愿者1600余名。

3. 对专业性人力资源的培训鉴定

随着社会福利社会化、养老服务社会化的推进，政府办的养老福利机构逐渐减少，社会办机构日益壮大，且不少福利机构通过公建民营等方式进行运营，对于绝大多数涉及老年人福利的社会机构，政府并未有直接的人员招聘和投入，但通过组织统一、规范的养老服务人力资源培训，对各类养老服务从业者进行业务培训、能力升级，从而强化养老服务从业者的工作能力，促进其更好地解决老年人的各类养老需求溢出的问题。

（1）养老机构管理人员培训

2001年，北京市第一期养老服务机构院长执业资格培训班在北京市第五社会福利院开班，来自13个区县53家养老服务机构的55位院长参加了培训，并获得院长执业资格证书，培训内容包括养老服务机构的质量管理、老年人护理管理、养老服务机构的感染控制、医疗护理服务纠纷、人力资源管理、领导管理艺术等。该年共举办了2期养老机构院长执业资格认证培训班，130名院长获得了执业资格证书。2002年福利处共举办了4期养老机构院长执业资格培训班，全市共有281位院长参加培训并获执业资格证书。该年，政府与香港圣公会福利协会进行合作，组织了全市100张以上床位养老服务机构的管理人员赴香港学习，共38人。2004年，与香港圣公会合作，组织20位养老服务机构管理服务人员赴港培训。

2004年，举办了第五期养老服务机构院长培训班，110名院长获得了执业资格证书，全市养老服务机构院长基本实现了持证上岗的目标。

2006年，举办了1期养老服务机构院长培训班，133人参加，是培训人次最少的一年。2007年，培训人次达到176名。2008年，举办养老服务机构院长培训班2期，培训院长近500人次。2009年，举办3期养老机构院长培训班，283所养老服务机构共766人次参加培训，其中院长参训587人次。2010年，全市获得执业许可的社会福利机构负责人持证上岗率达100%。2012年，采用集中培训、以会代训、推荐参加全国研训的方式，强化养老服务机构规范化管理，对养老服务机构院长以及行政管理人员进行培训，其中，借助全市福利工作会议时机对16个区县及市属养老服务机构350名院长进行培训，推荐72名院长参加了民政部福利司组织的养老服务机构院长培训班，协调市社会福利协会举办养老服务院长、行政管理人员培训班4期，培训500名人员。总体来看，政府对养老服务机构管理人员的培训呈逐年递增的态势，但在2014年稍显不足。

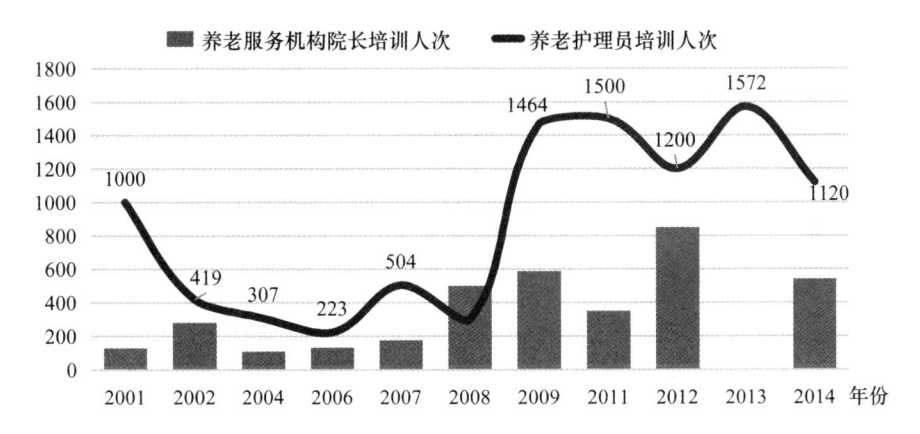

图6-11 北京市养老服务机构院长与养老护理员培训人次情况

资料来源：根据历年《北京市民政统计年鉴》《北京民政年鉴》整理。

（2）养老护理员培训

养老护理员是在养老服务机构中对老年人提供生活照料与护理的服务人员（不含社区养老服务员），其工作内容包括生活照料和技术护理等。伴随养老事业对复合型人才的需求越来越明显，养老护理员不仅要有照顾老年人日常起居的能力，同时也要掌握预防康复、临床护理、心理咨询、营养保健等方面的技能和知识。通过建立健全对养老护理员等服务人才的行业准入、评价管理、考核监督、淘汰激励等操作规范与专业标准，面向社会公开招聘、持证上岗，并不断规范各类服务人员的岗位职责内容，推进养老服务人员的职业化和专业化建设。

2001年，北京市养老服务职业技能培训中心成立。培训中心属于独立的社会力量办学机构。中心面向在职人员、就业前人员、失业人员、农村劳动力等开展养老护理员专业初级与中级的全日制、半日制、业余班的职业技能培训，并需要及时向相关部门办理登记与备案手续，接收朝阳区劳动和社会保障局的日常管理。年内，对1000多名养老护理人员和养老机构从业人员进行培训，使得养老服务管理机构人员提高了整体素质。2002年，开启养老护理员职业准入计划，并出版北京市养老护理员职业鉴定用书，同时，举办了5期初级养老护理员培训班，419名养老护理员通过培训获得了养老护理员执业资格证书。2004年，共有307名养老护理员获得了职业资格证书，并举办了专业技术人员继续教育讲座10次，受教育人数达2000多人次。

2005年，为进一步提高养老服务从业人员专业素养，举办了2期养老护理员培训班，120人通过了职业资格鉴定。经过培训，区县养老服务从业人员持证上岗率达67.61%，市属养老服务机构持证上岗率达81.38%。在大型养老服务机构基本实现了养老护理员初、中、高级职业工种人才梯队建设目标。2006年出台了《北京市民政局关于实施养老服务社会化示范活动的意见》，要求保证服务队伍的专业性，加强养老护理员的专业技能培训，推行家庭养老护理员和机构养老护理员持证上岗制度。该年共举办2期初级养老护理员培训班，172人通过鉴定取得养老护理员初级证书。护理人员大专学历比例达到66%以上，养老服务从业人员的专业素质不断提高。举办1期中级养老护理员培训班，51人通过鉴定取得中级证书。2007年，开办了5期养老护理员的培训班，504名养老护理员参加了培训，结业率达100%。

养老护理员的培训规模在2009年以前处于低迷状态，数量较低，但进入2009年之后，随着对不同级别养老护理员的培训制度的完善，受培训的养老护理员增至1000人次以上并保持在较高水平。2009年，养老护理员培训规模得到了大幅度扩大，举办了5期初级养老护理员职业技能培训班，480名养老护理员参加培训并通过考核。完成984人初级养老护理员鉴定工作，938人通过鉴定考试。2010年，养老护理员持证上岗率达65%以上。

2001年，市民政局联合市人保局发布了《关于加强养老护理员培训管理的通知》，规定对在北京市从事养老护理工作的外来务工人员参加培训给予补助。2011年，北京市民政局和人力资源和社会保障局发布了《关于加强养老护理员培训管理的通知》，要求推行养老护理员持证上岗制度。自2012年起，若新招聘的养老护理员未能取得国家职业资格证书的，养老机构须统一组织到定点培训机构进行职业技能培训，获取资格证书之后方能独立上岗，养老护理员培训分为初级、中级、高级、技师职业资格培训。政府给予养老护理员职业培训补贴标准为初级每人1500元、中级每人1800元。培训合格率90%以上的按照每个班级实际培训人数予以全额补贴，培训合格率未到90%的按照补贴标准的60%予以补贴。

2012年，加大了养老服务机构人员培训力度，举办养老护理员职业技能培训班6期、养老服务机构护理管理培训班2期，培训人员达1200名，保证了85%的持证上岗率，形成了人员基本稳定、结构较为合理、业务素质较高的养老护理员队伍。2013年，举办高级、中级、初级养老护理员职业技能培训班分别为1、5、8期，培训养老护理员1572名，完成养老护理员执业鉴定1776人次，其中高级96人、中级703人、初级977人。全市养老护理员持证上岗率达88%。2016年，市民政局联合市财政局、市交委、市卫生计生委、市人力社保局印发《关于加强养老服务人才队伍建设的意见》，明确了养老服务人才队伍建设的重点任务。在海淀区启动养老护理职业发展体系改革试点，畅通了养老护理员的晋升渠道。市民政局、市人力社保局、市教委联合发布了《关于认定北京劳动保障职业学院等院校为北京市养老人才教育培训学院（校）的通知》（2016），将多所院校设为养老人才培训机构。同时，市民政局与市人力社保局共同指导北京市养老服务职业技能培训学校开展养老护理员的培训教材与题库编写，并设立了远程教育点、编制远程教育教材。2017年，政府启动了为养老服务驿站培训医疗辅助护理员（中医健康养老护理员）的培训项目，另外，印发了《关于开展居家失能老年人家庭照护人员技能培训试点工作的通知》，在朝阳区、海淀区、东城区、西城区、顺义区、怀柔区等开展试点工作，培训老年慢病护理、日常护理、心理慰藉、康复护理、临终关怀。2020年，印发《北京市养老服务人才培养培训实施办法》，推动建设职业培训和职业教育并重的养老服务人才培养体系。

（3）其他养老服务从业者培训

2006年，88人参加了政府举办的老年人健康评估员培训班，2008年，政府继续委托市民政干校举办居家养老评估员培训班5期，共培训10个居家养老服务试点区特殊老年人自理能力评估员1000名。2005年，市民政局与市技术质量监督局共同举办了养老服务机构服务质量星级评定审核员培训班，86人参加培训。2014年，民政局首次举办了养老机构社会工作服务能力建设培训班，全市61家养老机构的80位负责人和社会工作者参加培训，依据老龄化社会需求，推动社会工作介入到养老机构中，提升服务水平。

（4）老年健身辅导员的培训

1999年，为了加强老年文体工作，市老龄协会拨款18万元资助各区县举办"老年体育健身辅导员培训班"，全市共举办各类老年健身辅导员培训班245个，培训各种健身辅导员7000多名，带动全市老年文体活动的展开。2002年，举办了3期优秀健身项目培训班，培训了230多名健身球、太极柔力球等项目的社区辅导员。全市共培训社会体育指导员28000人次，其中60%以上的为中老年人。2005年，体育部门举办了70多场全民健身科学指导大课堂，培训了400多名老年健身骨干。2009年政府还筹备成立北京市社会体育指导员协会，强化了对指导员队伍的培训和管理，推动老年体育工作的展开。截至2012年年底，本市共有注册社会体育指导员35242人（含获得职业资格的4022名社会指导员），并覆盖到全民健身活动站点、全民健身设施。2014年，共有47000名注册社会体育指导员，市体育局采取政府购买公共服务的方式为公益性在岗的12000名社会体育指导员发放统一的工作装备。

(三) 政府对财力资源的注入

1. 政府对老年福利机构的拨款资助①

政府对专门收养老年人的福利机构也投入了较大的财力保障。2005年出台了《关于街道办养老服务机构改扩建资助工作有关问题的通知》，其中规定对于改善环境与条件、增添设备但不增加床位的养老服务机构，每家资助10万元；对于改扩建的养老服务机构，在10万元资助金额的基础上，每新增加1张床位，另可资助1万元，每家资助封顶线为100万元。2008年发布的《北京市民政局关于资助街道乡镇养老服务机构建设的通知》规定，乡镇养老服务机构每新增1张床位资助0.5万元，封顶线为100万元；街道养老服务机构，每新增1张床位则资助1万元，封顶线为100万元。购置设备费用按40%提供资助，上限为10万元；改建的则按费用的40%补贴扶持，上限为20万元；在闲置设施基础上改造的，资助上限上调至100万元。

就乡镇敬老院来看，1981年政府对敬老院拨款22.4万元，但在1983年翻了3倍，达到76.6万元，并在1984年升至163万元。1990年政府财政拨款超过200万元，达到247.8万元，之后又减至100多万并持续到1996年。1997年政府投入资金规模达到450万元，并在1999年增至805.3万元。从对敬老院的拨款金额来看，政府投入的财力资源规模增长较大，在20世纪90年代初期之前增速较缓，投入力度较稳定，在90年代末期政府投入的财力资源规模扩大较快。进入21世纪之后，政府对城乡老年人福利机构的拨款规模迅速扩大，从2000年的1026万元到2003年翻了1倍，达到2410万元，但在2005年略有下降，投入了1332万元。就政府对城镇和农村老年福利机构的财力资源投入规模来看，政府对农村老年福利机构的财政拨款规模远高于对城镇老年福利机构。2000年，政府对农村老年福利机构的财力资源投入达到734万元，而对城镇老年福

---

① 此处统计的老年福利机构包括政府办与社会办的各种类型的养老服务机构，因统计口径中未作单独列支，因此无法将数据剥离进行分开讨论。将政府对老年福利机构拨款的财力资源放在间接供给路径中，是基于自1984年民政部提出社会福利社会化以来，政府对社会力量兴办老年服务机构逐步加大力度，政府对社会办养老服务机构的财力支持力度越来越大，越来越多的政府办养老机构采取公办民营的方式，因此借政府对整体老年福利机构的财政拨款情况，能有助于说明政府对社会力量办养老机构的财力资源支持情况。

利机构的拨款仅为前者的一半不到，2001年农村老年福利机构获得政府财政拨款数额是城镇老年福利机构的5倍，2003年是城镇老年福利机构的7倍，2004年是2倍。

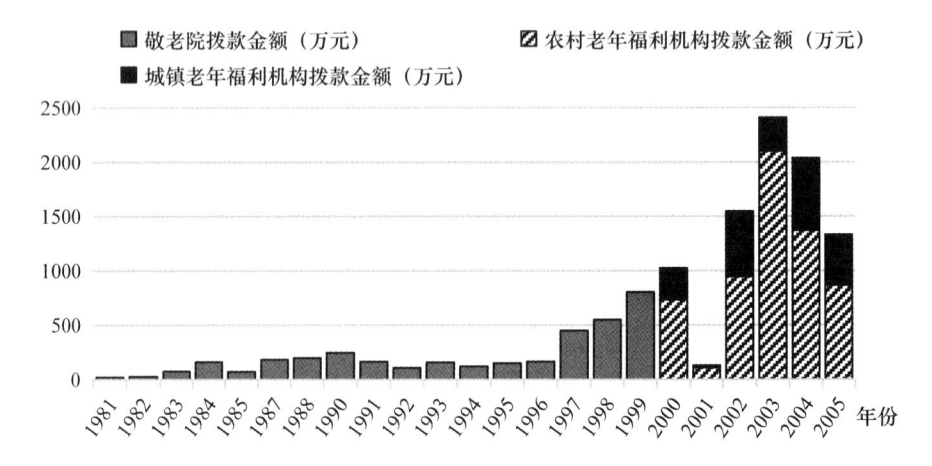

图 6-12　政府对城乡老年福利机构的财政拨款情况

资料来源：根据历年《北京市民政统计年鉴》《北京民政年鉴》整理。

2. 政府财力支持的形式

2011年，通过政府购买服务以及以奖代补的方式扶持社会力量参与到养老服务中来，年内发展了1.5万家养老（助残）服务单位，提供包括家政服务、生活照料、精神慰藉、康复护理、老年教育、其他服务六大类110项居家养老（助残）服务；投入以奖代补7200万元资金奖励了3200家养老（助残）餐桌和托老（残）所，提升服务质量，并有效缓解了老年人照料难、吃饭难的基本问题。2012年，《关于做好2012年居家养老（助残）服务单位奖励申报工作的通知》对3882家为老服务质量和老年人满意度均较高的服务单位，借助以奖代补的形式对服务单位给予奖励。2012年还发布了《关于2011年养老（助残）餐桌和托老（残）所规范化建设单位奖励资金使用有关事项的通知》，按照规定，试点单位奖励资金共计5200万元，按平均每个试点单位享受5.2万元奖励资金的标准进行拨付。2015年服务单位包括了餐饮、百货购物、家政服务、医药医疗、生活照料、养老机构、日间照料、社区便利、文化娱乐九大类内容，带动老年人消费金额达3亿元。

在培育专业服务机构方面，政府通过项目申报的方式对公众性、公益性的项目进行以奖代补，扶持养老服务单位的品牌化、专业化、连锁化发展。2015年，政府投入资金1260万元重点培养扶持与老年人居家生活紧密相关的老年餐饮、养老家政、康复护理等8个行业的100个优秀养老服务品牌。截至2017年年底，在全市工商登记注册的养老服务企业有1271家，养老服务民办非企业单位有900家。

为了缩减社会力量兴办的社会福利机构日常运营成本负担，完善社会力量兴办社会福利机构的扶持政策，政府在2009年出台了《关于社会力量兴办社会福利机构运营资助办法》，并在2011年对该标准进行了调整，在2014年则出台了对非营利性社会福利机构运营的资助办法。2014年政府出台了《社会办全托型托老所床位补贴办法（暂行）》，明确了资助对象是为老年人提供24小时托养服务的公办民营或民办的托老所，对于收住生活能自理老年人的托老所，按照每月300元的运营资助标准进行补贴；对于收住生活完全不能自理老年人的托老所，按照每月500元的运营资助标准进行补贴。2015年落实对各区全托型托老所提供了675万元的床位补贴，引导并扶持社会力量为老年人提供照料服务。2015年政府出台《关于支持养老照料中心和养老机构完善社区居家养老服务功能的通知》，以一个项目予以20万元提供补助，每个养老照料中心和机构获得补助的上限为200万元。

政府在2012年发布了《关于推行养老服务机构综合责任保险的意见》，规定了综合责任保险保障的范围包括意外伤残或者身故责任、第三者责任、法律费用等。以进一步提高养老服务机构发生意外责任风险时的善后处理能力和应对化解能力，提高养老服务机构的服务保障功能。为了减轻养老服务机构的压力与负担，鼓励并引导其参与综合责任保险，力争实现全市范围内的统一投保，北京市级财政按照80%对保险缴费予以补贴，养老服务机构则自行负担保费的20%，同时根据机构保险制度的执行情况调整财政补贴的比例。

表 6-1　　　　　　政府对不同类型福利机构运营补贴的情况

年份	机构性质	为生活能自理老年人开展福利服务的资助标准（人/月/元）	为生活完全不能自理老年人开展福利服务的资助标准（人/月/元）	为会员制老年人开展福利服务资助标准（人/月/元）
2009	社会办福利机构	150	200	100
	公办民营类福利机构	150	150	—
2011	社会办福利机构	200	300	200
	公办民营类福利机构	200	200	—
2014	非营利性社会福利机构	300	500	300

资料来源：笔者自制。

2016 年，北京市打造了"三边四级"的养老服务网络，在政府主导下，构建市级指导、区级统筹、街乡落实、社区连锁的四级服务网络，依托区级养老服务指导中心、街乡养老照料中心、社区养老服务驿站等区域性养老服务联合体。在街乡层面，政府主要是通过建设街乡镇养老照料中心来打造区域养老服务平台，具备居家助老、机构养老、社区托老、技能培训、专业支撑、信息管理等功能，让其成为融合居家服务、社区服务、机构服务相互依托、共享资源的平台。北京市民政局在 2014 年发布的《街乡镇养老照料中心建设三年行动计划（2014—2016）》中指出，要着力引导社会资本参与到投资和运营管理中来，政府规划建设的养老照料中心接近 210 个，政府扶持建设的有 250 多个，年内政府输入 5 亿财政资金，撬动了 20 多亿元社会资本的直接引入和投资。

2017 年，北京市划拨专项资金对已经建成的社区养老服务驿站和街乡养老照料中心提供运营补贴，以增强区域养老服务联合体辐射居家养老服务的水平与能力。2017 年，各区共有 230 个养老服务机构进行申报，并开展了 1135 个辐射服务项目，大大增强了居家养老服务的供给能力。2018 年，政府补助 450 万元支持社会力量建设街道（乡镇）养老照料中心，截至 2018 年年底，北京市已经建成 550 家养老机构，有 526 家投入运营，政府扶持建设了 275 个街道（乡镇）养老照料中心，有 192 个投入运营。根据《北京市社区养老服务驿站运营扶持办法》（2018），对于护理站的建设运营，按照不低于服务收费 50% 的比例给予托养流量补贴、服务流量补贴、连锁品牌补贴，推行养老服务驿站的品牌化和连锁化运营，同时将护理站和驿站的相关服务项目纳入到服务流量补贴的范围，按照不低于服务总收入的 50% 予以补助。按照城区养老服务驿站标准的 1.5 倍对农村幸福晚年驿站进行资助，加大了对农村幸福晚年驿站的扶持力度。要求农村幸福晚年驿站可以享受到连锁化运营每一家，可获得不低于 5 万元的一次性政府补贴。截至 2018 年年底，北京市已建成了 260 家农村幸福晚年驿站，就近为农村老年人提供文化娱乐、就餐送餐等养老服务。2021 年发放养老机构建设补贴 5029 万元、养老机构运营补贴约 2 亿元。

（四）政府对空间资源的配置

北京市政府构建的"三边四级"养老服务网络中，在社区层面，政府主要是通过无偿提供设施、由服务商低偿运营的形式，建设社区养老服务驿站，作为总服务台和桥头堡。另外，政府还出台了《关于 2017 年加强社区养老服务驿站运营支持工作的通知》《北京市社区养老服务驿站运营扶持办法》《关于规范使用市财政转移支付给予驿站一次性运营补助资金的通知》《北京市社区养老服务驿站建设规划（2016—2020 年）》等文件，加大了对社区养老服务驿站的建设，进一步推动其可持续发展。作为老年人家门口的养老总服务台，社区养老服务驿站主要负责将各类养老服务直接送至老年人家中。截至 2016 年，共建成 350 家社区养老服务和农村幸福晚年驿站，至 2017 年年底共有 380 家社区养老服务驿站投入运营，实现了一定的覆盖面。2018 年全市共建成 680 个，其中 95% 所用的设施由政府无偿提供，80% 实现了连锁化管理。截至 2021 年年底，已建成运营养老服务驿站 1112 个。

二　政府资源调配的搭载、嵌入和升级

（一）政府资源配置中的搭载与嵌入

在政府间接供给路径中，政府投入的资源极少以单个资源投入配置的形式出现，而是通过多种资源的搭载整合进行资源配置。政府单个资源投入的情况主要表现为对家庭成员的心力资源投入，政府通过表彰宣传的方式对家庭成员进行道德引导、价值规范，从而鼓励其承担家庭赡

养义务和责任。但多数情况下，政府在使用某一种主要资源时，都会搭载其他类型的资源进行强化保障。例如，2015年政府发布了《关于开展居家养老护理员培训试点工作的通知》，对于获得"北京市居家养老服务培训结业证书"的对象，按人均1500元的标准给予培训补贴。对居家养老护理员的培训属于政府输入的人力资源，但通过提供补贴则是增加了财力资源来强化对人力资源的保障。

从政府对养老服机构的星级评定来看，本属于政府投入的心力资源，以刺激养老服务机构提高服务质量来获取更好星级评定，但此时心力资源发挥作用的效度有限，因此，政府通过对于服务质量星级评定为一星级到五星级的养老服务机构给予2万元至32万元不等的奖励，即通过财力资源的刺激对其进行强化保障，从更大程度上调动养老服务机构的积极性和参与性。再从政府对空间资源的投入来看，政府对社区养老服务驿站的空间资源投入主要以无偿提供土地为主，但在此基础上仍按照一定比例对运营机构提供扶持补贴，即投入财力资源以进一步支持其可持续化发展运营。通过多种资源的混合搭配，政府可以调整资源配置的力度和强度，从而提高配置的科学性和合理性，促进资源配置的高效性。

在对资源的搭载和嵌入方式上，政府更多地倾向于用财力资源搭配其他类型的资源，一方面是基于物质激励的有效性，另一方面也是因为财力资源作为二级资源，其能转化为其他资源而加以应用。例如，对社区养老服务驿站投入空间资源的同时，也配置了运营补贴等财力资源，驿站可以利用这部分财力资源换为自身发展所需的资源，例如人力资源（招聘管理人员或护理员）、物力资源（按需购置床位等）、心力资源（加大宣传力度或为老年人提供文化活动等）。

（二）政府资源配置方式的升级

从历史发展经验中可知，无论哪个国家或什么体制，社会福利事业都让公办机构发挥兜底作用。[1] 但西方国家在20世纪中后期出现福利危机的教训也做出了提醒，即如果公办养老机构数量和占比超过合理水平，必然对政府财政造成过大负担。社会组织以自身独特的非营利性、自治

---

[1] 邓国胜：《公共服务提供的组织形态及其选择》，《中国行政管理》2009年第9期。

性、志愿性等优势,在集聚专业人才、反应灵活迅速、整合社会资源等方面有着一定的制度优势与组织优势。

除了政府作为主要的养老保障供给者直接向老年人提供养老保障之外,还存在其他老年福利机构的"公办民营""民办公助"、政府购买服务等方式。其中,公办民营是除去保持政府委派管理等方式之外,通过社会招标等形式将政府办机构委托给营利组织、非营利组织或个人管理运作的模式,例如部分街道、乡镇办养老机构已经通过转制实现公办民营。公办民营形成了运营主体的多元化,有利于在不同老年福利机构中形成良性竞争关系,营造各具个性化与专业性服务特色的机构。民办公助主要是促使投资主体多元化,政府提供优惠扶持政策鼓励社会资本的注入参与。

政府购买服务也是养老福利社会化运作的新模式之一,即通过政府出资购买民间机构的专业养老服务的方式,向公办老年福利机构输送专业社会人才,提升其养老服务质量。伴随社会力量开始以专业化的民间服务机构角色介入,政府采购社会服务也开始逐步出现。一般情况下,政府购买包含物品、服务、工程等。我国政府购买服务的形式大致可分为三类:一是竞争性购买,即合同双方公开竞标,是购买服务的经典做法;二是形式性购买,即采购方与服务提供方之间并非完全独立,后者可能由前者直接创立以承担分离出来的部分职能,此种购买目标相对模糊且不存在竞争程序与对手;三是非竞争性购买,即合同双方间是完全独立的关系,但购买合同由采购方一方制定,接受采购的组织由政府通过非竞争性的过程决定。[1]

从政府包揽包办转向政府购买服务,能使政府以较低成本购买较高质量的养老服务,以完善自身的养老保障责任,为政府精简政府机构、转变重大职能、提高行政效率提供了契机与选择。社会组织也能通过政府购买服务以获取更加稳定的资金来源,保障组织的生存与发展,社会组织的成长发展并不是一蹴而就的过程,政府的长效扶持、培育、引导不可缺位。无论是政府以运营补贴扶持养老服务机构,还是通过购买服

---

[1] 谭磊:《中国城镇社会福利事业社会化转型研究》,华中科技大学出版社2014年版,第101—102页。

务、公建民营等方式，都是政府直接供给和间接供给混合嵌入的表现，即政府通过投入一部分资源来撬动、引导、带入其他社会责任主体的资源注入，从而共同实现养老服务的供给。从资源配置的效率来看，政府以资源投入带动其他资源配置，能够活化社会养老资源，带动整体资源的调配和利用，在资源配置上呈现高效率。

三 政府间接供给路径中的资源效度

（一）资源密度状况

政府在间接供给中投入了心力资源、财力资源、人力资源、空间资源四大类。就资源类别的密度看，如前文所述，政府在某项政策中往往搭配多种资源类别进行保障，例如财力资源搭配人力资源，所用类别的增多标志着政府投入资源密度的增加。就每类资源本身的密度变化来看，政府投入的心力资源密度越来越大，一方面政府对"孝星"表彰人数的增多、宣传活动次数的增加，都是投入心力资源密度变大的表现；另一方面，政府对养老服务机构出台的规范化标准越来越多，是其投入的心力资源数量变多的体现。

就政府投入的财力资源而言，政府财力资源的投入主要体现在对养老服务机构的运营扶持方面，一是政府对运营机构扶持资金的项目增多，既有对养老辐射项目的资助，又有对养老机构床位的补贴，还有以奖代补的财力投入形式，财力资源种类的增加正是密度增加的表现。二是政府对养老服务机构的财力补助金额也在调整，财力资源密度呈现增长趋势。就政府投入的人力资源来看，政府组织的志愿服务力量越来越规范、壮大，是人力资源密度增大的反映，而对养老护理员和养老机构管理层培训人数的增加、培训次数的增加，也体现了投入人力资源密度的上升。

（二）资源强度高低

政府投入资源的强度高低各异，其中，强度最高的是政府对家庭成员规定其赡养义务的法律条文，其在法律层面上规定了家庭子女的义务责任，具有较高的强制力，老年人若未能享受到应有的赡养，可以诉诸法律手段进行权益保障。强度居于其次的是政府的财力资源以及对专业性养老服务人员的人力资源投入，财力资源虽不具有强制性，但是对于养老服务机构的运营有着重要的支持维系作用，激励性和吸引力较强，因此其强度相对较高。而在对养老护理员与养老机构院长培训中,人力资源的强度也较强,因为政府不仅通过规范化、常态化的培训班次提高业务能力,还通过政策要求养老护理员和机构院长持证上岗,这就增强了资源配置的强度。

资源强度较弱的应属以表彰宣传为形式的心力资源和以志愿力量为主的人力资源,前者仅仅通过价值宣传、道德教化的方式激励社会成员承担赡养义务,但并不能形成硬性强制力,因此强度较弱。后者依靠志愿性鼓励社会力量参与到养老服务中来,在强制力方面也相对较弱,更多的是依靠自愿性和利他性的支撑。

(三) 资源效度判断

政府在间接供给中的资源效度主要是基于这样的判断:政府投入一部分资源,是否撬动了更多社会资源的进入,从而实现对老年人养老需求的保障。通过被表彰的孝老模范数量的增加、参与到养老服务中的机构数量的增加[①]等表现可以看出,政府投入的心力资源和财力资源都获得效度的增加,即政府投入的资源拉动了更多社会资源的注入。以政府投入的空间资源为例,2017年年底,共有380家社区养老服务驿站投入运营,实现了一定的覆盖面,截至2018年年底,建成了680个养老服务驿站,政府通过无偿提供设施空间,引导社会力量建立养老服务驿站,在一年内增加了近一倍的机构数量,由此也可见政府空间资源配置的效度较高。再以街乡镇养老照料中心的建设为例,政府在2014年累计投入了5亿元的财政资金,但却撬动了社会资本20多亿元的直接投资。这正是政府通过投入一定的引导资源来撬动对更多的社会资源的注入的表现,从比例上看,政府财力资源配置的效度也较高,较好地拉动了社会力量进入和参与的积极性和主动性。

第三节 本章小结

在手段责任中,政府一方面通过直接供给路径配置资源保障需求,

---

① 从2005—2016年,养老服务机构总数从324个增至550个,其中社会办养老服务机构从110个增至231个。

主要投入了人力资源、空间资源和财力资源。政府投入的人力资源表现在两方面，一是政府办养老服务机构中的工作人员；二是老龄工作机构中的人力。在空间资源中，政府通过收养机构的基建工作和社区养老服务设施建设提供空间资源。通过对困难老年人救济支出、对福利型收养机构拨款、对老年人福利的财力支出等，为老年人养老保障提供直接性的财力保障。

从政府投入资源的密度和强度来看，政府投入的资源密度在逐年增大，资源配置的强度也基本维持在较高程度，所取得的养老保障效果逐年向好。但光荣院资源效度却呈负相关状态，再次印证了本书在维度模型中提出的观点：资源密度、资源强度和资源效度之间并不存在绝对的正相关关系，其中涉及资源配置方式和比例的合理性与科学性。

另一方面，在间接供给路径中，政府主要投入了心力资源、人力资源、空间资源、财力资源等。心力资源中，政府以表彰宣传激励社会助老养老，以法律规范明确赡养义务，以规范化推动养老机构高质量发展。人力资源中，政府通过对老年人能动性开发、培养社会志愿力量、对专业性人力资源培训鉴定配置资源。以无偿提供社区养老服务设施场地提供空间资源。财力资源的投入则包括对老年福利机构的直接拨款资助、以补贴奖励等扶持养老服务单位。从资源效度角度来看，整体上密度增加，强度上强弱相间，通过撬动效应，整体效度比直接供给更大。

第七章

政府养老责任变迁的特征审视与内在逻辑

第一节 政府养老责任变迁的阶段性特征

相对于其他机构或组织,政府的行为更有复杂性和综合性,其所权衡考虑的利益与目标的不确定性也比其他社会组织更高。政府是唯一的能从众多交织力量中产生并超越其他力量进行有效调节的行为实体,政府的角色和性质决定了其行为代表的伦理责任必须把维持社会存在发展的公共利益作为首要目标,决定了其必须在不同历史阶段的实践中综合各方利益以实现平衡。政府责任既包括治理的义务,即政府必须做的,也包括违背治理义务所需承担的责任。这两方面都是为了责任主体依法履行治理义务,以及责任客体能够实现生存权利,属于一体两面的辩证关系。因此,政府责任既包括积极意义上的行为后果,也包括消极意义上对负面后果承担的责任。在对政府责任的评价当中,往往重视对政府责任的否定性评价而忽视了对积极履责行为的规定与评价。政府养老责任内容的变化具备着时代特征,特别是在转型期政府责任从传统的官僚制管理和政治统治本位逐步向服务本位发生转变,促使政府养老责任的内容也发生了较大改变,不同于以往单一政府垄断提供养老服务时的责任内容。

中国传统文化中,养老基本由社会非正式制度承担,家庭养老成为老年群体最为核心的保障。自中华人民共和国成立至改革开放以来,为了平复战争遗留的创伤以及消除贫困根源,党和国家将治理重心置于人民基本生活问题上，其间社会福利工作以救济为主，呈现救济性福利事业格局，包括兴办福利设施、为残幼孤老等困难人群提供社会救济与福利保障。至二十世纪七八十年代，随着经济保障改革的推进与建设力度的加大，政府逐步开始关注社会服务。但在改革开放初期尚未遭遇人口老龄化瓶颈和挑战，社会经济水平较低，社会养老仅负责五保户等特殊老年人的保障。此阶段家庭养老仍是主流选择，家庭是老年人生活养老的基本单位，其集合了生产、生活多项功能，担负着老年人养老保障的主要责任。

在计划经济时代，政府理解社会保障的思维理念具有绝对性与单向性，认为社会保障与国家保障之间可以画等号，政府应该在包括养老保障在内的各类社会保障领域承担无限责任，但这种保障并未辐射覆盖全体公民，体制内人员更能享受到这部分福利保障。城市的社会福利机构主要收养无依无靠、无劳动能力、无正常生活来源（即"三无"人员）的孤寡老人、残疾人等。农村的社会福利主要是对部分或完全丧失劳动能力、无依靠的老弱孤寡残社员的基本生活提供保障。到1956年基本建立了以国家为责任主体，以城镇职工单位福利、集体经济农村福利、特殊群体社会救助为辅的初级社会福利体系。改革开放以后，老年福利从消极被动型救济向积极主动型预防转变，借助广泛多类的福利服务与社会救助解决老年群体的养老问题。

改革开放加快了从传统社会向现代社会的转型，改革开放的新契机也催生了中国养老保障的变革与发展，养老保障的改革革新也逐渐成为社会改革事业的有机组成部分，政府责任在其中的定位也在发生变化与调整。政府的养老责任的终极目标是保障老年人的养老需求，因此，本书在前述对三个维度的梳理基础上，依据政府保障的养老需求类别和深度，以及政府治理力度的表现状态，基于三大维度对政府养老保障的尽责状况作出价值判读，将政府责任的特征变迁划分为三个阶段，以此概括在三个阶段内政府养老责任呈现的状态差异和主要特征。

对不同历史阶段的主要划分依据如下：一是政府在1996年开始正式建立起低保制度，而在此之前政府保障的老年人群体范围较窄、保障体制也较为零散，基于治理广度的角度，将1978—1995年作为第一阶段进行政府履责状态的梳理讨论；二是随着政府保障的老年人群体类别越来越多，覆盖的养老需求范畴也相较于上一阶段有了质的飞跃，此阶段内治理广度和治理深度发生了近乎天翻地覆的变化，由此将1996—2012年作为第二阶段展现政府在此期间的尽责表现和特征描述；三是进入2013年之后，伴随政府对养老服务业发展的推动力度，政府在前一阶段尽责成果的基础上继续加深治理深度，此时政府的治理广度和治理深度已经取得了较大成功和进步，政府下一步必须应对的是如何提高治理力度来保障治理广度和深度的成果，以及获取更大责任成果，因此，2013年至今的阶段内政府更加注重对社会资源的活化调动，追求更高的资源效率。

在对政府养老责任变迁的梳理中可以发现，政府养老责任在三个维度上的变迁并非齐头并进的发展步伐。虽然总体上政府养老责任在三个维度上都呈现了共同强化的表现，但是，在不同养老需求上政府保障的结果有所不同，因此也导致了最后呈现出下述三个阶段性变迁特征：第一阶段政府更注重对特殊困难和特殊政策老年人的保障，导致政府养老责任更具备福利救济与保障的色彩；第二阶段内政府保障的养老需求种类增多、程度加深，更加凸显政府责任，并重新调整与其他主体的互动关系，逐步转变为政策激励叠加社会市场开放的混合模式；第三阶段中，政府更加注重对资源配置方式的优化升级，特别是间接供给路径中的配置，主张如何更高效率地撬动社会资源来提升治理效度，即对间接供给路径的优化升级，通过强化对社会资源的引导撬动、监管评估，提升养老保障的效率。

一　收缩隐退：福利救济型政府责任（1978—1995年）

自1978年中共十一届三中全会召开之后，经济得到了迅速发展，公众生活水平得到大幅度提升，养老保障工作也逐步从停顿状态中苏醒恢复。我国从传统计划经济体制逐渐向社会主义市场经济体制转轨，并在20世纪90年代确定建立社会主义市场经济体制的战略目标之后大大提速，市场化改革在很大程度上解放了生产力，并从排斥市场转为突出强调市场的作用。与经济体制转轨相呼应，社会福利的供给方式也渐渐产生变化。计划经济时代，国家对于社会福利和救助等基本采取包揽政策，城市中主要通过单位的方式进行实施，农村中则借助集体的渠道实施。市场经济时代，国家不再对社会福利等进行统包统揽，社会福利的主体趋向多元化。

1984年，民政部在全国民政福利工作会议上提出"社会福利社会化"的指导理念，力图改变过去时期由国家包办的实践做法，并转向由国家、集体、个人共同承担解决，号召全体社会力量共同参与兴办社会福利事业。1994年，中央进一步提出"深化福利事业改革，加快社会福利社会化的进程"，积极鼓励并依靠社会力量发展社会福利事业，并进一步加大社会福利事业各项体制改革的力度。该时期内政府不再是兴办社会福利的垄断性力量，转而通过引入市场和社会力量发展民营养老服务机构，社会力量逐渐参与到整体养老服务的供给中。1994年，北京市响应社会福利社会化建设要求，推动一流社区服务活动的开展，社区纷纷建起老年服务中心、老年之家、老年大学。1995年出台了《北京市老年人权益保障条例》，对老年人养老权益的保障在此后逐渐展开。

就政府养老责任的治理广度而言，在该时期内，政府责任保障的老年人群体在改革开放初期主要包括社会救济孤老、征地超转老年人、优抚孤老、农村五保户，并在80年代初将离退休干部、精减退职老职工纳入责任保障范畴。从治理广度中政府保障群体对象的类别来看，政府责任保障的主要对象是贫困老年人和部分特殊政策老年人，以救济贫困老年人（社会救济孤老、农村五保）和补偿性特殊政策老年人（征地超转和精减退职老年人）为主，以对奖励性特殊政策老年人（离退休干部、优抚孤老）的福利保障为辅。

在对老年人经济保障需求的治理深度上，该时期享受养老金待遇的人数经历了极度波折变动，在80年代中期保障人数下降，在80年代末期享受养老金待遇的人数低于80年代初期，且在80年代养老金水平未有增长，甚至有略微下调趋势，在1987年年均养老金仅有184元，是同期城镇居民家庭年均可支配收入的十分之一。90年代初期，领取城镇职工基本养老保险的离退休人员达到了70多万人，企业退休人员月平均基本养老金水平达到300元左右；领取农村养老保险金的人数从6.3万人增至接近20万人。在政府提供的经济救助与福利补贴上，领取定期定量救济孤老人数基本保持在900多人的规模，但救济费的平均水平从408元上调至1900多元，救济费用大幅度的提高保障了其基本生活。在对农村五保救济中，五保老年人在80年代初增长了近3000人，在90年代的分散供养标准达到了 1000 元左右，集中供养标准在 1993 年达到了 1656 元。

在该阶段，政府对老人的生活照料需求保障尚未涉及，在居住保障需求中，对军队离退休干部的住房保障已经开始覆盖，1991 年，中央下达北京市第一、二、三批军队离休退休干部建房总面积为 72.76 万平方米，建房经费为 39357 万元。在各类福利型收养单位中，老人收养人数规模都得到大幅度提升并在 90 年代末期保持较高水平。在医疗保健需求的保障上，1980 年北京市卫生局、财政局、民政局制定了《关于对烈、军属医疗减免工作中的几个问题的联合通知》，对优抚对象实行医疗减免福利，并对军队离退休干部提供医疗福利，在 1991 年、1993 年等调整了离退休干部享受医疗费和护理费的标准。在精神慰问关怀中，该阶段的慰问主要以精神慰问为主，且对象局限于敬老院住院老年人。早在 1992 年，政府便实行对老年人的文化优待，但限制条件较高、优待力度较小。在 80 年代初政府开始建立老人残疾人婚姻介绍所，保障老年人的婚姻介绍需求。在 20 世纪 80 年代，老年人在老年活动中心的参与规模较低。

在此阶段，政府对老年人的养老保障主要体现为福利救济，一方面，对城镇社救孤老、征地超转老年人提供经济救助与托养入住的保障；另一方面，对优抚孤老、军队离退休干部等提供居住保障和经济福利保障。被纳入政府责任保障范畴的对象群体较为特殊，且群体类别较少，同时对养老需求的保障也主要聚焦在经济救助和居住保障两方面。虽然，此阶段也出现了对优抚对象医疗减免、对老年人实行文化优待、建设婚姻介绍所等措施，以保障老年人的医疗保障、文体教育、社交活动方面的需求，但涉及的对象范围较窄，且政府投入的资源密度较小，并未形成成熟的保障体系，治理深度和治理广度也较小。

20 世纪 70 年代末期，西方新自由主义思潮呼吁对"看不见的手"的重视和回归，反对政府干预过度，此时间点与我国改革开放以及经济体制改革相呼应。市场化理念在指引经济发展的同时，逐步渗透到公共服务版块，包括养老保障在内的公共服务的行动主体逐渐向市场化方向发展培养。在效率优先、兼顾公平、社会福利社会化、将经济建设作为中心等思路的指导下，政府在养老服务领域的责任逐步撤退，导致其在养老保障中的强势角色也得到弱化。此阶段内，养老保障主要以市场行动的逻辑作为主线，强调政府养老责任的有限性，依靠市场机制可以实现资源的最优配置。在此逻辑下，政府养老责任有着鲜明的剩余性、特殊性特征，即仅对三无和五保老人、军队离退休和优抚孤老等特定群体的老年人提供水平差异较大的福利保障，而对于大部分老年人，政府都采取鼓励由个人及其家庭购买市场服务的方式，强调借助市场体系让个体成为自我负责的养老主体。①

自改革开放以来至21世纪初，在养老需求总量增加且溢出到社会的部分增多的背景下，由于养老保障的市场供给机制尚未发展健全，导致市场主体成长不足，呈现出不成熟的市场治理特性。在此境遇中，政府从养老保障的供给中单方面退出，导致政府出现相对缺位的状态，但同时，市场和社会组织等社会主体未能及时、充分地实现补位的功能，导致养老保障供需矛盾趋于激化。由于过于强调国家从社会福利领域的退出、转由市场承担社会福利的重要供给者，国家在社会福利领域呈现了退位与缺位的并存局面，此时期的社会政策模式可称为"市场主导型社会政策"②。大多数人需要通过市场解决养老问题，极大地加重了经济负担。

在这一阶段内，政府养老保障从包办福利、单位福利的模式中逐步走出来，开始了养老保障和服务的市场化探索。1983年，民政部提出社会力量和国家力量相结合的模式，利用多种形式来举办社会福利事业，社会福利事业的责任主体也逐步从单一国家主体转向由国家、集体、个人共同承担的格局，从养老责任承担的主体构成角度来看，政府养老责任从全包全揽式走向了有限承担式，因此形成了收缩隐退的对比性特征。民政部门成为发展社区服务的主导力量，而老龄部门也作为协调部门发挥了更大的作用，但仍旧倡导家庭和社会是解决养老问题的重要力量，政府定位的清晰度仍然不够。虽然社区养老服务等得到了一定发展，但政府"面向社会"的发展理念和思路导向导致政府保障的范畴十分局限。同时，由于政府对市场角色和作用的认知和定位缺乏恰当性和合理性，导致养老保障领域出现了唯市场马首是瞻的怪圈。

---

① 陈静、周沛：《论我国老年社会福利供给中政府角色的嬗变》，《东南学术》2015年第3期。

② 李迎生：《中国社会政策的改革与创新》，中国人民大学出版社2015年版，第344页。

总体而言，该阶段刚刚从计划经济体制中走出，其转型调适需要一定的缓冲时间，同时，由于对"市场化""社会化"的认知模糊性较高，社会化养老模式主要是作为政府减压减负的手段方式而推进。另外，社会化主体存在过度弱小或过度市场化的倾向，导致作为弱势群体的老年人的基本养老需求无法得到有效保障。政府在这一阶段的责任呈现的是福利救济型状态，相对于计划经济时代的全包全揽式责任状态，政府的养老责任经历了收缩隐退的特征，即强调政府养老责任的有限性，过于强调个体、家庭组织和社会力量的养老责任，而过度弱化了政府的责任担当。此处所指的收缩隐退是相对意义上的，是相对于不断增长的老年人养老需求的增量收缩和隐退，指的是政府养老保障的投入远远滞后于社会经济发展速度，更滞后于老年人的养老需求；是相对于政府在计划经济时期的包办福利和单位福利模式，转向强调个人、社会主体责任共担所导致的政府养老责任的有限收缩与隐退特征。

二 责任回归：服务保障型政府责任（1996—2012年）

自20世纪90年代初起进入老龄化社会，政府认识到了老龄化态势的严峻性与养老服务的急迫性，加快推动了对养老服务的发展。该时期内养老需求急剧扩张，其主要原因是老龄人口的规模与比例极速膨胀，同时也与高龄老人规模的增长有关。不断增长的老龄数字使养老问题日渐成为关系到每个公民实际利益与保障的社会问题和新型公共服务诉求。政府基于公共服务的责任与公共利益的追求，必须直面并回应社会养老服务需求，以社会化服务支持作为缓解养老压力与家庭核心化、空巢化、小型化间矛盾的政策抉择。

2000年，政府提出了"社会福利社会化"新概念并开始推出一系列政策，养老服务在社会主体的积极参与下日渐活跃起来。中国的社会福利社会化包含了主体多元化、对象公众化、方式多样化、队伍专业化。[①]社会福利社会化是富含中国特色的概念，西方社会福利民营化与其相似，即政府将社会福利的供给完全或部分转移到民营部门，并引入市场机制，

---

① 魏彦彦：《中国特色养老模式研究》，中国社会出版社2010年版，第124页。

借助价格作用调节供需，强调成本等，从而高效利用服务资源。[①] 2007 年是中国社会福利发展的关键一年，民政部提出了社会福利转型的目标，即从补缺型向适度普惠型转变，政府界定的转型目标是从补缺型福利供给特定老年人、孤儿、残疾人向全体老人、困境儿童、残疾人实现转变；在服务产品和项目的供给上，要满足全体老年人、困境儿童和残疾人的需求，这意味着中国放弃了坚守六十余年的补缺型社会福利供给规则，转而接受了普惠型社会福利概念。[②] 以此将福利供给从特殊弱势群体转变到一般人群。

北京市养老政策的发展主要依托于全国养老事业发展的总体方向，在国家养老方针的指导下，根据本市老龄化的推进进程与养老需求，不断尝试出台养老政策与措施并提供多方位、多层次的老年优惠项目，以为北京市老年群体养老生活质量的提高提供政策保障。1996—1998 年，政府通过多个政策扶持民办养老机构成长。2001 年出台《关于加快实现社会福利社会化意见》，2005 年发布《关于资助社会力量兴办社会福利机构实施细则》，2006 年颁布《关于加快发展养老服务业的意见》，2008 年出台《北京市民政局等〈关于加快养老服务机构发展的意见〉》，这一系列政策是政府推行养老服务社会化的举措表现。随着 2008 年《北京市民政局、北京市财政局〈关于深入开展居家养老服务试点工作〉的通知》和《北京市民政局、北京市财政局关于印发〈北京市特殊老年人养老服务补贴办法（试行）〉的通知》等政策的出台，北京市逐步扩展对养老需求的保障内容，不再局限于经济保障需求和居住保障需求的责任保障范畴。

在政府责任的治理广度中，政府在此阶段覆盖的老年人群体增加了五类，90 年代中期将城镇低保老年人纳入政府责任保障内，在 90 年代末将高龄老年人和空巢老年人群体也纳入保障范畴；进入 21 世纪之后，新纳入了两类老年人，一是农村低保老人，二是计划生育政策老年人（补偿性特殊政策老年人），并同时将农村五保纳入农村低保中。从保障群体

---

① 魏彦彦：《中国特色养老模式研究》，中国社会出版社 2010 年版，第 124 页。
② 彭华民：《从沉寂到创新：中国社会福利构建》，中国社会科学出版社 2012 年版，第 118 页。

类别的增加上，体现了政府对特殊政策老年人的关怀和重视，并在城乡二元结构下对农村贫困老年人扩大了保障范畴。就政府保障的养老需求类别而言，政府在此阶段保障的需求类别和内容得到了大量的增长和扩充，从前一阶段注重对老年人经济保障需求和居住保障需求的保障，转变为对经济保障需求、居住保障需求、医疗保健需求、生活照料需求、精神慰藉需求、文体教育需求、社交活动需求、法律维权需求八大方面实现全部覆盖。

在养老保险的经济保障方面，在 90 年代中期至 2012 年，领取城镇职工基本养老保险的离退休人员从 70 多万人增至近 200 万人，增加了近 2 倍，而企业退休人员月平均基本养老金从 480 元增至 2284 元左右，增加了 6 倍。领取农村养老保险金的人数从 30 万人左右增至 2008 年的 127.5 万人，领取人数翻了 4 倍。随着 2008 年开始建立城乡居民养老保险制度，消除了养老保险的覆盖盲点，实现了城乡居民养老保险制度的全面覆盖，实际领取的人数从 13 万人增至 27 万人，翻了 2 倍。而养老金月人均水平也从 100 元升至 450 元左右，增长了 3 倍多。在先后建立起城镇职工养老保险制度和城乡居民养老保险制度之后，仍然有一部分老年人没有享受到任何的养老保障，因此，北京市在 2008 年建立了针对城乡无保障老年人的福利养老金制度。福利养老金从月人均 200 元增至 2012 年的 277.5 元，保障老年人数也从 56.3 万人增至 64 万人，但最终降至 55 万人。

在政府提供的经济救助与福利补贴上，领取定期定量救济孤老人数在整体上逐年下降，从 1996 年的 1100 多人降至 2009 年的不足 100 人，但救济费的平均水平从 1900 元增至 6800 多元，救济费增幅较大。在对农村五保救济中，五保老年人规模基本保持在 3000 人上下。1996 年北京市正式实施了城市低保制度，享受低保待遇的老人数在 1996—2003 年增长较快，1996 年仅有 8598 人，1998 年近 3 万人，2000 年则比 1998 年增长了 2 倍，2002 年逼近 10 万人，2003 年达到 15 万人，2011 年降至 11 万多人，低保标准从 170 元增至 2012 年的 520 元。2002 年，政府建立了农村低保制度，享受低保的老年人从 2006 年的 1.9 万人增至 2012 年的 2.3 万人左右。1998 年，政府开始为高龄特困老年人发放生活救助金和百岁老年人营养补助金，保障的高龄特困老年人从 198 位增至 3015 位，百岁老人从 96 位增至 2004 年的 250 位。2006 年起，政府为 80 岁以上的高龄老年人发放高龄补贴。

在对精减退职老职工的救助上，享受救济的平均人数在该阶段内保持较高水平，但平均支出金额较低。在对优抚孤老的保障上，定期抚恤补助标准逐年上调，并在2011年实现了城乡统一标准。征地超转孤老的生活补助也从2006年的532元增至2012年的1254元。从2005年开始，政府开始对农村部分计划生育家庭实行奖励扶助，保障人数在2012年增至2.7万人。除了经济救助之外，政府还在2008年开始提供居家养老服务补贴，对老年人发放50元至250元不等的养老服务补贴，让特殊老年人享受到社会提供的各类生活照料、家务料理、文化娱乐等方面的福利服务。

该阶段内政府在对老年人精神慰问需求的保障中的慰问关怀兼具精神关怀与物质福利特征。2007年，政府开通了第一条面向全市老年人的免费心理咨询专业服务热线，并与35家单位签约成为养老（助残）精神关怀服务定点单位。在生活照料需求的保障上，2009年，政府通过落实"九养"政策开始提供养老助餐服务并开始提供家政服务资源，通过发放居家养老助残券的方式为老年人提供生活照料的介入服务。随着2008年老年人优待政策的出台，老年人享受到了出行优待，可以免费乘坐北京市域内969条公交路线。2011年，政府还通过开发老年人意外伤害保险产品为老年人提供了人身安全保障。

在居住保障需求的政府责任保障中，政府主要通过住房保障、托老入住、环境宜居、紧急救援四个方面保障老年人的需求。2001年，市委、市政府出台了城市廉租住房制度保障城市贫困老年人的基本住房需求，2008年，明确家庭成员含有60周岁及以上的老年人的家庭则可以申请实物配租。在对农村贫困老年人的住房救济上，1995年政府开始对农村社救对象和农村优抚社救对象的危房进行改造。2000年出台了对城镇优抚对象的住房优惠政策。在各类福利型收养单位中，老人收养人数规模整体上升，但光荣院收养水平逐年下降。1997年，政府开始为散居孤老、体弱多病、身边无子女照料的老年人安装应急服务铃，提供紧急救援服务。2009年，政府开始推动家庭适老化改造，改善老年人宜居环境。

在医疗保健需求中，2000年政府制定了建立个人账户和社会统筹相结合的城镇职工基本医疗保险制度的实施方案；2007年开始了城镇居民基本医疗保险试点工作，覆盖了没有工作的居民和未参加城镇职工医疗保险的城镇未成年人；2003年，政府建立新型农村合作医疗制度。在医疗救助上，北京市于2002年正式实施城市特困人员医疗救助制度，并在2004年正式建立起了农村医疗救助制度。2010年，北京市对百岁老年人试行补助医疗制度。1997年在医院中设置了老年病门诊或老年病科，并在2001年开始启动老年病医院的改造。社区卫生服务资源逐步健全完善，每百名老年人拥有的健康档案数增幅较大，覆盖人数迅速提升，同时还为老年人提供挂号、就诊、建立家庭病床的"三优先"服务。

在对老年人文体教育需求的治理深度上，2006年开始，政府与社会为老年人提供的讲座培训资源逐渐增多；2009年起老年人享受的各项文化优待水平进一步提高，并逐渐放宽优待对象条件限制。2001年起，通过全民健身工作的开展，政府加强了对老年健身场所建设与健身指导。老年学校在校人数逐年增加且维持在较高水平。2011年，政府通过银龄婚姻家庭建设俱乐部的建设保障老年人婚姻介绍需求。在2006—2012年，老年人在老年人协会中的参与比例逐年下降，但在老年人社团组织中的参与人数有大幅度增加。

在老年人权益维护保障中，1997年9月，北京市成立了老年人权益服务中心，为老人提供相关的维权服务，2007年，政府出台了《关于公民申请法律援助经济困难标准和事项补充范围的意见》，其中将农村五保供养对象、重度残疾无固定生活来源等五类人员认定为经济困难，同时将老年人、残疾人、未成年人请求人身损害赔偿的案件、工伤或交通事故引起的人身损害赔偿等案件纳入到了法律援助范围，更进一步地降低了法律援助的门槛。

在该时期内，政府逐渐建立起城镇低保、农村低保制度，将对贫困老年人的救助扩大范围，并走向制度化和规范化，为老年人提供了更全面的保障。在经济保障的同时，政府先后出台了医疗保险制度并逐渐完善，辅之以医疗救助，形成完善的医疗保障体系。在住房保障上，注重基本住房保障和宜居环境打造，多方位保障老年人的居住权益。在文体教育需求、权益维护需求、精神慰问需求方面，政府开始加大保障力度，拓展保障措施，治理深度得到了较大加深。从老年人需求的治理广度和治理深度来看，该阶段是政府取得实质性飞跃的时期，政府在此阶段内呈现的责任状态是多元保障型，即拓展覆盖了更多养老需求保障，并在治理深度上大力推进治理水平，获得了较高的治理效度。

随着社会主义市场经济体制初步建立，改革开放也步入了新的发展阶段。从在计划经济体制中政治体系全面控制经济体系，通过对物质和非物质资源的直接分配管理进行调配，转变为市场经济体制下由市场分配大部分社会物质资源，而政治体系也转为对非物质资源的调配与管理。[①] 政治体制改革的推进促使政府权力让渡给其他领域，市场经济的发展成熟让市场力量越来越独立，而社会组织的发展也逐步显现优势。相对于前一阶段政府养老责任的收缩隐退，本阶段政府责任实现了一定程度上的回归。与改革开放初期对市场化改革的强调相反，这一时期政府责任的转变更注重公平与平等。

进入20世纪90年代末期特别是党的十六大之后，政府工作导向更多地转向社会建设、和谐社会、民生福祉等重点，政府养老责任也迎来了政府的归位。在一系列养老服务体系、养老服务业建设政策的引导下，政府角色重新转为养老保障的前台，重新强调政府在养老保障供给链条中的责任和角色。在政府养老责任重新归位的阶段，各项养老需求的保障开始凸显政府的角色和责任，并重新调整了与家庭、市场营利组织、非营利组织之间的动态关系，通过政府主导、社会多方力量共同参与的方式对养老保障发展不平衡进行及时纠偏。该时期通过出台的一系列政策法规（例如"九养政策"等），政府将养老工作由原初的国家全面控制模式逐步转变为政策激励叠加社会市场开放的混合模式，使得养老领域出现了服务对象覆盖面扩大、服务主体变化、服务机制更新等新变化。政府养老责任的回归与凸显既表现在政府资源投入的密度不断加大，同时在制度设计和管理方面政府的表现也更加积极。政府在该阶段内正在改变在改革开放初期的收缩隐退趋势，逐渐呈现出回归养老责任本位的发展格局。

在第二阶段中，养老服务机构参与养老保障事务仍存在自主性较弱、资金薄弱、社会认同度不高、服务质量良莠不齐、人员短缺等发展困境，导致社会力量对养老保障的供给水平总体不高，无法有效对接老年人的

---

① 焦石文：《改革开放以来中国政府治理方式的变迁》，《理论与改革》2018年第6期。

养老需求，进而存在供求方面的结构性问题。因此，在第三阶段中，政府更加注重对社会力量的撬动引导，以行业监管、运营扶持、奖励评定等多种方式促进社会力量的成长，提高其治理能力和治理效果。

三 优化调适：撬动监管型政府责任（2013年至今）

在第三个阶段，中国已经进入了全面建成小康社会的关键时期，因而老龄工作作为其中的重要环节必须得到高效落实。解决养老问题对于改善民生、增强老年人获得感与幸福感、实现全面建成小康社会的奋斗目标有着战略性的重要意义。在党和政府的积极重视下，老龄工作既有制度建设的顶层设计，也有具体政策支撑。以《中华人民共和国老年人权益保障法》为典型代表的宏观制度建设越加清晰，各部门出台的政策规章等越发细致，操作性与合理性也明显增强，从养老机构、政府购买服务、社会资本准入、行业标准、金融支持等方面对老龄工作进行了具体规范。中共中央、国务院先后印发《国家积极应对人口老龄化中长期规划》《关于加强新时代老龄工作的意见》，国务院先后印发"十三五""十四五"国家老龄事业发展和养老服务体系规划，召开了党的十八大以来第一次全国老龄工作会议，新时代老龄工作政策体系不断完善。《北京市国民经济和社会发展第十三个五年规划纲要》中对"积极应对人口老龄化"和"大力发展居家养老服务"进行了专门的章节讨论，在市一级层面将养老事业的发展纳入了专项规划。2021年，为及时科学综合应对人口老龄化，加快构建独具北京特色的大城市养老服务体系，又出台了《北京市养老服务专项规划（2021—2035年）》。

在优化调适阶段，政府在治理广度中新覆盖的老年人群体主要是特殊困难老年人，包括失能老年人和失智老年人。在前一阶段政府基本将老年人的八大类养老需求都纳入保障范围，因此，在本阶段政府主要通过加大资源配置的密度和强度，优化资源配置，从而加深对各类养老需求的治理深度，以追求更好的治理效度。

在养老保险的经济保障方面，2013年至今，领取城镇职工基本养老保险的离退休人员从200万人上涨至接近300万人，而企业退休人员月平均基本养老金从2000多元增至近4000元，在10年不到的时间翻了近2倍。领取城乡居民养老保险的人数从31.5万人增至89万人，养老金月人均水平也从450元上调至710元，增幅较大。无保障老年人领取福利养老金的人数逐年下降，2018年仅有38万人领取，但福利养老金水平升至625元。在政府提供的经济救助与福利补贴上，在对农村五保救济中，五保老年人数基本维持在3000人以上，集中供养标准从2600多元增至4685元，分散供养标准从1657元增至3500元左右。享受城镇低保待遇的老年人数从11万多人逐年下降，2018仅有6.73万人，低保标准从520元增至1000元，享受农村低保的老年人从2.3万人逐年降至1.6万人。享受高龄特困老年人救助金的老年人数从3000名增至3333名。享受高龄老年人高龄补贴的人数保持在3万人以上，保障金额有大幅度调整。精减退职老职工救济人数在下降，但平均支出金额却大有增加。征地超转孤老的生活补助在2016年接近每月人均2000元。2015年，农村部分计划生育家庭奖励扶助保障的人数超过5万人。2017年，享受居家养老服务补贴的人数达到26万人。2021年，每月有87.14万人次的困难、失能、高龄老年人享受养老服务补贴津贴。

在居住保障需求的保障中，在各类福利型收养单位中，老人收养人数规模继续上涨并维持在较高水平。在医疗保障需求的保障中，2017年，为了彻底打破城乡分割的制度壁垒，政府建立了统一的城乡居民基本医疗保险制度，全面实施了统一的城乡居民医保制度。在医疗救助中，2014年政府完善了救助政策，将资助参保参合的范围从城乡低保人员扩大至城乡低收入群体，并提高了报销比例。在生活照料需求的保障上，老年人出行优待需求得到了较好满足，2016年政府组织出租车企业为老年人和有特殊出行需求的人群提供更为周到便捷的服务，2018年政府将免费乘坐公共交通的老年人范围从65周岁及以上扩展到60周岁及以上的常住老年人。2017年，统一为享受优抚待遇、经济困难、计划生育困难家庭等特殊困难老年人对象购买了意外伤害保险，将无赡养来源的独居老年人纳入覆盖范围中。

在医疗保健保障中，每百名老年人拥有的家庭病床数和每千名老年人拥有的老年医院床位数却都有所下降，说明政府对老年人医疗资源的保障深度稍显不足。2017年，政府统一了医院和社区卫生服务机构的药品采购目录清单，2018年，政府进一步完善了基本药物和基层用药制度，提高了老年人就医用药的便利性。自2013年起，政府为95%以上的老年人建立起了健康档案。在此阶段，政府逐步开放社会体育场所资源，为老年人就近开展体育健身活动提供了便利条件。但老年教育保障效度却在逐渐下降，老年学校在校人数逐年下降。与前一阶段相比，老年人在老年社团组织、老年人活动中心中的参与人数保持较高规模，其社会参与需求的治理深度越来越深。在该阶段，老年法律援助中心的数量比前一阶段增加了数倍，为老年人提供了较高的权益保障水平。

该阶段，政府在政策引导下逐步推动角色和责任的转变，以政府、社会、市场、公民等多维主体的视角进行责任保障，逐步抛弃了传统的管制思维和手段，将服务效率、执政能力、管理质量、公共责任作为价值追求。多元共治并不是指政府责任的消失，而是减少越位现象，补全缺位遗漏，避免错位问题，降低政府养老保障的成本。此阶段中，政府不再作为对养老事务全面控制、大包大揽、主导一切的角色，而是退至与社会多方力量平等地位的角色，以互动协同、合作治理的方式保障养老事业推进。这种多元共治的体系格局通过优势互补、功能融合、良性合作，对养老问题进行共同社会治理，从而提高治理效率。

如何提高政府对养老需求保障的治理效度，成了政府追寻的主要命题。在养老服务社会化政策方针的推动下，政府更加注重其间接供给的资源配置，通过直接供给一部分资源进行引导，从而撬动、吸引更多的社会力量进入养老服务的供给中来，实现养老保障和服务的多元化供给模式，形成责任共担的治理格局。但这种责任共担的格局并非讲养老责任的平均分配，政府更加注重对社会资源的撬动和催化作用。在该阶段，政府为了撬动社会力量的注入，为其发展创造了更多的政策空间，通过投入标准化规范、行业监管、星级评定等多种类型的心力资源，以奖代补、床位补贴、运营补贴等多种形式的财力资源，以及对整合组织志愿力量、挖掘老年人主体能动性、提升养老服务人员业务能力等投入了多元化的人力资源，并为养老机构的介入提供了基本的空间资源。政府通过一系列资源投入，创造了积极的发展空间，从而鼓励更多社会力量投入社会资源，盘活整体社会养老资源，鼓励并引导社会参与到养老保障与服务中来。这一时期更主张如何更高效率地撬动社会资源以提升养老保障的治理效度，因此该阶段内政府责任的状态呈现为撬动监管，即政府的养老责任更加注重对间接供给路径的优化升级，通过强化对社会资源的引导撬动、对社会力量的监管评估，提升养老保障和服务的质量与效率，从而保障对养老需求的治理深度继续加深，最终实现治理力度的更大进步。换言之，在该阶段内，政府通过优化调适间接供给的路径方式，实现养老责任实现方式的升级转变，从而呈现更高效、更公平、多元化、多层次的养老保障格局。

第二节　维度模型视角下政府责任演进的驱动逻辑

在前文对政府养老责任变迁的梳理中可以发现，政府养老责任在三个维度上的变迁并非齐头并进的发展步伐。虽然总体上政府养老责任在三个维度上都呈现了共同强化的表现，但是在不同养老需求上政府保障的结果有所不同，因此也导致了最后呈现出下述三个阶段性变迁特征：第一阶段政府更注重对特殊困难和特殊政策老年人的保障，导致政府养老责任更具备福利救济与保障的色彩；第二阶段内政府保障的养老需求种类增多、程度加深，更加凸显政府责任，并重新调整与其他主体的互动关系，逐步转变为政策激励叠加社会市场开放的混合模式；第三阶段中，政府更加注重对资源配置方式的优化升级，特别是间接供给路径中的配置，更主张如何更高效率地撬动社会资源来提升治理效度，即对间接供给路径的优化升级，通过强化对社会资源的引导撬动、监管评估，提升养老保障的效率。而为何会导致在三个维度上政府养老责任变迁的差异节奏，以及政府养老责任的整体变迁？究其原因，是受到社会动力、资源实力、政府能力三大驱动力的影响，社会动力指的是国民养老需求随着时间推进而不断发生扩量与升级，对政府养老责任提出了多样化的挑战和要求；资源实力指的是社会资源总量的积聚增加，为政府养老责任的升级强化提供了客观的实现条件；政府能力则是从政府主动性的视角出发，强调政府对养老需求的价值认知和判断、对社会养老资源的调动配置能力水平均是影响到其责任落实的关键性因素。

一　动力：国民养老需求扩量与升级

国民养老需求的扩量升级是客观事实性的存在，也是政府养老责任定位与变迁的基本动力，政府养老责任中的治理广度和治理深度源于事实性的存在（即养老需求的现实存在性）。需求溢出理论将个体需求作为公共管理的逻辑起点，老年人养老需求的状况变化也成了政府责任定位的出发点和变迁动力。随着社会经济的发展、家庭结构的变迁，人口老龄化与高龄化压力随之即来，对老年人养老生活造成了较大压力和挑战，老年人群体特征在贫困老年人基础上，逐渐出现了高龄老年人、空巢老年人、失能失智老年人等多种特征群体，而在历史条件下因响应特殊政策的个体也逐渐进入老年状态，其养老需求的溢出问题不得不引起重视。经济体制转轨的不断推进、社会人口结构的重大调整，对社会利益结构产生了重大影响，各类社会主体利益分化现象逐渐明晰，一方面导致老年人群体的养老需求愈发强烈，另一方面在不同老年群体之间需求分化也较为明显，贫困老年人和军队离退休干部的养老需求在程度上有着极大差别，且对政府资源配置的要求也有明显差异，因此，不同老年群体特征产生的养老需求会对政府责任提出差异化、分类别的治理要求。

从国民养老需求扩量来看，自进入人口老龄化阶段以来，老年人口呈现出高龄化、增速快、基数大、抚养系数大、区域差异明显等特征，老年人口总量的增加必然导致养老需求总量的上升，即"扩量"。以老年人医疗保健需求为例，根据四次城乡老年人口状况抽样调查数据，自2000年至2015年，北京市老年人中患有慢性疾病的比例在15年期间曲折上升，2000年患慢性疾病的老年人比例为73.64%，2015年该比例上升至86.29%，增幅达到12.65%。可见，自进入21世纪以来，老年人患病比例的上升是对健康管理、医疗保健的客观要求。

从国民养老需求升级角度看，随着社会经济条件改善，老年人养老需求的种类必然发生变化，即"升级"。一方面，老年人养老需求的层次在发生变化。随着社会基本矛盾的转变，老年人对生活质量的追求逐渐提高，养老需求的种类从基本的经济保障需求和居住保障需求逐步发展至医疗保健需求、文体教育需求、社交活动需求、生活照料需求、精神慰藉需求等多元化需求类别。例如，在改革开放初期，老年人更关注衣食住方面的基本生存需求，而进入现代化建设时期，老年人也关注情感慰藉、社交活动、社会参与等更高层次的需求，需求层次的上升必然对政府治理提出新的要求，也对社会资源匹配提出了新的标准。

另一方面，老年人养老需求的程度在发生变化，以吃饭需求为例，在改革开放初期，老年人吃饭需求基本以温饱为主，而随着物质条件的改善、健康保健意识的增强，老年人更注重膳食营养，而从政府角度出发，为老年人提供基本简餐和营养餐食所耗费的资源必然不同，涉及不同的治理深度。因此，国民养老需求的升级，会导致政府治理广度和治理深度的变化，是政府落实养老责任的变迁动力。再如，在经济受限年代，老年人的居住需求仅限于遮风避雨的基本安全居住环境，而随着生活条件的改善，老年人对居住环境的需求提升至无障碍化的宜居环境。这些事实性存在导致政府治理广度在不同历史阶段都会发展变化（即政府需要保障的老年人群体和老年人需求类别在发生变化），也导致了政府治理深度在不同时期发生变化（即政府对各类养老需求保障的程度也在产生变动）。因此，老年人群体及其养老需求的变化导致了政府治理广度和治理深度的变迁，进一步决定了政府治理力度的变化，即决定着政府如何配置资源以实现对治理广度和治理深度的保障。

从养老需求的外溢压力来看，随着单位制福利的解散消弭，国有企业的福利功能逐步削弱，企业退休人员的养老需求便转向社会。同时，家庭养老功能的衰退，导致溢出于老年人个体及其家庭的养老需求增多，即溢出到社会中的养老需求明显增多。在人口老龄化压力下，溢出到社会的养老需求总量不断堆积，被纳入养老公共事务范畴的需求问题也就随之变多，政府养老责任的压力也持续积压，为政府养老保障提出了更大挑战，也刺激政府养老责任调整向前。

二 实力：社会资源总量的积聚增加

任何社会发展都无法摆脱社会资源禀赋的限制，不同历史阶段内，社会资源的容量和可获取性都决定了养老需求被满足的类别和满足深度，这是历史客观条件所造成的事实限制。例如，在改革开放初期，随着社会主义市场经济体制的初步建立，经济发展稍缓，各类非营利组织发展尚不成熟，当时能被用于养老保障的社会资源也较少，因此对老年人保障的需求类别较少、对需求的治理深度也较浅。而随着社会经济实力的增强，社会资源逐步丰富化，对老年人养老需求的保障范围和深度都逐渐增加。

社会资源总量的增加主要体现在财力资源、人力资源这两类二级资源的增多，而时空资源具有客观有限性，其波动变化较小；物力资源和心力资源都是由财力和人力资源转化而来，例如老年人健身设施政策（心力资源）是政府体育部门（人力资源）投入资金（财力资源）建设的老年人活动场地设施（物力资源）。因此，最能直观体现社会资源总量增加的是财力资源和人力资源。[①] 缺乏充足财力的支撑，养老保障的高质量推进无法施展拳脚。而经济发展水平决定了财力基础，在财力有限的背景下，财力偏向或配置都会影响到养老保障的结构和效率。

以国内生产总值为例，自改革开放以来，北京市 GDP 增幅较大、增速较快。1978 年 GDP 仅为 108.8 亿元，到 1984 年便实现了翻倍，并在 1994 年突破了 1000 亿元大关，在 2008 年更是超越 1 万亿元水平，进入 2013 年之后 GDP 达到了 2 万亿元，2022 年达到 4.16 万亿元。除了国内生产总值在急速增长，人均 GDP 也有着快速长足发展，1978 年人均 GDP 为 1257 元，1984 年进入 2000 元水平层次，达到 2262 元；1994 年便突破 1 万元，1999 年达到人均 2 万元的水平。此后持续快速增长，在 2014 年达到人均 10 万元的标准，2022 年则有 19 万元。无论是国内生产总值还是人均 GDP 的发展水平，都体现了国家社会资源禀赋的快速积聚增加，社会资源总量的丰厚支撑和稳健增加，为包括养老保障在内的民生事业发展提供了客观物质条件，体现了实力层面的增加。

不仅社会资源总量客观上呈现增长态势，可被政府获取的资源总量也在增加，以北京市政府财政支出为例，可窥见政府可获取、汲取、配置使用的资源体量情况。1978 年北京市财政支出为 20 亿元，1988 年突破 50 亿元，1994 年则达到 98.5 亿元。1995 年政府财政支出达到 154 亿元，实现了较大幅度的增长，2001 年则是支出 615 亿元财政资金。2005 年政府财政支出突破 1100 亿元，2007 年超过 2000 亿元，2016 年达到 5507 亿元，2022 年则是达到 7469 亿元。其间政府财政支出翻了几百倍，可见政

[①] 在本文中六类养老资源并非被政府单一使用（前文在治理力度中对资源投入的分析是从政府视角出发），而是全社会共享的资源总量，两级六类的资源也可用于对社会总体资源的划分和分析。

府所能获取、使用的财政资源有着飞跃的增长，也从侧面反映出社会资源禀赋的增加。无论是社会资源总量还是政府可获取并支出的资源总量，都反映出随着经济条件的发展改善，能被用于保障养老需求的物质条件和资源实力在不断积聚增加，提供了充分的客观条件。

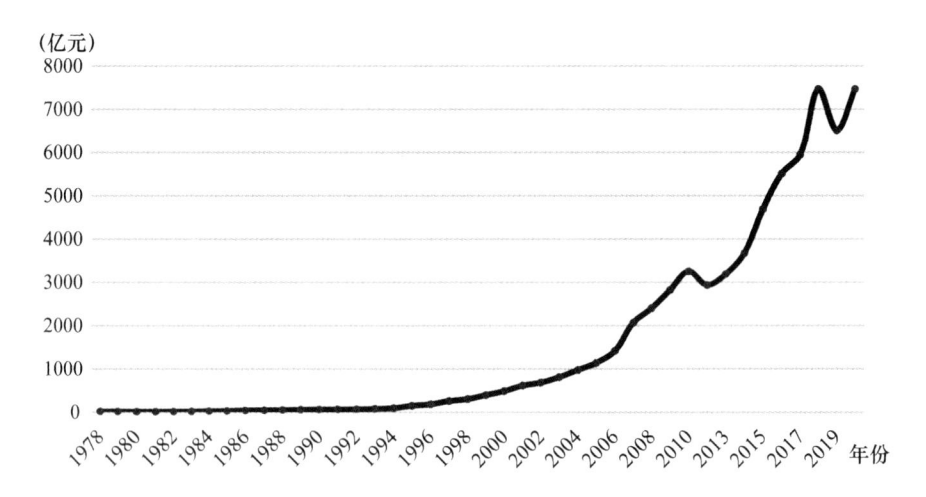

图 7-1 北京市历年财政支出水平

资料来源：根据历年《北京财政年鉴》整理。

三 能力：政府需求价值判断与资源配置水平

（一）政府理念对需求价值判断的影响

价值资源往往具备稀缺性，特别是与国家政治终极意义契合的价值形态，政府重要职能之一是培养、分配这些价值性资源。[1] 在养老保障中，不同老年人群体有哪些养老需求、这些养老需求需要保障到什么程度，是不同时期政府确定养老责任保障内容的决定性依据，正是基于对治理广度和治理深度的事实性观察和价值性判断，政府才能在此基础上决定需要配置哪些资源、如何配置，以保障对治理广度和治理深度的实现。换言之，政府对价值性层面的治理目标的认知与判断，决定了政府在工具性层面采用的资源配置的手段路径。意识形态作为一种价值观念，

---

[1] 张成福、马子博：《宏观视域下的政府职能转变：界域、路径与工具》，《行政管理改革》2013 年第 12 期。

不仅能对社会制度和政治制度的安排作出解释，也是社会治理的话语体系和行动基础。因此，政府对养老需求的价值判断在养老责任中有着关键的转化作用。

由于政府对养老需求变化的认知和排序具有感应性，在不同历史时期，政府履行养老保障责任的侧重点也有所不同。改革开放以来，政府向社会和市场让渡了部分权力，以扶持市场社会的发展，在经济成就和效益上获得了较大进步，但在其他责任保障上出现了相对疏忽。党的十一届六中全会提出，在社会主义改造基本完成之后，我国社会主要矛盾体现为社会生产无法满足人民物质文化需要。由此，国家建设重点开始转变到以经济建设为中心的主要任务上来。随着中国进入新时代中国特色社会主义，社会主要矛盾已经转化为社会不充分不平衡的发展无法满足人们对美好生活的需求和向往。[1] 不论是物质文化还是美好生活，其是否能实现都与政府养老保障责任密切相关。

20世纪70年代兴起的政府再造运动标志着政府的治理模式从以官僚制为本的传统行政模式转变为以市场为基础的新公共管理模式，促使政府从以管制统治职能为主转向以服务管理职能为主，而建立面向社会公民的服务型政府也成为全球改革的热点。[2] 这一转变导致政府更加关注公共服务的效能效率，并坚持以顾客为导向，建立以民为本的政府角色。自1978年至20世纪90年代中叶，政府的施政焦点在经济政策上，因此，经济发展成为政府的主要目标。"在某种意义上，中国只有经济政策，没有社会政策。"[3] 随着改革开放的开启，政府以经济建设代替了阶级斗争作为治理的中心任务，是治理模式现代化的开端。在"效率优先，兼顾公平"的理念引导下，政府通过行政体制改革等提高治理效率。但实际效果上，在突出效率的前提下与公平的轨道有所偏差，导致两种价值间的冲突。政府将经济发展作为第一要务和优先事项，政府责任范畴中的

---

[1] 颜晓峰：《论新时代我国社会主要矛盾的变化》，《中国共产党新闻网》2019年5月，http://theory.people.com.cn/n1/2019/0505/c40531-31063498.html，2022年9月1日。

[2] 张立民、赵彩霞：《论善治政府治理理念下政府审计职能的变革——基于政府绩效评价视角的分析》，《中山大学学报》（社会科学版）2009年第2期。

[3] 王绍光：《从经济政策到社会政策：中国公共政策格局的历史性转变》，载岳经纶、郭巍青主编《中国公共政策评论：第1卷》，上海人民出版社2007年版，第29页。

其他价值诉求受到忽视，导致对老年人养老需求的保障未能及时认知和广泛铺开。

90年代末期之后，政府工作重心逐步从以经济建设为中心转变为兼顾经济和社会建设。正是因为在改革开放初期，政府养老责任隐退，将责任尽可能丢给家庭与市场，并未取得预期的养老保障效益，体现为保障人群较少、范围较窄、需求单一等。因此，国家提出了科学发展观以及构建和谐社会对前期的失衡进行纠偏修复，经济效益不再是最高价值追求，取而代之的是公共利益和公平正义。政府责任得以从单一效率追求中解放出来，并将公共性作为转型的目标追求。但仍强调在公平正义的基础上，政府以最低成本提供最优服务，即追求公平之上的效率。2005年党的十六届五中全会要求在经济发展的同时，更关注社会公平。进入小康社会阶段，社会主要矛盾从私人产品稀缺转向公共服务稀缺，而今天社会主要矛盾就是民众日益攀升的公共服务需求与公共服务供给匮乏低效两者间的矛盾。[1]

党的十六大后，国家在科学发展观中强调以人为本，发展理念从效率优先转向兼顾公平和效率。并提出建设服务型政府的目标，强化了政府公共服务和社会管理的责任定位。党的十七大报告树立了建设服务型政府的目的追求，并将社会管理和公共服务置于更重要的地位。服务型政府目标的设立意味着政府职能在价值理念上有了关键调整，这与国家治理体系以及治理能力的现代化相呼应。服务型政府是21世纪以来新公共服务理论发展对现实的呼吁，致力于构建一个以公共利益和公民权为核心的价值体系，将公平正义、公民本位、公共责任、公共服务作为关键部分，实现公共资源的系统构建和有机整合。服务型政府是在认识到传统管制政府劣势的基础上提出的改革导向，后者是将政府责任与职能定位在社会控制层面，源自计划经济体制背景下高度集中的体制惯例，更强调依靠强制性的公权力实现政府意志，却忽视了公共服务与保障的责任，而服务型政府是以公民权利与公共利益为本，兼具民主、法治、效率、有限、责任等现代化特征的政府定位。虽然有限型政府和服务型

---

[1] 胡志平：《中国农村公共服务供给变迁的政治经济学：发展阶段与政府行为框架》，《学术月刊》2019年第6期。

政府都倡导政府在下放权力的同时减少管制，但有限型政府更强调在一定程度上从社会和市场退出，而服务型政府强调对养老保障等公共服务的重视与质量，在减少管制的基础上更加强调服务。

党的十八大后则是提出"以人民为中心"的理念，将人民中心的科学发展观作为政府治理的核心价值观，既回归了国家初心，也彰显了政府治理理念的进化，标志着政府治理从国家中心主义迈向人民中心主义[1]。国家治理现代化符合全球治理变革的价值理念，构建多元化治理体系，强调各治理主体之间的协商合作以及共治，既有利于规避政府与市场双重失灵的困境，也能推进实现公共利益的治理目标。在现代化治理框架下，政府不仅要实现公平正义，还要转变职能为社会力量的成长让渡一定的空间，实现公共利益最大化。

公共管理的演进历程是政府本位理念日益退散、社会本位思想逐渐壮大的过程，社会本位思想的核心在于责任、人本、服务，且需要通过合作、参与、互动实现并外化核心内涵[2]。随着时间推移，政府养老责任保障的总量不断增加。政府养老保障覆盖的老年群体和养老需求越来越全面，同时也越来越复杂，正是源于政府对养老需求价值的判断排序。政府对不同养老需求的保障发生了量的相对转移，即政府对不同养老需求保障的覆盖范围和治理深度在不断扩充调整。在第一阶段内，政府的工作重心主要在对经济保障需求的治理上，而对其他养老需求的保障相对忽视。而1996年特别是进入21世纪之后，政府开始重视其他养老需求的保障与发展。就总体而言，这是政府养老责任从经济保障向其他养老需求保障的相对转移，是政府从仅仅关注经济水平向兼顾经济和社会政策，再向发展以人民为本的政策转变的过程，也是政府从效率优先向兼顾公平和效率的理念转变，更是政府从管制型政府向有限型政府、服务型政府理念模式的转变。

传统政府理念采取的是绝对理性假设，认为政府是完全理性、全能

---

[1] 张成福：《政府治理创新与政府治理的新典范：中国政府改革40年》，《国家行政学院学报》2018年第2期。

[2] 陈庆云、郧益奋、曾军荣等：《公共管理理念的跨越：从政府本位到社会本位》，《中国行政管理》2005年第4期。

全知的行动主体,即使面对变化多端的需求偏好、复杂多变的外部环境,政府仍能掌控完全信息,明确各类偏好选择,作出各类备选方案,从而预测所有方案导致的后果,并在此基础上确定最优方案。但实际上政府仍面临着信息悖论、理性无知的困境,即政府在高度不确定的环境中只能获取部分特定信息,对于其他信息仍处于无知状态,且获取全部信息的成本和难度极高。因此,政府对养老需求信息的掌握无法保证全知状态,进而也会影响到政府对养老需求价值的判断排序。

(二)政府资源配置的能力水平

社会资源总量的积聚增加是客观实力条件,但投入资源多并不必然导致政府治理广度和治理深度的扩大加深,其中涉及政府对资源配置的能力水平,即政府资源配置的科学性和合理性。基于社会资源禀赋的现实性,政府对资源的汲取能力也是决定政府治理效度的重要因素。政府对资源的汲取能力是政府获取养老资源数量与质量的基础,也是落实养老责任的必要条件,政府对资源的汲取能力的水平直接或间接地影响到养老责任的落实、社会养老服务的质量和效率。在政府对资源的汲取能力基础上,对资源配置方式的科学性和合理性也影响到治理广度的范围大小和治理深度的深浅程度。

在责任隐退收缩阶段,政府通过直接供给的方式将资源直接配置给少数老年人群体,直接配置的方式导致保障的老年人群体较少且保障深度有限;在责任回归阶段,政府通过直接供给与间接供给相结合的方式引入社会力量,共同盘活社会资源,因此在此阶段政府治理的广度涵盖到了老年人的八大类养老需求并在治理深度上有了显著加深;在责任优化调适阶段,政府更加注重在间接供给中通过投入部分资源撬动更多社会资源投入,并通过标准化建设、行业监管、星级评定等多种方式提高社会资源的进入及配置效率,促使治理广度和治理深度持续攀升。

政府职责是掌舵而非划桨[1],掌舵是指政府就公共产品和服务的供给作出决策和制度安排,划桨是指政府直接提供服务等执行活动。考虑到政府资源和能力有限,划桨的政府通常是低效疲惫、超负荷运转的状态。

---

[1] [美]戴维·奥斯本、特勒·盖布勒:《改革政府——企业精神如何改革着公营部门》,周敦仁等译,上海译文出版社2007年版,第1页。

党的十八大以来，通过购买服务制度的引进，政府强化了公共服务供给中的效率和竞争性。2013年财政部也出台了《政府购买服务管理办法（暂行）》，各部门也相继发布了购买服务的目录指南与施行办法，推进政府购买服务的深化发展。借助政府购买服务的途径，将政府养老责任转变、公共服务竞争性、社会组织培养等进行有机整合，提高资源配置的公正性与高效性。

政府实现公共服务的方式从直接划桨转为掌舵，其权力控制从集中趋于分散，此变革的内在逻辑是民间组织和市民社会将作为主要发展趋势，公民个体责任以及公民对自身决定产生后果的承担都会成为社会选择的主要准则，多元化竞争也会不断引入到服务生产提供中。[1] 随着资源配置中市场机制基础性作用得以明确，政府责任也面临着新挑战。在科学发展观的指引下，服务型政府成为治理现代化的本质要求。在此目标要求下，政府责任不仅在于自身治理能力的提高，还在于对民间社会力量参与治理的调动，并处理好多元主体间关系，以协调性、整体性作为引导，协调不同利益主体间的关系。向社会与市场放权必须要考虑到后者是否具备接住接力棒的能力。

在放权让利的变革转型中，政府和社会间的关系也在不断调整，旧体制下政府养老责任的强化是以社会力量的相对弱化为代价的，但转型之后，必须强化社会力量的发展。由于政府存在官僚自利性和垄断性、信息掌控的不完全性、对于环境的不确定性等掣肘，其无法通过有形的手实现资源配置的帕累托最优，通常会出现公共物品供给过度或不足的弊端。[2] 因此，以多样化组织形式提供养老保障和服务成了必然。因此，政府与其他主体间的张力将会增强，政府对社会的引导动员会有所变化，政府直接保障的范围会出现相对收缩，其直接掌控的社会养老资源虽然在绝对量上有所增多，但在相对比例无疑会缩小。

政府养老责任的边界和限度取决于社会自治能力的高低，政府责任的收缩意味着政府将一部分权责职能让渡给社会力量，社会本身的自治能力是关键影响因素。在市场经济体制下，市场机制是经济发展的基本

---

[1] 孙柏瑛：《当代政府治理变革中的制度设计与选择》，《中国行政管理》2002年第2期。
[2] 孙柏瑛：《当代政府治理变革中的制度设计与选择》，《中国行政管理》2002年第2期。

模式，政府和市场间的互动关系是社会发展的重要动力。但市场并非万能，市场中个人理性的支配往往导致集体非理性，例如经济结构失衡、经济总量不足、经济周期性强等，这便需要政府运用法律、经济、行政手段，适时改变市场介入的参数与变量，降低市场力量波动的频率和幅度。因此，政府需要弱化微观层面的责任主导，强化宏观领域的责任落实，以此才能提高政府资源配置的能力水平。必须认识到的是，政府对社会资源汲取得越多，则意味着留给社会主体的资源余量越少，社会主体解决养老需求问题的能力必然减弱，从而导致老年人养老需求溢出到社会的部分增加，进而导致政府责任压力加大，所以政府资源汲取和配置必须寻找合适的临界点，追求资源配置的合理性与科学性。

四 合力：政府养老责任变迁的逻辑主线

政府养老责任的转变是缓慢的演变过程，并非一蹴而就和突变的。政府自建立城市低保制度之后，发展了农村低保制度，并经过近20年的时间实现城乡低保的统一。这些都说明了政府养老责任的实现与变迁是渐进式的，这与中国渐进式的改革路径相适应。政府养老责任的变迁并不是对以往责任角色和履责方式的全盘否定，而是在继承、批判、优化的基础上追求与实现科学理性层面的扬弃。本书提出的驱动逻辑对于政府养老责任的影响是部分的而并非全部的，其中还涉及其他具化因素的影响。

前文在政府养老责任维度模型中提出了三大维度间的7个逻辑关系命题：

1. 政府养老责任中的治理广度和治理深度源自国民养老需求的升级。
2. 治理广度和治理深度受到政府对养老需求价值判断排序的影响。
3. 限于社会资源的有限性，治理广度和治理深度相互掣肘。
4. 治理力度受到社会资源禀赋影响，即社会资源越多，治理力度加强的可能性更高。
5. 通常而言，治理广度和治理深度的扩大加深会导致治理力度的加大。
6. 通常而言，治理力度保障并制约着治理广度和治理深度的实现。
7. 治理广度和治理深度的扩大加深不会导致治理力度的必然加强，

其受政府资源配置的合理性和科学性的影响。

这里所提出的政府养老责任变迁驱动逻辑，是在养老责任维度模型视角下依据三大维度间的 7 个逻辑命题升华得出，可以在很大程度上解释政府养老责任变迁的机理与动力，这是因为该逻辑链条包含了需求端和供给端的关键要素。

在不同的发展阶段，老年人养老需求内容和程度有差异，导致政府工作重心发生转移，政府责任的行为偏向也就会产生差异，导致不同阶段养老保障状态各异。当国家处于不同发展阶段，面临的历史任务有所不同，因此不同的发展战略以及相配套的各类制度都共同影响着政府责任边界与履责行为，进而影响到养老保障的结果和效果。不同阶段的经济发展水平决定着养老保障的水平与质量，财力充足与否是政府实现养老责任的要素和必要条件，但并非唯一决定因素和充要条件。同时，政府养老责任变迁的先导是其管理理念的转变与创新。作为公共权力的掌握者，政府可以通过制定调整政策制造治理机制变迁的压力甚至动力。政府依旧是养老保障供给体系中的主导力量和核心角色，虽然政府可以将具体服务传递任务交由社会力量，但并不意味着政府的责任退缩或卸包袱。相反，政府需要在承担养老保障发展规划、出台法规与制定政策、完善财力支撑和激励、培育社会力量、强化监督管理与评估等方面强化责任，实现公平与效率的优化升级。

总体而言，国民养老需求的扩量升级是客观要求，社会资源总量的积聚增加是客观条件，政府对需求价值的判断及其资源配置的能力是主观能动性，三者串联发生化学反应，便呈现了不同历史时期政府养老责任的状态表现，也推动了政府养老责任的变迁发展。政府养老责任的实现既需要驱动动力，也需要行动实力和能力，两者缺一不可，其中驱动动力就包括了国民养老需求的扩量升级，行动能力则是指政府需求价值判断和资源配置能力，行动实力则是指社会资源总量情况，即是否有足够的资源支撑政府养老责任的实现。综上，国民养老需求升级、社会资源总量的增加、政府价值判断和资源配置能力高低三方面的因素，交互作用产生合力，共同决定了政府养老责任三大维度（治理广度、深度、力度）的强化。因此，在本书提出的政府养老责任维度模型的视角下，政府养老责任变迁的逻辑主线可归纳为：

养老需求升级+社会资源增量+政府价值判断和资源配置能力=政府养老责任中三大维度的强化。

第三节 本章小结

根据前述三个维度的梳理，本章将政府养老责任的变迁特征划分为三个阶段，一是收缩隐退阶段（1978—1995年），政府责任包含对社救孤老、征地超转老人的救济，以及对优抚孤老、军队离退休干部的福利，呈现福利救济型特征。相对计划经济时代依托单位制福利的全包全揽式，政府更追求养老责任的有限性，强调其他责任主体的责任分配和作用。二是责任回归阶段（1996—2012年），该阶段内各项养老需求保障开始凸显政府责任，并重新调整与其他主体间的互动关系。政府将养老工作逐步转变为政策激励叠加社会市场开放的混合模式，养老领域出现了服务对象覆盖面扩大、服务主体变化、服务机制更新、保障需求多元化等新变化。三是优化调适阶段（2013年至今），政府主张如何更高效率地撬动社会资源来提升治理效度，即政府更注重对间接供给路径的优化升级，通过强化对社会资源的引导撬动、监管评估，提升养老保障的质量效率，实现治理力度的进步。

基于政府养老责任维度模型以及三大维度间的7个逻辑命题，本章挖掘出了政府责任演进的驱动逻辑。国民养老需求的扩量升级是客观要求，社会资源总量的积聚增加是客观条件，政府对需求价值的判断及其资源配置的能力是主观能动性，三者串联发生化学反应，便呈现了不同历史时期政府养老责任的状态表现，也推动了政府养老责任的变迁发展。在政府养老责任维度模型的视角下，政府养老责任变迁的逻辑主线可归纳为：养老需求升级+社会资源增量+政府价值判断和资源配置能力=政府养老责任中三大维度的强化。

第八章

未来发展与研究总结

第一节 政府养老责任未来走向的政策建议

在出现某项养老需求时，政府会通过衡量需求价值与自身能力产生某项政府职能，并由此形成保障该养老需求的责任。现实操作中，政府的养老责任极容易出现过度超前或缺失滞后等现象，实质上，这关乎政府对公共生活和养老需求的干预在何时、何地、何种情况下是合理适度的问题。基于对政府养老责任变迁的历史梳理分析，从政府养老责任维度模型的框架逻辑出发，政府养老责任的未来发展可以考虑从以下出发点进行发散深入。

一 治理广度视角：精准把握群体特征与需求动向

养老保障的终极目标在于满足老年人基本养老需求，缓解社会养老问题，并增进老年人福祉。社会保障既要凸显出社会公平，进而体现对公民的人文关怀，也要注重个体对社会的贡献以及初始资本的注入。从政府养老责任中的治理广度视角出发，政府对老年人群体及其养老需求的分类化治理是未来发展的必由之路，只有精准把握不同老年人群体的角色特征、不同养老需求的变化内容，才能进一步制定人口老龄化应对策略，推进养老保障的公平化与可持续性发展。

对不同老年人群体的分类化治理保障，首先体现在政府精准识别不同角色特征的老年人群体，在现有的四类群体特征上不断丰富纳入新的老年群体，进一步识别其角色的特殊性，以及由此引致的养老需求的独特性和差异性。其次，对不同老年人群体的重视并不等同于养老保障的特殊化,而是对不同特征需求的老年人提供针对化、细致化、差别化的养老需求保障和服务,因此,政府需要对不同群体老年人实现各类兼顾、各有侧重的双重保障,实现普惠化保障和差异化服务相结合的治理理念和方式。例如,对于贫困老年人,政府要注重对其基本生活需求的保障和救助;对于特殊政策老年人,政府要基于政策优待和关怀给予一定的补偿和奖励;对于高龄老年人,政府要推动适合化的福利扶助;对于特殊困难老年人,政府要在科学评估的基础上,识别不同群体的养老特异性,进而提供科学化、差异化的合理保障。

对于不同养老需求的分类化治理,政府需先对不同养老需求的内容进行精准把握,通过需求追踪建立实时共享的养老需求数据库,以此作为养老保障决策的基本信息资源。在掌握各类养老需求内容的动态过程中,也要注重对新兴养老需求的关注和识别。以老年人的养老需求作为基点,动态掌握需求特征,并按照需求价值进行排序,对需求正义性较高的人道性养老需求优先进行资源保障。完整的社会保障(福利)体系,既需要为民众提供基本经济福利和收入保障(benefit-in-cash),又需要提供各类"个人导向"的具体服务(benefit-in-kind),主要表现为社会服务。[①] 随着服务型政府的建设与以人为本施政理念的强化,保障个人权利与自主性的养老服务开始得到政府重视与关注,以收入保障为基本内容的经济性福利和以老年人个体需求为导向的社会性服务是养老保障的重要范畴。因此,在未来养老保障中,经济保障需求仍旧是老年人养老需求保障中最为基本的责任内容,同时,居住保障需求和医疗保健需求的正义性也需排在政府治理目标的前端,而后再为老年人的生活照料需求、文体教育需求、社交活动需求、法律维权需求等进行不同力度的资源保障。

二 治理深度视角:细化评定标准并与绩效挂钩

从治理深度视角出发,基于养老需求的正义性和价值排序,以及社会资源禀赋的有限性,政府对不同老年人群体的不同养老需求的治理深度理应不同,不能采取一刀切的方式来设定治理深度的标准。例如,对

[①] 岳经纶:《中国的社会保障建设:回顾与前瞻》,东方出版中心2009年版,第11页。

低龄老年人的医疗保障需求和高龄老年人的医疗保障需求的治理深度显然不同,后者患病概率更高且贫困可能性更大,导致其医疗保障需求的急迫性更高,因此,政府对高龄老年人的医疗保障需求的治理深度应深于低龄老年人。

传统公共行政更重视投入而非结果。官僚主义的政府不考量效果,因此也很少取得效果。[①] 效果是公共服务与政策目标的匹配程度,常以产出和结果的关系进行衡量,其关注情况是否获得改善,更关注目标或结果。依据交易成本理论,新公共管理认为政府应该更重视活动的结果和产出,即更关注公共服务的效果、效率、质量,从而更为主动地对外界变化和不同利益需求作出有效回应。因此,政府的资源配置、责任定位应该与治理广度、深度联系起来,对照政府养老责任保障了多少老年人和多少需求、保障到什么程度,进行系统评估来有效配置资源。

对养老保障进行绩效管理是重视养老保障产出与结果的体现,政府必须管理养老保障的产出与结果,关注保障的治理和效率,综合考虑资源配置的有效和利益分配的公平。通过对目标管理、战略管理、全面质量管理等工具的引入,提高政府的履责绩效,一改"重决策、轻执行与评估"的传统惯例,主动引导公众对养老保障工作进行管理和监督,通过多种途径限制、规范政府履责行为。发展以结果为导向的绩效管理体系是政府实现治理现代化的重要举措,党的十八大以来政府通过推进预算绩效管理,向强调影响成果、产出的绩效管理系统进行过渡。但在养老保障领域,政府绩效管理模式尚未有长足发展,未能建立起成熟的绩效评估和管理体系。

绩效评估是依据能力、效率、公共责任、服务质量、公众满意度等判断,对政府管理过程中产出、投入、中期及最终成果反馈出来的绩效进行系统评定和等级划分。[②] 通过将政府对不同养老需求治理深度的标准、水平、程度和各涉老部门的绩效相挂钩,并细化对每项养老需求治理深度的评价指标和标准,加强绩效评估和监管反馈,促使不同治理深

---

① [美]戴维·奥斯本、特勒·盖布勒:《改革政府——企业精神如何改革着公营部门》,周敦仁等译,上海译文出版社 2007 年版,第 121 页。

② 蔡立辉:《政府绩效评估的理念与方法分析》,《中国人民大学学报》2002 年第 5 期。

度的科学化设置、高效化实现。同时,通过将各项养老需求的治理深度标准进行细化整理,纳入到政府养老事业、民政事业的阶段性规划安排中,作为未来某一时期的目标导向,以及目标考核的重要指标。例如,对文体活动需求的治理保障中,各文化部门、体育部门、教育部门要针对不同老年人群体的需求特征,提出不同的治理深度标准(如,老年人享受公交优待的人数、享受公交优待的车次路线、享受服务优待的场所数量、享受优待的服务内容等),并将其与部门绩效挂钩,由北京市老龄委进行统一考核、综合评估。通过将各项养老需求治理深度与部门绩效进行连接,能进一步具体化政府养老保障的责任内容与性质,指向各部门所具备的特定职能与责任。

将对养老需求治理深度的标准要求与各涉老部门的工作绩效挂钩,其一,可以通过指标要求反映政府养老保障的效果、力度、质量,从而让公众对政府养老保障及其绩效形成精确化、条理化的认识。其二,通过科学的指标设定可以对政府养老保障的各个方面进行分析、评价、比较,从而进一步为绩效评价提供可视化的指标体系。其三,依据治理深度的指标设定,有助于监测并跟踪养老保障的推进过程,将各项养老需求的治理深度指标与标准值进行比对,从而对养老保障进行运行情况的预测,进一步对产生偏差的原因或问题进行分析,以确保政府养老保障的高效性与正确性。其四,按照各项治理深度的设定指标进行结果对比与分析,对政府养老保障运行状况作出评价,进而促使政府及时调整相关政策以及资源配置,使之达到优化。

三 治理力度视角:重视科学配置与社会撬动效应

从专业技术和利益差别来看,政府各个横向涉老部门并不属于同质团体,存在专业分工和利益分化。从养老保障而言,政府需超越专业分工可能存在的碎片化弊端,让老年人在表达养老诉求、获取养老保障的过程中和政府形成一对一的交互关系,而非一对多的复杂关系,从而向老年人呈现"整体性政府"的理念与形象。因此建立政府涉老部门之间的横向协调机制就显得尤为重要,需要在明确各部门职责基础上,强化部门间责任的耦合性,增强部门间合作。

由以国家为主体向以社会为主体的飞跃实质上是国家把部分职能及

权力逐渐转交给社会,但此移交过程在国家权力控制下实现,导致容易出现两类极端,一是国家对社会严格控制,阻碍向以社会为主体的转变;二是国家把原属于自身的部分权力让渡给社会,由于社会主体短时间消化不良,社会控制体系出现弱化紊乱的情况。① 这两种极端往往交替过渡,呈现了国家与社会之间集权与分权的循环交互。政府责任必须与政府能力相适应,政府只有在能力范围内才能对自身行为负责。面对未知的复杂性和持续的变化,政府理性永远存在有限性,因此政府职能必须从全能转向有限。政府社会管理的终极目标在于重建社会,为社会自治力量提供足够的成长让渡空间,进而激发社会的自治、自主功能,形成社会自我调节机制,实现社会自我管理和自我组织的良序发展,让社会运转起来。②

萨拉蒙指出政府治理工具具备直接性和强制性两大特征③,在直接性程度上,选择治理工具时应减少对经济的直接性干预,转向对间接性治理工具的考虑;在强制性程度上,既要放松对经济的管制,也要强化对社会性事务的监管。④ 考虑到市场经济体制仍旧处于初步建设阶段,市场自我调节机制和外部保障功能尚不健全,特别是在养老服务这一涉及老年人基本民生的领域,需要政府和市场建立起协调分工、互补合作的调节方式。在此过程中,政府需要将微观干预转向宏观调控,发挥市场养老资源配置的决定性作用,在弥补市场失灵的同时释放社会力量,并兼顾不缺位、不越位、不错位。明确政府与社会力量的边界,一方面要避免政府包揽一切社会事务的格局,让政府和社会都能发挥各自作用,另一方面又要明晰政府在培养社会机制、提高社会组织能力方面的作用。⑤ 换言之,政府需要挖掘、培养社会力量与机制,促使社会力量在养老保

---

① 严强:《国家治理与政策变迁:迈向经验解释的中国政治学》,中央编译出版社2008年版,第59页。
② 郁建兴、关爽:《地方政府社会管理的测量与制度化》,《学术月刊》2013年第6期。
③ Lester M. Salamon, "New Governance and the Tools of Public Action: An Introduction", in Lester M. Salamon, eds. *The Tools of Governance: A Guide to the New Governance*, New York: Oxford University Press, 2002.
④ 薛澜、李宇环:《走向国家治理现代化的政府职能转变:系统思维与改革取向》,《政治学研究》2014年第5期。
⑤ 郁建兴、任泽涛:《当代中国社会建设中的协同治理》,《学术月刊》2012年第8期。

障与服务领域中发挥基础性作用。

政府不可忽视的责任之一是提升老年人个体满足自我需求的能力,即减少养老需求的溢出。这有赖于市民社会的发展成熟和自治能力的壮大,需要政府为社会提供良好的制度环境,强化社会自发性规范的约束效应。通过间接供给路径撬动引导社会力量,是政府还权于民、发展公民社会、激发社会主体意识、提高社会自治水平、形成国家与社会协同治理的关键选择。政府未来的间接供给路径选择包括:通过服务券制度,扩大老年人在多个服务提供者之间的选择权,强化竞争提高服务质量;通过服务外包、购买等契约方式,从营利组织或非营利组织获取直接的养老服务与物品;通过发展社区组织和社区志愿者力量,以参与式管理的方式促进社区组织以及公民组织在养老保障上的积极作用,培育公民责任和公民资格理念;通过规制激励、税收优惠、特许经营、补贴扶持等多种方式,激励社会力量承担更多的养老保障的生产提供责任,推动资源共享。

通过构建养老信息管理系统,政府涉老部门之间能够合理利用信息资源,提供部门合作的平台,减少不必要的内耗,并在整体上提高养老保障的效率水平。同时,信息管理平台也是政府提高快速反应水平的手段之一,能优化政府人力资源管理。借助养老电子政务建设与发展,有助于构建符合社会需求的无缝隙的政府[1],从而是提高政府责任水平的必经之路。借助养老政务信息平台,老年人及公众都能获取及时、准确的信息,享受养老保障的信息化便利。另外,得当合适的激励可以为强化社会正向行为提供诱因激励,例如表彰孝老敬老先进模范、加大敬老宣传等向社会传达正能量。通过塑造与政府内部秩序相契合、与老年人需求相适应、与时代要求相符合的主流价值形态,动员更多社会力量的注入和调动。

四 整体把控:寻找三大维度间的平衡点

政府责任过度超前意味着政府在某些养老需求尚未溢出到公共事务

---

[1] 傅晋豫:《服务型政府建设的基本逻辑:理念、改革与治理》,《人民论坛旬刊》2013年第12期。

范畴时，政府却已经将其纳入责任范围中，调配公共资源保障这部分需求。在此种情况下，政府容易成为养老服务领域中包揽式的万能机器。政府责任的过度超前带有理想主义色彩，虽然政府本着尽可能解决更多的养老需求溢出问题的美好初衷，但实际却会带来很多负面影响。首先，政府包揽导致压力过大、负担过重，导致实际行动效果与理想预期的养老保障目标存在偏差，政府公信力也会随之受损。其次，政府的超前干预，必然挤压了其他社会主体的活动空间，无法调动并利用其他社会养老资源以解决养老需求的溢出问题，从资源效率的角度讲，弊大于利。最后，政府过度保障之后，容易造成其他社会主体对政府的依赖惯性，从而逐渐失去自主性与积极性，长久以往，则导致政府成为养老服务领域中唯一的活动主体，更加加重了其负重，形成恶性循环模式，最终出现社会发展变缓甚至停滞的窘境。

政府责任缺失滞后，是指某些本应由政府强制解决的养老问题，却没有及时进入政府议程，而是等到出现了严重的溢出效应和社会后果时，才着手采取干预措施强制解决。政府责任缺失滞后是政府职能收缩的表现，通过缩减自身责任大小，将解决养老问题的责任尽可能转移到其他社会主体身上。虽然这种方式能够在一定程度上缓解政府压力，但政府缺乏适度的干预必然会导致其他社会主体行动规则的紊乱、养老服务供给效率低下等问题，若政府仍不加以解决，则必然出现社会混乱不治的局面，若政府决定干预解决，则此时的情况要比初始状况更为复杂，治理成本大为上升。

因此，在养老服务中政府的责任定位需要寻找新的"度"，即一条衡量标尺，越接近这个"度"，则越能在最大限度发挥其他社会主体承担养老责任与养老需求的最佳保障之间达到一个均衡点。现阶段并不提倡从摇篮到坟墓类型的优厚社会福利保障，而是在广覆盖结合低水平的格局上保障公民的基本生存权利和生活水准，并不损害社会资本的原始累积与经济扩大的再生产。[①] 作为公共财政的掌握者、社会管理的主导者，政府在养老服务中要避免不作为、乱作为的歧路，依据自身资源禀赋与调

---

① 张成福、马子博：《宏观视域下的政府职能转变：界域、路径与工具》，《行政管理改革》2013年第12期。

控能力以及社会养老需求,即结合社会期望与自身能力寻求在养老服务中的恰当定位,从而充分发挥政府积极、适度、不可或缺的作用。只有政府寻找到自己合适的定位方向,才能肩负起本应承担的养老责任,厘清复杂纷乱的养老关系,更好地回应社会的养老需求,并提高社会整体的养老效率。

第二节 研究创新点与局限性

一 研究创新点

(一)构建政府养老责任维度模型

目前而言,学界对于养老资源的研究缺少具体可操作的理论分析框架,而本书在政府养老责任三大维度的力度中对资源部分提供了分析框架,能更针对性地、直观地、细致地探索政府投入养老资源时具体的汲取、整合能力。本书尝试构建我国养老保障中政府责任的维度模型,通过治理广度、治理深度、治理力度三个维度对政府养老责任进行了立体构建。在本文构建的政府养老责任维度模型中,将政府责任分为目标责任与手段责任,并进一步细化政府养老责任的分析维度(治理广度、治理深度、治理力度)。将对政府养老责任的界定从责任范围(宽度、内容)这一单一维度扩展到三个维度,即把对政府养老责任的界定从主流学界普遍采用的单维线性界定方法发展为三维立体定位法,从而使得政府养老责任的呈现更加全面、精准、直观。将治理深度和治理力度两个维度加入政府责任的分析构建中,让政府养老责任更加立体化和动态化。

本书构建政府养老责任维度模型的目的在于精准定位政府的应然责任?即政府养老责任应该是什么样的?包括哪些层面?如何进行分解定位?以此来指导实然责任,即以应然框架指导政府实践活动中的行为部署。在维度模型中,正是用治理深度这一维度来精准排序各类需求,例如:单维责任界定时,可能只对吃饭需求与文化需求做整体排序,来决定谁先谁后。而在维度模型下的三维界定法之后,则涉及不同深度的吃饭需求与文化需求之间的价值排序,排序更精准、更有操作性,例如吃得精致的需求与每月一次集体文化娱乐的需求之间的排序等。更进一步而言，已有的、一般性的单维责任模型，只是研究分析 A 与 B 两大类养老需求之间的排序。而本书提出的三维立体模型在引入深度之后，形成了 A1、A2、A3、A4 等等之间的分类排序，并分别与 B1、B2、B3、B4、B5 等进行比较，无论是在理论研究还是政府实际操作中，都更精准、易操作。

同时，政府养老责任维度模型更便于识别、认知政府缺位、越位的情况，原有的单一维度的传统政府责任论只能识别出在养老事务范畴中的缺位或越位，在政府治理深度和治理手段方面的缺位与越位并不能有较好的呈现。该维度模型有助于更全面立体地认识养老责任领域的经验表象，在进一步了解经验表象世界之前，必须先对经验表象世界有一个既全面又有条理的了解和掌握。本书从维度模型视角对养老责任这个经验表象领域进行描述把握，进而在表象层面进行归纳分析，解释该领域的一些逻辑机理，为后续研究提供扎实基础。通过对政府养老维度模型的构建，并将其应用于政府养老保障事业变迁的分析梳理，验证该维度模型的适用性与解释力，在未来可供开展其他政府责任维度模型的构建和探索研究。

另外，本书构建的政府养老责任维度模型也有利于实施政府问责的精准化和可操作化。如果对政府养老责任的描述过于笼统，则无法进行问责，所以对政府养老责任如何进行具体、精准的描述是最基本、最首要的步骤。但目前学界对于政府责任的单维描述就是笼统的表现，导致无法对政府实现精准问责。本书提出的维度模型将对政府养老责任的界定从责任范围（宽度、内容）这一单一维度扩展到了三个维度，即把对政府养老责任的界定从主流学界普遍采用的单维线性界定方法发展为三维立体定位法，从而使得政府养老责任的呈现更加全面、精准、直观。将治理深度和治理力度两个维度加入政府责任的分析构建中，让政府养老责任更显立体化和动态化，另外，也有助于推动政府责任向精细量化的方向发展，从而为政府责任的数字化治理提供理论支持，也为政府问责提供了更为具体的维度和层次，因而有助于问责，换言之，政府问责可以从这三个维度进行延伸扩展。在治理广度层面，对政府养老责任的问责可以从保障了哪些老年人、保障了哪些养老需求这些方面进行问责追究；在治理深度层面，对政府养老责任的问责可以从对不同老年群体的不同养老需求保障到什么程度、是否解决了保障群体的真实需求溢出问题这些角度进行问责；在治理力度方面，可以从政府对养老资源配置的效率、效果角度进行问责，即把政府养老责任的落实与绩效效率挂钩，问责政府是否用最少的资源为老年人办了最大的事。从三个维度层面，对政府养老责任的问责会更清晰具象，更可操作化与便利化。

（二）梳理政府养老责任的变迁轨迹

原有的仅仅聚焦于养老事务范围这一单一维度的传统政府责任论，只能支持研究者从政府所介入的养老事务的范围变化这一视角探讨政府养老责任的变迁，显得较为单薄。学界对政府养老责任的变迁的探讨尚未拓展到治理深度维度上。本书通过在构建的分析框架下梳理政府责任各维度的变迁轨迹，以呈现养老保障中政府养老责任的总体变迁路径与变迁特色，从而更全面、深度地剖析政府养老责任的变迁动态。将政府养老责任的变迁置于历史、当下、未来三大时间轴上进行研究，政府养老责任变迁意味着过去发生的变革，也是现在正在进行的改革。通过本书构建的政府养老责任的维度模型，梳理政府养老责任变迁的基本脉络，尝试揭示政府养老责任过去如何、现在怎样、未来何在的逻辑与规律。

（三）充实养老保障的研究内容

目前对政府养老责任的研究或是集中在不同养老模式下政府责任的分析，例如机构养老、家庭养老、居家养老等；或是聚焦于对养老保险等社会保险中政府责任的探讨。前者更偏重于养老保障与供给，后者更侧重老年人的经济保障与防范。这些研究大多是对养老问题中的单一模式或某一方面展开政府责任的具体内容，而本书在对政府养老责任的梳理分析中，将养老保障、社会救济、社会保险、社会福利等所有涉及老年人养老生活和权益的领域都纳入分析范畴，试图呈现自改革开放以来老年人养老保障的历史全息图，多层次、多角度、多方位地展现在政府责任保障下老年人所享受到的养老保障的内容变迁轨迹，并以此为基础，分析政府在其中的角色变化与调整。

（四）政策文本结合数据分析以全息式呈现政府责任状态

正如前所述，基于政策文本的研究能够为呈现政府养老责任面貌提供基本状况，反映的是政府养老责任面上的情况，但仅仅依靠政府历年在养老保障中出台的政策文件无法展现政府保障的深度,即政府对老年人群体的养老需求究竟保障到了什么样的程度与水平。对政策文件的分析只能观察出政府养老责任的广度,即保障了哪些老年人群体、涵盖了哪些养老需求,而政府投入多少资源(力度)、保障到什么程度(深度)都是未知不清晰的。更多情况下,对政策文件的分析只能从经济保障上窥测到政府保障的情况,例如,政府历年为高龄老年人发放的补助金金额,但是从政策文本中无法解析出在此政策之下,政府究竟每年为多少高龄老年人发放了补助金保障,即无法明确看出政府责任保障的具体广度和深度。再如,政府出台政策文件鼓励社区建设老年服务设施,但考虑到各地区经济水平、老年人口等差异,各区县建立的社区老年设施数量也不同,最终导致北京市实际建设的设施数量出现变动和差异,这些都是在政策文本中无法体现出来的。因此,仅仅依靠政策文本的分析只能粗略观察出政府养老责任的目标导向,并不能直观、实际地描绘出政府究竟是否实现了不同目标、究竟对老年人的养老需求保障到什么程度和水平等。

相反,数据研究能够从现实角度呈现更为精准、客观的状况,通过对各类民政年鉴、调查数据的择取和分析,从更为直观的层面呈现政府养老责任的实际履责情况,即政府保障了多少老年人、对不同养老需求分别保障到了什么程度。在政策文本的背景下,通过历史数据的呈现将政府养老责任的变迁动向、轨迹真实地描述总结出来。对政府养老责任变迁甚至政府责任变迁的已有研究进行梳理可发现,以往研究的大多是基于政策文本进行分析,在一定程度上也导致了对事实真实性把握的不精准性和不敏感性。只有对历年政府养老责任的实际履责情况进行详尽的梳理,才能在此基础上对其变迁规律进行分析总结,才能为政府未来养老责任定位提供一定的参考与指引。因此,本书将政策文本与数据分析两者有机结合、取长补短,促使最终的研究结果避免偏颇,更客观地呈现实际情况。

二 研究局限性

本书构建的政府养老责任维度模型只是作为一种描述性分析框架,其主要是为了提供新的研究视角分析政府养老责任应该从哪几个维度进行定位的问题，但未能解决政府养老责任在这三个维度上应该精准定位到何处的问题。换言之，政府养老责任的维度模型只是解决了政府责任应该从对养老公共事务的治理广度、治理深度、治理力度三个维度进行定位或者分析的问题，但未能解决政府养老责任在对治理广度、治理深度、治理力度上应该定位于何处的问题。因此，本书构建的政府养老责任维度模型不能完全代替其他关于政府养老责任定位理论与研究的贡献和地位，而是只能与其他理论研究互为补充，为呈现政府养老责任定位和发展提供更为全面的研究空间，这也是未来继续研究的方向之一。

在政府投入的资源力度研究方面存在的主要难点在于对政府隐性支出的统计较为困难，即很多支出并未有明确列出，例如，对于为全社会提供的公益性支出、社会公共基础设施支出、优惠住房政策支出等方面既缺乏对老年人的专门性、单独性统计数据，同时也无法作出针对性提取支出的计算。同时，根据调研结果反馈，大多数部门对财政投入的统计体系建设仍不够重视，多数单位尚未将养老财政投入列入当年项目支出的预算表中，每个部门对自身负责的老龄事业并没有进行独立备案，导致对老年人相关的财政投入的渠道和数额无法作出针对性统计。另外，负责各项养老工作事务的主责部门和协助部门之间存在着分工不明确、业务内容无法分割的问题，政策文件中仅仅从文字层面对责任分工进行简单说明，并未在具体实际工作中明确相关财政投入由哪部门进行负责，这既导致部门间责任不明、分工不清的问题，也导致财政资源投入的统计与分析无从谈起。

本书面临的最大局限在于获取历史性资料的客观性困难，由于所研究的历史跨度较长，在很多政府实践过程中，或因为并未及时将某些涉及养老保障的行为实践记录成文并加以保存，而政府行为一旦成为过去，则无法获取相关信息；或因为在当时受时空、人力、物力等因素限制，仅做了简单记录而未能提供翔实具体的历史资料；或因为政府虽有记录并保存的信息等资料也存在遗失的情况。考虑到上述原因，本书的解释深度、信度、力度会受到资料缺失的影响和制约。

第三节 未来研究展望

一 对政府养老责任定位的研究探索

如上述所言,本书主要是构建政府养老责任的维度模型,并以此为分析框架,梳理政府历年来的养老责任变迁状态,呈现政府养老保障的全息图。但本书并未指明政府定位应该如何的问题,政府在不同时期对保障的养老对象、养老需求及其保障深度,往往会受到多重因素的影响。对于在养老保障中政府的责任究竟应该定位在何处,是未来值得进行继续探索的研究方向。其中,既要考虑社会资源禀赋的因素,也要考虑社会价值观念的导向和互动影响,以及政府责任理念的取向。政府养老责任定位于何的研究将对养老保障事业发展有着关键作用,且对政府角色认知有着直接性的指引意义。

二 对政府养老责任变迁的内在逻辑的深入探讨

本书主要聚焦于构建政府养老责任的维度模型,在建立此维度模型的基础上,将其应用于对政府养老责任变迁的描述分析上,以此呈现政府养老责任变迁的状态,即政府究竟保障了多少老年人、保障了哪些养老需求、保障到什么程度、如何实现保障的,并在政府养老责任维度模型的框架逻辑下,提出了影响责任变迁的驱动逻辑。由于文章篇幅,本书无法对每一具体时期都进行深入剖析,但在未来研究中,探讨政府养老责任变迁的内在逻辑将是值得深入研究的命题之一。因此,未来研究方向可推展至研究某一时期内为何政府呈现了这一治理广度和治理深度,在本书提出的变迁驱动逻辑下具体表现为哪些驱动因素,这些驱动因素之间发生着什么化学反应,对政府养老责任的定位和落实又分别产生了什么影响。其中将涉及对社会文化、价值观念、政府注意力、执政理念、经济发展、社会变革等多方面的因素探讨。本书所作的维度模型构建和历史性描述分析正是为了推动后续研究提供扎实的铺垫与基础。

参考文献

一 中文著作

白恩良：《北京市老年人的需求与对策》，中国人口出版社2002年版。

北京市老龄工作委员会办公室编：《北京市老龄政策研究成果汇编（2015—2017）》，华龄出版社2018年版。

陈树强：《成年子女照顾老年父母日常生活的心路历程》，中国社会科学出版社2003年版。

陈毅：《责任政府的建设：理性化构建与民主化善治》，北京大学出版社2012年版。

丁建定：《社会福利思想》，华中科技大学出版社2009年版。

董红亚：《中国社会养老保障体系建设研究》，中国社会科学出版社2011年版。

费孝通：《乡土中国生育制度》，北京大学出版社1998年版。

风笑天：《社会学研究方法》，中国人民大学出版社2001年版。

国家应对人口老龄化战略研究总课题组：《国家应对人口老龄化战略研究总报告》，华龄出版社2014年版。

胡鞍钢：《国家制度建设》，清华大学出版社2003年版。

姜向群：《老年社会保障制度——历史与变革》，中国人民大学出版社2005年版。

李文良：《中国政府职能转变问题报告——问题·现状·挑战·对策》，中国发展出版社2003年版。

刘燕生：《社会保障的起源、发展和道路选择》，法律出版社2001年版。

彭华民：《从沉寂到创新：中国社会福利构建》，中国社会科学出版社

2012年版。

齐铱：《中国内地和香港地区老年人生活状况和生活质量研究》，北京大学出版社1998年版。

施德容主编：《建立面向21世纪的老年人照顾体系》，上海译文出版社2000年版。

孙光德：《中国社会保障》，中国劳动出版社1993年版。

谭磊：《中国城镇社会福利事业社会化转型研究》，华中科技大学出版社2014年版。

田雪原：《中国老年人口（社会）》，社会科学文献出版社2007年版。

全国社会工作者职业水平考试教材编写组：《社会工作实务·中级》，中国社会出版社2015年版。

王成栋：《政府责任论》，中国政法大学出版社1999年版。

王麟、王周户：《行政诉讼法》，法律出版社2005年版。

王绍光：《安邦之道：国家转型的目标与途径》，生活·读书·新知三联书店2007年版。

王树新：《北京人口老龄化与养老》，中国人口出版社2008年版。

王阳亮：《责任与合作：政府购买养老保障研究》，中国社会科学出版社2017年版。

魏彦彦：《中国特色养老模式研究》，中国社会出版社2010年版。

邬沧萍：《社会老年学》，中国人民大学出版社1999年版。

谢联辉等：《联合国老龄话题文件总汇》，华龄出版社1998年版。

严强：《国家治理与政策变迁：迈向经验解释的中国政治学》，中央编译出版社2008年版。

杨团、关信平：《当代社会政策研究之八：老龄时代的新思维》，社会科学文献出版社2013年版。

姚远：《非正式支持的理论与实践：北京市老龄问题应对方式的再研究》，知识产权出版社2005年版。

叶晗：《百部文化名著导读》，浙江大学出版社2005年版。

岳经纶：《中国的社会保障建设：回顾与前瞻》，东方出版中心2009年版。

岳经纶、郭巍青：《中国公共政策评论：第1卷》，上海人民出版社2007

年版。
张凤合：《公共政策的价值要义及其实现路径——基于当下我国的社会转型视角》，中国社会科学出版社 2012 年版。
张凤阳等：《政治哲学关键词》，江苏人民出版社 2006 年版。
张国庆：《行政管理学概论》，北京大学出版社 2000 年版。
张航空：《首都人口老龄化与养老问题研究》，中国劳动社会保障出版社 2016 年版。
张良礼：《应对人口老龄化：社会化养老服务体系构建及规划》，社会科学文献出版社 2006 年版。
周士禹、李本公主编：《优抚保障》，中国社会出版社 1996 年版。
中国老龄科学研究中心：《社会转型与老龄科学研究》，华龄出版社 2014 年版。

二 中译著作

[德] 马克斯·韦伯：《经济与社会（上卷）》，商务印书馆 1997 年版。
[德] 马克斯·韦伯：《社会学的基本概念》，广西师范大学出版社 2005 年版。
[法] 圣西门：《圣西门选集》，王燕生等译，商务印书馆 1985 年版。
[美] 戴维·奥斯本、特勒·盖布勒：《改革政府——企业精神如何改革着公营部门》，周敦仁等译，上海译文出版社 2007 年版．
[美] 弗兰克·古德诺：《政治与行政——政府之研究》，北京大学出版社 2012 年版。
[美] 斯蒂芬·范埃弗拉：《政治学研究方法指南》，陈琪译，北京大学出版社 2006 年版。
[美] 詹姆斯·R. 汤森、布兰特利·沃马克：《中国政治》，江苏人民出版社 1996 年版。
世界银行编：《1997 年世界发展报告：变革世界中的政府》，蔡秋生译，中国财政经济出版社 1997 年版。
[英] 杰里米·边沁：《政府片论》，沈叔平等译，商务印书馆 1995 年版。

三　中文论文

蔡放波：《论政府责任体系的构建》，《中国行政管理》2004年第4期。

蔡文眉：《家庭结构与人口老化问题国际学术讨论会纪实》，《人口与经济》1988年第1期。

蔡立辉：《政府绩效评估的理念与方法分析》，《中国人民大学学报》2002年第5期。

常健：《论政府责任及其限度》，《文史哲》2007年第5期。

常亮：《中国农村养老保障：制度演进与文化反思》，博士学位论文，中国农业大学，2016年。

陈国权：《论责任政府及其实现过程中的监督作用》，《浙江大学学报》（人文社会科学版）2001年第2期。

陈宇翔、余清等：《农村老人养老保障体系重构与运行中的政府责任——以湖南省为例》，《吉首大学学报》（社会科学版）2016年第3期。

陈庆云、鄞益奋、曾军荣等：《公共管理理念的跨越：从政府本位到社会本位》，《中国行政管理》2005年第4期。

丛春霞、曹光源：《治理视角下社区居家养老的政府责任研究》，《大连海事大学学报》（社会科学版）2017年第2期。

邓国胜：《公共服务提供的组织形态及其选择》，《中国行政管理》2009年第9期。

邓智平：《路径依赖、政策扩散与国家自主性——中国养老保险制度变迁的逻辑》，《学术研究》2014年第10期。

邸晓星：《我国农村养老保障中的政府责任研究概述》，《山西师大学报》（社会科学版）2010年第1期。

丁建定：《中国养老保障制度整合与体系完善》，《中国行政管理》2014年第7期。

傅晋豫：《服务型政府建设的基本逻辑：理念、改革与治理》，《人民论坛旬刊》2013年第12期。

高德步：《经济学中的历史学派和历史方法》，《中国人民大学学报》1998年第5期。

郭小聪、文明超：《论中国近现代政治文明转型的工具理性思维——兼谈价值理性思维对发展中国政治文明的重要性》,《政治学研究》2003 年第 3 期。

何文炯:《改革开放 40 年:中国养老保险回顾与展望》,《教学与研究》2018 年第 2 期。

胡薇:《国家角色的转变与新中国养老保障政策变迁》,《中国行政管理》2012 年第 6 期。

胡志平:《中国农村公共服务供给变迁的政治经济学:发展阶段与政府行为框架》,《学术月刊》2019 年第 6 期。

黄佳豪:《合肥市社区居家养老的实践探索及政府责任》,《中国老年学》2015 年第 10 期。

李鹏莉、张国栋、余艺等:《民营养老机构建设过程中的政府责任探究——基于蚌埠市的实地调研分析》,《湖南人文科技学院学报》2017 年第 2 期。

李平:《养老服务中的政府责任定位》,《人民论坛》2014 年第 5 期。

李强:《绝对贫困与相对贫困》,《中国社会工作》1996 年第 5 期。

李文琦:《积极老龄化视域下的社会化养老服务体系建设——基于陕西省养老服务现状的考察分析》,《西北大学学报》(哲学社会科学版)2013 年第 4 期。

林义:《制度分析及其方法论意义》,《经济学家》2001 年第 4 期。

林瑜胜:《社会治理视角下政府参与居家养老服务的路径探析》,《湖北警官学院学报》2017 年第 3 期。

刘尚希、陈少强、陈新平等:《基于治理、资源配置视角对政府特许经营和 PPP 的认识》,《经济研究参考》2016 年第 15 期。

刘太刚、吴峥嵘、龚志文:《我国养老问题研究的理论工具评析——兼论需求溢出理论作为我国养老制度基础理论的适用性》,《江苏行政学院学报》2016 年第 4 期。

刘太刚:《对公共事务概念主流观点的商榷——兼论需求溢出理论的双层公共事务观》,《政治学研究》2016 年第 1 期。

刘太刚:《公共管理学重述:需求溢出理论的逻辑思路与基本主张》,《中国行政管理》2012 年第 8 期。

刘太刚:《公共管理之器、术、道——需求溢出理论的公共管理资源论和公共管理学知识体系论》,《江苏行政学院学报》2013 年第 6 期。

刘太刚:《人类组织化生存:动因、图景与未来——需求溢出理论的广义社会组织论》,《求索》2017 年第 1 期。

刘太刚:《需求溢出理论:一种以孔孟治道为核心逻辑的公共管理基础理论》,《公共管理与政策评论》2019 年第 2 期。

刘太刚:《公共事务治理的广度、深度与力度——需求溢出理论关于政府职能的三维定位论》,《中国行政管理》2022 年第 9 期。

刘雪明、唐封伟:《城市失独家庭养老保障政策实施中的地方政府责任研究——以广州市为例》,《山西大同大学学报》(社会科学版)2016 年第 6 期。

刘玉财、罗遐:《政府在"医养结合"养老服务中责任研究》,《安徽行政学院学报》2016 年第 3 期。

刘政永、孙娜:《政府在河北省居家养老服务中责任的厘定》,《合作经济与科技》2013 年第 5 期。

卢华东:《建立农村养老保障体系的政府责任》,《经济与社会发展》2008 年第 3 期。

鲁迎春、陈奇星:《从"慈善救济"到"权利保障"——上海养老服务供给中的政府责任转型》,《上海行政学院学报》2016 年第 2 期。

穆光宗:《老年发展论——21 世纪成功老龄化战略的基本框架》,《人口研究》2002 年第 6 期。

穆光宗:《丧失和超越:寻求老龄政策的理论支点》,《市场与人口分析》2002 年第 4 期。

穆光宗:《中国老龄政策思考》,《人口研究》2002 年第 1 期。

秦艳艳、邬沧萍:《我国城市社区居家养老服务体系中政府职能分析》,《兰州学刊》2012 年第 1 期。

全龙杰、王晓峰:《养老服务业发展中政府责任的理论剖析与路径优化》,《商业经济》2020 年第 1 期。

任峰:《行政模式转型与政府责任的社会化变迁》,《重庆科技学院学报》(社会科学版)2011 年第 18 期。

苏保忠、张正河:《农村基本养老保障制度建设中的政府责任及其定位》,《中国行政管理》2007 年第 12 期。

童玉林等：《居家养老服务层次体系的完善——基于福利多元主义的视角》，《广西经济管理干部学院学报》2016年第2期。

王彩云、郑超：《价值理性和工具理性及其方法论意义——基于马克斯·韦伯的理性二分法》，《济南大学学报》（社会科学版）2014年第2期。

王成利：《医养融合养老：供给途径、实践困境与政府责任——基于公共产品理论的视角》，《东岳论丛》2017年第10期。

王翠绒：《构筑农村独生子女父母养老保障防线——基于政府责任的视角》，《湖南师范大学社会科学学报》2014年第1期。

王国敏、李玉峰：《工具理性与价值理性权衡下的我国公共政策选择——以公平与效率为视角》，《理论视野》2006年第4期。

王华丽：《农村养老保障政府责任刍议》，《上海保险》2011年第3期。

王建云：《"医养结合"养老服务模式下资源整合路径研究》，《老龄科学研究》2015年第12期。

王轲：《老年人的资源禀赋与养老方式选择——基于CLASS 2012数据的实证检验》，《西部论坛》2017年第4期。

王睍昀、刘亚娜、李春：《政府向社会组织购买养老服务中的责任链条及框架体系构建》，《改革与战略》2015年第2期。

王亚柯：《中国养老保险制度变迁的经济学分析》，《社会主义研究》2008年第2期。

王宇：《独生子女意外死亡风险中的政府养老责任——以江苏徐州某县为例》，《经济视角》2013年第21期。

邬沧萍、姜向群：《"健康老龄化"战略刍议》，《中国社会科学》1996年第5期。

吴峥嵘、刘太刚：《失独家庭养老保障中政府责任定位的逻辑与策略——基于需求溢出理论的视角》，《云南民族大学学报》（哲学社会科学版）2019年第5期。

席恒：《分层分类：提高养老保障目标瞄准率》，《学海》2015年第1期。

夏珊珊、奚彩莹：《农村养老保障中政府责任缺失现状》，《科协论坛（下半月)》2011年第5期。

薛澜、李宇环：《走向国家治理现代化的政府职能转变：系统思维与改革取向》，《政治学研究》2014年第5期。

孙柏瑛：《当代政府治理变革中的制度设计与选择》，《中国行政管理》2002年第2期。

钱再见：《中国社会弱势群体及其社会支持政策》，《江海学刊》2002年第3期。

熊吉峰、谭运进、孔繁荣：《贫困地区农村居家养老服务中的政府责任》，《当代经济》2011年第21期。

徐爱仙：《供需失衡视角下失能老人长期照护的政府责任研究》，《江西财经大学学报》2016年第2期。

徐晓军、胡倩：《论失独人群社会保障中的政府底线责任》，《社会主义研究》2016年第6期。

阳旭东、王德文：《从缺位到归位——新中国成立以来农村养老保障与政府责任的再思考》，《学术界》2019年第1期。

杨方方：《我国养老保险制度演变与政府责任》，《中国软科学》2005年第2期。

杨淑芹：《论老年人的价值、需求及老年人的社会参与》，博士学位论文，辽宁师范大学，2003年。

杨涛：《论农村养老中的政府责任及其落实》，《西北农林科技大学学报》（社会科学版）2015年第3期。

杨雪冬：《改革开放40年中国政府责任体制变革：一个总体性评估》，《中共福建省委党校学报》2018年第1期。

易艳阳、周沛：《元治理视阈下养老服务供给中的政府责任研究》，《兰州学刊》2019年第4期。

余飞跃：《家庭养老的困境与出路——兼论孝与不孝的理性》，《重庆大学学报》（社会科学版）2011年第5期。

郁建兴、金蕾、瞿志远：《民办社区养老机构建设及其政府责任——以杭州市上城区为例》，《浙江社会科学》2012年第11期。

郁建兴、关爽：《地方政府社会管理的测量与制度化》，《学术月刊》2013年第6期。

郁建兴、任泽涛：《当代中国社会建设中的协同治理》，《学术月刊》2012年第8期。

张成福：《责任政府论》，《中国人民大学学报》2000年第2期。

张成福、李丹婷：《公共利益与公共治理》，《中国人民大学学报》2012年第2版。

张成福、马子博：《宏观视域下的政府职能转变：界域、路径与工具》，《行政管理改革》2013年第12期。

张立民、赵彩霞：《论善治政府治理理念下政府审计职能的变革——基于政府绩效评价视角的分析》，《中山大学学报》（社会科学版）2009年第2期。

张成福：《政府治理创新与政府治理的新典范：中国政府改革40年》，《国家行政学院学报》2018年第2期。

张举国：《"一核多元"：元治理视阈下农村养老服务供给侧结构性改革》，《求实》2016年第11期。

张敏杰：《老年社会保障：一个严峻而紧迫的民生问题》，《观察与思考》2013年第1期。

张培忠：《福利社会化改革之后政府在养老服务体系中的责任与定位——以转型期济南市社会养老机构的调查为例》，《山东青年政治学院学报》2008年第1期。

张世青、王文娟、陈岱云：《农村养老服务供给中的政府责任再探——以山东省为例》，《山东社会科学》2015年第3期。

张云：《论医养结合养老服务中的政府责任》，《人民论坛》2016年第21期。

郑军、朱甜甜：《农村养老保障制度中政府责任差异的国际比较及启示》，《重庆工商大学学报》（社会科学版）2014年第1期。

中国痴呆与认知障碍指南写作组：《2018中国痴呆与认知障碍诊治指南》，《中华医学杂志》2018年第13期。

周伟文：《老年人精神文化生活需求与公共政策选择》，《浙江学刊》2003年第3期。

周湘莲、林琛：《居家养老服务民营化中政府责任的缺失及其治理》，《湘潭大学学报》（哲学社会科学版）2013年第2期。

周湘莲、刘英：《论农村空巢老人精神养老的政府责任》，《湖南师范大学社会科学学报》2014年第4期。

周兆安：《家庭养老需求与家庭养老功能弱化的张力及其弥合》，《西北人口》2014年第2期。

朱冬梅、曹延雯:《我国养老服务供给中的政府责任研究——基于委托代理视角》,《汕头大学学报》(人文社会科学版)2009年第3期。

朱晓卓:《居家养老服务中政府责任的思考》,《老龄科学研究》2016年第10期。

朱有国:《农村社会养老中的政府责任》,《农村经济》2009年第9期。

四 外文著作

Anthony Giddens, *Capitalism and modern social theory*, Cambridge University Press, 1973.

Edwards J., *Positive Discrimination*, Social Justice and Social Policy: Moral Scrutiny of A Policy Practice, London: Tavistock, 1987.

Fuchs V R. "Provide: the Economics of Aging", in Andrew Rettenmaier and Thomas R. Saving, eds. Medicare Reform: Issues and Answers, Chicago, IL: University of Chicago Press, 1999.

Grover Starling, *Managing the Public Sector*, The Dorsey Press, 1986.

Lester M. Salamon, "New Governance and the Tools of Public Action: An Introduction", in Lester M. Salamon, eds. *The Tools of Governance: A Guide to the New Governance*, New York: Oxford University Press, 2002.

Maslow, A. H., *Motivation and Personality*, New York: Harper & Row, 1970.

Patchell J, *Landscapes of Voluntarism: New Spaces of Health, Welfare and Governance*, England: Policy Press, 2006.

UNDPed., *Human Development Report* 2000, Oxford University Press, 2000.

Uhlenberg, and Peter, *International Handbook of Population Aging*, Springer Netherlands, 2009.

五 外文论文

Anderson, G. F., Hussey P. S., "Population aging: a comparison among industrialized countries", *The Aging Male*, Vol. 3, 2000.

Bookman Ann, "Innovative models of aging in place: Transforming our communities for an aging population", *Community Work & Family*, Vol. 11, No. 4, 2008.

Bookman A, Kimbrel D, "Families and elder care in the twenty-first century", *Future of Children*, Vol. 21, 2011.

Diane I. Levande, John M. Herrick, Kyutaik Sung, "Eldercare in the United States and South Korea", *Journal of Family Issues*, Vol. 21, 2000.

Frank Laczko, Sally Noden, "Combining paid work with eldercare: The implications for social policy", *Health & Social Care in the Community*, Vol. 1, 1993.

Franca Hooren, Uwe Becker, "One Welfare State, Two Care Regimes: Understanding Developments in Child and Elderly Care Policies in the Netherlands", *Social Policy & Administration*, Vol. 46, 2011.

Hoefman R. J., Meulenkamp T. M., De Jong J. D., "Who is responsible for providing care? Investigating the role of care tasks and past experiences in a cross-sectional survey in the Netherlands", *BMC Health Services Research*, Vol. 17, 2017.

Hong-Jae Park, "Legislating for Filial Piety: An Indirect Approach to Promoting Family Support and Responsibility for Older People in Korea", *Jounal of Aging & Social Policy*, Vol. 27, 2014.

Hillel Schmid, "The Israeli long-term care insurance law: Selected issues in providing home care services to the frail elderly", *Health & Social Care in the Community*, Vol. 13, 2005.

Jonathan Bradshaw, "The Taxonomy of Social Need", in Richard Cookson ed., *Jonathan Bradshaw on Socail Policy*, University of York, 2013.

Lennarth Johansson, Helen Long, Marti G. Parker, "Informal caregiving for elders in Sweden: an analysis of current policy developments", *Journal of Aging & Social Policy*, Vol. 4, 2011.

Pickard L., Wittenberg R., Herrera A. C., Davies B., Darton R., "Relying on informal care in the new century? Informal care for elderly people in England to 2031", *Aging and Society*, Vol. 20, 2000.

Scott A. Bass. "International perspectives on aging policy: A review essay of three recent volumes", *Journal of Cross-cultural Gerontology*, Vol. 7, 1992.

Skinner M. W., Joseph A. E., "Placing voluntarism within evolving spaces of care in ageing rural communities", *Geojournal*, Vol. 2, 2011.

Supromin C., Choonhakhlai S., "The provision of public services in municipalities in Thailand to improve the quality of life of elderly people", *Kasetsart Journal of Social Sciences*, Vol. 11, 2017.

致　　谢

曾经无数次想象写后记时的高光时刻和激动心情，曾经无数次在心里默默拟着草稿，纠结于是要慷慨激昂还是沉稳冷静，抑或是诙谐幽默。此时的我依然思绪万千，要感恩的、致敬的、回忆的太多。

首先，我要感谢我的硕士生导师和博士生导师刘太刚教授。回望自2013年进入中国人民大学求学至今，能遇见刘老师，并在刘老师的指导点拨下攻读硕士学位和博士学位，真的是我最大的幸运和最好的机遇。刘老师的为人处事、理论研究、教学讲授、培养学生都让我深有感触、倍感敬重。刘老师总是会主动询问我对一些选题的兴趣和看法，在指导合作论文的过程中不断锻炼我的思维能力和研究能力，记得老师最常问我的一个问题便是："你研究的背后逻辑是什么？"现在想来，更觉老师的良苦用意，这些成长机会和包容关心我都感恩在心。我的硕士和博士论文都在刘老师提出的需求溢出理论基础上选择了政府养老责任主题，也是个人学习研究的延续推展。在此书稿的撰写过程中，不论是选题的几番调整，还是对研究计划的几经更改，或和刘老师对政府养老责任维度模型无数次的探讨修正，我所学到的不仅是理论知识，更多的是对思维逻辑的提升。

这本书的工程量确属不小，其中涉及对北京市改革开放以来所有涉老数据的收集、涉老政策的整理。在此我要诚挚感谢北京市老龄办的王小娥主任、郭南方处长、宋晓磊处长、于桢莹等各位领导，在我在老龄办实习期间给予了很多支持。在持续收集历史资料、补充最新材料时，政策法规处的于桢莹姐姐一直为我忙前跑后，给我提供了莫大的帮助，其中很多的资料孤本为此书的撰写提供了非常关键的支撑，在此表示真诚的感谢。

同时，也要感谢单位（中共江苏省委党校）对此书出版的全力支持。这本书稿伴随着我从博士毕业到入职，一路上在不断修改打磨。其间，科研处刘伟处长、公共管理教研部胡宗仁主任、陈娟副主任都在积极鼓励、鼎力相助，在此深表感谢。最后，最想感谢的是我的父母，不管是做人处事，还是学习生活，他们永远都在尽最大的努力为我创造最好的条件，三十多年来无怨无悔无私地付出全部，无以为报。

此书承载着读博求职一路上满满的回忆，谨以此书勉励自己：未来可期，且歌且踏；厚学明德，求是力行。